Mark Salzman, ein junger Amerikaner, ging im Anschluß an sein Studium der Sinologie in Yale für zwei Jahre nach China, wo er an der Universität von Changsha in der Provinz Hunan Englisch unterrichtete und seinerseits vom größten Kampfsportler Chinas als erster und einziger Privatschüler akzeptiert wurde.

Von Mark Salzman ist außerdem erschienen:
»Eisen und Seide« (Band 3084)

Dieses Buch wurde auf chlor- und säurefreiem Papier gedruckt.

Deutsche Erstausgabe März 1993

Titel der Originalausgabe »The Laughing Sutra«

Originalverlag Random House, New York
Umschlaggestaltung Adolf Bachmann, Reischach
Satz DTP im Verlag
Druck und Bindung Ebner, Ulm
Printed in Germany 5 4 3 2 1
ISBN 3-426-03244-9

Mark Salzman

Das Lachende Sutra

Roman

Aus dem Amerikanischen
von
Hans-Joachim Maass

Knaur®

I

Im siebten Jahr der Volksrepublik China (1956) brachte Kuo Hsiaomei in einem entlegenen Dorf der Provinz Yunnan einen Sohn mit ungewöhnlich gut entwickelten Ohrläppchen zur Welt. In vielen Teilen Asiens gelten lange Ohrläppchen als Zeichen großer Weisheit; buddhistische und taoistische Gottheiten werden meist mit Ohrläppchen abgebildet, die fast bis auf die Schultern herabhängen. So nannte Kuo ihren Sohn Sheng-hui, was »Blühendes Wissen« bedeutet, und glaubte, der Knabe werde eines Tages ein berühmter Gelehrter sein. Kuo brachte ihren Sohn zu dem Wahrsager des Dorfs, von dem sie erwartete, er werde ihre Vermutung bestätigen, doch nachdem er die genaue Stunde der Geburt Sheng-huis festgestellt, das Schafgarben-Orakel befragt und das *I-Ching*, das Buch der Wand-

lungen, konsultiert hatte, kam der Wahrsager zu einem anderen Ergebnis.
»Der Knabe«, sagte er und schüttelte nachdenklich den Kopf, »wird sein Zuhause in noch sehr jungem Alter verlassen. Beim Heranwachsen wird er Trauer und Verlust kennenlernen. Dann wird er um die ganze Welt wandern.«
Das war kaum das, was Kuo hören wollte, und so verfluchte sie den alten Mann und erinnerte ihn daran, er habe einmal vorhergesagt, sie werde einen Mann aus dem Norden heiraten und nach Peking ziehen, doch in Wirklichkeit sei sie eine ledige Mutter und sitze immer noch in Yunnan fest.
Kuo kam zu dem Schluß, daß Sheng-hui früh lesen und schreiben lernen mußte, wenn er einmal ein Gelehrter werden sollte. Eines Tages hatte sie beim Pflücken von Teeblättern eine Idee; sie nahm einige der Blätter mit nach Hause und schrieb auf die Rückseite von jedem ein einziges chinesisches Schriftzeichen. Sie zeigte Sheng-hui jeweils nur ein Schriftzeichen und sprach dessen Bedeutung dabei laut aus, in der Hoffnung, er werde sie nachahmen und die Schriftzeichen irgendwann mit den Lauten in Verbindung bringen. Sheng-hui war jedoch erst wenige Wochen alt und schien sich der Blätter, die vor ihm baumelten, nicht bewußt oder gar fähig zu sein, die richtigen Laute hervorzubringen. Aber Kuo gab nicht auf. Jeden Abend nach der Rückkehr von den Feldern zündete sie in der Strohhütte eine Kerze an und wedelte mit den Blättern vor Sheng-hui herum, während sie ihn stillte.
So verging ein Jahr, aber er machte kaum Fortschritte und schien die Schriftzeichen noch immer nicht zu erkennen. Eines Tages jedoch griff er nach einem der Blätter und schluckte es hinunter. Zufällig stand auf ihm das Schriftzeichen *yu,* was »Reise« bedeutet. Das erfüllte Kuo mit großer Sorge, denn es erinnerte sie an die Weissagung des

alten Mannes. Nachdem sie ohne Erfolg versucht hatte, Sheng-hui dazu zu bringen, »Reise« auszuwürgen, schrieb sie *liu tsai chia* – »bleib zu Hause« – dreimal auf ein anderes Blatt und zwang ihn, es hinunterzuschlucken. So endete Sheng-huis frühe Erziehung.

1960 wurde der größte Teil Chinas von einer Hungersnot heimgesucht, was zum Teil auf eine Reihe von Naturkatastrophen zurückzuführen war, hauptsächlich jedoch auf die als »Großer Sprung Nach Vorn« bekannte Wirtschaftspolitik. Ein Teil des Großen Sprungs Nach Vorn bestand darin, daß Gemüse- oder Obstplantagen vernichtet und durch Reisfelder ersetzt wurden, denn der Vorsitzende Mao war der Meinung, Obst und Gemüse seien Anzeichen bürgerlicher Dekadenz. In Kuos Dorf waren seit Jahrhunderten Mango, Bananen und Zitrusfrüchte angebaut worden, aber politische Kader, die zu Besuch kamen, zwangen die Dorfbewohner, alle Bäume zu fällen und Reis zu pflanzen. In jenem Frühjahr herrschte eine Dürre, so daß auch die Reisernte verloren war. Da es nichts zu ernten gab, mußten Kuo und viele andere Dorfbewohner trockenes Reisig sammeln gehen, das sie zu großen Bündeln zusammenschnürten, auf dem Rücken ins Dorf zurücktrugen und auf dem Markt verkauften. Im Handumdrehen wurde in der Umgebung des Dorfs das Brennholz knapp, was Kuo zwang, immer weiter in die Berge zu wandern, um welches zu finden.
Bei einem dieser anstrengenden Märsche – Sheng-hui trottete neben ihr her und hielt gehorsam ein paar Zweige – gelangte Kuo in ein ihr unbekanntes, dicht mit schwarzem Bambus bewachsenes Tal. Schwarzer Bambus ist eine seltene Art, deren anmutige Stengel und Zweige aussehen, als wären sie aus Ebenholz geschnitten. Mutter und Sohn fanden einen Pfad, der sie durch den Bambushain zu einem Fluß hinunterführte, wo sie von weiter strom-

abwärts her ein beständiges Grollen hörten. Sie beschlossen, ihre Arbeit eine Zeitlang ruhen zu lassen, legten ihre Last ab und spazierten am Flußufer auf das Grollen zu. Es wurde immer lauter und lauter, der Bambuswald immer dichter und dichter, bis urplötzlich Fluß und Wald an einem nackten Felsen einfach endeten und blauen Himmel freigaben. In ihrer Überraschung wären Kuo und Sheng-hui um ein Haar über den Rand eines Wasserfalls gestolpert.

Nachdem sie kurz verschnauft hatten, gingen sie so dicht an den Rand heran, wie es sich gefahrlos machen ließ, doch selbst dann konnten sie den Grund des Wasserfalls nicht sehen vor lauter Gischt, den das hinabstürzende Wasser aufsprühen ließ. Als sie mit großen Augen hinunterblickten, hörten sie hinter sich ein Geräusch und drehten sich gerade noch rechtzeitig um, um zu sehen, wie ein Reh, das in Panik davonlief, krachend durch den Bambuswald rannte. Kuo konnte ihr Entzücken kaum verbergen.

»Dies ist ein besonderer Ort!« rief sie aus. »Ein Reh ist ein Zeichen, daß hier in der Nähe ein Unsterblicher lebt!«

Sheng-hui blickte auf den Wasserfall zurück und fragte: »Was ist ein Unsterblicher?«

»Ein magisches Wesen«, erwiderte seine Mutter, »ein Mensch, der nie stirbt.«

»Warum sterben die nicht?« wollte Sheng-hui wissen.

»Weil sie lebende Buddhas sind«, sagte Kuo und faltete die Hände zum Gebet.

»Wie sehen sie aus?« fragte Sheng-hui.

»Sie haben lange weiße Bärte und kahle Köpfe, weil sie so alt sind. Und sie haben lange Ohrläppchen wie du, deshalb wirst auch du so klug werden. Und sie sammeln seltene Kräuter in Tälern, die im Nebel versteckt sind, damit niemand sie sieht. Da unten am Fuß des Wasserfalls gibt es viele Nebel, so daß einer von ihnen vielleicht da lebt! Wir sollten jetzt ein Gebet sprechen.« Kuo neigte den

Kopf und begann mit ihrem Singsang, aber Sheng-hui zupfte an ihrem abgetragenen Rock.

»Warum bedeutet ein Reh, daß hier ein Unsterblicher lebt?«

Kuo runzelte einen Moment die Stirn, antwortete dann aber geduldig: »Weil Rehe vor gewöhnlichen Menschen Angst haben, aber nicht vor Unsterblichen. Unsterbliche sind so sanft, daß sie auf Rehen reiten können wie auf Pferden!«

»Warum ist das Reh dann weggerannt?« fragte Sheng-hui.

»Weil es *uns* gesehen hat!« fauchte Kuo. »Und jetzt sei still. Ich will zu Buddha beten, damit er uns Glück bringt.«

Als sie mit ihrem Gebet fertig war, schlug Kuo vor, sie sollten in einem der seichten Löcher am Flußufer ein erfrischendes Bad nehmen. Kaum standen sie bis zu den Knien in dem klaren, kühlen Wasser, spürte Kuo jemanden hinter ihnen. Sie fuhr herum und erblickte einen zerlumpten und verzweifelt aussehenden Mann, der aus dem Bambushain in ihre Richtung stolperte. Er kam mit unsicheren Schritten auf sie zu, und Kuo zog Sheng-hui zu sich heran. Als der Mann sie fast erreicht hatte, nahm sie ihren Sohn auf den Arm und überlegte, ob sie versuchen sollte, durch den Fluß ans andere Ufer zu laufen, aber ihr wurde schnell klar, daß die Strömung sie über den Rand des Wasserfalls reißen würde. Sie schrie so laut sie nur konnte um Hilfe, aber niemand antwortete.

Der Mann packte sie und schleifte sie beide an Land. Er schob den Jungen beiseite und rang mit Kuo, bis er sie zu Boden warf, aber sie wehrte sich und kratzte ihn im Gesicht. Er brüllte vor Schmerz auf, schaffte es jedoch, ihre beiden Handgelenke mit einer Hand zu umfassen. Aber als er seine andere Hand zurückzog, um sie zu schlagen, packte Sheng-hui sie mit beiden Händen und biß mit aller Kraft hinein. Er ließ nicht locker, fast wie ein wildes Tier.

Fluchend zerrte der Mann Sheng-hui auf das Wasser zu, befreite sich von dem Jungen und warf ihn in den tiefen Teil des Flusses.
Kuo kam mühsam auf die Beine und rannte verzweifelt auf den Fluß zu, doch der Mann hielt sie fest, während Sheng-hui sich in dem reißenden Strom hustend und mit wild rudernden Armen über Wasser zu halten versuchte. Er trieb direkt auf den Wasserfall zu. In dem Augenblick, in dem er über den Rand stürzte, ließ er einen durchdringenden Schrei hören. Als Kuo das sah, wurde die Welt für sie dunkel, und sie spürte keinen Schmerz mehr.
Der Mann schüttelte sie, so kräftig er konnte. Er wollte, daß sie bei Bewußtsein war, damit sie Angst vor ihm hatte. Sie wachte jedoch nicht auf, und so schleifte er auch sie zu dem Fluß, warf sie hinein und ließ sie von der Strömung auf ihren Sohn zutreiben.

II

»Es mag verwirrend scheinen«, betonte der alte Mönch, »daß buddhistische Literatur uns oft daran erinnert, daß wahres Wissen in Büchern nicht zu finden ist. Wenn das so ist, wie kommt es dann, daß es überhaupt buddhistische Literatur gibt?«
Nach einer Pause fuhr er fort: »Auf diese Frage antwortete ein erleuchteter Meister einmal: ›Wenn ich den Mond sehe, du aber nicht, werde ich darauf zeigen. Irgendwann jedoch mußt du den Blick von meinem Finger nehmen und selbst den Mond finden.‹ So ist es auch mit den Sutras. Sie weisen dich auf die Wahrheit hin, dürfen aber nicht mit der Wahrheit selbst verwechselt werden.
Dann wirst du dich vielleicht fragen: ›Warum sollte ich überhaupt die Sutras lesen, wenn sie nicht die Wahrheit enthalten, wenn sie mir

nicht die wahre Natur der Wirklichkeit nennen können? Warum also Zeit damit verschwenden?‹ Doch da würdest du einen schwerwiegenden Fehler machen. Woher willst du wissen, wo du nach der Wahrheit suchen mußt, wenn die Sutras dir nicht die richtige Richtung zeigen? Würdest du unter deinem Bett nachsehen? In den Wäldern vielleicht?«

Nach einer weiteren Pause schüttelte der Mönch wehmütig den Kopf und sagte: »Nein, dann würde man natürlich nicht wissen, wo man suchen muß. Deshalb muß man weiterlesen.«

Als sein Vortrag beendet war, nahm der Mönch Wei-ching seine Brille ab, wischte sie mit einem Tuch sauber und tippte sich anschließend an die Stirn. Eine weiße Katze, seine einzige Zuhörerin, gähnte, leckte sich eine Pfote und schlüpfte dann aus der winzigen Hütte ins Freie, um auf dem Gelände der Tempelruine Ratten zu jagen. Es war ein schrecklicher Sommer gewesen, und selbst nachts war es noch glühend heiß. Wei-ching seufzte, öffnete eine Schublade einer großen hölzernen Kommode hinter ihm und entnahm ihr eine Schriftrolle. Er rollte das Sutra sorgfältig aus, legte ein paar kleine glatte Flußsteine als Gewichte auf die Ecken, setzte wieder die Brille auf und begann zu lesen.

Wei-ching lebte seit fast zwanzig Jahren allein im Tempel. Dieser hatte einst mehr als ein Dutzend Mönche beherbergt, aber während des Kriegs mit Japan war er durch einen unglücklichen Zufall fast völlig zerstört worden. Eine Gruppe chinesischer Soldaten, die nach Kun-ming marschierte, um einem belagerten Flugplatz Nachschub zu bringen, kampierte eines Nachts in der Nähe des Tempels. Kurz vor Tagesanbruch rauchte ein Soldat, der Wache hatte und sich verzweifelt bemühte, nicht einzuschlafen, eine Zigarette, während er im Wald auf und ab ging. Als er das Signal hörte, das den Abbruch des Lagers

verkündete, schnippte er die Zigarette weg und kehrte zu seinen Kameraden zurück. Zu dem Zeitpunkt, da das Unterholz zu brennen begann, waren die Soldaten schon auf dem Weg.
Als das Feuer den Tempel erreichte, flüchteten die Mönche und brachten sich in Sicherheit, nur Wei-ching blieb. Da er um sein eigenes Leben nicht fürchtete, trug er Bündel um Bündel mit Schriftrollen aus der Tempelbibliothek zum Fluß und warf sie hinein, so daß das Feuer sie nicht erreichen konnte. Erst als keine einzige Schriftrolle mehr in der Bibliothek war, sprang er selbst in den Fluß und brachte sich in Sicherheit.
Als das Feuer erstarb, kehrte Wei-ching zurück und zog die Schriftrollen aus dem Wasser. Dann rollte er sie behutsam auseinander und hängte sie an verkohlten Baumästen zum Trocknen auf. Da ihm klar war, daß die wassergetränkten Schriftrollen bald zerbröseln und auseinanderfallen würden, baute er sich in den Ruinen des Tempels eine kleine Hütte und verbrachte den Rest der Kriegsjahre damit, die Sutras auf frische Tuchrollen zu übertragen.
Vor dieser Zeit waren ihm die Schriften eher gleichgültig gewesen, denn er glaubte, allein Meditation führe zur Erleuchtung. Doch das fromme Tun des Kopierens, Schriftzeichen für Schriftzeichen, Seite für Seite, Kapitel für Kapitel, ließ allmählich einen Sinneswandel eintreten. Später glaubte er, das Feuer sei gar kein Unfall gewesen, sondern ein Zeichen, ein Hinweis darauf, daß er sich der Aufgabe widmen müsse, geheiligte Literatur zu studieren und zu bewahren. Er gab sich den religiösen Namen Wei-ching, was »Hüter der Schriften« bedeutet, und nach dem Krieg pilgerte er jedes Jahr in einen anderen Teil Chinas, um Tempelbibliotheken zu besuchen. Wann immer er ein Sutra entdeckte, das sich noch nicht in seiner Sammlung befand, kopierte er es und nahm es mit. Er

setzte sich zum Ziel, eine vollständige Bibliothek der wichtigsten buddhistischen Schriften anzulegen, und im Alter von vierundsechzig hatte er sie alle aufgespürt und sorgfältig kopiert, alle bis auf eins – ein Sutra, das so selten war, daß Wei-ching nicht einmal sicher sein konnte, daß es noch existierte.

Gleich nach der kommunistischen Revolution reiste Wei-ching in den Nordwesen, um die buddhistischen Höhlen von Tun-huang in der Provinz Kansu zu besuchen. Tun-huang war früher eine wichtige Oase an der alten Seidenstraße gewesen, die letzte wirklich chinesische Stadt, bevor sich die Reisenden auf dem Weg nach Indien und die dahinter liegenden Länder nach Westen in die mörderische Takla-Makan-Wüste begaben. Händler, die dort eine Rast einlegten, zahlten ansehnliche Summen, um die religiösen Gemälde, Statuen und Bibliotheken in den Höhlen zu erhalten und aufzustocken, denn sie hofften, solch fromme Spenden würden genug gutes Karma aufbauen, um sie lebendig durch die Wüsten und zurück nach China zu bringen. Als die Ozeanschiffahrt die tückische Landreise überflüssig machte, wurden die Höhlen der Wüste überlassen und für fast tausend Jahre vergessen.

1906 lebte dort ein einsamer Mönch, als ein Forschungsreisender, der im Auftrag des British Museum unterwegs war, Sir Aurel Stein, über die Höhlen stolperte und viele ihrer Schätze mit nach England nahm. Danach strömte eine große Zahl ausländischer Archäologen und Sammler zu den Höhlen und brachte den größten Teil der besten Kunstwerke und Schriftrollen aus China fort. Um 1920 verbot die chinesische Regierung ein wenig verspätet jede weitere Plünderung der Höhlen und machte Tun-huang zu einem Museum.

Als Wei-ching 1952 dorthin kam, war der alte Mönch, der sich in Tun-huang niedergelassen hatte, noch am Leben. Er vertraute Wei-ching an, noch 1948 habe ein reicher

Ausländer, ein Amerikaner namens Fo-lan, die Höhlen besucht. Er sei ebenfalls im Auftrag eines Museums dort gewesen und habe klargemacht, daß er trotz des staatlichen Verbots einige religiöse Kunstwerke kaufen wolle. Damals war China von dem Krieg mit Japan und den anschließenden Kämpfen zwischen Nationalchinesen und Kommunisten verwüstet, so daß ein korrupter lokaler Beamter mit dem Amerikaner handelseinig wurde und ihm ein paar Statuen und eine Kiste voller Schriftrollen verkaufte. Dem alten Mönch zufolge habe die Kiste die letzte existierende Kopie des Lachenden Sutra enthalten, eine Schriftrolle, die so kostbar sei, daß jeder, der seine Botschaft verstehe, augenblicklich seine Buddha-Natur erkennen und – das sei das Besondere – zugleich körperliche Unsterblichkeit erlangen werde.

Zunächst war Wei-ching skeptisch. Wenn dieses Sutra echt war, wie war es dann möglich, daß er noch nie davon gehört hatte? Der buddhistische Kanon war in China seit fast zweitausend Jahren kopiert und in Bibliotheken verbreitet worden. Es schien kaum glaubhaft zu sein, daß ein Sutra, welches sowohl Erleuchtung als auch Unsterblichkeit bot, so vollständig verschwunden sein konnte. Doch der in den Höhlen lebende Mönch beharrte darauf, daß es echt sei. Der Grund dafür, daß man das Lachende Sutra so ignoriert habe, sagte er, sei einfach: Nur wenige hätten seinen wahren Wert erkennen können.

Das Sutra basierte auf einer privaten Predigt, die Gautama Buddha einem seiner begabtesten Jünger gehalten hatte. In dieser Predigt beschrieb Buddha die formlose, chaotische Natur des Daseins. Er behauptete, die menschliche Situation sei zutiefst hoffnungslos, das Universum unerforschlich, und unsere einzelnen Seelen seien bloß Illusionen. Als der Jünger dies hörte, stürzte er in abgrundtiefe Verzweiflung. In jenem Augenblick totaler Hingabe spürte er, daß er von Anfang an erleuchtet und unsterblich gewesen war, und brach in ein so befreites und illusionsloses Lachen aus, daß selbst die Steine um ihn herum vor Mitgefühl bebten.

Leider, erklärte der Mönch, mißdeuteten die meisten Menschen, die das Lachende Sutra läsen, die Reaktion des Jüngers als Hohngelächter und gingen davon aus, er habe Buddha für einen Dummkopf gehalten. Aus diesem Grund sei das Sutra nie sehr beliebt geworden, und das Mißverständnis erkläre auch, warum gerade dieser Jünger schon längst der Vergessenheit anheimgefallen sei. Nachdem er dieses Zeugnis gehört hatte, gelobte Weiching, nach Amerika zu fahren und das Lachende Sutra zurückzuholen, um so für sich Unsterblichkeit zu gewinnen und das Sutra für andere zugänglich zu machen.

III

Draußen wurde es dunkel. Weiching legte das Buch, in dem er gerade las, beiseite und rief die Katze für die Nacht herein. Er zündete eine Gaslampe an, wusch sich Gesicht und Hände in einem Eimer mit kaltem Flußwasser, aß etwas warmen Reisbrei, setzte sich dann auf den kleinen Teppich vor seiner Pritsche und sang seine Abendgebete. In jüngster Zeit waren sie an Kuan-yin gerichtet, die Göttin der Gnade, mit der Bitte, jetzt auf ihn achtzugeben, da er zu seiner Pilgerfahrt nach Amerika aufbrechen wollte.

Gegen Ende seines Gebets spürte er ein seltsames Prickeln in der Brust. Er schenkte dem kaum Aufmerksamkeit, da ihm mit zunehmendem Alter aufgefallen war, daß er ständig neue Schmerzen und Gebrechen bekam, und fuhr mit seinem Singsang fort. Dann hörte er ein Klopfen an der dünnen Tür zu seinem Zimmer. An Besucher in dem abgelegenen Tempel nicht gewöhnt, zögerte er, bevor er aufmachte. Das Klopfen hörte auf, und Wei-ching lugte durch eine Spalte in der Wand hinaus, um einen Blick auf seinen Besucher zu erhaschen. Er schaute sich um, sah aber nichts bis auf das verschwommene Bild einer Fingerspitze, kurz bevor diese ihm behutsam gegen das Auge stieß. Wei-ching fiel auf seine Matte zurück, rieb sich das Auge und hörte eine Stimme in einem seltsam archaischen Dialekt sagen: »Machen Sie die Tür auf, oder ich trete sie ein.« Wei-ching, der jetzt vor Furcht zitterte, öffnete die Tür. Er erwartete, einen Soldaten oder einen Banditen zu erblicken, doch statt dessen stand vor ihm ein Mann, wie er noch nie einen gesehen hatte.

Der Besucher trug eine zerlumpte Lederrüstung von der Art, wie Wei-ching sie nur von antiken Holzschnitten her kannte. Der Mann war von mittlerer Größe, doch kräftig gebaut, und machte einen furchterregenden Eindruck. Arme und Brust waren mit dunklem Haar bedeckt, und sein Gesichtshaar wuchs ihm von den Wangenknochen fast bis zur Nase. Er hatte dicke Augenbrauen, die sich in einem Bogen bis zu den Schläfen hinzogen, und brennende gelbe Augen, die nicht blinzelten oder sich auch nur zu bewegen schienen. Er trug einen verrosteten eisernen Stab, der an einem Ende dunkel und naß glitzerte. Flechten und Moos bedeckten seine Rüstung, als hätte er jahrelang im Freien gelegen, ohne sich zu bewegen. Wei-ching glaubte eine zum Leben erwachte Bronzestatue vor sich zu sehen.

»Sie leben allein hier, nicht wahr?« fragte der Besucher. Wei-ching schaffte es zu nicken, brachte es aber aus irgendeinem Grund nicht über sich zu sprechen. Er bemerkte, daß das prickelnde Gefühl in der Brust stärker geworden war.

»Sie haben einen Gast«, sagte der Besucher und zeigte auf einen zitternden nackten Jungen mit langen Ohrläppchen, der hinter ihm stand. »Jemand hat heute versucht, diesen Jungen zu töten«, fuhr der fremde Mann fort. »Ich war zufällig in der Nähe, so daß ich ihn retten konnte, seine Mutter aber leider nicht.« Der Besucher zog die Augenbrauen hoch und sah den Jungen an. »Er braucht trockene Kleider und etwas zu essen. Danach können Sie herausfinden, wo er lebt, und ihn in sein Dorf zurückbringen.«
Wei-ching machte große Anstrengungen, um wieder Gewalt über seine Zunge zu finden, und stieß schließlich hervor: »Aber Sie sollten mit ihm zur Polizei gehen! Ich bin nur ein Mönch; ich wüßte gar nicht, wie ich mich um ihn kümmern sollte! Und außerdem trete ich bald eine große Reise an, so daß ich gar keine Zeit hätte ...«
Die Augen des Besuchers wurden schmal und schienen noch wilder zu brennen. Wei-ching spürte das Prickeln in der Brust jetzt noch stärker, als ginge ihm ein Stromstoß durch den Körper, der seine Arme und Beine schwer werden ließ. Der fremde Mann hob die rechte Hand und zeigte auf Wei-ching. »Sie sind Mönch und haben gelobt, menschliches Leiden zu lindern. Dieser Junge leidet, also ist es Ihre Pflicht, ihm beizustehen. Sie werden Ihre Reise verschieben und sich um den Jungen kümmern!«
»Aber w-was ist mit dem Mörder?« fragte Wei-ching. »Was ist, wenn er herkommt? Sollten Sie nicht ...«
Die Oberlippe des Fremden zuckte vor Zorn. Wei-ching bemerkte, daß der Mann lange Eckzähne hatte wie ein wildes Tier. »Der Mörder wird nicht herkommen«, sagte der Fremde. »Er hat eine Strafe erhalten, die seinem Verbrechen entspricht.« Dann trat er so nahe an Wei-ching heran, daß sich beider Nasen fast berührten. Wei-ching war zu Tode erschrocken, bemerkte aber, daß er nicht zurückweichen konnte.
»Falls jemand fragen sollte«, zischte der Fremde und sah

Wei-ching mit seinen harten Augen unverwandt an, »ist der Junge allein hierher gekommen. Wenn Sie etwas anderes erzählen, werden Sie es bereuen.« Damit ging der Fremde mit seinem verrosteten Stab, und Wei-ching führte den zitternden Jungen in den Tempel.

IV

Gegen Mitternacht begann Sheng-hui so heftig zu zittern, daß sein Zähneklappern den alten Mönch aufweckte. Wei-ching deckte den Jungen mit seiner Decke und einigen Kleidungsstücken zu und gab ihm etwas Kräutertee, doch der Schüttelfrost wurde zu Fieber, und Sheng-hui fiel in ein Delirium. Wei-ching saß die ganze Nacht an seinem Bett. Am anderen Morgen eilte er in das nächstgelegene Dorf, um einen Arzt zu holen. Unglücklicherweise war der einzige Arzt der Gegend ein schlecht ausgebildeter »Barfuß-Doktor«, der nur empfehlen konnte, Wei-ching solle den Jungen warm und ruhig halten.

Vier Tage lang verlor der Junge immer wieder das Bewußtsein und war nur selten wach. In dieser Zeit konnte Wei-ching vor Kummer kaum schlafen oder essen. Bei den schlimmsten Fieberanfällen weinte Sheng-hui nach seiner Mutter und murmelte etwas in einem Dialekt, den Wei-ching nicht verstand. Als das Fieber endlich nachließ, schien Sheng-hui auf die Hälfte seiner ursprünglichen Größe geschrumpft zu sein, und seine Augen sahen aus wie die eines alten Mannes. Am besorgniserregendsten war jedoch, daß er die Fähigkeit zu sprechen verloren zu haben schien. Sein Mund öffnete sich, um Worte zu formen, brachte aber keinen Laut hervor, und dann saß Sheng-hui wie erstarrt da, wie ein Bild von einem Menschen, der mitten im Satz porträtiert worden ist. Später geriet der Junge in Panik, und seine Augen füllten sich mit Tränen, aber selbst sein Weinen war lautlos.

Als der Junge wieder kräftig genug war, um laufen zu können, ging Wei-ching mit ihm in alle Dörfer in der Nähe, um etwas über die Vergangenheit des Findlings herauszubekommen. Niemand hatte das Kind je zuvor gesehen, niemand konnte sagen, woher es stammte. Hätte Sheng-hui sprechen können, hätte jemand vielleicht seinen Dorfdialekt erkannt, aber wenn jemand ihm eine Frage stellte, starrte das arme Kind nur ängstlich zurück. Schließlich machten Wei-ching und Sheng-hui die lange Tagesreise nach Ling-feng, der nächstgelegenen Stadt, die groß genug war, eine Polizeiwache zu haben, doch die Polizei wußte nichts von einer vermißten Frau oder einem Kind. Da Kuo in ihrem Dorf keine lebenden Verwandten besaß, nahmen ihre hungernden Nachbarn an, sie habe sich entschlossen, ihren Sohn an einen Ort zu bringen, der von der Hungsnot weniger betroffen war.

Tage vergingen, dann Wochen, doch die Identität des Jungen blieb ein Rätsel. Wei-ching hoffte, irgendein freundliches kinderloses Paar aus dem Dorf oder eins nur mit Töchtern werde sich erbieten, ihn zu adoptieren, aber niemand tat es, vielleicht wegen der Hungersnot oder weil der kleine Junge stumm war. Wei-ching hatte den

größten Teil seines Lebens allein verbracht, fern von allen irdischen Sorgen, und fürchtete, die Erziehung eines Jungen würde ihn von seinem Streben nach Erleuchtung abhalten, von seiner Suche nach dem Lachenden Sutra ganz zu schweigen. Dennoch konnte er den Gedanken nicht ertragen, das Kind in einem Waisenhaus zurückzulassen. »Vielleicht«, begann Wei-ching sich zu sagen, »ist es Buddhas Wille, daß ich für das Kind sorge.«
Als ein Monat vergangen war und Sheng-hui noch immer nicht sprechen konnte, begann Wei-ching zu fürchten, der Junge habe durch das Fieber einen bleibenden Schaden davongetragen. Der alte Mönch verzweifelte bei dem Gedanken, daß er, der eine solche Leidenschaft für das Lernen besaß, vielleicht den Rest seines Lebens damit zubringen mußte, für einen Schwachkopf zu sorgen. Um das zu verhindern, begann Wei-ching dem Jungen nachts laut Sutras vorzulesen, weil er hoffte, das werde seinem Gehirn möglicherweise einen Anstoß geben und es wecken.
In Wirklichkeit funktionierte Sheng-huis Gehirn bestens, doch immer wenn er zu sprechen versuchte, hatte er das Gefühl, als würden zwei unsichtbare Hände seine Kehle umklammern und fest zudrücken. Je mehr er sich bemühte, die Worte hinauszuzwingen, um so fester drückten die Hände zu, bis er kaum noch atmen konnte. Als die Wochen vergingen, verstand er jedoch immer mehr vom Dialekt des alten Mönchs, und die kleinen Arbeiten, die Wei-ching ihm im Tempel anwies, ließen ihn wieder zu Kräften kommen.
Unterdessen wuchs der Junge Wei-ching immer mehr ans Herz, was ihn sowohl freute als auch enttäuschte. Er wußte, daß man zur Erreichung des geistigen Ziels der Erleuchtung alle Bindungen an die Welt abschütteln mußte, vor allem seelische. Wenn er sich andererseits des Jungen erbarmte, erwarb er für sich damit mit größter

Sicherheit gutes Karma, so daß er im nächsten Leben eine entschieden bessere Chance haben würde, selbst wenn er es nicht schaffte, in diesem Leben Erleuchtung zu erlangen. Überdies brachten kleine Dinge Wei-ching unerwartete Freude, etwa mit anzusehen, wie gern der Junge aß oder mit der Katze spielte. Er bedauerte nur eins: Wenn er bedachte, wie arthritisch er schon jetzt war und wie viele Jahre vergehen würden, bevor das Kind für sich selbst sorgen konnte, würde er vermutlich nie die lange Pilgerreise machen können, die er schon seit so vielen Jahren plante.

Nach einiger Zeit jedoch begann Wei-ching die vage Hoffnung zu nähren, die Waise werde eines Tages die Reise für ihn machen. Mit diesem Hintergedanken im Kopf nannte er den Jungen Hsun-ching, was »Sucher von Sutras« bedeutet. Doch wie soll das Kind, überlegte sich Wei-ching, nur aufgrund eines zufällig erhaltenen Namens genügend Interesse an Sutras entwickeln, um den Wunsch zu haben, auf der Suche nach einer Schriftrolle auf die andere Seite der Erde zu reisen? Die meisten Menschen wußten diese Art religiöser Literatur erst in gereiftem Alter zu schätzen. Wei-ching erkannte, daß er nur eine Hoffnung hatte: Er mußte an etwas Allumfassenderes in dem Jungen appellieren als an einen Wunsch nach geistiger Erhöhung, nach einer Liebe zum Abenteuer. Zu diesem Zweck las Wei-ching dem Jungen abends keine Sutras mehr vor, sondern aus dem Buch *Reise in den Westen*, einem berühmten Roman über einen Mönch aus der Zeit der T'ang-Dynastie und dessen magischen Gefährten, die von China bis nach Indien wanderten, um buddhistische Texte aufzuspüren.
An einem regnerischen Abend las Wei-ching gerade ein besonders aufregendes Kapitel vor, in dem der magische Gefährte des Priesters, der Affenkönig, seine kriegeri-

schen Fähigkeiten einsetzen mußte, um einen furchterregenden Schweine-Dämon zu besiegen. Gerade auf dem Höhepunkt ihres Kampfes riß ein heftiger Windstoß die Tempeltür auf und blies die Lampe aus.

»Ich denke, der Kampf wird bis morgen warten müssen«, sagte Wei-ching und stand auf, um die Tür zu schließen. Plötzlich ertönte aus der Dunkelheit eine flehende zarte Stimme: »Aber gewinnt Affe?«

Wei-ching fuhr herum und starrte in die Richtung des Jungen. »Du hast gesprochen!« rief er fast. Hsun-ching war noch bestürzter als der alte Mann; die Worte waren einfach aus ihm herausgefallen. Er machte den Mund auf, um noch mehr zu sagen, aber die Worte wurden wie eine dichtgedrängte Menge von Männern, die in einem brennenden Gebäude aus einem einzigen Fenster zu entkommen versuchen und sich gegenseitig in Panik niedertrampeln. Er spürte, wie sich die unsichtbaren Hände wieder um seine Kehle legten, und brachte an jenem Abend kein Wort mehr hervor.

Im Verlauf der nächsten Wochen jedoch lockerten die unsichtbaren Hände ihren Griff, und Hsun-ching wurde, vielleicht weil er so lange stumm gewesen war, von Sprache wie besessen. Er redete unaufhörlich, meist in Form von Fragen nach dem Affenkönig, und als Wei-ching um etwas Stille und Ruhe bat, sprach der Junge einfach zu sich selbst. Es war eine bemerkenswerte Genesung, aber keine vollständige. Immer wenn Hsun-ching allzu aufgeregt wurde, begann er zu stottern und mußte sich erst beruhigen, bevor er wieder fließend sprechen konnte.

Da Hsun-ching jetzt reden konnte, versuchte Wei-ching nochmals herauszufinden, woher er kam, wie er von seiner Familie getrennt worden war und wer der seltsam aussehende Mann war, der ihn in den Tempel gebracht hatte. Wie sehr er auch wollte, Hsun-ching konnte auf keine dieser Fragen antworten; er konnte seine Mutter

deutlich vor sich sehen, ihr Haus und ihr Dorf, wußte aber nichts mehr über den Tag, an dem sie zu dem Wasserfall gewandert waren.
Wei-ching hielt es aber für ein gutes Omen, daß der Junge sich so für *Reise in den Westen* interessiert hatte. Wei-ching las jetzt nicht nur abends, sondern auch am Morgen aus dem Roman vor. Doch selbst das war Hsun-ching nicht genug; er wollte den ganzen Tag von Affe hören. Schließlich bettelte er, Wei-ching möge ihm das Lesen beibringen, damit er in der Lage sei, den Roman allein zu verschlingen. Diese Bitte entzückte den frommen Mönch, und er kehrte sofort zum Anfang zurück, damit Hsun-ching nach und nach die Schriftzeichen lernen konnte.
Aus Hsun-chings Sprach- wurde schnell eine Lesebesessenheit, um möglichst viel über Affe und seine Abenteuer zu erfahren. Wie sich herausstellte, besaß der Junge ein fast fotografisches Gedächtnis, so daß er schon nach wenigen Monaten genug Schriftzeichen kannte, um mehr als eine Seite am Tag zu lesen. Am Ende des Jahres konnte er allein lesen; er schlug die unbekannten Wörter in einem Wörterbuch nach und brauchte Wei-ching nur gelegentlich um Hilfe bitten.
An einem Tag im Herbst kehrte Wei-ching von seinem Kräutergarten zurück und fand Hsun-ching weinend mit dem Gesicht auf seiner Pritsche liegen. Er fragte den Jungen, was passiert sei, doch Hsun-ching war so aufgeregt, daß er nur stottern konnte. Wei-ching machte ihm etwas Chrysanthementee, der die Nerven beruhigt. Als Hsun-ching sich so weit beruhigt hatte, daß er den Grund für seine Traurigkeit erklären konnte, zeigte er auf das Fußende seines Betts, wo der zerlesene, vergilbte Roman lag, und stieß hervor: »Ich hab ihn z-z-zu Ende gelesen!«
Wei-ching war der Meinung, das sei eigentlich ein Grund zum Feiern, aber Hsun-ching hatte das Gefühl, als würde

die Welt untergehen. Keine Abenteuer mehr für Affe, keine Dämonen mehr, die er bezwingen, keine korrupten Beamten, die er zwicken, keine wilden Wüsten mehr, die er durchqueren würde. Was blieb da noch übrig?
Wei-ching erkannte, daß der Junge jetzt ein Gefühl für seine Leistung brauchte, um das Gefühl des Verlusts auszugleichen. Er tätschelte ihm die Schulter. »Du hast dein erstes Buch beendet. Das ist ein sehr wichtiger Augenblick. Um aber zu zeigen, daß du nun soweit bist, auch andere Bücher zu lesen, mußt du tun, was alle großen Gelehrten tun, wenn sie mit ihren ersten Büchern fertig sind.«
»W-was tun d-die denn?« fragte Hsun-ching.
Wei-ching streckte sich, um etwas förmlicher zu wirken, und sagte ernst: »Du mußt zeigen, daß du verstehst, was du gelesen hast. Du mußt mir die Geschichte mit deinen Worten erzählen. Traust du dir das zu?«
»A-a-aber … du kennst die Geschichte doch schon«, protestierte Hsun-ching.
»Darauf kommt es nicht an! Ich will wissen, ob *du* die Geschichte kennst!« entgegnete Wei-ching. »Deine Nacherzählung sollte vollständig sein, und du kannst dir soviel Zeit lassen, wie du magst. Bist du bereit?«
Hsun-ching richtete sich auf und wischte sich das Gesicht am Ärmel ab. Die alte weiße Katze sprang auf seinen Schoß und schnurrte laut, was ihn etwas aufmunterte, und er begann sich auf das erste Kapitel des Romans zurückzubesinnen, das er vor fast zwei Jahren gelesen hatte. Er empfand freudige Erregung, als er sich an die Geschichte von Affes Geburt erinnerte.
»D-der Name des Buchs ist *Reise in den Westen*«, fing er an. »Es handelt von Sun Wu-k'ung, dem Affenkönig der …«
»Nein, nein, es handelt von dem Buddhistenmönch Hsüan-tsang!« unterbrach ihn Wei-ching. »Er ist die Hauptfigur des Buchs!«
»Es ist m-m-mein Be-Bericht«, sagte Hsun-ching, senkte

den Kopf und begann zu stottern. Wei-ching entschuldigte sich, bat den Jungen, sich zu beruhigen, und ließ ihn fortfahren.

»D-der Affenkönig wurde vor mehr als zweitausend Jahren aus einem steinernen Ei ausgebrütet. Er war ein Affe aus Stein, aber genauso klug wie ein Mann, und er konnte sprechen. Außerdem w-war er sehr stark und tapfer. Er wurde König einer Gruppe gewöhnlicher Affen und führte sie zu einem magischen Ort, dem Berg der Blumen und Früchte, wo sie jahrelang lebten und spielten.

Nach einiger Zeit langweilte es Affe, immer nur in den Bäumen herumzuturnen und Tag für Tag Obst zu essen, so daß er den Berg verließ, um einen berühmten taoistischen Meister zu finden, der ihm magische Geheimnisse beibringen konnte. Affe fand diesen Mann und wurde sein bester Schüler. Er l-lernte, wie man Purzelbäume über Wolken macht, wie man sich in jedes Tier oder jeden Gegenstand verwandelt, der man sein möchte, und wie man aus Geisteraffen eine Armee macht, indem er einige seiner Stühle hervorzog, sie zerkaute und die Stücke dann in die Luft blies! Jedes Stück wurde zu einem winzigen Soldaten.

Als Affe seine Ausbildung beendet hatte, reiste er unter dem Ozean zum Palast eines D-D-Drachenkönigs, der eine große Sammlung magischer Waffen besaß. Affe ging dorthin und fand einen riesigen Stab, die Goldene Wünschelrute, die dreizehntausendfünfhundert Pfund wog. Er nahm sie in die Hand, als wöge sie nichts. Dann fand er heraus, warum sie ›Wünschel‹-Rute hieß – als er erwähnte, daß sie zu lang sei, um herumgetragen zu werden, wurde sie mir nichts, dir nichts so klein wie eine Nähnadel! Affe steckte sie sich hinters Ohr und verkündete dem Drachenkönig, er wolle sie behalten. Als der Drachenkönig nein sagte, sch-sch-schlug Affe ihn mit

dem Stab auf den Kopf und sagte ihm, er solle zu seinen Gästen nicht so knauserig sein!
Dann begab er sich in den Himmel, wo er einfach in den Palast des Jade-Kaisers hineinspazierte, alle Pfirsiche der Unsterblichkeit aufaß und ein wichtiges Fest für hochgestellte Unsterbliche verdarb! Er h-hatte vor keinem von ihnen Angst!
Danach nannte er sich ›Großer Weiser, dem Himmel gleich‹. Das machte den Jade-Kaiser sehr böse – er schimpfte Affe einen eingebildeten Affen! Und er schickte eine ganze Armee himmlischer Krieger zur Erde, um Affe zu bestrafen. A-a-aber Affe war ein so guter Kämpfer, daß er sie alle verprügelte und sie weinend zum Himmel zurückkehrten.
Schließlich lud Buddha Affe in den Himmel ein, wo er ihn auf die Probe stellen wollte. Er sagte zu Affe: ›Wie ich höre, kannst du über große Entfernungen hinweg Purzelbäume über die Wolken schlagen. Ich glaube aber nicht, daß du auch nur aus meiner Handfläche springen kannst! Wenn du das kannst, werden wir dir den Palast des Jade-Kaisers geben. Wenn du es aber nicht schaffst, werden wir d-d-dich einsperren!‹ Affe erwiderte: ›Das schaffe ich leicht!‹ Buddha streckte die Hand aus und befahl Affe, es zu beweisen. Affe hüpfte auf seine Hand, machte einen seiner Purzelbäume und sprang mehr als fünfzigtausend Kilometer weit. Als er landete, befand er sich am Fuß einer großen Bergkette, die fünf rosafarbene Berge besaß. Um zu beweisen, daß er dort gewesen war, p-p-pißte er auf einen der Berge und hüpfte dann fünfzigtausend Kilometer zurück und landete direkt auf der Handfläche des B-B-Buddha!
Aber da wurde der Buddha wütend und schrie: ›Du blöder Affe! Du bist nirgendwo hingesprungen! Du bist nie von meiner Hand weggekommen.‹ Er zeigte auf die Wurzel einer seiner Finger, wo Affe eine winzige Pfütze aus

Pisse sah! Bevor Affe etwas sagen konnte, wurde Buddhas Hand riesig und schloß sich um Affe, und dann warf Buddha Affe in ein B-B-Berg-g-g-gefängnis!

Affe blieb mehr als fünfhundert Jahre dort, und alles, was er zu essen hatte, war Eisenschrot! Schließlich erklärte Buddha, er werde Affe gehen lassen, aber nur, wenn Affe eine gute Tat vollbringe.«

»Und was war das für eine Tat?« fragte Wei-ching, dankbar, daß sie endlich am wesentlichen Teil der Geschichte angelangt waren.

»A-A-Affe sollte Hsüan-tsang bei seiner Reise nach Indien beschützen.«

»Und wer war Hsüan-tsang? Woher kam er?« fragte Wei-ching.

»Er war ein berühmter Mönch. Noch bevor er geboren wurde, tötete ein schlechter Mann seinen Vater und heiratete seine Mutter. Als Hsüan-tsang geboren wurde, wollte der schlechte Mann ihn umbringen, denn er sagte, es sei nicht sein Baby. Da legte die Mutter das Baby in ein kleines Boot und setzte es in der Hoffnung, daß jemand es finden und sich um ihr Kind kümmern würde, in einen Fluß. Das Baby trieb den Fluß hinunter, und ein Mönch fand es, so daß er in einem Tempel aufwuchs. Etwa so wie ich jetzt.«

»Ja.« Wei-ching lächelte. »Etwa so wie du. Und was passierte dann?«

»D-dann wurde er erwachsen und ein berühmter Mönch und beschloß, mit Affe nach Indien zu reisen«, antwortete Hsun-ching und ging schnell über das hinweg, was er für den langweiligsten Teil der Geschichte hielt. »Das Problem war nur, Hsüan-tsang war eine H-H-Heulsuse! Sie mußten in Wüsten und Bergen die verschiedensten gefährlichen Orte durchqueren, wo es Massen von Dämonen gab. Wann immer die Monster aber angriffen, fing er einfach nur an zu weinen und gab auf, so daß Affe ihn immer wieder retten mußte. Das erste Monster, mit dem er kämpfte, war …«

»Schon gut«, unterbrach Wei-ching erneut, »von all den Monstern brauchst du mir nicht zu erzählen. Wie ist es mit ihrer Pilgerreise nach Indien – was taten sie, als sie dort ankamen?«

Hsun-ching machte einen Schmollmund. »Die M-m-monster sind aber das Beste von allem.«

»Ja, natürlich«, seufzte Wei-ching, »doch von denen kannst du mir ein andermal erzählen. Heute würde ich gern wissen, wie die Geschichte endete.«

»Na sch-schön«, fuhr der Junge fort, »sie kamen schließlich nach Indien, wo Buddha Hsüan-tsang all diese Sutras gab. Dann reisten sie wieder nach China, und Affe kehrte in den Himmel zurück. B-B-Buddha verzieh ihm, und heute lebt Affe dort mit den anderen Unsterblichen, und er kann bis in alle Ewigkeit tun, w-w-was ihm gefällt!«

Wei-ching war enttäuscht, daß sich Hsun-ching für den Märchencharakter des Affenkönigs soviel mehr zu interessieren schien als für die historische Gestalt Hsüan-tsangs und dessen heilige Mission. Trotzdem nickte er zustimmend und fragte dann erwartungsvoll: »Und wie fühlst du dich, nachdem du dieses Buch gelesen hast? Würdest du eines Tages gern wie Hsüan-tsang sein und so eine große Reise machen wollen?«

Rot vor Aufregung erwiderte Hsun-ching atemlos:

»N-N-ein! Hsüan-tsang war ein Sch-sch-schwächling! Ich möchte wie A-Affe sein und M-monster töten!«

Nach diesem Tag begann Wei-ching, Hsun-ching klassisches Chinesisch beizubringen. So, dachte er sich, werde das Verlangen des Jungen, Monster zu töten, nach und nach einem Verlangen weichen, alte Bücher zu lesen. Hsun-ching zeigte keine große Begeisterung für diese strenge Sprache, lernte sie gleichwohl mit erstaunlicher Schnelligkeit.

Als Hsun-ching neun war, hatte er schon manches an Poesie und Geschichte gelesen und sogar einiges aus den *Erörterungen und Gesprächen* des Konfuzius. Wei-ching bemühte sich auch, ihn durch ein paar der wichtigeren Sutras zu führen, doch Hsun-ching fand sie hoffnungslos langweilig. Wei-ching mußte sich irgendwann eingestehen, daß der buddhistische Kanon kaum dazu angetan ist, auf kleine Jungen reizvoll zu wirken, und so verschob er diesen Teil von Hsun-chings Erziehung auf später. Statt dessen grub er in seiner Büchersammlung eine alte englischsprachige Fibel aus, die er sich vor Jahren einmal in Nanking gekauft hatte, und sagte dem Jungen, er solle sich selbst Englisch beibringen. Er war inzwischen überzeugt, das Karma habe Hsun-ching als denjenigen benannt, der die Pilgerreise machen sollte; er war wie durch ein Wunder vor dem sicheren Tod gerettet und dann von einem buddhistischen Mönch großgezogen worden, genau wie Hsüan-tsang vor mehr als tausend Jahren, und außerdem war er durch den Roman über Hsüan-tsangs Reise nach Indien zum Sprechen gebracht worden. Überdies hatte Hsüan-tsang seiner offiziellen Biographie zufolge lange Ohrläppchen gehabt, und Hsun-ching teilte diese körperliche Besonderheit mit ihm. Es wäre eine unverzeihliche Sünde, wenn Wei-ching nicht alles in seinen Kräften Stehende tat, um Hsun-ching darauf vorzubereiten, dem Beispiel des T'ang-Mönchs zu folgen. Und da Hsun-chings moderne Pilgerfahrt ihn nach Amerika bringen würde, war es sinnvoll, ihn zu ermutigen, Englisch zu lernen.

Als Hsun-ching am Ende der Fibel angelangt war, beschloß Wei-ching, mit ihm nach Kun-ming zu fahren, der Hauptstadt der Provinz Yunnan, wo sie etwas fortgeschrittenere englische Bücher finden konnten. Außerdem wäre das für

Hsun-ching eine gute Gelegenheit, aus dem Wald herauszukommen und die Welt zu sehen. In ihren fünf gemeinsamen Jahren hatten sie viele Wanderungen zu den nahe gelegenen Dörfern unternommen, um Lebensmittel und Vorräte zu kaufen, aber Hsun-ching hatte dabei nie mehr als ein paar Dutzend Menschen auf einmal gesehen.
Angetan mit ihren besten safranfarbenen Kleidern, packten sie etwas zu essen ein und machten sich auf den Weg zu der nächstgelegenen Stadt mit einer Busstation, die sich etwa zweiunddreißig Kilometer westlich ihres Tempels stromaufwärts befand.
Nach mehreren Stunden kamen sie an eine Biegung und entdeckten einen Wasserfall. Wei-ching lächelte. »Dies ist der Drachenatem-Wasserfall, weil der Gischt, der durch den Fall aufgewirbelt wird, wie Dampf aus dem Maul eines Drachen aussieht.« Wei-ching stellte sich vor, wie atemberaubend der Anblick auf jemanden wirken mußte, der den Wasserfall noch nie gesehen hatte, aber der Junge war eher blaß und mißmutig.
»Was ist los?« fragte Wei-ching. Hsun-ching zuckte nur mit den Schultern, und so begaben sie sich auf den Pfad zurück und nahmen ihre Wanderung wieder auf.
Um an den oberen Rand des Wasserfalls zu gelangen, mußten sie eine gefährliche Treppe hinaufklettern, die direkt aus der Seite des Felsen herausgehauen worden war. Als sie schließlich oben ankamen, schlug Wei-ching vor, am Rand des Wasserfalls eine kleine Rast einzulegen, um den Ausblick zu genießen. Hsun-ching schien nicht abgeneigt, doch kaum kamen sie in die Nähe des Wasserfalls, wurde ihm übel, so daß sie schließlich in dem nahe gelegenen Bambushain Rast machten.
In jener Nacht kampierten sie im Freien unter den Sternen auf einer grasbewachsenen Lichtung. Nach einer guten Mahlzeit aus Reisbrei, den sie in den Blättern von Plantain-Bananen dämpften, legten sie sich auf den Rücken

und besprachen, was sie in Kun-ming tun und sehen würden. Als Wei-ching schon längst eingeschlafen war, lag Hsun-ching noch wach. Er dachte an den Wasserfall; etwas daran kam ihm vertraut vor, aber er konnte sich nicht erinnern, was es war.

V

Am nächsten Morgen gingen sie früh los und erreichten Shao-yang kurz nach Tagesanbruch. Dort lebten mehr als dreitausend Menschen, und fast alle waren schon unterwegs, fuhren mit dem Rad zur Arbeit, zogen riesige Karren oder kehrten mit Gemüse und Fisch beladen vom Markt zurück. An einer Straßenkreuzung waren zwei Fahrräder zusammengestoßen, und eine große Menschenmenge versammelte sich, um die beiden gestürzten Radfahrer streiten zu sehen.

Die Busstation war in Wirklichkeit nichts weiter als ein schlammiger Parkplatz. Wei-ching kaufte die Fahrkarten bei einer alten Frau, die auf einem Bambusstuhl hockte. Sie sagte ihnen, der Bus nach Kunming fahre erst in einer Stunde, und so wanderten sie durch die Stadt, um irgendwo zu frühstükken. Auf dem Markt fanden sie einen Stand, an dem es Sojabohnenmilch und *yut'iao* gab, was so etwas wie ein Doughnut ist.

»Paß auf«, sagte Wei-ching, der sein *yut'iao* mit einem Stück Zeitungspapier festhielt, damit ihm das heiße Öl nicht die Finger verbrannte. Er tauchte das Ende in die kalte Sojamilch und nahm dann einen herzhaften Bissen. »So mußt du es machen«, meinte er, als er es hinuntergeschluckt hatte, »dann bekommst du Heißes und Kaltes, Festes und Flüssiges auf einmal. Das bringt Gegensätze ins Gleichgewicht und fördert die Verdauung.«

Hsun-ching hatte noch nie ein so leckeres Frühstück genossen. Er folgte Wei-chings Anweisungen und tauchte das *yut'iao* in die Milch, aber kaum hatte er ein Ende im Mund, stopfte und kaute er einfach weiter, bis das Ganze mit einem letzten großen Bissen verschwand. Wei-ching mußte lachen; mit den Wangen voller Teig und vor Erregung weit aufgerissenen Augen sah Hsun-ching eher wie ein ausgehungertes Eichhörchen aus als wie ein junger Mönch.

Als der Bus Nummer vier nach einer holperigen siebenstündigen Fahrt in Kun-ming ankam, standen Wei-ching und Hsun-ching steifbeinig auf und humpelten aus dem Fahrzeug. Es hatte im Bus auch nicht annähernd genug Sitzplätze für alle gegeben, so daß Hsun-ching und Wei-ching sich auf den Boden hatten setzen müssen, auf dem Schoß Körbe voller Obst. Das war zwar unbequem, doch einige hatten die ganze Fahrt über stehen müssen.

Nachdem sie erst einmal die Steifheit aus den Gliedern geschüttelt hatten, nahm Hsun-ching zunächst die Stadt in Augenschein. Geschwungene Ziegeldächer, hübsche Teakholzbalkons, die von den alten Häusern an den Straßen herausragten, und die ehrwürdige, uralte Mauer, welche die Stadt umgab – all das glühte in der bleichen Farbe des Sonnenuntergangs und machte Hsun-ching sprachlos vor Bewunderung. »Laß uns etwas Ausländisches essen«, sagte Wei-ching und unterbrach die Träumerei des Jungen. Er zeigte auf ein Lehmhaus, auf ein Lokal mit drei Tischen, das sich als französisches Restaurant anpries.

Die Franzosen hatten 1921 von ihrer Kolonie in Indochina eine Bahnlinie nach Kun-ming gebaut und viele Jahre lang eine Gemeinde von Missionaren und Bergbauingenieuren in der Stadt unterhalten. Nach 1949 hatten die Franzosen wie die meisten westlichen Ausländer China verlassen müssen, doch sie ließen ein gutes Hotel zurück, ein paar großartige Rezepte und die besten Konditoreien ganz Chinas. Oberkellner, Kellner, Küchenchef und Geschäftsführer dieses bescheidenen Etablissements war ein Mann namens Kuei, der von sich behauptete, in den zwanziger und dreißiger Jahren in dem französischen Hotel gearbeitet zu haben.

Küchenchef Kuei sagte nicht, welche Stellung er in dem französischen Hotel gehabt hatte, doch mit der Zubereitung von Speisen hatte sie offensichtlich wenig zu tun gehabt. Er servierte den beiden Mönchen eine wäßrige chinesische Suppe, ein paar Scheiben Dosenschinken aus Yunnan und dann ein Hauptgericht, einen gedämpften Fisch voller Gräten. Er wurde ohne Kopf oder Schwanz serviert, was der Küchenchef begeistert »nach französischer Art« nannte. Nach dem Essen ließ er sie einen Brandy aus der Gegend probieren. Hsun-ching schaffte es nicht, ihn auszutrinken, aber Wei-ching erklärte ihn für fabelhaft.

Dem Küchenchef, der nach mehreren Gläsern des Brandys schon ein ziemlich gerötetes Gesicht hatte, teilten sie mit, sie seien nach Kun-ming gekommen, um für Hsun-ching englische Lehrbücher zu kaufen. Der alte Mann sagte: »Kein Problem! Die Fremdsprachige Buchhandlung liegt ein Stückchen weiter unten an der Straße, wo die Straße der Befreiung den Boulevard der Breiten Massen kreuzt.«

Wei-ching zuckte zusammen. »Das sind doch keine richtigen Straßennamen, oder?« fragte er. Der Küchenchef legte den Finger an die Lippen, womit er Wei-ching zu erkennen gab, er solle nicht so laut sprechen, rollte mit seinen blutunterlaufenen Augen und nickte resigniert mit dem Kopf. Und dann, als hätte er es plötzlich eilig, ihren Tisch für andere Gäste frei zu machen, gab er den beiden Mönchen die Adresse eines Wohnheims, in dem sie preiswert übernachten könnten.

Als sie sich für die Nacht fertiggemacht hatten, sagte Hsun-ching, daß ihn etwas bedrücke. »Meister – ich habe gedacht, buddhistische Mönche würden nie Fleisch essen oder trinken, aber heute abend hatten wir Fisch, Schinken und Alkohol. Was wird jetzt mit uns passieren?«

Wei-ching stocherte kurz in den Zähnen und antwortete dann: »Es ist wahr, daß wir weder Fleisch essen noch Alkohol trinken sollten. Doch noch wahrer ist, daß ein Buddhist Mitgefühl zeigen muß. Dieser Mann mußte uns eine gute Mahlzeit bereiten, um sich davon reinzuwaschen, daß er sein Leben lang die Religion vernachlässigt hat. Wenn wir uns geweigert hätten, hätten wir ihn daran gehindert, eine fromme Tat zu tun und sich ein Verdienst zu erwerben. Wie du siehst, haben wir uns also vorübergehend beschmutzt, damit er gereinigt wird.«

Am nächsten Tag gingen sie zu der Fremdsprachigen Buchhandlung und kauften mehrere englische Lehrbücher, ein paar englische Romane, ein großes Englisch-Chinesisches Wörterbuch und einen Taschenweltatlas mit Dutzenden von Karten. Nachdem sie so das Wichtigste erledigt hatten, verbrachten sie den Rest des Tages damit, die Stadt zu besichtigen, und nahmen dann einen Bus zu

einem buddhistischen Tempel außerhalb der Stadt. Sie meldeten sich bei dem stellvertretenden Abt und stellten sich dann schweigend in die Schlange der anderen Mönche, die sich in den Speisesaal des Tempels begaben.
Der Abt sang eine Zeitlang stehend Gebete und schlug dann mit einem Hammer auf einen großen hölzernen Tisch. Das war das Signal an alle, sich hinzusetzen und zu essen. Hsun-ching wandte sich an Wei-ching und fragte: »Warum spricht denn keiner?«, aber Wei-ching trat ihm gegen das Schienbein und gab ihm so zu verstehen, er solle den Mund halten. Die Mönche aßen schnell, denn sie glaubten, daß ein Mönch mit der Befriedigung irdischer Bedürfnisse sowenig Zeit wie möglich zubringen sollte, und so schienen alle gleichzeitig mit dem Essen fertig zu sein. Der Abt stand auf, schlug erneut auf den hölzernen Tisch und führte die Mönche dann in einem stummen Marsch zurück in die Meditationshalle.
Kerzenschein und Weihrauch erfüllten die Halle, als die Mönche auf kleinen rechteckigen Matten auf dem Fußboden Platz nahmen. Hsun-ching sah sich um und betrachtete staunend all die Skulpturen von Gottheiten, Bodhisattwas, Dämonen und von Buddha selbst. Er hatte noch nie solche naturgetreuen Statuen gesehen, und als der Singsang begann und alle Anwesenden in der Halle in Trance zu versinken schienen, erwartete Hsu-ching fast, daß die hölzernen Figuren zum Leben erwachten. Während des ersten Gesangs glitt eine weitere Gruppe von Mönchen lautlos herein und nahm am hinteren Ende der Halle Platz. Hsun-ching dachte, daß irgend etwas an diesen Mönchen merkwürdig aussah; als sie die Münder öffneten, um sich dem Sprechgesang anzuschließen, erkannte er, daß es gar keine Mönche waren, sondern Nonnen. Da sie wie Mönche rasierte Köpfe hatten und schwere Gewänder trugen, hatte er es ihnen nicht gleich ansehen können.

Dann läutete der Abt eine riesige Glocke, und Hsun-ching legte sich blitzschnell die Hände auf die Ohren, denn er dachte, die Trommelfelle würden ihm platzen. Einen derart vollen, durchdringenden Ton hatte er noch nie gehört, und er erschreckte ihn. Doch als die Nonnen zu singen begannen, diesmal allein, nahm er die Hände weg und ließ sich von den hellen, hohen Stimmen beruhigen. Als der Abt das nächstemal die Glocke läutete, war Hsun-ching besser darauf vorbereitet und hatte das Gefühl, als würde ihn der Ton mit Kraft erfüllen. Er blickte zu Wei-ching hinüber und sah, daß dieser mit geschlossenen Augen und einem feinen Lächeln um den erstarrten Mund lauschte. Nach einiger Zeit schloß auch Hsun-ching die Augen und ließ seine Gedanken während des Gesangs der Nonnen wandern. Er erinnerte sich kaum noch an seine Mutter, aber die Stimmen der Nonnen ließen etwas davon ahnen, wie sie bei der Arbeit auf den Feldern gesungen hatte.

Die Reise nach Kun-ming war ein voller Erfolg, doch bei ihrer Rückkehr erwartete sie eine schlechte Nachricht. Die weiße Katze, die Hsun-ching so liebgewonnen hatte, war nicht mehr da. Zunächst dachten sie, sie sei bei einem ihrer Jagdausflüge einfach etwas weiter gewandert als gewöhnlich, aber nach einer Woche mußten sie sich resignierend eingestehen, daß sie vielleicht selbst einer Eule oder einem verwilderten Hund zum Opfer gefallen war. Hsun-ching war ganz erschüttert, und auch Wei-ching empfand den Verlust schmerzlich – fast zehn Jahre lang hatte die Katze gute Arbeit geleistet und seine Schriftrollen vor Nagetieren geschützt. Um den Jungen zu trösten, hielt Wei-ching unten am Fluß eine würdige Trauerfeier für die Katze ab. Als er damit fertig war, sagte er: »Es gibt ein Gedicht, das zu diesem Anlaß paßt. Es wurde in der Zeit der Sung-Dynastie von dem Dichter Mei Yao-ch'en

geschrieben und trägt den Titel ›Ein Opfer für die Katze‹. Soll ich es dir mal vortragen?«
Hsun-ching nickte. Wei-ching blickte über den Fluß hinaus, schloß die Augen und rezitierte aus dem Gedächtnis:

»Seit ich meine Katze Fünfmal Weiß im Haus hatte,
ließen die Ratten meine Bücher in Ruhe.
Heut morgen ist Fünfmal Weiß gestorben.
Meine Dankopfer sind Reis und Fisch,
ich bestatte dich im Fluß
und singe aus den Sutras
– nie würde ich dich kränken.

Du hattest einmal eine Ratte gefangen,
die quiekend in deiner Schnauze zappelte.
Du ranntest mit ihr im Garten herum.
Du dachtest dir, das jagt den anderen Ratten
vielleicht Angst ein und hält sie vom Haus fern.

Wenn wir an Bord gingen,
teiltest du die Kabine mit uns;
obwohl wir nur magere Rationen hatten,
aßen wir sie ohne Angst vor Rattenkot
und Nagespuren – weil du so fleißig warst.
Weit mehr als die Schweine und Hühner.

Die Leute prahlen gern mit ihren Hengsten;
sie sagen, nichts lasse sich
mit einem Pferd oder einem Esel vergleichen
– genug! Ich möchte nicht darüber streiten,
sondern nur ein wenig um dich weinen.«

Nicht lange danach begann Hsun-ching, im Eiltempo die englischen Lehrbücher durchzuarbeiten. Nach einem Jahr konnte er schon *Tom Sawyers Abenteuer* lesen und brauchte nur gelegentlich ins Wörterbuch zu blicken. Die dramatische Jagd in der Höhle liebte er besonders, denn sie erinnerte ihn an die Art von Situationen, in die Affe geriet.

Inzwischen hatte sich Wei-chings Arthritis verschlimmert, aber da Hsun-ching älter wurde, konnte er für sie beide den größten Teil des Kochens, Saubermachens und der Landarbeit übernehmen. Er war jetzt zehn Jahre alt und handelte in den meisten Dingen wie ein Erwachsener. Wei-ching begann sich zu überlegen, daß der Junge in nur wenigen Jahren alt genug sein würde, seine Pilgerreise nach Amerika zu machen, wenn er wollte. Im Dezember 1966 besuchten jedoch die Roten Garden ihren Tempel, und Hsun-chings Leben änderte sich zum zweitenmal mit einem Schlag.

An jenem Tag war Hsun-ching zu dem flußabwärts gelegenen Dorf gegangen, um Salz und Sojabohnen zu kaufen. Bei seiner Rückkehr war es draußen bereits dunkel, so daß er schon aus weiter Ferne das riesige Feuer sehen konnte. Er ließ seine Pakete fallen und begann zu laufen. Er hörte Menschen rufen und ging davon aus, daß sie dabei waren, das Feuer löschen zu helfen. Aber als er den Tempel erreichte, fand er Wei-ching mit auf dem Rücken gefesselten Händen vor, umgeben von einer Gruppe Heranwachsender in Armeeuniformen und knallroten Halstüchern. Sie zwangen Wei-ching, mit gesenktem Kopf niederzuknien, wobei sie ihn anschrien und anspien, während eine kleinere Gruppe darauf achtete, daß Wei-chings Schriftrollen, die sie auf der Erde aufgehäuft hatten, gleichmäßig brannten. Hsung-ching drängte sich durch die Gruppe und rannte zu Wei-ching.

Ein junger Mann mit gerötetem Gesicht und einem Gewehr, anscheinend der Anführer der Revolutionäre, rief: »Du willst den alten Mann vor der revolutionären Gerechtigkeit schützen? Weißt du denn nicht, daß das ein konterrevolutionärer Akt ist und ein Verbrechen dazu?«

Hsun-ching sagte nichts, umfaßte Wei-ching aber noch fester. Das machte den jungen Mann mit dem Gewehr wütend, und er schlug Hsun-ching mit dem Gewehrkolben auf den Kopf.
Als Hsun-ching aufwachte, waren seine Hände auf dem Rücken gefesselt, und am Hinterkopf spürte er das schmerzende Pochen einer Beule. Ihm war auch übel, doch dann übergab er sich und fühlte sich besser. Er richtete sich unter Schmerzen und mit Mühe auf und sah, daß er Gefangener der Gruppe junger Leute war, die am Abend zuvor Wei-chings Bücher verbrannt hatten. Der junge Mann mit dem Gewehr kam zu ihm herüber, als er bemerkte, daß Hsun-ching bei Bewußtsein war. »Du lebst also noch – du hast Glück! Wenn du gestehst, wird man dir vielleicht erlauben, Rotgardist zu werden und dich der Großen Proletarischen Kulturrevolution anzuschließen!«
»Was ist das?« fragte Hsun-ching.
»Reaktionäres Schwein! Du weißt es nicht einmal? Wir sind die Wahren Soldaten des Vorsitzenden Mao und folgen seinem Befehl, im ganzen Land Revolution zu machen, um das bürgerlich-kapitalistisch-reaktionäre Denken zu Fall zu bringen und überall die feudalen konterrevolutionären Kräfte zu zerschmettern!«
Bei Tageslicht sah Hsun-ching, daß dieser junge Mann nicht älter als sechzehn Jahre sein konnte. »W-warum habt ihr die B-B-Bücher des Meisters ver-verbrannt?« fragte er.
Der junge Mann warf ihn grob zu Boden. »In der Neuen Gesellschaft gibt es keine Meister! Nur Genossen! Ich will hören, daß du es sagst, du Hund! Sag ›Genosse‹!«
Hsun-ching versuchte verzweifelt, das Wort »Genosse« zu sagen, doch er war so aufgeregt, daß er es nicht herausbrachte.
»Alle Spuren des Feudalismus müssen getilgt werden!«

schrie der Rotgardist. »Nieder mit den Konterrevolutionären, und lang lebe der Vorsitzende Mao! Alte Bücher, alte Religionen, alte Bilder, alte Gebäude, alte Statuen, altes Denken – all das muß bei der Revolution zerstört werden!«

Ein Haufen von Kindern verbrennt die Bücher des Meisters und spuckt ihn an! dachte Hsun-ching, und das ließ ihn vor Zorn dunkel anlaufen. Er wünschte, er wäre größer, um sie alle totzuschlagen, doch er wurde in seinen Rachegedanken unterbrochen, als ihm aufging, daß Wei-ching nirgends zu sehen war. »He«, schrie er die Revolutionäre an, »w-wo ist mein G-G-Genosse?«

Der Anführer der Wahren Soldaten kam wieder zu Hsun-ching herüber, zwang sich das Lächeln vom Gesicht und ersetzte es durch einen Ausdruck entschlossenen Eifers. »Gut. Du bist dabei zu lernen. Von jetzt an wirst du alle Bürger des Neuen China mit ›Genosse‹ anreden! Merk dir das!«

»Ist er hier?« fragte Hsun-ching. Der junge Mann lächelte höhnisch. »Was bist du eigentlich, eine Heulsuse? Vermißt du einen alten Mann wirklich so sehr? Nein, er ist nicht hier! Er ist ein Produkt der Alten Gesellschaft, und dem kann niemand mehr helfen! Er kann kein Kleiner Rotgardist sein! Vergiß ihn! Du hast ihn hinter dir gelassen! Du hast ein neues Leben als Revolutionär begonnen!«

»G-g-geht es ihm gut?« wollte Hsun-ching wissen.

»Ja, er ist am Leben. Er hat ein volles Geständnis seiner Verbrechen abgelegt. Aber ich kenne diesen Typ – er hat nur die Worte gesprochen und nichts davon gemeint! Er ist ein Bourgeois, ein Intellektueller, ein Parasit, der sich vom Blut der Massen ernährt! Und er läßt den Aberglauben fortbestehen, um die Menschen dumm zu halten, damit sie passiv bleiben! Hat er dich mit altmodischen Gedanken vollgestopft? Laß dir ja nicht einfallen zu lügen, denn sonst wirst du dafür bezahlen!«

Hsun-ching starrte auf die Erde. »Er h-hat mir Lesen und Schreiben beigebracht.«

»Soso! Die Massen brauchen all diesen intellektuellen Mist aber nicht!« kreischte der Junge. »Kapiert?« Hsun-ching antwortete nicht, und so trat ihm der junge Mann ins Gesicht. Hsun-ching glaubte, ihm würde der Kopf platzen, schaffte es aber zu sagen: »Ja ... ja!«, was den anderen davon abhielt, ihn weiter zu treten.

»Gut«, sagte der Kleine Rotgardist. »Wenn du also willst, daß der alte Mann am Leben bleibt, wirst du mit uns kommen und uns dabei helfen, Revolution zu machen. Wir sind auf allen Seiten von reaktionären und konterrevolutionären Gruppen umgeben, so daß wir mehr Genossen brauchen, die uns dabei helfen, die wahren Weisungen des Großen Vorsitzenden Mao zu verteidigen. Wenn du mit uns kommst und mit uns zusammenarbeitest, werden wir den alten Mann am Leben lassen. Aber wenn du uns Schwierigkeiten machst oder versuchst, zu deinem alten Meister nach Hause zu laufen, werden wir dir dorthin folgen und ihn vor deinen Augen töten – hast du verstanden?«

Hsun-ching nickte. Tränen liefen ihm über die Wangen, aber er weigerte sich, auch nur einen Laut hören zu lassen, und schwor, Rache zu üben, selbst wenn er damit warten müßte, bis er erwachsen war.

VI

Ende 1966, zu Beginn der Kulturrevolution, wurden die Roten Garden dazu angespornt, ganz China zu durchstreifen, um »Revolution zu machen« und auch sonst die Atmosphäre des Aufruhrs aufrechtzuerhalten, die Mao brauchte, um seine politischen Gegner zu Fall zu bringen. Die Roten Garden fuhren kostenlos mit der Bahn und konnten so gut wie jederzeit und überall Kost und Logis für sich verlangen. Hsun-ching und die Wahren Soldaten des Vorsitzenden Mao fuhren auf der Suche nach Konterrevolutionären in dem ländlichen Yunnan meist auf den Ladeflächen von Lastwagen herum. Etwa einen Monat nachdem Hsun-ching sich ihnen angeschlossen hatte, verkündete ihr Anführer, der Li Shu-men hieß, sie würden sofort zu einer »revolutionären Pilgerfahrt« aufbrechen.

Erst würden sie nach Ch'ang-sha fahren, um das Elternhaus des Vorsitzenden Mao zu besuchen, dann weiter nach Peking, wo es eine Massenversammlung der Roten Garden geben werde, bei der der Vorsitzende Mao persönlich erscheinen wolle.

Erster Aufenthalt der Wahren Soldaten war Kun-ming. Ihr Zug nach Ch'ang-sha fuhr erst am nächsten Tag, und so schlug Li Shu-men vor, sie sollten ein paar Stunden Revolution machen. Sie begaben sich zu einer Schule, aber dort waren schon andere Rotgardisten gewesen, die sämtliche Fensterscheiben eingeschlagen hatten, so daß kaum noch etwas zu tun blieb. Dann fuhr ein Lastwagen mit mindestens fünfzig Rotgardisten vorbei, die mit Hacken, Knüppeln, Hämmern und ein paar Gewehren bewaffnet waren. »Geht doch zum Tempel des Reinen Landes«, riefen sie den Wahren Soldaten zu, »wir wollen da endlich aufräumen!«

Als Hsun-ching dies hörte, traf es ihn bis ins Mark, denn das war der Tempel, den er und Wei-ching vor weniger als einem Jahr besucht hatten. Er sagte aber nichts. In den Wochen, die er mit Li und dessen Anhängern verbracht hatte, hatte er miterlebt, wie sie Lehrer aus Schulen herausgeschleift und ohne jeden Grund erbarmungslos verprügelt hatten, so daß ihn schon bei dem bloßen Gedanken schauderte, was sie Wei-ching antun könnten, wenn er, Hsun-ching, ihnen Grund gab, wütend zu werden.

Als sie den Tempel erreichten, war der größte Teil der wichtigen Arbeit bereits erledigt – die anderen Rotgardisten hatten die Gemälde und Kalligraphien verunstaltet, Statuen die Köpfe abgeschlagen und die armen Mönche belästigt. Da machten sich die Wahren Soldaten schnell daran, Worte des Vorsitzenden Mao in die riesige Glocke einzuritzen. Bei Anbruch der Nacht glitzerte die Glocke vor lauter Äußerungen des Großen Steuermanns, und Li verkündete, ihre Arbeit sei getan. Als sie vom Tempelgelände abmarschierten, hörte Hsun-ching die Nonnen singen, und es überlief ihn kalt. Er vermutete, daß sie die Zerstörung mitangesehen und beschlossen hatten, ihre Abendgebete im Wald zu singen. Aus Sorge, die Wahren Soldaten könnten sie hören und loslaufen, um sie zu verprügeln, rief Hsun-ching aus: »Laßt uns zum Lob des V-V-Vorsitzenden Mao Parolen rufen!« Sofort wurde ein Chor von Parolen angestimmt, der den Sprechgesang der Nonnen übertönte, und Hsun-ching wurde erlaubt, eine Zeitlang die rote Fahne zu tragen.

In Ch'ang-sha stießen die Wahren Soldaten auf Schwierigkeiten. In Hunan war es regnerisch und kalt, und die jüngeren Angehörigen der Gruppe begannen Heimweh zu bekommen. Die meisten hatten zuvor noch nicht mal ihre Heimatdörfer verlassen, so daß selbst eine Stadt von der Größe Ch'ang-shas sie einschüchterte. Einige der Wahren Soldaten fragten, ob sie nicht lieber nach Yunnan zurückfahren und sich vergewissern sollten, daß die Revolution dort weitergehe, um bei der Rückkehr Lis und seiner Begleiter aus Peking sicher sein zu können, daß sie eine starke Heimatbasis hätten, von der aus sie in der Lage seien, weitere Missionen zu erfüllen.

Li spie vor Abscheu aus. Er sagte, er habe keine Lust, mit einem Haufen von Muttersöhnchen Revolution zu machen. Jeder, der nicht nach Peking fahren wolle, sei ein falscher Revolutionär und sollte wegen Verbrechen gegen den Vorsitzenden Mao vom Volk vor Gericht gestellt werden. Nach diesen Worten brach etwa die Hälfte seiner Gruppe in Tränen aus. Li stand auf und verkündete, er werde mit dem nächsten Zug nach Peking fahren, und jeder, der ein wahrer Revolutionär sei, könne ihn begleiten; die anderen sollten ruhig nach Hause fahren, ihm sei es egal. Fünf Jungen marschierten erhobenen Hauptes mit ihm davon und ließen neunundzwanzig wimmernde Wahre Soldaten und Hsun-ching eng zusammengekauert in einem leeren Klassenzimmer der Mittelschule Nummer zwei zurück. Sie zitterten vor Kälte und fragten sich, wie sie ohne Li und sein Gewehr etwas zu essen bekommen sollten. Sie wußten nicht, daß sich der schlimmste Teil der Kulturrevolution schon dem Ende zuneigte, und auch nicht, daß die Volksbefreiungsarmee in diesem Augenblick dabei war, Ch'ang-sha nach Roten Garden zu durchkämmen, die sie entwaffnen und ihrer Kontrolle unterstellen sollten.

Da Li nicht mehr da war, sah Hsun-ching keinen Grund, bei den Wahren Soldaten zu bleiben, und machte sich bereit, die Heimreise anzutreten. Doch die Wahren Soldaten flehten ihn an, sie nicht zu verlassen, und als der jüngste von allen, den sie wegen seiner vielen Warzen am Kopf nur unter dem Namen Hsiao Hamma (Kleine Kröte) kannten, das Gesicht in Hsun-chings Schoß vergrub und weinte, ließ dieser sich erweichen und erklärte sich bereit, sie bis nach Kun-ming zu führen.

Auf dem Weg zum Bahnhof hörten sie Schüsse. Als sie um die letzte Ecke bogen und auf die Straße Des Ersten Mai kamen, erblickten sie mehrere Lastwagen voller Soldaten in einem erbitterten Kampf mit einigen Rotgardisten, die sich in einer stillgelegten Fabrik verschanzt hatten. Sie sahen voller Entsetzen zu, wie eine Gruppe von Rotgardisten in einem verzweifelten Versuch, die Soldaten niederzukämpfen, aus der Fabrik stürmte. Doch diese mähten sie mit ihren überlegenen Waffen mühelos nieder. Die überlebenden Rotgardisten ließen ihre Gewehre fallen, kamen aus dem Gebäude und ergaben sich.

Ein Soldat mit einem Lautsprecher verkündete, sämtliche Roten Garden hätten sich auf Befehl des Vorsitzenden Mao und der Kommunistischen Partei Chinas auf der Stelle zu ergeben. Wenn sie friedlich die Waffen niederlegten, werde der Staat sie gerecht behandeln und nach Hause schicken. Hsun-ching und die Wahren Soldaten legten sofort die Hände auf den Kopf und traten vor. Als sie auf die Soldaten zugingen, mußten sie an den Leichen der gefallenen Rotgardisten vorbei, woraufhin der kleine Hamma aufschrie, ohnmächtig wurde und zusammensank. Hsun-ching lief zu ihm, um ihm zu helfen, und entdeckte, daß der arme Junge über den Leichnam Li Shu-mens gestolpert war, der mit offenem Mund und durchschossenem Auge auf dem Rücken lag. »Schlechte Taten erzeugen schlechtes Karma«, murmelte Hsun-ching, als er Hamma aufhob und zu den Armeesoldaten hinübertrug.

Die Soldaten brachten alle Rotgardisten, die sich ergeben hatten, zu einem großen Internierungslager, das am Rande der Stadt auf einem Feld errichtet worden war. Hsun-ching und seine Gefährten saßen in einem kleinen Kreis und warteten auf ihre Vernehmung, als ein hochgewachsener Offizier ohne Nase zu ihnen herüberschlenderte und fragte, wer ihr Anführer sei. Die Wahren Soldaten zeigten auf Hsun-ching. »Komm mit«, sagte der Offizier, machte eine elegante Kehrtwendung und marschierte in ein nahe gelegenes düsteres Gebäude aus Beton. Hsun-ching versuchte aufzustehen, aber Hamma, der mit dem Kopf an Hsun-chings Schulter geschlafen hatte, wollte ihn nicht loslassen. »Ich muß mit diesem Mann mitgehen«, sagte Hsun-ching. Hamma erwiderte nichts, sondern stand auf und folgte ihm in das dunkle Gebäude.

Der Mann ohne Nase führte sie in einen Raum mit einem einzigen Stuhl und einer nackten Glühbirne an der Decke. »Setz dich!« befahl er Hsun-ching. Dann bemerkte er Hamma. »Wer bist du?« bellte er. »Ich sagte doch, daß nur der Anführer eurer Gruppe mitkommen soll.«

Hamma war zu verängstigt, um etwas zu entgegnen, ließ Hsun-chings Arm aber nicht los.

Der große Mann spie auf den Boden. »Na schön, von mir aus.«

Die Armee hielt überwiegend Wort und schickte die Rotgardisten, die sich friedlich ergeben hatten, nach Hause – das heißt die meisten von ihnen. Die Anführer jeder Gruppe, die ihre Kameraden dazu ermutigt hatten, die Worte des Großen Vorsitzenden zu mißdeuten und in Gewalttaten gegen das Volk umzusetzen, sollten durch Zwangsarbeit auf dem Land umerzogen werden. Nur wenn sie mit den Bauern lebten und arbeiteten, könnten sie die »wahren« Absichten des Vorsitzenden verstehen, wie es hieß, und in einer Weise Revolution machen, die den breiten Massen nütze. Hsun-ching, Hamma und eine Gruppe älterer Jungen sollten am nächsten Morgen zu einer verarmten Kommune tief im Innern der Provinz Hunan aufbrechen.

»Die Bauern in dieser Kommune hungern vor allem wegen des von der Roten Garden geschaffenen Wahnsinns«, sagte der Mann ohne Nase, »und deshalb ist es nur recht und billig, daß ihr ihnen helft.«

»Wie lange werden wir dort bleiben müssen?« fragte Hsun-ching.

»So lange wie nötig«, erwiderte der Mann und nickte dann einem anderen zu, der im Hintergrund stand. Dieser packte Hsun-ching und Hamma am Kragen und führte sie aus dem Gebäude.

Die Kommune befand sich in einem entlegenen Teil des westlichen Hunan, der von Ch'ang-sha aus nur mit dem Lastwagen zu erreichen war. Nach einer quälenden zweitägigen Fahrt trafen sie an ihrem Bestimmungsort ein: ein kleines Dorf im Bezirk Funghsien, das von grotesk geformten Bergen umgeben war, die Wind und Wasser im Lauf der Jahrhunderte gemeißelt hatten. Viele der Berge sahen aus wie riesige Tierfiguren oder Menschen, und da an ihren Füßen fast immer Nebelschwaden waberten, gewann der Betrachter den unbehaglichen Eindruck, daß

es Riesen waren, die sich langsam quer durchs Tal bewegten.
Hsun-ching und Hamma mußten zusammen mit den anderen früheren Revolutionären auf dem Fußboden einer primitiven Scheune hausen. Jeder von ihnen erhielt einen breiten Strohhut, zwei Paar grüne Hosen, zwei grüne Hemden, ein Paar derbe Schuhe sowie einen schweren, wattierten Armeemantel. Die Mäntel waren so lang, daß sie auf der Erde schleiften, wenn Hsun-ching und Hamma sie trugen. Weitere Besitztümer waren nicht erlaubt, und ein Parteikader inspizierte wöchentlich die Scheune, um sich zu vergewissern, daß die neuen »Arbeiter« kein konterrevolutionäres Material versteckten, etwa Bücher oder Spielsachen. Sie lernten, ohne die Hilfe von Tieren den Pflug zu ziehen – da die Bauern mit Ausnahme ihrer Schweine und einiger magerer Hühner keine Tiere besaßen –, wie man Reis pflanzt und erntet, wie man mit gewebten Reisschalen Kleider flickt und Strohdächer erneuert, nachdem Stürme sie weggeweht haben. Sie mußten auch nächtliche »Kampf«-Versammlungen über sich ergehen lassen, bei denen ihre Ideologie von eifrigen Parteimitgliedern korrigiert wurde, und lernten, was es heißt, am Rande des Verhungerns zu leben.
Hamma erzählte Hsun-ching, die Wahren Soldaten hätten ihn bei sich aufgenommen, nachdem die Roten Garden seine Eltern totgeschlagen hätten. Die beiden Jungen wurden enge Freunde, und Hsun-ching versprach, den erst neunjährigen Hamma nach ihrer Freilassung mitzunehmen und im Tempel bei sich leben zu lassen. Es vergingen jedoch Monate und dann Jahre, ohne daß man sie freiließ.
1970 zog sich Hamma durch einen Mückenstich eine Gehirnentzündung zu, und nachdem er fünfzehn Tage schrecklich gelitten hatte, starb er mitten in der Nacht. Er war zwölf Jahre alt. Da Trauerfeiern als nutzlose Über-

bleibsel einer feudalen Vergangenheit in China verboten waren, brachten die Bauern Hammas ausgezehrten kleinen Körper zu einem Hügel unweit ihrer Kommune und beerdigten ihn dort. Nachdem alle anderen längst nach Hause gegangen waren, blieb Hsun-ching noch am Grab sitzen und dachte über Hammas kurzes Leben nach. Er erinnerte sich an die Gebete, die er und Wei-ching an Kuan-yin gerichtet hatten, die Göttin der Gnade. Er ließ sie sich immer wieder durch den Kopf gehen, wobei er diesmal sorgfältig über den Sinn jedes Wortes nachdachte, und sprach schließlich zu dem Erdhügel neben ihm: »Wenn es tatsächlich einen Buddha oder eine Göttin der Gnade gäbe, hätte das nicht passieren können.«

1973 waren die meisten Menschen, die man aufs Land »geschickt« hatte, schon wieder zu Hause; Hunan jedoch war eine Hochburg radikaler Maoisten, so daß erst 1976, nach dem Sturz der Viererbande, die Nachricht die Kommune erreichte, daß Hsun-ching gehen könne. Fast zehn Jahre waren verstrichen, seit die Wahren Soldaten des Vorsitzenden Mao ihn von Wei-ching weggeschleift hatten, und Hsun-ching war jetzt zwanzig Jahre alt. Er ließ sich von einem Lastwagen nach Ch'ang-sha mitnehmen und fuhr dann mit der Bahn nach Kun-ming, das sich seit dem letzten Besuch erheblich verändert hatte. In Kunming nahm er den Bus, der auf inzwischen asphaltierten Straßen fuhr, nach Shao-yang und ging von dort zu Fuß weiter, bis er die Ruinen des alten Tempels erreichte, in dem er früher gelebt hatte.
Hsun-ching blieb wenige Meter vor der Tür stehen und sah sich um. Das Gebäude war hoffnungslos verfallen, der Garten ungepflegt und von Unkraut überwuchert. Hsun-chings Herz pochte heftig in seiner Brust, und seine Knie waren weich, als er sich vorstellte, was er im Tempel vielleicht vorfinden würde. Er schob die primitive Holz-

tür auf, doch bevor er hineinblicken konnte, hörte er eine schwache Stimme sagen: »Du bist heute aber früh dran, Alte Chou.«
Wei-ching lag mit einer Decke über den Beinen auf einer Pritsche. Er blinzelte zu Hsun-ching hoch.
»Ich wußte, daß du kommen würdest«, sagte der alte Mönch leise, schloß dann die Augen und lächelte. »Gelobt sei Buddha.«
In jener Nacht erzählte Hsun-ching Wei-ching, was mit ihm geschehen war, seit die Roten Garden ihn mitgenommen hatten. »Aber was hast du denn gegessen?« fragte er, als er mit seiner Geschichte fertig war. »Du baust im Garten doch gar nichts mehr an.«
Wei-ching sagte: »Nachdem du weg warst, wußte ich nicht, ob ich dich je wiedersehen werde. Nach fünf Jahren gab ich die Hoffnung auf und beschloß, diesen Ort zu verlassen und mich zum Tempel des Reinen Landes in Kun-ming zu begeben, wo es wenigstens andere Mönche gab, die für mich sorgen würden, wenn ich mich nicht mehr selbst ernähren konnte. Doch dann geschah etwas Wunderbares. Ich kam an dem Wasserfall vorbei – dem Wasserfall auf dem Weg nach Shao-yang –, und dort sah ich etwas …« Er hielt inne und schüttelte langsam den Kopf.
»Im Augenblick möchte ich nur soviel sagen: Ich sah etwas, was mich überzeugte, daß du noch am Leben bist und zurückkommen würdest. Also machte ich gleich wieder kehrt und beschloß, hier auf dich zu warten, egal, wie lange es dauern würde. Vor etwa drei Jahren wurde es mit meinen Beinen so schlimm, daß ich mich nicht mehr um den Garten kümmern konnte. Zum Glück – gelobt sei Buddha – haben ein paar fromme Laien aus dem Dorf mir geholfen. Sie brachten mir jeden Abend Wasser und etwas zu essen. Als du hereinkamst, dachte ich, du bist einer von ihnen.«

Später am Abend erschien im Tempel eine alte Frau mit wettergegerbtem Gesicht und zwei kurzen Zöpfen, in den Händen einen zugedeckten Topf voller Reisbrei und feingehacktem Gemüse. Sie erschrak, als sie Hsun-ching sah, aber Wei-ching sagte: »Alte Chou – dies ist der Junge, von dem ich dir erzählt habe.«
Die Augen der Frau weiteten sich vor Überraschung. Sie rannte aus dem Tempel und lief gleich ins Dorf zurück, um noch mehr Essen zu holen.

Schon am nächsten Morgen machte sich Hsun-ching daran, den Tempel aufzuräumen und die Fläche für einen neuen Garten von Unkraut zu befreien. Er hatte auf dem Land eine Menge darüber gelernt, wie man Häuser ausbessert und mit Nutzpflanzen umgeht, so daß Wei-chings Zuhause schon nach wenigen Monaten besser aussah als je zuvor. Eines Tages hüllte Hsun-ching Wei-ching in ein paar Decken ein, trug ihn ins Freie und setzte ihn auf einen Stuhl, damit er Hsun-ching bei der Arbeit zusehen konnte.
»Kannst du hier Kumquats pflanzen?« fragte Wei-ching. »Ich habe Kumquats schon immer gemocht.«
»Ich kann alles anpflanzen, was du magst!« prahlte Hsun-ching. »Du sagst mir, was du willst, und ich pflanze es.«
Wei-ching lachte und erwiderte: »Zu schade, daß du keine Bücher pflanzen kannst.«
Hsun-ching legte seine Kelle weg und sah zu dem alten Mann hoch. Zum erstenmal seit vielen Jahren fiel ihm wieder ein, daß Wei-ching einmal den Ehrgeiz gehabt hatte, auf der Suche nach einer bestimmten Schriftrolle ins Ausland zu reisen.
»Wie war der Name dieses Sutra? Des einen, das sich in einem anderen Land befindet?« wollte Hsun-ching plötzlich wissen. Wei-ching rutschte auf seinem Stuhl herum, gab sich aber Mühe, kein großes Interesse zu zeigen.
»Du meinst das Lachende Sutra?«

»Ja. Warum wolltest du das unbedingt haben, obwohl du so viele andere hattest?«
Wei-ching zog sich die Decke um die Schultern zurecht, so daß er die rechte Hand vorstrecken konnte. Er spreizte seine arthritischen Finger, so weit es ging, und sagte: »Wenn ein Mann ohne kleinen Finger geboren wird, würde ihm das sehr zu schaffen machen? Was meinst du?«
Hsun-ching dachte kurz nach und erwiderte dann, er glaube nicht, daß es viel ausmachen würde.
»Aber was ist, wenn er ohne Daumen geboren wird?« fragte Wei-ching. Hsun-ching mußte zugeben, daß die Hand eines Mannes ohne Daumen fast nutzlos wäre. Wei-ching nickte langsam und sagte: »Die Sutras sind wie Finger. Sie erlauben einem, das Dharma zu erfassen, die wahre Natur des Daseins, was natürlich zur Erleuchtung führt. Ich habe mit Ausnahme von einem jedes Sutra gelesen und darüber meditiert, doch bis jetzt sind sie für mich nutzlos gewesen, da ich noch unerleuchtet bin. Sie sind wie die vier Finger ohne Daumen. Ich bin sicher, daß ich am Ende in der Lage sein werde, das Dharma von Gautama Buddha zu erfassen, wenn ich erst das Lachende Sutra gelesen habe.«
»Und wo befindet sich dieses Sutra jetzt?« fragte Hsun-ching. »Als ich noch klein war, hast du mir nie viel davon erzählt.«
»Das liegt daran, daß du nie gefragt hast«, entgegnete Wei-ching und richtete sich etwas auf. »Du zeigtest nie großes Interesse an heiliger Literatur, wie du dich vielleicht erinnerst. Deine einzigen Interessen schienen das Lesen über den Affenkönig und das Spielen mit meiner alten weißen Katze zu sein! Aber da du gefragt hast, werde ich dir jetzt antworten. Das Lachende Sutra war einer der Texte, die Hsüan-tsang zur Zeit der T'ang-Dynastie von Indien nach China brachte. Die meisten dieser Texte wurden sehr beliebt und fanden in ganz China

Verbreitung, doch das Lachende Sutra, das angeblich sehr schwer zu verstehen sein soll, geriet in Vergessenheit. Vielleicht ist es in den letzten tausend Jahren von nur zwei Menschen gelesen worden.«

»Und woher weißt du dann davon?« wollte Hsun-ching wissen.

»Ich hörte von diesem Sutra, als ich die buddhistischen Höhlen in Tun-huang besuchte. Der Mönch, der sich dort um alles kümmerte, erzählte mir, ein Amerikaner habe es 1948 gekauft, obwohl das gesetzlich verboten war.«

»Aber wie kamst du auf die Idee, du könntest es finden?« fragte Hsun-ching weiter. »Amerika ist doch ein riesiges Land!«

Wei-ching rang seine glänzenden Hände und sagte: »Das ist wahr, aber für Kaufleute ist die Welt klein. Dieser Fo-lan war eine Art Kaufmann, und wie die meisten Menschen seines Schlages hatte er eine Brieftasche voller Karten mit seinem Namen und seiner Adresse. Eine hatte er dem Mönch in Tun-huang gegeben, der glücklich war, sie mir zu überlassen.«

Hsun-ching stand auf und schüttelte sich den Staub von den Knien seiner Hose. Er ging zu Wei-ching hinüber, hockte sich neben dessen Stuhl hin, stocherte mit seiner Hacke in der Erde herum und legte die Stirn in Falten.

»Aber wie wolltest du damals denn nach Amerika kommen?« fragte er. »Chinesen können da nicht hin. Es ist ein kapitalistisches Land.«

»Alles ist möglich, wenn man lautere Absichten hat. Ich hatte vor, nach Westen zu wandern, in Richtung Tibet. Ich habe gehört, daß die Bergketten nach Nepal kaum bewacht werden. Von dort sollte es einfach nach Westen in Richtung Europa weitergehen. Ich bin sicher, daß es leicht ist, von Europa nach Amerika zu kommen, denn diese Länder sind alle miteinander befreundet.«

»Und warum bist du nicht gereist?« fragte Hsun-ching.

Wei-ching hörte auf, die Hände zu ringen, doch sein Gesicht blieb ausdruckslos. »Mein Karma erlaubte es nicht. Es war Buddhas Wille, daß ich statt dessen dich großziehe.«
Hsun-ching hatte vor sich ein kleines Loch in die Erde gegraben und war unschlüssig, ob er weitergraben oder es auffüllen sollte. »Glaubst du, es ist Buddhas Wille, daß ich das Sutra hole?« fragte er schließlich.
»Das kannst nur du wissen«, erwiderte Wei-ching vorsichtig. »Wenn es Buddhas Wille ist, daß du eine solche Pilgerreise machst, wird er es dich wissen lassen.«

In jener Nacht konnte Hsun-ching nicht schlafen. Er stand leise auf, zog sich den zerlumpten Armeemantel an, den er seit zehn Jahren trug, und machte in der Nähe des Tempels ein kleines Feuer. Er sah gerade zu, wie die Flammen ein frisches Holzscheit umzüngelten, als ein Dutzend Ameisen aus einem Astloch im Holz hervorquoll und dem Inferno zu entkommen suchte. Die Tiere rannten auf dem Holzscheit hin und her, waren aber auf allen Seiten von Feuer umgeben. Ihre Notlage versetzte Hsun-ching in morbide Erregung; er fragte sich, wie er sich fühlen würde, wenn er genauso in der Falle säße. Wie würden die Ameisen sterben? Würden sie einfach plötzlich aufhören, sich zu bewegen? Oder würden sie bis zum letzten Augenblick kämpfen und dann, um dem Feuer vielleicht entkommen zu können, einen letzten, verzweifelten Sprung machen? In diesem Moment schoß ihm die Frage durch den Kopf: Würde ich diese Ameisen sterben lassen, wenn Wei-ching neben mir säße? Damit beförderte er das Holzscheit mit einem Fußtritt aus dem Feuer und die durch die Luft wirbelnden Ameisen in Sicherheit.
Er dachte daran, daß während seiner zehn Jahre in Hunan kein einziger Tag vergangen war, ohne daß er davon geträumt hatte, sein Leben mit Wei-ching wiederaufzu-

nehmen. Doch jetzt, da er endlich bei seinem geliebten Meister war, stimmte etwas nicht. Er begann erneut, diese Leere zu spüren, die er in jenen endlosen Nächten in der Scheune empfunden hatte, als es nichts zu tun gab und nichts, worauf er sich freuen konnte, als wieder nur ein trostloser Tag vor ihm lag. Er konnte aber nicht verstehen, warum er jetzt so fühlte.
Seit seiner Rückkehr hatte er begonnen, sich mit dem alten Mönch zu vergleichen. Wei-ching war gebildet, diszipliniert und tief religiös, überdies der sanfteste Mann, den Hsun-ching je gekannt hatte. Er besaß wahren Charakter, eine Folge der Tatsache, daß er ein Lebensziel hatte und seine Entscheidungen danach traf, was er für richtig oder falsch hielt. Hsun-ching dagegen hatte keine Vorstellung davon, was es heißt, ein Lebensziel zu haben. Die meisten Entscheidungen in seinem Leben waren ihm abgenommen worden, und folglich war sein Gefühl für falsch und richtig nur ansatzweise entwickelt: Tu Menschen nicht weh, iß kein verdorbenes Essen, streite nicht mit Parteimitgliedern! Er fürchtete, überhaupt keinen Charakter zu besitzen, und hatte nur wenig Hoffnung, einen zu entwickeln. Wie wäre mein Leben geworden, fragte er sich, wenn diese zehn Jahre mir nicht genommen worden wären? Würde ich noch so etwas wie einen Glauben besitzen, wenn ich Hamma auf dem Land nicht hätte sterben sehen? Hätte ich meine klassische Ausbildung fortgesetzt und irgendwann die Befähigung erworben, in einer Stadt wie Kun-ming eine Stellung zu erhalten, wo ich mich um Wei-ching hätte kümmern und dessen letzte Lebensjahre etwas angenehmer machen können, wenn man mir nicht das Lesen verboten hätte?
In jener Nacht entschloß er sich, für Wei-ching das Lachende Sutra zu finden, aber nicht, weil er dem Sutra irgendeinen wirklichen Wert beimaß, und ganz gewiß nicht aus Abenteuerlust; wahrscheinlich würde man ihn

an der Grenze schnappen und für weitere zehn Jahre in ein Arbeitslager schicken. Nein, er entschloß sich zu gehen, weil er wußte, daß es Wei-ching glücklich machen würde, und weil er sich keine andere Möglichkeit vorstellen konnte, sein Leben weniger nutzlos erscheinen zu lassen.

Als Hsun-ching Wei-ching verriet, daß er die Reise in den Westen auf sich nehmen wolle, versuchte der alte Mönch zunächst, nicht aufgeregt zu erscheinen. Er wußte, daß glückliche Ereignisse genauso illusorisch und flüchtig sind wie traurige und daß man sich von ihnen distanzieren muß, um ein wahres Verständnis der Wirklichkeit zu erreichen. Andererseits bedeutete diese Nachricht, daß Buddha bei diesem Vorhaben gewiß auf seiner Seite war und Hsun-ching zweifellos sicher durch seine Mission geleiten und daß Wei-ching fähig sein würde, das letzte Sutra zu lesen und endlich erleuchtet zu werden. Am Ende ließ er sich zu einigen kurzen Augenblicken der Euphorie hinreißen und sagte Hsun-ching, dies sei der glücklichste Tag seines Lebens.
Er gab Hsun-ching den Rat, erst im späten Frühling aufzubrechen, denn bei seiner Ankunft in Tibet würden die Bergpässe dann nicht mehr so tief verschneit sein. Er hielt noch einen weiteren Rat bereit: »Es wird eine lange und mühselige Reise werden, und du bist immer noch nur ein Junge. Mir wäre viel wohler zumute, wenn du auf dieser Reise einen Begleiter hättest.«
»Ich bin zwanzig«, erwiderte Hsun-ching lachend, »und außerdem: Wer würde eine solche Reise auf sich nehmen?«
Wei-ching hielt sich am Rahmen seiner Pritsche fest und kämpfte, um sich aufzurichten. Er beugte sich zu Hsun-ching vor. »Ich glaube, es gibt jemanden, der mit dir gehen würde. Buddha hat ihn uns gezeigt.« Der alte Mann

streckte den Arm aus und legte seine Hand auf Hsun-chings Schulter. »Erinnerst du dich noch, wie ich dir erzählte, daß ich einmal die Hoffnung auf deine Rückkehr aufgegeben hatte, dann aber etwas sah, was mich an dich erinnerte? Etwas, das mir die Gewißheit gab, daß du zurückkehren würdest?«

Hsun-ching nickte. Er hatte Wei-ching noch nie so tief erregt gesehen und wußte nicht, wie er es deuten sollte.

»Also, ich bin damals auf dem Weg nach Shao-yang an diesem Wasserfall vorbeigekommen. Es war früh am Morgen, noch vor Tagesanbruch, und am Fuß des Wasserfalls herrschte so dicker Nebel, daß ich kaum die Hand vor Augen sehen konnte. Ich beschloß, mich hinzusetzen und auf den Tagesanbruch zu warten, denn ich fürchtete, ich könnte stolpern und hinunterfallen. Als ich so dasaß, glaubte ich, nicht weit von mir gehört zu haben, wie sich etwas bewegte. Ich war nicht sicher, was es war, aber es hörte sich nach etwas Großem an. Ich dachte, vielleicht ist es ein Reh, doch dann hörte ich ein seltsames zischendes Geräusch und gleich darauf ein schreckliches Krachen. Ich hatte große Angst, so daß ich mich nicht bewegte und keinen Laut von mir gab. In der Brust machte sich ein schrecklicher Druck bemerkbar, und ich dachte schon, mein Herz versagt, als sich urplötzlich der Nebel lichtete und ich im Mondschein sehen konnte, wer das Geräusch verursachte!«

Wei-ching hielt inne, und Hsun-ching spürte, wie dessen Finger sich in seine Schulter bohrten.

»Nun – wer war's?« wollte Hsun-ching wissen.

»Es war der Mann, der dich gerettet hat!« keuchte Wei-ching. »Er trug dieselbe merkwürdige Kleidung und hatte denselben eisernen Stab bei sich, den er an dem Abend hatte, an dem er dich zu mir brachte. Er wirbelte mit ihm herum, als wäre es ein Grashalm – das war es, was das Geräusch verursachte. Ich sage dir, kein gewöhnlicher

Mann könnte tun, was er mit diesem Stab machte. Ich stand auf und versuchte, zu ihm zu laufen, doch er sah mich an, und ich hatte das Gefühl, als würde meine ganze Kraft aus dem Körper strömen. Ich konnte nicht mal sprechen. Er zeigte nur auf mich und stand eine Ewigkeit so da.«

Hsun-ching starrte Wei-ching mit aufgerissenen Augen an und wartete darauf, daß der alte Mann weitersprach. Dieser war vom langen Sitzen erschöpft, nahm seine Hand von Hsun-chings Schulter und ließ sich auf die Pritsche sinken. Er schloß die Augen. »Ich weiß, daß sich das verrückt anhört, aber du mußt mir glauben. Der Mann, der dich gerettet hat, ist kein Mann. Die Rüstung, die er trägt, muß mehr als zweitausend Jahre alt sein, und ich glaube, daß er sie trägt, seit sie gemacht wurde – verstehst du? Sein eiserner Stab – ich bin sicher, daß keiner von uns ihn auch nur hochheben könnte, und er wirbelt damit herum, als wäre es nichts!

Schließlich senkte der Mann den Finger und sprach. Er erinnerte mich an meinen Schwur, niemandem zu erzählen, daß ich ihn gesehen hatte. Nun, möge Buddha mir vergeben, heute breche ich diesen Schwur! Er und du, ihr seid zu einem Zweck zusammengebracht worden – es liegt auf der Hand! Wie kann ich mich dem Karma in den Weg stellen? Möge Buddha mir vergeben, daß ich meinen Schwur gebrochen habe … möge Buddha mir vergeben.«

VII

Hsun-ching teilte Wei-chings Glauben nicht, daß er von einem übernatürlichen Wesen gerettet worden sei, welches auf der Erde erschienen sei, um ihm beim Finden eines Sutras zu helfen. Dennoch, wenn dies tatsächlich derselbe Mann war, der ihn in Wei-chings Tempel abgeliefert hatte, wollte Hsun-ching ihn finden. Vielleicht wußte er etwas über seine Mutter und, wie er von ihr getrennt worden war. Hsun-ching eilte in das nahe gelegene Dorf und fand die Alte Chou bei der Wäsche; sie schlug die nassen Kleidungsstücke gegen glatte Steine am Flußufer. Er sagte ihr, er müsse für einen Tag fort, und fragte, ob sie Wei-ching etwas zu essen bringen könne. Dann kaufte er sich ein paar Reisbällchen, packte sie in eine Leinentasche und folgte dem Pfad stromaufwärts zum Wasserfall.

Er erreichte ihn gerade bei Anbruch der Dämmerung und machte am Fuß des Wasserfalls Rast, wo die brüllenden Wassermassen gewaltige Nebelwolken aufsprühen ließen. Er stieß ein paar Rufe aus, doch als niemand antwortete, begann er, am Sinn dieser Suche zu zweifeln. Immerhin waren es fünf Jahre her, seitdem Wei-ching den Mann gesehen hatte – dieser konnte inzwischen sonstwo sein. Hsun-ching spazierte am Flußufer auf und ab und hielt nach Anzeichen Ausschau, die auf einen merkwürdigen Einsiedler schließen ließen, der in der Nähe lebte und einen eisernen Stab schwang, sah aber nichts als Wasser, Schlamm und Bambus. Wenigstens, dachte er, will ich mir die Füße kühlen. Er streifte seine Sandalen ab und rollte sich die Hosenbeine bis über die Knie hoch, watete in den Fluß und näherte sich dem Wasserfall, soweit es ging. Ein Teil der Wasserwand war durchsichtig, und ihm fiel auf, daß auf der anderen Seite des Wassers eine Höhle zu sein schien. Er fühlte sich versucht, durch die Wasserwand hindurchzulaufen, um die Höhle zu erforschen, doch es war schon fast dunkel, und im Wald wurde es kühl. Außerdem würden ihm nasse Kleider eine lange unbehagliche Nacht bereiten.

Er watete wieder ans Ufer und aß seine Reisbällchen. Dann machte er sich für den langen Rückmarsch bereit. Er warf noch einen Blick auf den Wasserfall und verspürte wieder diesen Drang, die Höhle dahinter zu erkunden. Das kam ihm kindisch vor, denn er wußte genau, daß dort nichts zu sehen sein würde außer einem dunklen Loch in dem Felsen, doch Hsun-ching konnte dem Drang nicht widerstehen. Er sah sich verstohlen um, um sich zu vergewissern, daß niemand in der Nähe war, zog dann seine Kleidung aus und watete auf den Fall zu. Als er nahe an das herunterstürzende Wasser herankam, wurde er jedoch nervös. Er fragte sich, wie hart sich das Wasser anfühlen würde, wenn es aus dieser Höhe auf ihn herunterstürzte. Was wäre, wenn es ihn zerschmetterte oder bewußtlos machte? Er würde ertrinken, und Wei-ching würde auf ihn warten und denken, er sei einfach weitergegangen und nach Amerika aufgebrochen. Außerdem begann er sich albern zu fühlen; hier stand er splitternackt und machte sich bereit, sich, was am wahrscheinlichsten war, kopfüber auf einen großen Felsen zu stürzen. Doch er konnte nicht gehen, ohne es versucht zu haben. So biß er die Zähne zusammen, wappnete sich gegen den Schock des kalten Wassers und stürzte sich vorwärts.

Das Wasser war so kalt und traf ihn so hart, daß er Sterne sah und sein ganzer Körper sich taub anfühlte, doch er schaffte es, bei Bewußtsein zu bleiben. Als er die Augen aufschlug, fand er sich auf Händen und Knien in der Öffnung einer großen Höhle wieder, die viel größer war, als er sie sich vorgestellt hatte. Sein Herz pochte ihm bis zum Hals, und in seinem ganzen Körper kribbelte es.

Die Höhle schien etwa sechs Meter hoch und siebeneinhalb Meter tief zu sein, aber Hsun-ching konnte nicht erkennen, wie tief sie sich seitlich in den Felsen erstreckte. Er folgte ihr etwa dreißig Meter weit, wo sie urplötzlich endete. In der fast völligen Dunkelheit konnte Hsunching sehen, daß die Höhlenwände Einbuchtungen besaßen, in denen ein Mann sitzen konnte, doch er fand keinerlei Anzeichen dafür, daß jemand vor ihm hier gewesen war. Enttäuscht ging er zur Öffnung der Höhle zurück.

Etwa auf halbem Weg dorthin stieß er mit dem großen Zeh gegen etwas Hartes, dann hörte er ein lautes Klirren, als der Gegenstand zur Erde fiel. Er umklammerte seinen Zeh und jaulte vor Schmerz auf.

Nachdem er sich vergewissert hatte, daß nichts gebrochen war, tastete er mit den Händen um sich, bis er in der Nähe der Höhlenwand etwas Glattes und Hartes spürte. Er schob die Finger darunter und hob es hoch. Das schwache Licht von der Höhlenöffnung fiel darauf, und er sah, daß er das eine Ende eines langen eisernen Stabs in der Hand hielt. Er wog etwa dreißig Pfund und war hundertachtzig Zentimeter lang. Hsun-ching schaute zur Höhlenwand, wo der Stab gestanden hatte. Sein Blick glitt bis zu einer Höhe von etwa drei Metern hinauf und fiel auf eine jener ganz großen Einbuchtungen, in der ein Felsblock lag. Plötzlich wurde das kribbelnde Gefühl an Hsun-chings ganzem Körper stärker. Ihm sträubten sich langsam die Nackenhaare, und er vernahm ein unheimliches Sausen in den Ohren. In dem Felsblock tauchten zwei gelbe Punkte auf und glitzerten hell im Zwielicht.

Langsam bewegte sich der Felsblock, und Hsun-ching erkannte, daß es gar kein Felsblock war, sondern ein zu einem Ball zusammengekauertes und mit getrocknetem Schlamm bedecktes Lebewesen. Das Wesen erzitterte heftig und sprang dann wie eine Katze auf den Boden. Als es sich aufrichtete, sah Hsun-ching die Rüstung und die gelben Augen und hatte das Gefühl, eine Figur aus einem lange vergessenen Traum anzusehen. Als er hinter der hochgezogenen Lippe jedoch die langen Zähne erblickte, wußte Hsun-ching, daß es kein Traum war. Plötzlich fiel ihm alles wieder ein.

Er sah wieder vor sich, wie seine Mutter geschlagen wurde, spürte, wie er ins Wasser geworfen und stromabwärts getrieben wurde, und dann – er fiel, fiel, und alles wurde schwarz. Er erinnerte sich, wie er in diesen fremden Armen aufwachte, durch den nächtlichen Wald getragen wurde, im Tempel ankam, dieser fremden, keuchenden Stimme zuhörte, erinnerte sich wieder an Wei-chings verängstigte Antworten in einer unvertrauten Sprache und sah wieder vor sich, wie sein Retter verschwand.

Hsun-ching brachte kein Wort heraus. »M-m ... m-m-m ...« Das Wesen starrte auf ihn herunter, sagte aber nichts.

Hsun-ching bemühte sich, die Sprache wiederzugewinnen, und konzentrierte sich auf das erste Wort.
»M-m-meine … M-M-Mutter …«
Das Wesen starrte ihn immer noch an und blickte dann zur Öffnung der Höhle.
»Ist deine Mutter da draußen?« sagte das Wesen in einem Dialekt, den Hsun-ching kaum verstehen konnte. Er schüttelte den Kopf. Das Wesen hob den eisernen Stab auf und zeigte mit einem Ende auf Hsun-ching.
»Was willst du sagen?« verlangte das Wesen zu wissen.
Hsung-ching sah auf seine Hände und zählte die Finger. Er hoffte, das werde ihn so weit beruhigen, daß er sprechen konnte. »Sie … h-h-haben m-mir … das Leben gerettet …«
Das Wesen knurrte: »Ich bin vor ein paar Stunden hergekommen, um Schutz vor dem Regen zu suchen, und dann eingeschlafen. Ich habe niemanden gerettet.«
Hsu-ching schüttelte den Kopf. »Vor sechzehn Jahren … hat mich ein Mann … in den W-W-Wasserfall geworfen! Sie haben mich aufgefangen! W-w-was ist mit m-m-meiner M-M-Mutter p-p-passiert?«
Der Mann runzelte die Stirn und sagte: »Wie kommst du dazu zu glauben, daß ich es war, der dich gerettet hat?«
Hsun-ching verbarg das Gesicht in den Händen. »Sie s-s-sind es gewesen.«
Die Augen des Mannes wurden ganz schmal, und er verstummte.
»Wo ist meine M-Mutter?« fragte Hsun-ching flehentlich.
Das Wesen lehnte seinen eisernen Stab gegen die Wand der Höhle und blickte wieder nach draußen zum Wasserfall. Schließlich sagte der Mann: »Sie stürzte den Wasserfall hinunter, als ich dich gerade aus dem Wasser trug. Ich konnte ihr nicht mehr helfen.« Er wischte sich etwas Erde von den Armen, drehte sich dann um und sah Hsun-ching an.

»Ich versichere dir aber, daß der Mann, der deine Mutter getötet hat, nicht ungestraft geblieben ist. Ich schnappte ihn am oberen Ende des Wasserfalls und versprach ihm, daß ich, wenn er die Wahrheit sage, sein Leben schonen werde. Folglich erzählte er mir die Wahrheit, und ich tötete ihn. Das war sehr befriedigend.«

Hsun-ching rührte sich nicht und sagte kein Wort, und der Mann schien zornig zu werden. »Woher hast du gewußt, daß ich immer noch hier bin?« Er packte Hsun-ching grob an der Schulter und stellte ihn unsanft auf die Beine.

»Der Alte hat es dir gesagt, nicht wahr?« knurrte der Mann. Hsun-ching öffnete den Mund, um es zu leugnen, doch der Mann schüttelte ihn so fest, daß er kaum atmen konnte.

»Wie viele Menschen wissen sonst noch davon?« fragte er barsch und zog Hsun-chings Gesicht dicht an seins heran.

Hsun-ching schüttelte den Kopf. »Niemand! Er würde n-n-nie … einem anderen was sagen! Er hatte aber einen Grund, es mir zu erzählen!«

»Welcher Grund war das?« fragte der Mann und sah aus, als könnte er Hsun-ching jeden Moment in Stücke reißen.

Hsun-ching berichtete ihm von Wei-ching und dem Lachenden Sutra. »Er hält es für Buddhas Wille, daß Sie mir helfen, es zu finden! Er hält Sie nicht für einen gewöhnlichen Menschen! Er hält Sie für e-einen Geist oder so was! Nur aus dem Grund hat er es mir erzählt! B-b-bitte, seien Sie ihm nicht böse!«

Der Mann lockerte den Griff um Hsun-chings Schulter.

»A-aber das ist nicht der Grund, weshalb ich hergekommen bin«, fuhr Hsun-ching fort. »Ich … ich wollte nur herausfinden, was mit meiner Mutter passiert ist.«

Der Mann nickte langsam und fragte: »Und was willst du jetzt tun, nachdem du es herausgefunden hast?«

Hsun-ching sah ihm direkt in die golden glänzenden Augen. »W-wer sind Sie?«
Der Mann machte ein finsteres Gesicht und sagte: »Ich bin ein Mann, der in Ruhe gelassen werden will.« Er stieß Hsun-ching von sich und ergriff seinen eisernen Stab.
»Dann werde ich Sie in Ruhe lassen«, erwiderte Hsun-ching.
»Und was wirst du dem alten Mönch erzählen, wenn du wieder zu Hause bist?« wollte der Mann wissen.
»Ich ... ich sage ihm, daß ich Ihnen begegnet bin, und ...«
»Und was? Daß er vergessen soll, daß er mich gesehen hat, und mich in Ruhe lassen soll wie du?«
Hsun-ching nickte schwach.
»Gut. Dann wird er sagen: ›Aber er ist ein Geist! Was ist das denn für ein Mann, der in einer Höhle lebt, der Kinder auffangen kann, wenn sie mehr als dreißig Meter herunterfallen, und der einen eisernen Stab herumwirbeln lassen kann, als wäre er aus Papier? Und warum ist er in sechzehn Jahren nicht gealtert?‹ Was wirst du darauf sagen? Du wirst hierher zurückkommen müssen, um mir diese Fragen zu stellen ... ist das nicht so?«
Diese Dinge hatte Hsun-ching nicht bedacht; er bekam wieder Angst und wich instinktiv vor dem Mann zurück.
»Warum erspare ich dir dann nicht den langen Weg und erledige das gleich jetzt?« sagte der Mann mit leiser Stimme. »Denk an das, was du gesehen und von deinem Meister gehört hast. Für wen hältst du mich?«
Hsun-ching konnte nur den Kopf schütteln. Er versuchte verzweifelt, eine vernünftige Erklärung für diese Dinge zu finden, doch ohne Erfolg.
»Ich vermute, daß es darauf gar nicht ankommt, oder?« fuhr der Mann fort. »Dieser Mönch weiß, wer ich bin. Er wird dich hierher zurückschicken oder einen Weg finden, selbst zu kommen. Und bald werden andere Bescheid wissen, und dann dauert es nicht lange, und es gibt eine

Schlange von Leuten, welche bis nach Ch'ang An reicht, die sich mal ansehen wollen, wer ich bin. Die wichtige Frage lautet also: Was soll ich mit dir und deinem alten Meister machen?«
Hsun-ching fragte: »W-w-was wollen Sie damit sagen, mein Meister weiß, wer Sie sind? Wer sind Sie?«
Der Mann starrte Hsun-ching an, schüttelte den Kopf, hob den eisernen Stab und befahl: »Komm her!« Dann verschwand er durch die Wasserwand.
Hsun-ching stürzte sich hinterher. Der Mann ging schon das Flußufer hinauf auf eine kleine Lichtung zu. Im Abendlicht vor der Höhle konnte Hsun-ching ihn jetzt deutlicher sehen. Die Flechte, die auf seiner Rüstung wuchs, ließ ihn tatsächlich wie eine Statue aussehen. Er ging mit einem federnden Schritt, der eher an ein Tier als an einen Menschen erinnerte, und Hsun-ching bemerkte, daß sich die Augen des Mannes nicht in ihren Höhlen bewegten; wenn er etwas ansehen wollte, drehte er den ganzen Kopf.
»Das ist es, was der alte Mönch an jenem Tag gesehen hat«, sagte der Mann. Er zeigte auf einen toten Baumstamm. »Versuch mal, den zu bewegen.«
Hsun-ching schleppte sich aus dem Wasser, ging zu dem Baumstamm hinüber und zerrte daran. Der rührte sich natürlich nicht vom Fleck.
»Jetzt stell dich da drüben hin«, sagte der Mann. Er sah Hsun-ching direkt in die Augen, und sein Körper schien sich zu straffen. Wieder spürte Hsun-ching einen unheimlichen Druck in der Brust, als würde der Blick des Mannes seinen Brustkorb zusammenpressen. Dieser hob den Stab und riß den Baumstamm dann mit einem einzigen furchterregenden Hieb aus dem Erdreich. Er ließ Hsun-ching keine Sekunde aus den Augen, als der Baum krachend im Fluß landete. Nachdem er schließlich den Blick abwandte, spürte Hsun-ching, wie der Druck in der Brust nachließ.

»Jetzt hast du gesehen, was dein Meister gesehen hat«, sagte der Mann. »Und nun frage ich dich noch einmal: Für wen hältst du mich?«
Kein Mensch, den Hsun-ching kannte, hätte diesen Baum fällen können. Eine seltsame Ruhe überkam ihn, und er fragte zurück: »Sie sind kein Mann, oder?«
Der andere spie zornig aus und sagte: »Verstehst du? Das ist der Grund, weshalb ich in Höhlen leben und weglaufen muß, wann immer mich jemand findet. Ich *bin* ein Mann, verstehst du? Ist es nicht seltsam genug, daß man aus einem Klumpen Sperma entsteht und zu einem Mann mit zwei Armen und zwei Beinen heranwächst und siebzig oder achtzig Jahre lebt? *Dich* jagt niemand bis ans Ende der Welt, um dich zu fragen, warum du so beschaffen bist; von *dir* erwartet niemand, daß du die Welt erklärst und Menschen vor dem Tod und der Traurigkeit rettest! Ich wurde auf die gleiche Weise geboren wie du, aber du bist ein gutaussehender Junge, und ich bin ein sehr häßlicher Mann! Ich bin stärker als zehn von euch, aber trotzdem noch ein Mann! Ich blute, ich werde müde, ich werde alt und muß scheißen und pissen wie jeder andere auch!«
Der Mann schüttelte angewidert den Kopf und stieß den Stab mit einer kraftvollen Bewegung in die Erde. »Ich hatte Eltern genau wie du! Ich kann mich sogar an sie erinnern. Weißt du, warum? Weil ich mich noch immer daran erinnere, wie sie mich in einen Brunnen warfen, um mich zu ertränken. Ein Wahrsager hatte meinen Eltern erzählt, ich sei ein Dämon – weshalb wäre ich sonst so häßlich?«
»A-aber«, sagte Hsun-ching mit zitternder Stimme, »mit Ihrer Kraft können Sie doch tun, was immer Sie wollen – Sie haben, was alle Männer sich wünschen!«
Mit vor Zorn geweiteten Augen knurrte er: »Ach, tatsächlich? Alle Männer hätten gern meine Kraft, doch ich bin der einzige, der sie besitzt, und deshalb fürchten und

beneiden sie mich! Ich habe keine Freunde, keine Frau. Welche würde mit jemandem schlafen, der so aussieht?« fragte er und zeigte auf sein Gesicht. »Ich kann im Kampf jeden besiegen, aber das macht mich noch lange nicht klüger als andere, und meine Tage sind weit langweiliger als deine, das kann ich dir versichern! Wer würde so leben wollen?«
Er zog den schweren Stab aus der Erde, der in seinen Händen lebendig zu werden schien, als er ihn bewegte. Dann zeigte er mit einem Ende auf Hsun-ching.
»Doch laß uns jetzt lieber von dir sprechen. Du wirst in ein fremdes Land reisen, um das Sutra zu finden, von dem du glaubst, es werde dich unsterblich machen. Ist dir noch nicht der Gedanke gekommen, daß diese Schriftrollen wertlos sind? Leben Mönche denn länger als Kaufleute oder Huren? Nein! Du scheinst aber zu glauben, daß es anders sein wird, wenn du sie liest.«
»Ich interessiere mich nicht für das Sutra«, sagte Hsun-ching. »Ich weiß, daß es wertlos ist.«
Der Mann sog die Luft ein und sah ihn mißtrauisch an.
»Aber du bist ein Mönch – du lebst da im Tempel und hast vor, wegen einer Rolle Papier um die Welt zu reisen; ist das nicht so?«
»Das tue ich, um meinem Meister zu gefallen. Ich habe es ihm versprochen. Er hat nicht mehr lange zu leben.«
Hsun-ching ging zu seinen Kleidern hinüber und zog sie an. »Es tut mir leid, daß ich Sie gestört habe. Ich verspreche Ihnen, nicht wiederzukommen.«
Der Mann stieß seinen Stab vor und versperrte Hsun-ching den Weg. »Wie kommst du darauf, daß ich dich gehen lasse?«
Hsun-ching hatte jetzt keine Angst mehr. Er sah dem Mann offen in die Augen und fragte, ohne zu stottern: »Sie haben mich damals gerettet. Und jetzt wollen Sie mich töten?«

Die gelben Augen des Mannes bohrten sich brennend in Hsun-ching, ohne sich zu bewegen oder zu blinzeln. »Was wirst du deinem Meister erzählen?« fragte er mit gleichmütiger Stimme.

»Die Wahrheit. Ich werde ihm sagen, daß Sie in Ruhe gelassen werden wollen, und er wird zu keinem Menschen über Sie sprechen. Tun Sie ihm nichts; es ist nicht seine Schuld, daß er Sie gesehen hat. Er hat ohnehin nicht mehr lange zu leben.«

Der Mann senkte langsam seinen Stab, starrte Hsun-ching aber noch immer an. Dieser begann loszugehen, hielt dann jedoch inne, verbeugte sich vor dem Mann und sagte: »Ich danke Ihnen dafür, daß Sie den Mörder meiner Mutter getötet haben.«

Der seltsame Mann blickte hinter Hsun-ching her, als dieser auf dem Pfad am Fluß verschwand, ließ seinen Stab wütend durch die Luft sausen und ging wieder auf den donnernden Wasserfall zu.

»Es ist sehr traurig«, sagte Wei-ching, »daß ein solcher Mann so allein auf der Welt ist. Möge Buddha ihm gnädig sein – Menschen sind so dumm! Während meines Lebens hat es zwei Weltkriege gegeben, zwei Bürgerkriege und die Kulturrevolution. Alle wurden durch Dummheit verursacht. Und jetzt habe ich einen Unsterblichen gesehen – ein wahres Wunder – und muß erfahren, daß er einsam und verbittert ist. All das beweist nur die Weisheit Buddhas, denn er hat gesagt, daß alles Leben Leiden bedeutet. Trotzdem ist es sehr, sehr traurig.«

Hsun-ching nickte und goß dem alten Mönch etwas Tee ein. Wei-ching nippte daran und fuhr fort: »Ich glaube aber, daß wir diesen Mann nicht zum letztenmal gesehen haben. Es muß einen Grund dafür geben, daß Buddha euch zusammengebracht hat, irgendeine Absicht! Wie auch immer: Nur Buddha selbst kennt den Grund, und er wird ihn uns enthüllen, wenn die Zeit dafür gekommen ist.«

»Meister«, sagte Hsun-ching, »der Mann hat behauptet, du wüßtest, wer er sei.«

Wei-ching blieb eine Weile stumm. Und dann: »Tatsächlich?«

»Ja. Kennst du ihn?«

Urplötzlich schien Wei-ching zu erstarren, und Hsun-ching fürchtete schon, er hätte zu atmen aufgehört. Dann stahl sich ein Lächeln auf Wei-chings Gesicht, und er schien für einige Momente in Träumereien zu versinken. Er blinzelte und blickte wieder Hsun-ching an. »Ja, vielleicht kenne ich ihn. Hast du nicht gesagt, daß er eine Menschenschlange erwähnte, die bis nach *Ch'ang An* reichte, eine Schlange von Menschen, die ihn ansehen wollten?«

»Ja«, erwiderte Hsun-ching. »Warum fragst du mich das?«

»Nun, Ch'ang An ist einmal die Hauptstadt Chinas gewesen. Seit der Zeit der Ming-Dynastie heißt sie Sian.«

»Aber wer ist er?«

»Es ist so naheliegend!« sagte Wei-ching. »Es ist von Anfang an klar gewesen. Aber wir, die wir so wenig Glauben haben, konnten es einfach nicht sehen.«

»Wer ist er?» wiederholte Hsun-ching, der sich erneut tief verängstigt fühlte.

»Es hätte keinen Sinn, es dir zu erzählen«, entgegnete Wei-ching. »Im Moment würde es dir nur verrückt erscheinen. Nein, du mußt selbst herausfinden, wer er ist. Wie und wann, das weiß ich nicht, aber ich bin sicher, daß es geschehen wird. Im Moment sollten wir nicht mehr von ihm sprechen, sondern uns nur auf deine Reise konzentrieren. Ich schlage vor, daß du nach Kun-ming gehst und ein paar Landkarten kaufst, ein englisches Wörterbuch und wetterfeste Kleidung.«

Hsun-ching flehte Wei-ching an, keine Geheimnisse vor ihm zu haben, doch sein Meister ließ sich nicht erweichen und sprach kein Wort mehr über den Mann hinter dem Wasserfall.
Nach einigen Monaten ging Hsun-ching nach Kun-ming, um alles zu kaufen, was er brauchte. Auf seinem Weg nach Shao-yang mußte er den Wasserfall passieren. Er fühlte sich versucht, sich zur Höhle zu begeben und den Mann zu fragen, wer er denn wirklich sei, aber er hatte ihm sein Wort gegeben, nicht wiederzukommen. Außerdem begann er sich zu fragen, ob er und Wei-ching der ganzen Angelegenheit nicht allzu große Bedeutung beigemessen hatten. Daß der Mann sehr stark war, hieß noch lange nicht, daß er göttlich, weise oder auch nur ehrlich war.
Hsun-ching brauchte nur einen Tag, um in Kun-ming all die Dinge zu kaufen, die er benötigte, blieb aber noch einen zweiten Tag, um den Tempel des Reinen Landes zu besuchen. Als er dort ankam, wurde ihm schwer ums Herz, denn der Tempel lag in Trümmern. Doch als er eintrat, entdeckte er, daß noch ein paar Mönche dort lebten. Sie sagten, sie fingen gerade wieder an, den Tempel herzurichten, da die Viererbande jetzt zerschlagen worden sei. Sieben Jahre sei der Tempel als Garage für Armeelastwagen und Motorräder benutzt worden. Hsun-ching fragte nach den Nonnen, und die Mönche berichteten, nur zwei von ihnen hätten die Kulturrevolution überlebt. »Und jetzt«, fügte einer der Mönche hinzu, »verbietet die Regierung jungen Leuten, Mönch oder Nonne zu werden, so daß sich unsere Gemeinde nicht erneuern kann. In zwanzig Jahren wird von uns keiner mehr übrig sein, und damit wird der Buddhismus in China verschwinden.«

Der Winter verging schnell für Hsun-ching, vielleicht, weil er zum erstenmal, seitdem er sich entschlossen hatte, lesen zu lernen, ein Ziel vor sich sah. Bevor es ihm überhaupt klar wurde, war der Frühling fast vorbei, und es war Zeit für seine Abreise. An diesem Morgen standen Hsun-ching und Wei-ching früh auf und sangen gemeinsam ein langes Sutra. Und dann, nach dem Frühstück, nahmen sie Abschied voneinander.

»Sei vorsichtig, und möge Buddha mit dir sein. Du bist für mich wie ein Sohn«, sagte Wei-ching.

»Ich werde bald zurück sein«, erwiderte Hsun-ching und verließ den Tempel mit Tränen in den Augen.

Als er etwa zweihundert Meter im Wald war, hörte Hsun-ching eine Stimme sagen: »*Hai.*«

Er drehte sich um und sah den seltsamen Mann in seiner uralten Rüstung auf einem etwa fünf Meter hohen dicken Ast liegen und zerstreut an seinem eisernen Stab herumfingern. Hsun-ching ließ sein zusammengerolltes Bettzeug fallen.

»Bitte, tun Sie uns nichts«, bettelte Hsun-ching.

Der Mann sprang von dem Baum herunter. »Ich werde keinem Menschen weh tun, ich gehe mit dir«, erklärte er.

Hsun-ching wußte nicht, was er sagen sollte; schließlich fragte er: »W-w-warum?«

Der Mann sah sich eine Minute um, tippte mit seinem Stab auf die Erde und verzog das Gesicht. »Weil es mir in dieser verdammten Höhle allmählich langweilig wurde, weil ich diesen Teil der Welt nie gesehen habe und weil es mich amüsiert, daß du bereit bist, um die halbe Welt zu reisen, um einen alten Mann glücklich zu machen.« Er grinste, zeigte seine langen, schrecklich aussehenden Zähne und sagte: »Zeig mir deine Karten.«

VIII

Als Hsun-ching seine Karten im Schatten eines Mangobaums ausbreitete, der die Kulturrevolution überlebt hatte, kniff der Mann die Augen zusammen und sah ihn aufmerksam an. »Ich glaube nicht, daß ich deinen Namen kenne.«

Hsun-ching blickte von seinen Karten auf. »Mein Meister hat mir den religiösen Namen Hsun-ching gegeben. Er hoffte, er werde mich dazu anregen, diese Reise zu machen.«

»Aber wie ist dein richtiger Name? Der Name, den deine Eltern dir gegeben haben?«

»Den kenne ich nicht.«

»Hm«, machte der Mann und nickte nachdenklich.

»Und – wie soll ich Sie anreden?« fragte Hsun-ching.

»Mein Familienname ist Sun. An meinen Vornamen erinnere ich mich nicht. Ich bin mein Leben

lang Soldat gewesen, so daß du mich ruhig ›Oberst‹ nennen kannst. Das bin ich gewohnt.«
»Oberst Sun – ich verstehe immer noch nicht, warum Sie mitkommen wollen. Man wird uns wahrscheinlich schnappen, und …«
»Du willst den wahren Grund dafür wissen, daß ich mitkomme?« unterbrach ihn der Oberst. Hsun-ching nickte sanft; er wollte den Mann nicht erneut in Wut bringen.
»Ich komme mit, weil ich nicht wieder einschlafen konnte, nachdem du meinen Stab umgestoßen und mich geweckt hattest. Und außerdem habe ich im Moment nichts anderes zu tun. So einfach ist das. Und jetzt zeig mir die Route, die du dir vorgestellt hast.«
Hsun-ching hielt es für am klügsten, die Angelegenheit vorläufig auf sich beruhen zu lassen, und blickte auf seine Karten. »Es gibt einige denkbare Reisewege«, sagte er, »aber ich bin mir nicht sicher, ob wir auf ihnen vorankommen. Unser größtes Problem wird das Überschreiten der Grenzen sein. Mein Meister meint, wir sollten diesen Weg nehmen, durch Tibet, und dann über einen Bergpaß nach Nepal. Er glaubt, daß es dort nicht viele Wachen geben werde, weil die Berge so hoch sind.«
»Da hat er recht«, warf Oberst Sun ein, »aber schlag dir das aus dem Kopf. Es ist kalt da oben. Wir müssen eine bessere Route finden.«
Hsun-ching zeigte Oberst Sun den schweren Mantel und die Stiefel, die er in Kun-ming gekauft hatte, und sagte, sie könnten auch für ihn solche Dinge kaufen, wenn er sich wegen der Kälte Sorgen mache, doch der Oberst schüttelte den Kopf.
»Ich fürchte keinen Mann und kein Tier auf der Welt, aber es gibt etwas, was ich nicht ertragen kann, nämlich niesen zu müssen. Ich habe mich in der Mongolei einmal erkältet und mußte fast zwei Wochen lang ständig niesen. Ich konnte die ganze Zeit weder essen noch schlafen und

wäre fast gestorben. Ich würde lieber gegen die ganze kaiserliche Armee kämpfen, als dort herumzuwandern, wo es Schnee gibt.« Er kratzte sich eine Zeitlang das Kinn und zeigte dann mit einem behaarten Finger auf die Karte. Hsun-ching fiel auf, daß seine Fingernägel wie Krallen waren, und er spürte, wie er allmählich nervös wurde. Er hatte nicht die leiseste Vorstellung davon, was für ein Mann der Oberst wirklich war. Was wäre, wenn er ein Verrückter war? Er konnte Hsun-ching mit einem einzigen leichten Schwung seines Stabs den Schädel zerschmettern.

»Sieh mal«, sagte der Oberst, »wie heißt diese große Stadt am Wasser, südlich von Kanton?«

»Das ist Hong Kong.«

Der Oberst nickte. »Legen dort viele Schiffe an?«

»Ja, natürlich. Es ist eine Hafenstadt.«

»Na bitte, weshalb willst du dann quer durch Asien kriechen? Laß uns nach Hong Kong gehen und ein Schiff finden, das zu diesem Land fährt, das du Amerika nennst! Seeleute stellen keine Fragen, wenn du schwere Lasten heben und Decksplanken schrubben kannst.«

Hsun-ching schüttelte skeptisch den Kopf. »Ich glaube nicht, daß wir es schaffen, nach Hong Kong zu kommen.«

»Was willst du damit sagen?« fragte der Oberst. »Es liegt in China – um hinzukommen, brauchen wir keine Grenze zu überqueren.«

»Doch, das müssen wir; Hong Kong ist eine britische Kolonie. Ich habe gehört, daß es zwischen Hong Kong und dem Festland einen sehr langen Stacheldrahtzaun gibt«, erwiderte Hsun-ching. »Und überall sind bewaffnete Wachen, die verhindern sollen, daß jemand hinüberklettert.«

Der Oberst kniff ungläubig die Augen zusammen. »Wie kommt es, daß Ausländer in China einen solchen Zaun bauen können?«

»Die Briten haben den Zaun nicht gebaut«, entgegnete Hsun-ching. »Das haben wir getan. Dies ist das Neue China. Die Führer des Neuen China sagen, daß sie Kapitalisten fernhalten wollen. Ich habe aber gehört, daß der wahre Grund für den Bau des Zauns ein ganz anderer ist, nämlich uns Kommunisten eingesperrt zu halten. Hong Kong soll so etwas wie ein Paradies sein.«
»Dann müssen wir unbedingt hin«, sagte der Oberst. Er sah wieder auf die Karte. »Was sind Kapit ... diese beiden Worte, die du eben nanntest?«
»Kommunisten und Kapitalisten? Wie kommt es, daß Sie diese Wörter nicht kennen?«
»Ich kenne nicht so viele ausgefallene Wörter wie du«, entgegnete der Oberst mit einem Anflug von Ärger. »Ich hatte keinen alten Mann, der sich um mich kümmerte und mir Lesen und Schreiben beibrachte, als ich klein war.«
Hsun-ching errötete vor Scham. »Also ... die Welt läßt sich grob in zwei Arten von Ländern einteilen – kommunistische und kapitalistische. Ein kapitalistisches Land ist ein Land, in dem Menschen Privateigentum an Dingen haben und reicher werden können als andere. Sie benutzen Geld, um alles zu bekommen, was sie wollen, und können arme Menschen unterdrücken. Ein kommunistisches Land ist ein Land, in dem alles der Regierung gehört. So sind alle Menschen gleich, und niemand kann unterdrückt werden. Wenn es kein Geld gibt, teilen die Menschen alles gern miteinander und helfen lieber einander, statt nur sich selbst zu helfen. Jeder arbeitet für das Wohl des Volkes und nicht nur für den persönlichen Gewinn.«
Oberst Sun dachte einen Moment darüber nach und brach dann in ein höhnisches Lachen aus. »Die Kapitalisten kommen mir ziemlich normal vor«, bemerkte er, »aber diese kommunistische Regelung scheint mir der reine Unfug zu sein.«

»Ja, das habe ich manchmal auch gedacht«, versetzte Hsun-ching nervös, »doch Sie müssen aufpassen, wenn Sie so etwas sagen! In China können Sie ins Gefängnis geworfen werden oder noch Schlimmeres erleben, wenn Sie etwas gegen den Kommunismus sagen.«
»Und was ist sonst noch neu?« wollte der Oberst wissen. »Jedesmal, wenn hier jemand eine Dynastie gründet, tötet er jeden, der gegen ihn spricht. Wer ist der neue Kaiser?«
Aus Gewohnheit sah Hsun-ching sich vorsichtig um, bevor er antwortete. »Im Neuen China gibt es keine Kaiser! Es hat zwar einen gegeben, der so ähnlich war – den Vorsitzenden Mao. Aber der ist jetzt tot, und die Viererbande ist zerschlagen worden.«
»Wenn der Tyrann tot ist, wird in ein paar Jahrzehnten wohl alles besser werden«, meinte der Oberst. »Wie ist der Name der neuen Dynastie?«
Hsun-chings Augen weiteten sich vor Furcht. »Wie können Sie so etwas sagen? Dies ist die Volksrepublik China! Es gibt keine herrschende Klasse, nur die Kommunistische Partei – wie ist es möglich, daß Sie das nicht wissen? Es ist doch schon seit fast dreißig Jahren so!«
»Arrogantes Kind! Ist es für dich wirklich so unmöglich zu glauben, daß ich Besseres zu tun habe, als mich über Regierungsbeamte und deren schäbige kleine Intrigen auf dem laufenden zu halten?« fragte der Oberst trocken. »Sag mir nur eins: Ist Amerika kommunistisch oder kapitalistisch?«
»Kapitalistisch – Amerika ist das kapitalistischste Land von allen.«
»Das höre ich gern«, sagte der Oberst, »denn wenn wir dieseSchriftrolle finden, können wir sie dem Eigentümer einfach abkaufen, statt sie irgendeinem Irren stehlen zu müssen, der nicht an Geld glaubt. Das wird viel leichter sein.«
»Ja, aber erst mal müssen wir hingelangen. Wie kommen wir an diesem Zaun vorbei?«

Der Oberst lehnte sich gegen den Mangobaum und scheuerte sich den Rücken daran. »Sehen wir ihn uns erst mal an, dann können wir einen Plan machen. Im Augenblick sollten wir nur entscheiden, wie wir von hier zur Grenze kommen. Sollen wir zu Fuß gehen oder es auf einem dieser Dinger mit Rädern versuchen, die von Feuer angetrieben werden?«

»Sie meinen einen Zug?« fragte Hsun-ching, unfähig, seine Ungläubigkeit zu verbergen. »Das Wort dafür kennen Sie auch nicht?«

Diese Frage schien Oberst Sun zu kränken, und er entgegnete scharf: »Nein, ich kenne es nicht, bin aber ziemlich sicher, daß ich genausogut wie jeder andere in einem Zug fahren könnte, wahrscheinlich sogar besser. Du zeigst mir einfach, wie man es macht, dann werde ich es schon schaffen.«

Hsun-ching wußte nicht, wie er sich das Verhalten von Oberst Sun erklären sollte, und entschuldigte sich für seine unhöfliche Bemerkung. Er sagte, Kanton, das in der Nähe der Grenze zu Hong Kong liege, könnten sie von Kun-ming aus leicht mit dem Zug erreichen. Hsun-ching faltete seine Karten zusammen, und dann machten sie sich auf den Weg nach Shao-yang. Doch nach einigen hundert Metern sagte Hsun-ching ganz ruhig: »Oberst Sun – mir fällt da noch ein kleines Problem ein. Diese Kleidung, die Sie tragen ... wird die nicht einige Aufmerksamkeit erregen?«

Der Oberst sah an seiner altertümlichen Kleidung hinunter. »Wieso?«

»Weil ... weil heutzutage kein Mensch mehr solche Sachen anzieht.«

»Oh. Dann werde ich wohl etwas anderes darüber tragen müssen. Wenn wir in Shao-yang sind, wirst du losgehen und mir etwas zum Anziehen kaufen.«

»Warum lassen Sie diese alten Kleidungsstücke nicht ein-

fach hier in China? Wäre es nicht unbequem, immer zwei Schichten Kleidung zu tragen?«
»Was?« bellte der Oberst. »Diese Rüstung hierlassen? Sie hat einmal Shih Huang Ti persönlich gehört!«
Shih Huang Ti war der Gründer der Ch'in-Dynastie, die im Jahre 221 vor unserer Zeitrechnung begann. Er war der Mann, der den Bau der Großen Mauer befahl, der die chinesische Schrift vereinheitlichte, der die Bücher des Landes und vierhundertsechzig Gelehrte bei lebendigem Leibe verbrannte, um jeden davon abzuhalten, »die Vergangenheit zu studieren, um die Gegenwart zu kritisieren«. Hsuan-ching wollte Oberst Sun nicht wütend machen, bezweifelte aber, daß die Rüstung echt war. »Aber, Oberst Sun, woher wissen Sie, daß es die Rüstung Shih Huang Tis war?«
Der Oberst runzelte die Stirn. »Weil ich sie ihm selbst weggenommen habe.«
Hsun-ching dachte, daß dies ein Scherz sein mußte. »Sind Sie ein Grabräuber?« fragte er lächelnd.
Der Oberst sah angewidert aus. »Glaubst du etwa, ich bin die Art Mann, die so etwas Feiges fertigbringt? Ich werde dir sagen, woher ich weiß, daß es seine Rüstung ist. Shih Huang Ti war ein sehr abergläubischer Mann. Kurze Zeit nach seiner Machtergreifung fiel ein Meteor zur Erde, und darauf stand geschrieben: ›Nach dem Tod des Ur-Drachens wird das Reich geteilt werden.‹ Danach war Shih Huang Ti besessen von der Unsterblichkeit. Er begann sich selbst als ›vollkommenstes Wesen‹ zu bezeichnen, das dem Jade-Kaiser gleich sei, und behauptete, niemand, ob Mann oder Dämon, könne es mit ihm aufnehmen. Dann überzeugte ihn ein Wahrsager davon, daß das wahre Elixier der Unsterblichkeit auf P'eng-lai zu finden sei, der legendären, von Seeungeheuern beschützten Insel. Daraufhin machte sich Shih Huang auf den langen Weg zum östlichen Meer und schoß mit einer Armbrust einen

Wal, denn er glaubte, das werde die Götter besänftigen und zwingen, ihn in ihrer Gemeinschaft willkommen zu heißen. Das war eine schlechte Neuigkeit, denn wenn Kaiser erst einmal glauben, sie seien den Göttern gleich, werden sie schnell verrückt, und das ganze Land leidet. Damals hatten wir schon fünfhundert Jahre mit blutigen Bürgerkriegen ertragen müssen und brauchten nicht noch mehr Ärger.

Das Problem war nur: Wie beweist man ihm, daß er sterblich ist, ohne ihn zu töten? Am kaiserlichen Hof gab es einige, die mit dem Gedanken spielten, ihn zum Wohl des Landes zu ermorden, und einige versuchten es, aber das ist feiger Hochverrat! Wie kann man dem Kaiser gegenüber illoyal sein?

Nach langem Nachdenken hatte ich einen Einfall: Ich verkleidete mich als Dämon, trug weiße Seidengewänder und legte eine furchterregend bemalte Maske an. Dann stürmte ich einmal spät in der Nacht in seine Schlafkammer und schleifte den kreischenden Kaiser aus dem Bett. Ich sagte ihm, ich sei ein offizieller Besucher aus der Hölle und hätte gehört, in der Nähe solle ein Gott leben. Ich fragte ihn, ob er dieser Gott sei. Er zitterte wie Espenlaub, erklärte aber, er glaube, dieser Gott zu sein, obwohl er sich dessen nicht sicher sein könne. Ich schrie wie ein wildes Tier und sagte, wenn er ein Gott sei, werde er es wohl wissen.

Ich nahm sein juwelenbesetztes Schwert und reichte es ihm. Dann erklärte ich, Götter könnten mit bloßen Händen Schwerter zerbrechen. Er schnaufte und keuchte vor Anstrengung, schaffte es aber natürlich nicht, das Schwert zu zerbrechen. Ich nahm es ihm weg und zerbrach es auf dem Knie. Danach sagte ich zu ihm, die Strafe für die anmaßende Behauptung, ein Gott zu sein, bestehe darin, bei lebendigem Leibe gegessen zu werden, und fing an, mir die Lippen zu lecken! Er begann zu wimmern und

bettelte um sein Leben. Ich erklärte ihm, ich würde mit ihm einen Handel machen. Wenn er sich auf der Stelle bei den Göttern entschuldige und sich künftig auf die Staatsangelegenheiten konzentriere, könnte ich mich erweichen lassen, ihm Gnade zu erweisen. Er fiel auf die Knie und gelobte, genau das zu tun. Dann nahm ich seine kostbare Rüstung und sagte, wenn er sein Wort nicht halte, würde ich nicht einmal zulassen, daß er sich anzöge, bevor ich ihn in die Hölle schleifte, wo er vor Gericht gestellt und bestraft werden würde … ich wolle seine Garderobe in meinem Palast für ihn bereitliegen lassen.«
Hsun-ching beschloß, mit seinem Gefährten eine Zeitlang nachsichtig zu sein. »Aber, Oberst Sun, wurde Shih Huang Ti denn nicht rund um die Uhr von seinen loyalsten Soldaten bewacht? In den Geschichtsbüchern heißt es, er habe in ständiger Furcht vor Verrat gelebt, und nicht einmal eine Maus habe in seine Gemächer gelangen können, ohne auf der Stelle niedergemacht zu werden.«
Oberst Sun nickte stolz. »Das ist wahr. Doch Mäuse können nicht sehr gut gegen bewaffnete Männer kämpfen, ich aber wohl. Die Leibwächter Shih Huangs waren etwas Besonderes – sie schützten ihren Kaiser ohne Rücksicht auf das eigene Leben. Ich mußte drei von ihnen töten, und das war das erste bedauerliche Ergebnis meines Vorhabens.
Das zweite war, daß Shih Huang Ti seine mögliche Verurteilung in der Hölle so ängstigte, daß er eine Armee von Geist-Kriegern aufzustellen beschloß, die ihn im Leben nach dem Tode bewachen sollte. Er ließ sie unter großen Kosten für die Nation aus Ton formen und in einem riesigen unterirdischen Palast aufstellen. Die Baumeister und Ingenieure ließ er anschließend niedermachen, damit niemand wußte, wie man den Palast betreten kann, und ordnete überdies an, seine sämtlichen kinderlosen Konkubinen lebendig zu begraben, damit sie ihm im Leben

nach dem Tode Gesellschaft leisteten. Bist du mal in Hsien-yang gewesen?«
»Nein«, antwortete Hsun-ching.
»Dort befindet sich ein großer Erdhügel. Die meisten Menschen glauben, er enthalte nur das Grab des Kaisers, doch unter diesem Hügel und in kilometerweitem Umkreis unter der Erde befinden sich Tausende von Kriegern aus Terrakotta, außerdem Pferde, Kriegswagen und Waffen. Falls du denken solltest, daß ich lüge, kannst du ja nach unserer Rückkehr aus Amerika hinfahren und sie dir ansehen.«
Hsun-ching wußte nicht, ob er laut auflachen oder weglaufen sollte; der Oberst sprach mit solchem Ernst, daß Hsun-ching sich zu fragen begann, ob sein Begleiter vielleicht ein wenig verrückt war. »Aber, Oberst Sun«, sagte er sanft, »wenn Sie dem Kaiser diese Rüstung weggenommen haben, dann bedeutet das doch, daß Sie mehr als zweitausend Jahre alt sind. Richtig?«
»Ja.«
Hsun-ching riß ungläubig den Mund auf. »Wollen Sie etwa behaupten, Sie seien zweitausend Jahre alt?«
Der Oberst hielt inne und wandte sich zu Hsun-ching um. »In Wahrheit weiß ich nicht genau, wie alt ich bin«, sagte er langsam.
Wie sollte jemand eine solche Geschichte glauben? Es war unmöglich. Doch dann fiel Hsun-ching wieder ein, wie der Oberst den Baumstamm mit einem einzigen Schwung seines Stabs aus der Erde gerissen hatte. Auch das war unmöglich, oder etwa nicht? Ein Anflug von Zweifel schoß ihm durch den Kopf, doch das war schnell wieder vorbei. Der Oberst muß einen Grund dafür haben, daß er mir diese Geschichten erzählt, dachte er. Ich muß Geduld haben.
Hsun-ching beschloß, an jenem Tag keine weiteren Fragen zu stellen, und so wanderten sie schweigend weiter,

bis sie die Vororte von Shao-yang erreichten. Hsun-ching ging erst in die Stadt, um für Oberst Sun ein paar gewöhnliche Kleidungsstücke zu besorgen, und begab sich dann zur Busstation, wo er zwei Fahrkarten nach Kun-ming kaufte. Als er in den Wald zurückkehrte, sah er seinen rätselhaften Begleiter auf einer kleinen Lichtung mit seinem Stab seltsame Übungen machen. Er unternahm einen wütenden, energischen Angriff auf einen imaginären Feind, wirbelte dann den Stab herum und warf ihn in die Luft. Er fing ihn wieder auf, trieb das eine Ende in die Erde und sprang anschließend wie ein Stabhochspringer in einen Baum hoch, und das alles in der Zeit, in der man einmal mit dem Auge zwinkern kann. Als Hsun-ching sah, wie vernichtend der Oberst mit seiner einfachen Waffe kämpfen konnte, bekam er wieder Angst, sagte sich aber gleichzeitig, daß ein Mensch, der so bemerkenswerte körperliche Fähigkeiten entwickelt, kaum verrückt sein kann.

Als der Oberst mit seinen Übungen fertig war, wischte er den Stab sauber und ging zu Hsun-ching. »Ich werde allmählich alt«, klagte er. »Als ich noch jünger war, konnte ich stundenlang so üben, ohne zu ermüden. Jetzt verlieren meine Arme und Beine schon nach wenigen Minuten ihre Kraft. Wenn ich gegen mehr als zwanzig Männer kämpfen müßte, wäre ich in Gefahr.«

Hsun-ching reichte ihm wortlos die Kleider, eine zusammengerollte Bettdecke, eine Umhängetasche für seine Rüstung und eine Sonnenbrille, die seine glitzernden gelben Augen verbergen sollte.

Der Bus nach Kun-ming ging früh am nächsten Morgen. Oberst Sun klagte zunächst darüber, daß er in einer kleinen Metallschachtel eingepfercht sei, die so schnell durch den Dschungel reise, doch dann ließ ihn die Autokrankheit verstummen. Den größten Teil der Fahrt streckte er den Kopf aus dem Fenster, würgte heftig und fluchte vor sich hin. In Kun-ming bestiegen sie den Zug nach Heng-yang, und drei Tage und zwei Anschlußzüge später standen sie auf einem Hügel in Shenchen südlich von Kanton und blickten auf die Grenze zu Hong Kong hinunter.

»Es ist nicht nur ein Zaun«, sagte Hsun-ching düster, »es gibt vier oder fünf davon. Und sehen Sie sich all die Wachen an! Und da oben auf den Hügeln – da sind Vorposten mit Maschinengewehren. An denen kommen wir nie vorbei, und außerdem haben wir ja kein Geld mehr, um zu einer der anderen Grenzen zu gelangen.« Er schüttelte den Kopf und setzte sich auf die Erde. Oberst Sun schien aber ganz und gar nicht entmutigt zu sein; er rieb sich die Hände und fixierte den Punkt, an dem die Bahnlinie Hong Kong–Kanton den Stacheldrahtzaun passiert.

Etwa eine halbe Stunde später kam ein Personenzug an die Grenze. Er hielt kurz vor einer Stahlbrücke über einen kleinen Fluß, der die tatsächliche Grenze Hong Kongs zu markieren schien. Zwanzig Soldaten stiegen in den Zug, um Pässe und Visa aller Reisenden zu kontrollieren. Eine andere Gruppe von Soldaten blickte prüfend unter den Zug und ging um ihn herum, um sich zu vergewissern, daß niemand auf diesem Weg zu entkommen versuchte. Nach zwanzig Minuten stiegen die Soldaten wieder aus dem Zug und ließen ihn langsam über die Brücke fahren. Dann wurde der Zug schneller und rollte in die New Territories von Hong Kong.

»Den haben sie aber ziemlich gründlich kontrolliert«, sagte Oberst Sun.

Zwei Stunden später hielt ein langer Zug mit verrosteten Waggons am Kontrollpunkt. Dieselben beiden Gruppen Soldaten verließen das Wachhaus, prüften die Papiere der Zugbesatzung und blickten in die meisten der Waggons.

»Das ist ein Viehtransport – sogar von hier aus kann man es riechen», erklärte Oberst Sun. »Und diese Soldaten müssen das Tag für Tag durchmachen! Kein Wunder, daß sie die Kontrolle so schnell hinter sich bringen. Sieh dir an, wie sie die Holztüren öffnen und schnell mal den Kopf hineinstecken. Sie schauen gar nicht richtig hin! So werden wir die Grenze passieren!«

»Aber wie sollen wir in einen der Waggons kommen?« fragte Hsun-ching. »Der ganze Zug ist doch jetzt von Soldaten umstellt.«

Oberst Sun lachte und schnalzte mit der Zunge. »Wir besteigen ihn nicht hier. Wir gehen wieder zurück, bis wir eine Stelle finden, an der die Bahngleise neben einem Hügel oder einem Baum eine Kurve machen. Sie werden wegen der Kurve langsamer fahren müssen, und wir springen aufs Dach eines der Wagen. Ich sorge dann dafür, daß wir hineinkommen.«

Sie folgten den Bahngleisen etwa drei Stunden in Richtung Kanton und fanden schließlich eine geeignete Stelle. »Wir haben Glück, daß wir im Südosten Chinas sind«, sagte der Oberst, »denn wenn dies die Wüste im Nordwesten wäre, würden wir sechs oder sieben Tage gehen müssen, bevor wir an eine Stelle wie diese kämen.« Die Stelle, die er auswählte, war ein kleiner Friedhof, der etwa sieben Meter über den Bahngleisen aus einem steilen Hügel herausgeschnitten und auf beiden Seiten durch dichtes Buschwerk vor Einblick geschützt war. Sie kletterten den Hügel hinauf und hatten gerade den Friedhof erreicht, als sie das Pfeifsignal eines näher kommenden Zuges hörten. Hsun-chings Herz pochte heftig in der Brust. »Ist das der richtige?«

Der Oberst setzte sich, lehnte sich gegen einen Grabstein, legte sich den Stab quer auf die Knie und schüttelte den Kopf. »Ein guter Soldat bringt immer alle Kräfte ins Spiel, die er aufbieten kann, um seine Strategie zu unterstützen. Jetzt haben wir Tageslicht; wenn etwas schiefgeht und wir

flüchten müssen, können uns die Wachen viel leichter entdecken. Außerdem werden sie nachts müder und ungeduldiger sein. Wir sollten bis dahin warten.«
Als der Zug unter ihnen vorbeifuhr, sah Hsun-ching den Oberst zweifelnd an. »Der Zug fährt noch immer zu schnell«, stöhnte er. »Ich werde es nie schaffen, mich festzuhalten!«
»Das brauchst du auch gar nicht«, entgegnete der Oberst. »Ich nehme dich huckepack, und ich sorge dafür, daß wir sicher landen. Im Augenblick lautet eine wichtigere Frage: Was werden wir nachher essen?«
Hsun-ching holte noch ein paar Reiskuchen aus seiner Tasche, doch Oberst Sun verzog das Gesicht; von »Mönchsnahrung« wolle er nichts mehr wissen. Er stand auf, wies Hsun-ching an, ein kleines Feuer zu machen, und versprach, mit etwas Nahrhafterem wiederzukommen.
Eine halbe Stunde später kehrte er mit einer Ziege zurück. Er warf den leblosen Körper auf die Erde und entblößte die Zähne zu einem spitzbübischen Grinsen. »Es geht nichts über eine gute Mahlzeit, wenn man für etwas Gefährliches Kraft braucht!« sagte er. Hsun-ching nickte schwach und sah dann mit einem leichten Gefühl der Übelkeit zu, wie der Oberst das Tier häutete und ausnahm.
Als es dunkel war, packten sie ihre Sachen zusammen und verschnürten sie. Oberst Sun band sein Bündel auf Hsun-chings Rücken fest und steckte seinen Eisenstab dann in eine Lederschlinge, die er sich um die Schulter legte. Sie kauerten sich am Rand des Friedhofs hin und warteten.
Nach einer Zeit, die ihnen wie eine Ewigkeit vorkam, hörten sie das Pfeifsignal eines Zugs. »Der letzte war ein Personenzug«, sagte der Oberst, »also dürfte dies für uns der richtige sein.«
Bevor Hsun-ching etwas erwidern konnte, wies ihn der

Oberst an, auf seinen Rücken zu klettern und sich festzuhalten. Um sich und Hsun-ching auf seinem Rücken band Oberst Sun ein Seil, damit Hsun-ching nicht herunterfiel, falls er sich nicht festhalten konnte. Dann stand er auf. Sein Körper spannte sich, als er sich zum Sprung bereit machte.
Erst kam die Lokomotive um die Kurve, und sie kriegten den Dampf mitten ins Gesicht. Dann folgte eine lange Reihe von Waggons mit Erdöl. Es sah fast so aus, als wäre dies gar kein Viehtransport, aber schließlich tauchten in der Kurve ein paar flache, hölzerne Wagendächer auf, und der strenge Geruch von Dung stieg ihnen in die Nase. »Es ist soweit!« rief der Oberst, und als der Zug an ihnen vorbeidonnerte, machte Sun einen gewaltigen Satz und landete auf allen vieren auf einem der Waggons. Der Oberst mußte den Sprung einmal abfedern, und der Wagen rutschte ein Stück unter ihnen weg, doch dann krallten sich seine starken Finger am Metallrahmen des Waggons fest, so daß ihnen ein Sturz und damit ein unrühmliches Ende erspart blieb.
»*Aiyii!*« jubelte der Oberst. Er entfernte das Seil um sich und Hsun-ching, der bewußtlos auf das Wagendach fiel; durch die Wucht des Aufpralls war ihm der Eisenstab gegen die Stirn geknallt. »Scheiße!« brummte der Oberst. Er band Hsun-ching an dem Metallrahmen fest und lokkerte dann ein paar Bohlen, um ins Wageninnere sehen zu können. »Schweine«, schimpfte er, »ausgerechnet Schweine!« Er band Hsun-ching wieder los und ließ ihn behutsam durch das Loch im Dach hinunter und auf einen weichen Dunghaufen fallen. »Hoffentlich ist er mit dem Gesicht nach oben gelandet«, sagte er zu sich selbst, zuckte dann zusammen, knirschte mit den Zähnen und sprang. Er landete neben seinem bewußtlosen Freund.
Nach einigen Minuten kam Hsun-ching wieder zu sich. Er hatte gerade geträumt, daß er und Hamma planten, aus

der Kommune zu fliehen. Sie besprachen ihre Pläne an dem einzigen Ort, an dem sie, wie sie wußten, nicht abgehört werden konnten: im Klohäuschen auf dem Hof. Urplötzlich hörten sie das Geräusch eines Zugs, der auf sie zuraste, und als sie aus dem Klo rannten und eine riesige Lok auf sich zukommen sahen, wachte Hsun-ching auf.

»Wo sind wir?« fragte er.

»In einer Tiertoilette«, murrte der Oberst. »Wie geht es deinem Kopf? Kannst du stehen?«

Hsun-ching rieb sich die Beule über seinen Augen und schaffte es, auf die Füße zu kommen. »Alles in Ordnung, wie mir scheint.«

»Gut. Jetzt hör mal genau zu. Wir haben nicht viel Zeit. Wenn die Soldaten die Tür öffnen, darfst du kein Geräusch machen oder auch nur atmen! Die Schweine könnten durchdrehen, sich an einer Seite des Waggons zusammendrängen, und damit wären wir zu sehen.«

»Zu schade, daß sie nicht schlafen«, meinte Hsun-ching. »Dann könnten wir hinter ihnen liegen.«

Der Oberst hob eine Augenbraue und nickte nachdenklich. »Gute Idee«, sagte er und ergriff seinen Eisenstab. Hsun-ching sah voller Entsetzen, wie sein Gefährte den Stab auf den Schädel eines der Schweine niedersausen ließ und ihn zertrümmerte. Das Tier war auf der Stelle tot. Als er vier der Schweine getötet hatte, schleifte er sie in eine Ecke des Wagens und legte sie so zurecht, als würden sie schlafen. »Du versteckst dich hier«, sagte er zu Hsun-ching und zeigte auf eine Lücke in der Mitte des leblosen Haufens. »Ich lege mich neben dich.«

Als sie sich zwischen den noch zuckenden Kadavern verborgen hatten, sagte der Oberst: »Hör jetzt gut zu. Nur zwei Mann durchsuchen jeden Wagen, und mir ist aufgefallen, daß sie ihre Gewehre auf dem Rücken tragen. Wenn etwas schiefgeht und einer von ihnen uns sieht, werden wir genug Zeit haben, sie zu überwältigen, bevor sie ihre Gewehre spannen und auf uns richten können. Du darfst vor allem nicht vergessen, daß Armeen meist ihre unbegabtesten Männer zur Grenzbewachung abstellen, so daß sie uns mit ihren ersten Schüssen wahrscheinlich nicht treffen werden, selbst wenn sie die Gewehre im Anschlag haben. Hast du schon mal einen Mann getötet?«

Hsun-ching sah ihn entsetzt an. »Einen Mann g-getötet? W-wovon reden Sie da?! Wir wollen doch niemanden töten – wir wollen doch nur nach einem alten Buch suchen! Das soll wohl ein Sch-Sch-Scherz sein!«

Der Oberst ließ die Augen zu Schlitzen werden und schüttelte den Kopf. »Sei nicht albern«, sagte er ruhig. »Wenn man sich ohne Armee an fremde Orte begibt, ohne die Zustimmung seines Kaisers und ohne eine Einladung aus dem Ausland, muß man Realist sein. Eins muß dir klar sein: Soldaten und Verbrecher haben etwas gemeinsam, nämlich daß sie Menschen weh tun, ohne daran zu denken, was sie machen. Der Soldat tut es, weil sein Vorgesetzter es ihm befiehlt; er hat ein ruhiges Gewissen, da er seine Pflicht tut. Der Verbrecher tut dir weh, weil er sich in den Kopf gesetzt hat, daß alles, was er will, wichtiger ist als dein Leben. Du mußt also bereit sein, ohne zu zögern als erster zuzuschlagen, wenn du es mit Soldaten und Verbrechern zu tun hast. Mach dir ihretwegen keine Gedanken; sie haben schon bei ihrer Berufswahl akzeptiert, daß sie irgendwann den Tod finden können.«

Hsun-ching hatte zu zittern begonnen. »Wenn Sie Leute u-u-umbringen wollen, müssen wir auf der Stelle hier r-r-raus! Was Sie da sagen, ist einfach l-l-lächerlich!«

Oberst Suns Augen weiteten sich vor Überraschung. »Du hast dir einen guten Moment ausgesucht, um mir mitzuteilen, daß du ein Feigling bist! Ich habe nicht gesagt, daß wir unschuldige Menschen umbringen sollen! Ich sage dir nur, daß du dabei bist, etwas zu beginnen, was dich in

Schwierigkeiten bringen kann, wie gut deine Absichten auch sein mögen. Du mußt darauf gefaßt sein, dich zu verteidigen, wenn du bedroht wirst.«
»A-a-aber w-w-w ...«
»Hast du diese Männer heute nicht gesehen? Sie tragen Waffen! Sie haben vermutlich den Befehl, jeden zu stoppen, der die Grenze zu überwinden versucht, und zu schießen, wenn er Anstalten macht zu fliehen. Kommt dir das etwa vernünftig vor? Du willst China verlassen, um einem alten Mann einen Gefallen zu tun, um ihm seinen Lebenstraum zu erfüllen, aber diese Männer sind bereit, dich zu erschießen, wenn du es versuchst, und sie sind sogar der Meinung, ein Recht dazu zu haben! Also, ich sage dir, sie haben es nicht! Sie haben nicht mehr Recht, dich zu erschießen, als ein Verbrecher, der dich wegen deines Geldes niederstrecken will.«
»A-a-aber wenn sie uns finden, werden sie uns nicht gleich erschießen. Erst werden sie uns auffordern, uns zu ergeben!« widersprach Hsun-ching. Der Oberst schüttelte verärgert den Kopf.
»Ich bin mein Leben lang ein freier Mann gewesen. Glaubst du wirklich, daß ich mich jetzt einfach einem Haufen pickliger Jünglinge an einer schmutzigen kleinen Bahnstation ausliefere? Lebendig kriegen die mich nie!«
In diesem Augenblick hörten sie das Pfeifsignal des Zugs, als er sich der Grenze näherte. Oberst Sun packte Hsun-ching an der Schulter und sagte mit gleichmütiger, kalter Stimme: »Bist du bereit, alles zu tun, um diesen Männern zu entkommen, oder nicht? Wenn nicht, sollten wir lieber sofort aussteigen, denn die Grenze ist gleich vor der Tür.«
Hsun-ching starrte Oberst Sun an, unfähig, etwas zu sagen. Dann blickte er auf die toten Schweine um sich herum. Er dachte an die Roten Garden und an die Soldaten, die ihn in die Kommune geschickt hatten, und an den armen toten Jungen, die Kleine Kröte. Dann dachte er

daran, daß man den größten Teil seines jungen Lebens ebenso grundlos ruiniert hatte wie das zahlloser anderer. Mochte der Oberst noch so wütend sein – was er sagte, war die Wahrheit; es schien nicht recht zu sein, daß er China nicht verlassen durfte, wenn er es wollte.
»Ich k-k-könnte aber niemanden töten«, brachte Hsun-ching schließlich hervor, »und ich werde Ihnen auch nicht dabei helfen, jemanden zu verletzen. Ich will jedoch über diese Grenze. Wenn sie jetzt r-rausspringen wollen, auch gut.«
Der Oberst knurrte angewidert und sprang zum Dach des Waggons hoch. Er kletterte durch das Loch ins Freie, ließ sich aber fast augenblicklich wieder herunterfallen.
»Es ist schon zu spät«, sagte er und kauerte sich hinter einer blutenden Sau zusammen. »Große Scheinwerfer sind auf den Wagen gerichtet, auf beiden Seiten sind Soldaten angetreten, und diesmal haben sie die Gewehre in der Hand. Ich vermute, daß sie nachts besonders aufpassen.» Dann grinste er Hsun-ching an. »Jetzt sitzt du mit mir in der Falle, Kleiner! Wenn alles schiefgeht und wir kämpfen müssen, gebe ich dir den Rat, mir ins Freie zu folgen. Wenn du's nicht tust – viel Glück.« Er überzeugte sich, daß seine Waffe fest auf dem Rücken angebunden und leicht zu erreichen war, grub sich dann tief in den Schweinedung und wartete, daß die Tür geöffnet wurde.

IX

Der Zug kreischte, ächzte, zischte und kam mit einem lauten, metallischen Klirren zum Stillstand. Einer der Soldaten rief dem Lokführer zu: »*Hai pu hsing!* Wir sind noch nicht soweit. Sie müssen warten.« Es verging eine Viertelstunde, dann noch eine und eine weitere. Die Tiere wurden unruhig. Sie schubsten einander und ließen einen gewaltigen Chor krächzender, quiekender und grunzender Laute hören. Ein riesiges Schwein trat Hsun-ching aufs Schienbein, und er schaffte es noch, nicht loszuschreien, doch als das Schwein ihm auf das Bein zu urinieren begann, konnte er sich nicht mehr beherrschen und versetzte ihm einen gezielten Tritt ins Hinterteil. Das Schwein quiekte los, erschreckte die anderen, und kurz darauf quiekten alle und stürzten sich in Panik gegen die Wände des Wagens.

»Hör dir den Lärm in diesem Wagen an«, brüllte ein Wachposten. »Du solltest lieber herkommen.«
»Wollen mal sehen, was da los ist«, sagte ein anderer. Die Tür glitt auf, und ein Wachposten langte mit einem langen Stab ins Wageninnere und schlug damit nach den Schweinen, damit sie nicht heraussprangen. Zwei weitere Soldaten suchten den Wagen mit ihren Taschenlampen ab. Vierzig Schweine kauerten ängstlich an der gegenüberliegenden Wand.
»Warum machen diese Viecher solchen Lärm?« fragte der Wachposten einen Mann der Zugbesatzung.
»Keine Ahnung – vielleicht ist eins von ihnen krank.«
»Hm«, sagte der Wachposten. »Na schön, den hier können Sie zumachen.«
»Einen Augenblick noch«, rief der Bahnarbeiter, als er die vier Schweine in der Ecke bemerkte. »Diese Tiere da bewegen sich gar nicht! Vielleicht sind sie alle krank! Ich sollte lieber nachsehen.« Er wollte gerade in den Wagen hinaufklettern, doch der Soldat packte ihn am Gürtel und zog ihn wieder herunter.
»Dies ist ein Grenzkontrollpunkt und keine Tierklinik! Wir haben keine Zeit dafür, daß Sie sich um Schweine kümmern. Das können Sie tun, wenn Sie in Hong Kong ankommen. Wir müssen noch mehr als zwanzig Wagen kontrollieren, also machen Sie den hier zu, und dann geht's weiter!«
Der Bahnarbeiter zuckte mit den Schultern, schloß die Tür und verriegelte sie.

Eine halbe Stunde später ertönte das Pfeifsignal, und der Zug setzte sich wieder in Bewegung. Er fuhr langsam über die eiserne Brücke und wurde dann schneller, als er die Grenze zu den New Territories überquerte. Oberst Sun richtete sich in der Dunkelheit auf und stieß Hsunching in die Rippen. »Das war doch gar nicht so schlecht, was? Ich habe dir ja gesagt, daß es kein Problem geben würde.« Als der Zug durch die Hügel dampfte, kletterten sie aufs Dach hinauf und starrten staunend auf all die hellen Lichter in den Hochhäusern und an den Autobahnen.

Zwanzig Minuten später bog der Zug um eine Kurve und verlangsamte die Fahrt, als er sich Kowloon Tong näherte, dem größten Bahnhof Hong Kongs. Hsun-ching bemerkte als erster die Maschendrahtzäune auf beiden Seiten der Bahngleise, aber bevor er etwas sagen konnte, zeigte der Oberst auf den näher kommenden Bahnhof. »Was haben all diese Soldaten da zu suchen?«

Mindestens dreißig Soldaten standen vor der Bahnhofshalle auf den Gleisen. Sie trugen gutsitzende schwarze Uniformen, hatten Pistolen an den Gürteln und wirkten ungezwungener und selbstbewußter als die Soldaten an der Grenze. »Es müssen Hong-Kong-Soldaten sein«, vermutete Hsun-ching.

»Was tun die hier? Wir haben die Grenze doch schon passiert! Was steht auf dem Schild da?« Oberst Sun zeigte auf ein großes Schild, das über dem Bahnhofseingang hing.

»Da steht: ›Einwanderungsbehörde von Hong Kong‹.«

»Vielleicht will Hong Kong keine Chinesen hereinlassen, so wie China keine hinauslassen will«, meinte der Oberst. »Wie auch immer, die scheinen mir nicht so leicht hereinzulegen zu sein wie die Soldaten an der Grenze.«

»Was werden wir tun?« fragte Hsun-ching.

Der Oberst sah sich schnell um. »Wir können jetzt nicht vom Zug hinunterspringen. Wir befinden uns innerhalb eines Zauns. Und in dem Schweinewaggon können wir uns nicht wieder verstecken, denn jetzt werden sie ihn entladen, und dieser Bahnarbeiter wird herausfinden wollen, warum diese Schweine sich nicht bewegten.«

»Na schön, was immer wir tun werden, wir müssen uns

beeilen!« rief Hsun-ching aus – sie waren nur noch knapp hundert Meter vom Bahnhof entfernt.
»Uns bleibt wohl nur eine Richtung«, sagte der Oberst und blickte auf die höhlenartige Öffnung der Bahnhofshalle.
»Welche?« fragte Hsun-ching. Er zitterte am ganzen Körper.
Oberst Sun zeigte mit dem Kinn nach oben. Er verschwand im Wageninneren und tauchte einen Augenblick später mit ihren beiden Taschen und seinem Eisenstab wieder auf. Er warf die Taschen Hsun-ching um die Schulter.
»Keine Zeit für Erklärungen. Los jetzt, und wenn ich deinen Arm drücke, heißt das, daß du dich festhalten mußt. Für das Seil bleibt jetzt keine Zeit.«
Hsun-ching legte die Arme um Oberst Suns Hals und hielt sich fest, bevor der Oberst das Zeichen gab. Sie kauerten sich hin, um nicht gesehen zu werden, als der Zug langsam in die Bahnhofshalle einlief. Der Oberst packte Hsun-chings Arm mit einem festen Griff und machte dann einen gewaltigen Satz in die Höhe. Seine Finger krallten sich an einem Stahlträger an der Decke der Halle fest, dann schwang er sich und Hsun-ching mit einem mächtigen Aufschwung zu dem dunklen Hallendach hinauf.
Mit Hsun-ching noch huckepack auf dem Rücken hockte der Oberst auf einem fünfzehn Zentimeter breiten Balken und sah zu, wie der Zug unter ihnen weiterfuhr. Ein Viehwagen nach dem andern rollte kreischend vorbei, bis der Dienstwagen in Sicht kam, und dann verschwand der Zug am hinteren Ende der Bahnhofshalle.
»Der Zug hat nicht gehalten!« zischte Oberst Sun. »Warum hat er nicht gehalten?«
Wenige Augenblicke später lief ein zweiter Zug in den Bahnhof ein, ließ ein Pfeifsignal hören und kam klirrend zum Stillstand.

»Ein Personenzug«, stöhnte der Oberst. »Wir hätten in unserem Viehwagen bleiben und direkt zum Schlachthof weiterfahren können!« Er schüttelte den Kopf und fluchte. Dann sagte er Hsun-ching, er brauche sich nicht mehr am Rücken festzuhalten, denn sie würden vermutlich bis spät abends im Gebälk bleiben müssen, bis der Bahnhof geschlossen werde.
»Ich kann nicht loslassen«, sagte Hsun-ching leise.
»Warum nicht?«
»Weil ich ... weil ich ... ich g-g-g-glaube, daß ich o-o-ohnmächtig werde ...«
Es war die Höhe. Soweit er sich zurückerinnern könne, brachte Hsun-ching mühsam eine Erklärung hervor, sei er unfähig gewesen, auch nur eine Leiter hochzusteigen, ohne sich benommen zu fühlen. Oberst Sun befahl ihm, sich nicht zu rühren und die Augen zu schließen, denn es werde ihre Reise erheblich abkürzen, falls er bewußtlos von der Decke von Hong Kongs Einwanderungsbehörde fallen würde. Fast drei Stunden lang hockte der Oberst wie ein Vogel auf dem schmalen Stahlträger mit Hsun-ching, zwei Taschen und seinem Stab auf dem Rücken. Endlich fuhr der Personenzug rückwärts aus der Halle, die Polizei verschloß Tore und Türen, und in dem großen Bahnhof gingen die Lichter aus.
Der Oberst kroch über den Balken, bis dieser eine der Wände erreichte, und schaffte es dann, hinunterzuklettern und ohne einen Laut auf den Bahnsteig zu springen. Hsun-ching ließ Oberst Suns Hals los und versuchte zu stehen, doch verkrampfte Muskeln und Höhenangst hatten ihn seiner ganzen Kraft beraubt, und so fiel er auf Hände und Knie. Oberst Sun blickte ihn mißvergnügt an und machte Zeichen, er solle aufstehen, aber Hsun-ching konnte nur schwach den Kopf schütteln und keuchend nach Luft schnappen.
Der Oberst ließ ihn ausruhen und lief leise über den

Bahnsteig zur Einfahrt der Züge. Das riesige Eisengitter war mit einer schweren Kette gesichert. Direkt davor sahen sich ein paar verschlafene Polizisten im Wachhäuschen im Fernsehen die Nachrichten an. Der Oberst hielt inne. Es verblüffte ihn, daß ein Mann es für notwendig hielt, mit dem Kopf in einer hellerleuchteten gläsernen Schachtel zu sprechen. Zu spät nahm er hinter sich etwas wahr. Er fuhr herum und sah, wie Hsun-ching ihm verzweifelt zuwinkte. Ein Mann in Uniform näherte sich vom anderen Ende des Gebäudes, wo sich das Einwanderungsbüro befand. Hsun-ching schaffte es noch, hinter eine Treppe zu kriechen, aber der Beamte hatte ihn gesehen. Der Polizist zog seine Pistole aus dem Halfter und hockte sich wenige Meter von der Treppe entfernt hin.

»*Mou tung!* Keine Bewegung!« befahl er in scharfem Tonfall, und Hsun-ching erstarrte mit hocherhobenen Händen.

Die Waffe unverwandt auf Hsun-ching gerichtet, zog der Polizist mit seiner freien Hand ein Walkie-talkie aus seinem Gürtel und bat um Verstärkung. Dann nahm er Handschellen aus der Tasche und befahl Hsun-ching, sich mit den Händen auf dem Rücken auf den Bauch zu legen. Hsun-ching gehorchte, doch statt des Klickens von kaltem Stahl, das er erwartete, nahm ihm ein erdrückendes Gewicht die Luft.

»Steh auf«, sagte der Oberst und schob den zu Boden gegangenen Polizisten mit dem Fuß beiseite. Hsun-ching krabbelte unter ihm hervor und erhob sich unsicher.

»Was haben Sie mit ihm gemacht?«

»Der wird wieder zu sich kommen«, fauchte der Oberst. »Jetzt nichts wie weg hier!«

Sie rannten auf das Gebäude der Einwanderungsbehörde zu, hörten dann aber plötzlich Lärm und das Geräusch vieler näher kommender Schritte. »So wie diese Leute laufen, scheinen sie hellwach zu sein«, sagte Oberst Sun.

»Mit den verschlafenen Typen sind wir besser dran.« Er führte Hsun-ching zum Tor zurück, beugte sich über den bewußtlosen Polizisten, nahm aus dessen erschlaffter Hand die Pistole und studierte sie einen Augenblick.
»Weißt du, wie dieser Feuerspeer funktioniert?« fragte er und hielt Hsun-ching die Waffe hin.
»Ja, aber ...«
»Gut.« Bevor Hsun-ching protestieren konnte, hatte der Oberst ihm die Pistole in die Hand gedrückt.
»Ich werde dieses Tor aufbrechen. Dann rennen wir raus, und du zeigst mit diesem Ding auf die Wachposten da. Ich werde ihnen die Waffen wegnehmen, und wir werden sehen, ob wir durch den Zaun kommen.«
»Aber ich habe Ihnen doch gesagt, daß ich nicht ...«
»Du brauchst niemanden zu töten!« flüsterte Oberst Sun. »Du brauchst nur zu tun, was ich sage! So, los jetzt!«
Der Oberst lief bis vor das Tor, baute sich breitbeinig auf und durchtrennte die Metallkette mit einem Schlag seines Eisenstabs. Er trat das Tor auf, und kaum war Hsun-ching an ihm vorbei, schloß er es von außen und knallte es mit einem seitlichen Hieb seines Eisenstabs zu. Die Polizisten im Wachhäuschen sprangen auf und tasteten nach ihren Waffen, aber Hsun-ching stürmte durch die Tür, richtete die Waffe auf sie und schrie mit aller Kraft: »Wir sind die Wahren Soldaten des Vorsitzenden Mao! Nehmen Sie die Hände über den Kopf, und ergeben Sie sich!«
Die Polizisten blickten sich benommen an und hoben langsam die Hände hoch. Oberst Sun sprang in einem Schauer von Glassplittern durchs Fenster, hielt kurz inne und rannte dann zum Fernseher. »Sie auch! Mund halten und rauskommen!«
»Das ist nur ein Fernseher!« rief Hsun-ching. »Da drinnen ist niemand!« Doch als der Oberst sich nicht von der Stelle rührte und Hsun-ching erkannte, daß kostbare Zeit vergeudet wurde, richtete er die Pistole auf das Fernsehgerät

und schoß es mit einem einzigen Schuß in Stücke. »Nehmen Sie ihre Waffen!« schrie Hsun-ching verzweifelt, und der Oberst hob die Pistolen auf und folgte ihm durch die Tür.

Die Soldaten schafften es nicht, das Tor zu öffnen, begannen aber darüberzuklettern. Oberst Sun und Hsun-ching rannten die Bahngleise hinunter, bis Hsun-ching keuchte: »Ich kann nicht mehr weiter!« Der Oberst blieb stehen und sah sich um, während Hsun-ching wie ein Taschenmesser zusammenklappte, um nach Luft zu schnappen. Auf der anderen Seite des Metallzauns brauste der Verkehr. Der Oberst ließ Pistolen und Taschen fallen, steckte ein Ende seines Stabs unter den Zaun und riß ein Loch auf, das groß genug war, einen Mann hindurchkriechen zu lassen. Er warf die Taschen durch das Loch und schob Hsun-ching mit einem sanften Stupser seines Absatzes hinterher. Als er sich gerade selbst hindurchzwängen wollte, rief jemand: »Halt! Oder ich schieße!«

Der Polizist lief mit gezogener Pistole auf sie zu und kam schnell näher.

»Lauf!« brüllte der Oberst Hsun-ching zu, doch dieser erstarrte auf der anderen Seite des Zauns, unfähig, seinen Gefährten zu verlassen.

»Nehmen Sie die Hände über den Kopf!« befahl der Polizist. Er war jetzt nur noch etwa fünfzehn Meter entfernt. Der Oberst hob die Arme. Der Polizist ging vorsichtig auf ihn zu, wobei er Hsun-ching im Auge behielt. »Runter auf die Erde!«

Der Oberst nahm langsam die Arme herunter.

»Ich sagte, runter auf die Erde!« rief der Polizist.

»Sie legen sich auf die Erde!« brüllte Hsun-ching den Polizisten an und richtete die Waffe auf ihn, doch dann fühlte er ein Prickeln und einen Druck in der Brust. Es war das gleiche Gefühl, das er gehabt hatte, als er Oberst Sun den Baumstamm aus der Erde hatte reißen sehen. Er versuchte, etwas zu sagen, stellte aber fest, daß er nicht atmen konnte, und alle Kraft wich aus seinen Gliedern.

Oberst Sun hob langsam die rechte Hand und zeigte auf den Polizisten, der wie angewurzelt stehenblieb. Er bemühte sich, die Waffe auf den Oberst zu richten, und hielt sie mit beiden Händen umklammert. Dann nahm er eine Hand von der Pistole und griff sich an die Brust. Seine Knie gaben nach, und er machte einen letzten, verzweifelten Versuch, die Pistole abzufeuern, aber als der Schuß losging, traf die Kugel nur die Erde und richtete keinen Schaden an. Der Oberst ging mit seltsam gleitenden Schritten auf ihn zu – für Hsun-ching sah es aus, als würde er auf einer Eisfläche gehen – und trat dem Polizisten die Waffe aus der Hand, so daß sie scheppernd auf die Bahnschwelle fiel. Er hielt seinen Eisenstab über den Polizisten, der auf dem Boden lag und keuchend nach Luft rang, und schien ihn auf den Schädel des Mannes niedersausen lassen zu wollen. Eine Sekunde verging, dann eine zweite, aber noch immer schlug er nicht zu. Jetzt kamen andere Polizisten näher. Der Oberst wich vor dem liegenden Polizisten zurück, um sich, gerade noch zur rechten Zeit, durch den Zaun zu zwängen und diesen von der anderen Seite aus wieder zu schließen.

»Mir gefallen diese Waffen nicht«, sagte der Oberst zornig. Er riß Hsun-ching die Pistole aus der Hand und warf sie weg, als sie auf die Straße zuliefen. Die Soldaten gaben Warnschüsse in die Luft ab, wagten es aber nicht, in Richtung Straße zu feuern. Links und rechts den Autos ausweichend, schafften es der Oberst und Hsun-ching trotz des dichten Verkehrs, über dic Straße zu kommen, und verschwanden in eine Seitenstraße. Sie folgten der Gasse um ein paar Ecken und sprangen dann hinter einen Müllcontainer. Dort brach Hsun-ching zusammen und schnappte nach Luft.

»Weißt du eigentlich, was du getan hast?« fragte der

Oberst zornig. »Du hast einen Mann getötet, der nicht mal bewaffnet war! Er trug nicht mal eine Uniform! Nach deinem ganzen Gerede, du wolltest dich nicht gegen Soldaten verteidigen, pustest du einem unschuldigen Mann einfach den Schädel weg!«
Hsun-ching war kurz davor durchzudrehen und brauchte ein paar Sekunden, um zu erkennen, wovon der Oberst sprach. »Das w-war gar kein Mann!« stieß er schließlich hervor. »Es war ein F-F-Fernseher! N-n-nur ein Bild!«
Der Oberst runzelte mißtrauisch die Stirn und fragte, wie sich ein Gemälde bewegen könne.
Hsun-ching versuchte es zu erklären, aber Oberst Sun hatte noch nie etwas von Elektrizität oder Kameras gehört. Hsun-ching konnte ihn jedoch überzeugen, daß nur das Bild zerstört worden war und nicht der wirkliche Mensch. Dann fragte er: »Oberst Sun, was ist da hinten passiert? Was haben Sie mit diesem Mann gemacht?«
»Ich habe gar nichts mit ihm gemacht! Du hast mich doch gesehen – ich habe sein Leben verschont.«
»Nein, ich meine davor. Sie haben ihn nur angeschaut, und er ... fiel um. Und ich habe auch etwas gespürt, in der Brust ... Was haben Sie gemacht?«
Der Oberst tat die Frage mit einer Handbewegung ab. »An dieser Fähigkeit ist nichts Ungewöhnliches. Ich habe Männer gekannt, die körperlich so schwach waren wie du und es auch konnten.«
»Aber was war es? Sie haben ihn nicht mal berührt, doch er fiel um, als wäre er getroffen worden!«
»Ich kann nicht erklären, warum es funktioniert, aber es hat etwas damit zu tun, wie man einen Mann ansieht«, erwiderte der Oberst. »Wenn man nichts fürchtet, nicht einmal den Tod, dann wird man stark. Man kann einen Mann mit der festen Ansicht anstarren, ihn zu durchschneiden, und dann fühlt er sich durch den Blick vernichtet.«

»Aber wie ist das möglich?« wollte Hsun-ching wissen.
Der Oberst zuckte mit den Schultern. »Vor langer Zeit, selbst der Großvater deines Großvaters war da noch nicht geboren, war das eine ziemlich verbreitete Fähigkeit. Damals lebten viele große Krieger, die sich durch Übung und ehrenhaften Kampf stählten. Die Erfindung von Feuerspeeren und Kanonen hat diese Tradition jedoch veralten lassen. Es erfordert Jahrzehnte, einen reinen Geist auszubilden, aber nur ein paar Minuten, um zu lernen, wie man diese feigen Waffen benutzt. Das ist zum Teil der Grund dafür, weshalb ich kein Soldat mehr bin.«
Als Hsun-ching an seine eigene Erfahrung als »Wahrer Soldat« dachte, vermochte er nicht zu sehen, wie irgendeine Art des Kampfes ehrenhaft sein oder jemandem einen reinen Geist geben konnte. Dennoch hatte er soeben gesehen und selbst gespürt, daß Oberst Sun irgendeine unsichtbare Macht ausgeübt hatte, um den Polizisten außer Gefecht zu setzen. Und soweit Hsun-ching wußte, war das unmöglich.
»Oberst Sun«, fragte Hsun-ching sanft, in der Hoffnung, ihn zu überrumpeln, »können Sie mir sagen, in welchem Jahr Sie geboren wurden?«
Der Oberst sah ihn mit einem vernichtenden Blick an, antwortete aber: »Ja, das kann ich. Ich wurde im vierten Jahr nach dem Sieg von Herzog Wen und seinen Truppen über die Armeen Ch'us geboren.«
Hsun-ching, der sehr wenig von Geschichte wußte, konnte mit diesen Namen nichts anfangen. Falls diese Schlacht jedoch kurz vor dem Ende der Ch'ing-Dynastie stattgefunden hatte, wäre der Oberst um die sechzig Jahre alt. Vielleicht sagte er jetzt die Wahrheit.
»Aber in welchem Jahr fand diese Schlacht statt?« hakte Hsun-ching nach.
Der Oberst rieb sich nachdenklich das Kinn und antwor-

tete dann: »Ich glaube, es war das Jahr des Kaninchens. Ich kann mich aber irren.«
Hsun-ching wäre noch weiter in ihn gedrungen, doch da der Adrenalinstoß jetzt nachließ, wurde er sich eines neuen und dringenderen Problems bewußt.
»Oberst Sun«, stöhnte er und atmete durch den Mund, um den Gestank des Schweinemists nicht einatmen zu müssen, »ich finde, wir sollten uns ein paar neue Kleider besorgen.«
Der Oberst zeigte nach oben, wo Wäscheleinen voller Wäsche den Blick auf den Himmel fast völlig versperrten. »Da sind unsere Kleider. Ein Bad wäre auch nicht zu verachten. Ich denke, wir gehen einfach an den Strand. Ich habe ihn vom Zug aus gesehen, er kann also nicht weit weg sein.«
Er kletterte ein Abflußrohr hinauf und wählte ein paar Kleidungsstücke aus, dann führte er Hsun-ching durch ein Gewirr von Gassen zum Meer. Sie kamen durch die Innenstadt von Kowloon, wo selbst um zwei Uhr morgens noch ein Gewimmel von Menschen herrschte; Schlager dröhnten aus Läden und Restaurants, und das grelle Neonlicht der Reklameschilder ließ die Nacht fast zum Tag werden. Die Menschen schnupperten und starrten sie an, als sie vorbeigingen, selbst nachdem der Oberst seine Sonnenbrille aufgesetzt hatte, damit sie beide etwas unauffälliger wirkten.
»Wir stinken wirklich«, sagte Hsun-ching.
»Haben diese Leute noch nie Schweinescheiße gerochen?« knurrte der Oberst. Als ein Rudel von Kindern hinter ihnen herzulaufen begann, zeigte er ihnen die gefletschten Zähne.

Schließlich gelangten sie an eine große Pier, an der Hunderte von Dschunken und kleineren Motorbooten vertäut lagen. Sie gingen zum Ende der Pier, zogen sich aus und sprangen ins Meer. »Dieses Wasser riecht aber kaum besser als wir«, bemerkte der Oberst, doch sie schrubbten sich trotzdem ein paar Minuten, bevor sie wieder auf die Pier kletterten. Oberst Sun nahm die Kleider, die er gestohlen hatte, und überließ Hsun-ching die erste Wahl. Dieser nahm ein einfaches weißes Hemd, ein paar graue Hosen und schwarze Socken. »Willst du nicht diese ausgefallenen Sachen haben?« fragte ihn der Oberst.

»Nein – nehmen Sie sie ruhig«, erwiderte Hsun-ching.

Oberst Sun zuckte mit den Schultern und zog die restlichen Kleidungsstücke an. Seine Ausstattung bestand aus einer weiten, mit einem Blumenmuster bedruckten gelben Bluse und limonengrünen Hosen aus Twill. Er setzte wieder die Sonnenbrille auf und betrachtete sein Spiegelbild im Bullauge eines Schiffs. »Diese Kleidungsstücke müssen für einen wichtigen Beamten sein«, bemerkte er stolz und posierte mit geschwellter Brust.

X

Nachdem sie die Nacht auf einer leeren Dschunke verbracht hatten, begaben sich der Oberst und Hsun-ching auf die Suche nach einem Schiff, das sie nach Amerika bringen sollte. Ein Fischer, der gerade dabei war, sich sein Frühstück zu machen, sagte Hsun-ching, Hochseeschiffe legten im internationalen Hafen auf der anderen Seite der Halbinsel an. Er schien Hsun-ching gerade einladen zu wollen, mit ihm zu frühstükken, doch als er in der Nähe den Oberst entdeckte, brummte er: »*Seng-ging-beng!*« und verschwand in seinem Boot.

»Ich habe das Gefühl, Sie tragen Frauenkleider«, sagte Hsun-ching zum Oberst.

Oberst Sun sah an seiner Kleidung hinunter, und sein Gesicht wurde weiß vor Zorn. »Warum hast du mich nicht darauf aufmerksam ge-

macht, bevor ich sie anzog?« fuhr er Hsun-ching ungehalten an.
»Ich wußte es doch nicht«, antwortete Hsun-ching nervös. »Ich habe noch nie solche Sachen gesehen. Außerdem ... sch-sch-schienen sie Ihnen zu gefallen ...«
Der Oberst starrte seinen Gefährten wütend an. »Wenn du siehst, daß ich etwas falsch mache, mußt du es mir sagen!« Er hockte sich hin und verharrte reglos wie ein Standbild, bis Hsun-ching fürchtete, er würde sich nie wieder bewegen oder sprechen.
»Oberst Sun?« fragte er.
»Ja?« Der Oberst blickte ruhig zu ihm hoch; sein Zorn war schon verraucht.
»Woher bekommen wir etwas zu essen?«
»Sieh mal.« Der Oberst öffnete seine Umhängetasche und nahm die Weste seiner Rüstung heraus. Auf das Innenfutter waren mehrere Dutzend Taschen aufgenäht worden, und jede dieser Taschen war ausgebeult, als enthielte sie einen schweren Stein. Der Oberst riß eine der Taschen auf und zog einen uralten, stumpf gewordenen Goldbarren hervor.
»Ich kann in meinen Frauenkleidern nicht in die Stadt hinein. Du gehst damit zu einem Kaufmann, läßt es wiegen und bekommst dafür den Gegenwert in der Landeswährung.«
Hsun-ching nahm den Goldbarren in die Hand und starrte ihn an. »Ist das echtes Gold?« fragte er.
»Natürlich.«
»Woher haben Sie es?«
Der Oberst zuckte mit den Schultern und gab Hsun-ching ein Zeichen, er solle sich neben ihm hinhocken. »Als die Mongolen nach Süden ritten und der Sung-Dynastie ein Ende machten, stürmte einer der Mongolenhäuptlinge mit seiner Privatarmee in das kaiserliche Schatzamt, ermordete den Großminister und dessen Fa-

milie und stahl eine riesige Menge Gold aus den Schatztruhen der Sung. Als seine Mithäuptlinge eintrafen, erzählte er ihnen, der Großminister sei mit dem Gold geflüchtet, und man schickte Suchtrupps durch ganz China. Natürlich wurde der Minister nie gefunden; unterdessen verteilte der Häuptling etwas von dem Gold unter seinen Soldaten, vergrub den Rest vor der Stadt und wartete auf eine geeignete Zeit, um sich damit aus dem Staub zu machen.

Er wartete mehr als fünf Jahre, bis fast jeder das verschwundene Gold vergessen hatte. Dann schickte er dem Yuan-Kaiser ein Schreiben, in dem er bat, in die Steppen der Mongolei zurückkehren zu dürfen, um seine Eltern, seine Frau und seine Kinder zu holen. Der Kaiser gewährte ihm diese Bitte gern, denn dieser Häuptling war ihm seit vielen Jahren treu ergeben und hatte bei dem Sieg über die Sung-Armee eine entscheidende Rolle gespielt. Der Häuptling stellte eine kleine Karawane zusammen und verließ die Stadt. Am ersten Abend schlug er sein Lager in der Nähe des vergrabenen Goldes auf.

Mitten in der Nacht gruben er und der Soldat, dem er am meisten vertraute und der vor Jahren mit angesehen hatte, wie er das Gold gestohlen hatte, den Schatz aus und versteckten ihn in den Lasttaschen der Kamele. Als das erledigt war, verriet der Häuptling seinen Freund und stach mit seinem Dolch mehr als zwanzigmal auf ihn ein. Da er den armen Mann für tot hielt, warf der Häuptling dessen Körper in einen Kanal und kehrte wieder ins Lager zurück.

Zufällig ging ich auf dem Weg nach Ch'ang An am Ufer dieses Kanals entlang. Ich wandere am liebsten nachts, weil ich so weniger Aufmerksamkeit errege. Plötzlich hörte ich jemanden röcheln und stieß auf den Soldaten, der in seinem eigenen Blut lag. Ich fragte ihn, wer ihm das angetan habe, und er erzählte, was passiert war. Dann

starb er. Nun bin ich nicht gerade der Mann, der sich gern in die Angelegenheiten anderer Leute einmischt, aber es gibt ein paar Dinge, die selbst ich nicht einfach auf sich beruhen lassen kann. Eins davon ist, wie du weißt, wenn man Kinder Wasserfälle hinunterstürzt. Ein anderes ist Verrat und Illoyalität. Ich schwor beim Leichnam des Mannes, ihn zu rächen, und begrub ihn dann, damit er nicht von wilden Tieren gefressen wurde.
Es war mir ein leichtes, den Häuptling aufzuspüren. Es wäre einfach gewesen, in sein Zelt zu gehen und ihn zu töten, doch für diesen Mann wollte ich etwas Besonderes. Ich glaube nämlich, daß Verrat mehr verdient als nur einen unerwarteten Schlag auf den Kopf mit einer Axt. Ich beschloß, mir für ihn etwas ganz Spezielles auszudenken. Zeit habe ich mehr als genug. Wochen und Monate auf der Landstraße machen mir nicht soviel aus wie Männern, die nur ein kurzes Leben haben und die für etwas leben. Ich folgte dem Häuptling in die Mongolei und ließ ihn zu seiner Familie kommen. Er schickte seine Diener ohne Erklärung nach China zurück und erzählte seiner Familie dann von dem Gold. Sie brachen auf der Stelle ins Innere Zentralasiens auf, wo sie in fabelhaftem Reichtum leben und vor dem Zorn des Yuan-Kaisers sicher sein konnten. Ich ließ sie ein paar Tage unbehelligt reisen und stahl mich dann eines Nachts in ihr Lager und holte mir das Gold. Ich belud die Lasttaschen mit Felsbrocken, damit der Häuptling nicht gleich etwas merken würde. Daraufhin holte ich die nach China zurückkehrenden Diener ein und erzählte ihnen, der Häuptling und seine Familie seien mit dem gestohlenen Gold der Sung nach Westen unterwegs. Als sie wieder in China waren, berichteten sie es dem Kaiser, der eine kleine Armee losschickte, um den verräterischen Häuptling zu verfolgen. Später hörte ich, daß die Armee mit den auf ihre Speere aufgespießten Köpfen des Häuptlings und seiner Familie zurückkehrte. Ich lach-

te, als ich davon erfuhr, jedoch nicht lange, denn mein Gewährsmann sagte mir, daß der Kaiser die Offiziere nach dem Verbleib des Goldes gefragt habe. Als sie aufrichtig antworteten, der Häuptling habe nur Felsbrocken bei sich gehabt, ging der Kaiser davon aus, daß man ihn erneut hereingelegt hatte. Folglich ließ er die Offiziere köpfen. Das war das letzte, was jemand von dem verschwundenen Gold der Sung hörte, denn ich hatte es natürlich, und für mich gab es nichts, wofür ich es hätte ausgeben können.«
Hsun-ching betrachtete das Stück Gold in der Hand und fragte dann leise: »Was haben Sie getan, als Sie erfuhren, daß die Offiziere getötet worden waren?«
Der Oberst zog gleichmütig die Schultern hoch. »Es tat mir leid, jedoch nicht allzulange, denn die Mongolen waren sowieso alle Mörder. Und jetzt sag ich dir eins – laß dich von niemandem hereinlegen! Dieses Stück Gold sollte genug wert sein, um uns auf Jahre zu ernähren. Achte also darauf, daß du den vollen Gegenwert dafür erhältst. Kaufleute sind die minderwertigsten aller Menschen und denken sich nichts dabei, wenn andere für ihren Gewinn hungern müssen. Wenn du das Geld hast, kauf mir etwas Ordentliches zum Anziehen und etwas zu essen und komm dann schnell wieder.«
Hsun-ching steckte den Goldbarren in die Tasche und verließ den Hafen. Er wanderte durch das Gewirr der überfüllten Straßen in die Innenstadt Kowloons. Er wußte nicht, was er von der Geschichte des Obersts halten sollte. Bin ich dabei, verrückt zu werden? fragte er sich. Fange ich an, diesem Mann Glauben zu schenken? Die Geschichte war absolut lächerlich – aber wenn sie nicht wahr war, woher hatte er dann das ganze Gold? Was für ein Mann konnte all die Dinge tun, die Hsun-ching den Oberst hatte tun sehen?
Hsun-ching verscheuchte diese Gedanken aus dem Kopf

und konzentrierte sich auf das naheliegende Problem. Er hatte keine Ahnung, wo er ein Stück Gold verkaufen sollte, doch als er einen Wolkenkratzer mit einem Schild sah, auf dem BANK OF CHINA stand, sagte er sich, dort kann ich es mal versuchen. Er ging auf die großen Glastüren zu und spürte, wie sein Herz zu rasen begann, als er die beiden imposanten Sikh-Wachen links und rechts des Eingangs bemerkte, die mit Gewehren vor der Brust in Habtachtstellung dastanden. Sie trugen schwere Baumwollturbane und hatten Bärte, die ihnen halb bis zum Nabel herunterhingen. Hsun-ching hatte noch nie *waikuo-jen* – Ausländer – gesehen; die Bärte und die großen Hakennasen, die runden Augen und buschigen Augenbrauen ließen die Männer wie Bären erscheinen.

Hsun-ching holte tief Luft und ging an ihnen vorbei. Das Stimmengewirr der Menschen und der Boden unter seinen Füßen waren ihm unvertraut und ließen alles gedämpft wirken. Ihm fiel auf, daß Kunden zu dem langen Tisch gingen und mit den jungen Frauen, die dahinter saßen, ihre Geschäfte besprachen. Etwa so, wie man in China Fahrkarten für die Bahn kauft, dachte er, nur daß man hier den Menschen sieht, mit dem man es zu tun hat, statt durch ein kleines Loch in der Wand zu sprechen, und außerdem schubst und drängelt hier niemand.

Er schaute sich um und betrachtete die Schilder und Broschüren, die überall in der Halle zu sehen waren, denn er hoffte, irgendeinen Hinweis darauf zu finden, wie er diese Transaktion beginnen sollte, aber ohne Erfolg. Schließlich näherte er sich schüchtern einer der Kassiererinnen. Wu Ch'eng-hui stand auf ihrem Namensschild und darunter auf englisch Ruby Woo. Hsun-ching erinnerte sich, daß »Ruby« ein Edelstein ist. Vielleicht ist Miss Woo für den Kauf und Verkauf von Edelsteinen zuständig, dachte er; wenn das so ist, interessiert sie sich möglicherweise auch für Gold.

»Kann ich Ihnen helfen?« fragte sie auf kantonesisch.
»Ja«, sagte Hsun-ching. Er steckte die Hand in die Tasche und zog den Goldbarren hervor. »Wollen Sie das kaufen?«
Ruby blinzelte und fragte dann: »Entschuldigen Sie – könnten Sie das bitte wiederholen?«
Hsun-ching spürte, wie er errötete. »Das ist Gold. Ich möchte es verkaufen. Kaufen Sie hier Gold?«
Ruby verneinte, erklärte aber, sie könnten es für ihn in einem Schließfach verwahren, falls er dies wünsche. Hsun-ching entschuldigte sich und marschierte schon auf die Tür zu, als ein Mann in der Schlange ihm eine Hand auf die Schulter legte.
»Darf ich das mal sehen?« Der Mann schien etwa in Hsun-chings Alter zu sein und sprach ein Kantonesisch mit schwerem Fukien-Akzent. Er lächelte gewinnend, und so reichte ihm Hsun-ching den Barren.
Der Mann besah sich das Gold sorgfältig und sagte dann: »Sie kommen gerade aus China?« Hsun-ching wurde nervös. Er dachte, der Mann könne ihm vielleicht ohne weiteres ansehen, daß er ein illegaler Einwanderer war. »Keine Angst«, sagte der Mann leise. »Ich bin ein Freund.«
Hsun-ching wußte nicht, was er erwidern sollte. Er neigte von Natur aus dazu, Menschen zu vertrauen, doch in dieser fremden Umgebung kam ihm jeder gefährlich vor. Er starrte den Mann einfältig an und sagte dann: »Ich möchte das verkaufen, weil ich kein Geld habe.«
»Woher haben Sie es?« wollte der Mann wissen.
»Ich ... ich reise mit einem Freund. Er hat ein paar von diesen Goldbarren, aber da wir gerade erst angekommen sind, haben wir kein Geld in Landeswährung.«
Der Mann lächelte Hsun-ching erneut an und sagte: »Kommen Sie, ich kann Ihnen helfen. Ich weiß, wo Sie dieses Gold verkaufen können.«
Sie verließen die Bank, und der Fremde führte Hsun-ching

in ein lautes Einkaufsviertel. Die Straßen wurden immer enger und überfüllter. Urplötzlich rannte der Mann los und verschwand um eine Ecke.

»He, da!« schrie Hsun-ching und machte sich an die Verfolgung, aber die zornigen Menschen, die der Fremde angerempelt hatte, wollten ihn nicht durchlassen.

»Haltet den Dieb!« rief Hsun-ching. »Er hat mein ganzes Geld gestohlen!«

Als die Menschen weiter hinten in der Straße das hörten, machten sie dem Fremden eilig Platz, da sie nicht verletzt werden wollten. Das erleichterte seine Flucht noch. Doch am Ende der Gasse, als der Fremde gerade um eine Ecke verschwinden wollte, sprang ein Mann mittleren Alters mit einer Brille von dem Tisch auf, an dem er gerade Nudeln aß, und stellte dem Dieb ein Bein. Dann versuchte er, ihn zu Boden zu werfen. Der Dieb schlug unbeherrscht auf den Mann ein und schaffte es freizukommen, doch dabei fiel ihm der Goldbarren aus der Tasche. Er rannte um die Ecke und verschwand in der Menge der Passanten.

Hsun-ching lief zu dem tapferen Mann hin. »Sind Sie unverletzt?«

»Ich denke schon«, sagte der Mann, wischte sich den Staub vom Anzug und rieb sich einen blauen Fleck auf der Wange. »Tut mir leid, daß er entwischt ist. Hat er Ihnen das gestohlen?«

Hsun-ching sah dorthin, wohin der Mann zeigte, und entdeckte seinen Goldbarren.

»Ja, das ist es! Ich danke Ihnen! Haben Sie vielen Dank!« keuchte Hsun-ching. So blieb er lange Zeit stehen, starrte den Goldbarren an und schnappte nach Luft. Dann befiel ihn erneut Verzweiflung, als ihm aufging, daß er vielleicht niemanden finden würde, der das Gold kaufen wollte. Und als wäre das noch nicht genug, hatte er sich außerdem in den Straßen Hong Kongs hoffnungslos verlaufen.

Sein Retter bemerkte, wie elend Hsun-ching aussah, und fragte ihn, ob etwas nicht in Ordnung sei.
»Nun, ich ...« stotterte Hsun-ching. »Ich habe mich verlaufen.«
»Soll ich die Polizei holen?« fragte der Mann.
Hsun-ching machte ein besorgtes Gesicht und schüttelte den Kopf. Dann traf er eine schnelle Entscheidung. »Sir, Sie hatten die Güte, mir zu helfen, indem Sie diesen Dieb zu Fall brachten. Ich habe Sie schon genug behelligt. Aber – wenn Sie mir vielleicht einen Rat geben könnten, wäre ich Ihnen sehr dankbar.«
»Ich werd's versuchen. Was ist Ihr Problem?«
Hsun-ching erzählte ihm, er sei mit einem Freund soeben aus China gekommen, und sie hätten kein Geld für Kleidung und etwas zu essen. »Wir haben diese Goldbarren, wissen aber nicht, wie wir sie verkaufen sollen. Können Sie mir helfen?«
Der Mann musterte Hsun-ching von Kopf bis Fuß, als fragte er sich, ob auch er ein Dieb sein könnte. Schließlich sagte er: »Warum beruhigen Sie sich nicht erst mal und setzen sich einen Augenblick zu mir, dann können Sie mir mehr davon erzählen. Mein Name ist Yin Po-jan.«
Er führte Hsun-ching zu seinem Tisch und rief eine der Kellnerinnen. Sie solle ein heißes Handtuch bringen und eine zweite Kanne Tee.
Zunächst war Hsun-ching zu nervös, um die Gastfreundschaft des Mannes anzunehmen, doch der beharrte darauf, und als sich Hsun-ching den Schweiß vom Gesicht gewischt und etwas getrunken hatte, fragte Mr. Yin: »Sie sagten, Sie seien gerade aus China gekommen – haben Sie Verwandte hier?«
Hsun-ching schüttelte den Kopf.
»Wie sind Sie dann hergekommen?« wollte Mr. Yin wissen. Hsun-ching wußte nicht, was er antworten sollte. Wenn er versuchte, eine Geschichte zu erfinden, würde

sie absurd klingen. Mr. Yin brach das Schweigen. »Ich bin 1958 als illegaler Einwanderer hergekommen. Meine Mutter ist von den Japanern getötet worden, und mein Vater, der eine Schirmfabrik besaß, wurde von den Kommunisten umgebracht. Ich habe mich mit unseren Regenschirmen auf einem Boot aus Shanghai davongemacht.«
Hsun-ching war inzwischen eins klargeworden: Wenn er es je schaffen sollte, nach Amerika zu kommen, mußte er sich daran gewöhnen, der Freundlichkeit von Fremden zu trauen. Er gestand, daß auch er China illegal verlassen hatte.
Mr. Yin nickte nachdenklich und sagte dann: »Es ist heute schwieriger, in Hong Kong die Staatsbürgerschaft zu erhalten als in den fünfziger Jahren, doch unmöglich ist es nicht.«
»Aber ich möchte gar nicht hier leben«, erklärte Hsun-ching. Er erzählte Mr. Yin, er sei auf dem Weg nach Amerika, und fügte hinzu: »Ich reise mit einem Freund, wie ich Ihnen schon gesagt habe. Er ist der wirkliche Eigentümer dieses Goldes. Er sieht zwar seltsam aus, doch ich kann Ihnen versichern, daß er ein guter Mann ist.«
Mr. Yin blickte Hsun-ching neugierig an. »Sagen Sie mal, Sie hatten großes Glück, nach Hong Kong zu kommen, ohne festgenommen zu werden, aber wie wollen Sie ganz ohne Papiere nach Amerika kommen? Ihnen muß doch klar sein, daß Sie nicht darauf bauen können, noch mal soviel Glück zu haben?«
Hsun-ching ließ den Kopf sinken und erwiderte, sie hätten eigentlich gar keinen richtigen Plan, nur die Hoffnung, ein Schiff zu finden, das sie als Gegenleistung für harte Arbeit mitnehmen würde.
»Ich habe den Eindruck, daß Sie sich so auf kürzestem Weg ins Gefängnis manövrieren«, erklärte Mr. Yin. »Da

Sie schon mal hier sind, sollten Sie versuchen, Arbeit zu finden, und in ein paar Jahren können Sie die Aufenthaltsgenehmigung beantragen. Dann bekommen Sie vielleicht auch ein Touristenvisum für Amerika. Wenn Sie auf legalem Weg einreisen, wird es Ihnen auch viel leichter fallen, Mittel und Wege zu finden, dort zu bleiben.«

Hsun-ching dankte Mr. Yin für seinen Vorschlag, entgegnete aber, er sei für ihn nicht annehmbar. Er erklärte, er sei eine Waise und unternehme diese Reise, um dem alten Mann, der ihn aufgezogen habe, einen Gefallen zu tun. »Mein Meister ist sehr alt, und ich fürchte, daß er bald sterben wird. In Amerika gibt es etwas, was er sich sein ganzes Leben lang gewünscht hat, und ich muß versuchen, es zu bekommen und ihm zu bringen. Das ist die einzige Möglichkeit, all die Güte zu erwidern, die er mir erwiesen hat.«

»Sie meinen, Sie wollen nach dem Besuch in Amerika wieder nach China zurück?« fragte Mr. Yin ungläubig.

»Ja.«

»Das ist aber eine seltsame Mission, die Sie da auf sich genommen haben«, sagte Mir. Yin, den diese Geschichte offensichtlich faszinierte, »doch ich kann verstehen, wie dankbar Sie dem Mann sein müssen, der Sie adoptiert hat. Auch ich habe eine ähnliche Schuld zu begleichen. Kommen Sie doch mit zu einem Freund von mir, der Ihnen vielleicht helfen kann. Er ist ein pensionierter Seemann, und ich glaube, er ist sogar ein- oder zweimal in Amerika gewesen. Und anschließend können wir vielleicht über Ihren Goldbarren sprechen. In der Zwischenzeit wäre ich glücklich, Ihnen etwas Geld zu leihen, damit Sie sich ein paar neue Kleider kaufen können, und Sie und Ihr Freund sind herzlich eingeladen, bei mir zu wohnen, bis Sie sich entschließen, was Sie tun wollen. Wir haben ein Gästezimmer, und ich bin sicher, daß meine Frau nichts dagegen

hat. Es hat uns schon früher Spaß gemacht, anderen aus China herauszuhelfen.«
Es machte Hsun-ching verlegen, von einem Fremden soviel Gastfreundschaft anzunehmen, doch er erkannte, daß ihm kaum eine Wahl blieb. Er bedankte sich immer und immer wieder bei Mr. Yin für seine Hilfe und begleitete ihn dann nach Mongkok, wo, wie dieser erklärte, gute Kleidung billig zu erstehen sei.
Während sie einkauften, erzählte Mr. Yin Hsun-ching etwas mehr von sich.
»Als ich hier an Land ging, war ich fast schon verhungert und hätte wohl kaum überlebt, wenn da nicht ein sehr großzügiger Mann gewesen wäre. Ich traf ihn in einer öffentlichen Toilette! Er ging hinaus, um die Toilette draußen im Park zu benutzen, und fand mich dort schlafend auf dem Fußboden liegen. Er hätte die Polizei rufen können, sprach aber statt dessen mit mir, und als er hörte, daß ich aus Shanghai kam, seiner Heimatstadt, bot er mir eine Arbeit in einem Lagerhaus an, das ihm gehörte. Ich nahm dankend an, arbeitete sehr hart und wurde schon nach wenigen Jahren Leiter des Lagerhauses.
Unterdessen traf er Vorkehrungen, um mir eine ständige Aufenthaltserlaubnis zu verschaffen. Er und seine Frau behandelten mich sehr gut. Sie stellten mich sogar einer jungen Dame vor, die heute meine Frau ist. Irgendwann hatte ich genug Geld gespart, um selbst etwas zu investieren und ein eigenes Geschäft zu gründen. Ich bin kein reicher Mann, aber arm bin ich auch nicht mehr.
Mein Wohltäter war Christ und brachte nach einiger Zeit auch mich dazu, mich taufen zu lassen. Er sagte mir, daß er mir in meiner Not geholfen habe, weil er nach den Lehren Jesu Christi lebe, und er hoffe, ich werde seinem Beispiel folgen und eines Tages auch jemand anderem helfen. »Sie sind ein Flüchtling aus China, wie ich es mal gewesen bin; wenn ich Ihnen

irgendwie helfen kann, wird mir das dabei helfen, meine Schuld abzutragen.«

Als sie ihre Einkäufe erledigt hatten, gingen Hsun-ching und Mr. Yin gemeinsam zum Hafen, um Oberst Sun seine neue Garderobe zu bringen. Unterwegs fragte Hsun-ching Mr. Yin: »Kennen Sie sich in der chinesischen Geschichte aus?«

»Ein wenig. Warum?«

»Wissen Sie zufällig, wann ein Herzog Wen eine Schlacht gegen die Soldaten Ch'us geschlagen hat?«

Diese Frage kam Mr. Yin ein wenig seltsam vor; er sah Hsun-ching etwas mißtrauisch an und sagte dann: »Ich kann Ihnen zwar nicht das genaue Datum nennen, weiß aber, daß es in der Chou-Dynastie war. Das wären ...oh, sieben Jahrhunderte vor Christi Geburt. Wieso?«

Hsun-ching schüttelte geistesabwesend den Kopf. »Ich war nur neugierig«, erwiderte er.

Als sie im Hafen ankamen, sagte Hsun-ching: »Ich muß Sie nochmals warnen – Mr. Sun sieht sehr merkwürdig aus; wenn man ihm zum erstenmal begegnet, wirkt er fast furchterregend. Aber er ist ein loyaler Freund. Als ich klein war, hat er mir sogar das Leben gerettet.« Mr. Yin versprach, sich durch Mr. Suns Aussehen nicht erschrekken zu lassen. Dann sprangen sie auf die Pier.

Als sie sich der Dschunke näherten, hörten sie lautes Gelächter. Eine Bande von jungen Leuten hatte den Oberst umringt, zeigte mit den Fingern auf ihn und lachte über seinen Aufzug. Der Oberst stand still wie ein Standbild, hielt die Arme auf der Brust gekreuzt und starrte ausdruckslos auf das kräftigste Mitglied der Bande.

Hsun-ching rief, sie sollten verschwinden, doch das kam zu spät; der große Junge trat vor, um Oberst Sun zu schubsen. Wie es schien, riß der Oberst dem Jungen mit nur einer einzigen Bewegung die Füße unter dem Körper weg, hob ihn über den Kopf und schleuderte ihn über ein anderes Boot hinweg ins Meer. Dann wandte er sich dem Rest der Bande zu, und nach wenigen Sekunden keuchten und gurgelten alle in dem verdreckten Wasser. Der Oberst sah hoch und entdeckte Hsun-ching, zupfte an seiner Bluse und sagte: »Du hattest recht mit diesen Frauenkleidern. Ich habe einen schrecklichen Morgen hinter mir.«

XI

Das Taxi hielt vor dem Gam Gwok Daaih Haah, dem »Goldenen Haus des Volkes«, und Mr. Yin stieg aus, um für den Oberst und Hsun-ching die hintere Tür aufzumachen. Das Gam Gwok Daaih Haah war ein fünfzehnstöckiges Apartmenthaus in Wanchai, einem Viertel, das für seine Nachtclubs und Prostituierten berühmt ist.

Der Fahrer wirkte nervös, als Oberst Sun seinen Eisenstab aus dem Wagen zog, und brauste gleich davon, nachdem Mr. Yin ihn bezahlt hatte. Das fiel dem Oberst auf, und er fragte Mr. Yin: »Was war denn mit dem los?«

Mr. Yin lächelte und sagte: »Machen Sie sich deswegen keine Gedanken. Wanchai hat einen schlechten Ruf. Vielleicht hat er gedacht, wir würden ihn nicht bezahlen. Ich glaube, er hatte Angst, Ihr Stab könnte eine Art Waffe sein.«

Der Oberst nickte und schien mit der Antwort zufrieden. Aber jetzt blickte Mr. Yin den Eisenstab an, kratzte sich das Kinn und fragte: »Übrigens, wozu ist dieser Stab da?«
Ohne zu zögern, erwiderte Oberst Sun: »Es ist ein Mönchsstab – hat der Junge es Ihnen nicht gesagt? Wir sind buddhistische Mönche. Wir fahren nach Amerika, um ein Sutra zurückzuholen. Gelobt sei Buddha.«
Mr. Yin sah überrascht aus, aber bei weitem nicht so überrascht wie Hsun-ching, dessen Wangen jetzt knallrot wurden. Er begriff nicht, warum der Oberst log, und fürchtete, das werde nur Ärger bringen. Mr. Yin blickte wieder auf den Eisenstab. »Aber sagten Sie nicht, Sie seien Armeeoberst?«
Wie aus der Pistole geschossen kam Oberst Suns Antwort: »Ich war früher mal Soldat, das stimmt, aber das ist schon lange her. Der Titel ist mir geblieben, weil ich auch als Mönch die Kampfkunst weiterpraktizierte – wie Sie es draußen auf der Pier gesehen haben. Außerdem scheint es den anderen Mönchen Spaß zu machen, mich ›den Oberst‹ zu nennen, und ich habe nichts dagegen.«
Mr. Yin lächelte und gab ihm einen freundlichen Klaps auf die Schulter. »Ich bin schon immer ein Fan des chinesischen Boxens gewesen! Praktizieren Sie den Shaolin- oder den Wutang-Stil?«
Der Oberst grinste und ließ um ein Haar seine scharfen Zähne sehen. »Keinen von beiden. Ich habe meinen eigenen Stil.«
»Er ist offensichtlich wirkungsvoll!« sagte Mr. Yin. »Wie nennen Sie ihn?«
Die Augen des Obersts blitzten hinter seiner Sonnenbrille, als er antwortete: »Ich nenne ihn *Wu-k'ung ch'üan* – die Faust des Leeren Bewußtseins. Wenn man diesen Kampfstil richtig anwenden will, muß der Geist vollkommen leer sein; er darf sich auf nichts konzentrieren, nicht eine Se-

kunde lang – nicht mal auf den Gegner! So kann man dessen Angriff erwidern, bevor er sich überhaupt bewegt, denn man selbst ist so klar, daß man seine Absichten spüren kann. Andererseits kann er keinen Gegenangriff vortragen, weil man selbst keine Absicht hat – man handelt nur.«

»Ich habe schon gehört, daß Kampfkünstler diese Fähigkeit besitzen«, erklärte Mr. Yin, »aber gesehen habe ich das noch nie. Können Sie es irgendwie an mir demonstrieren, ohne mir weh zu tun?«

Der Oberst schien gewillt, der Bitte nachzukommen. Er lehnte seinen Stab an die Außenwand des Gebäudes und sagte: »Versuchen Sie mich zu schlagen. So hart Sie können, egal, wie oder wohin.« Mr. Yin zögerte. Etwas an dem Selbstbewußtsein des Obersts machte ihn unsicher.

»Keine Angst, ich werde Ihnen nicht weh tun«, versprach der Oberst. Mr. Yin hob die Hände, nahm die Ausgangshaltung des chinesischen Boxens ein und legte die Stirn in Falten. So stand er fast dreißig Sekunden, ohne sich zu bewegen. Er wartete auf eine Gelegenheit, seinen Gegner zu überrumpeln, doch der Oberst hielt die Hände an den Seiten und stand völlig natürlich und entspannt da. Sein Gesicht verriet weder Anspannung noch auch nur Interesse an Mr. Yin; er wirkte, als wäre er für einen Zweikampf völlig unvorbereitet.

Schließlich nahm Mr. Yin die Arme herunter. Er keuchte. »Ich – ich gebe auf! Ich hatte keine Chance!« Er wandte sich an Hsun-ching. »Es war unglaublich! Ich hatte das Gefühl, als könnte ich *spüren,* wie er mich als erster trifft, wann immer ich daran dachte, einen Schlag zu landen! Ich war besiegt, bevor ich mich überhaupt rühren konnte!«

Als sie das Gebäude betraten, sagte Mr. Yin: »Oberst Sun, ich bedaure, erst jetzt erfahren zu haben, daß Sie buddhistische Mönche sind. Vielleicht sollte ich Ihnen wie vorhin

schon Hsun-ching sagen, daß meine Frau und ich Christen sind.«
»Aber Sie sind doch Chinese!« rief der Oberst aus und runzelte die Stirn. »Das ist eine fremde Religion!«
»Ja, doch vor Gott sind wir alle gleich«, entgegnete Mr. Yin sanft.
»Hm. Soll das heißen, daß wir nicht bei Ihnen wohnen dürfen?« fragte der Oberst.
»Natürlich nicht!« antwortete Mr. Yin lachend. »Sie sind uns willkommen, egal welchen Glauben Sie haben! Aber ich hoffe, Sie nehmen es uns nicht übel, wenn wir vor dem Essen bei Tisch ein Gebet sprechen.«
»Das stört mich nicht«, sagte der Oberst und wandte sich dann an Hsun-ching. »Und wie steht es mit dir?«
Hsun-ching schüttelte den Kopf. Er war noch immer durcheinander und fragte sich, ob etwas von dem, was er Mr. Yin schon erzählt hatte, zu der Geschichte von den buddhistischen Mönchen im Widerspruch stand. Er fragte sich auch, ob er sich von jetzt an anders verhalten mußte, um die Geschichte glaubhaft zu machen.
»Also gut«, sagte Mr. Yin. »Ich habe vorhin mit meiner Frau telefoniert, und sie freut sich darauf, Sie kennenzulernen.« Er sah einen Moment nachdenklich aus und fügte dann fast entschuldigend hinzu. »Meine Frau ist sehr – nun, sehr religiös. Es kann sein, daß Sie Ihnen alles über ihren Glauben an Christus erzählen möchte. Das dürfen Sie ihr aber nicht übelnehmen, ja?«
»Ganz und gar nicht«, erwiderte der Oberst. »Ein Soldat – ein Buddhist, sollte ich sagen – ist immer aufgeschlossen.«
Sie bestiegen den Fahrstuhl, und Mr. Yin drückte auf den Knopf für den vierzehnten Stock. Der Oberst wurde nervös, als die Tür zuging, und erbleichte, als der Fahrstuhl sich in Bewegung setzte.
»Was zum Teufel ist das?« knurrte er.

Mr. Yin lachte. »Sind Sie noch nie in einem Fahrstuhl gefahren?«
»Nein! Was macht er?«
»Er bringt uns in den vierzehnten Stock! Das ist viel leichter, als die Treppe zu benutzen.«
Als die Tür aufging, rannte der Oberst hinaus und lehnte sich gegen eine Wand. »Wo befinden wir uns jetzt?« fragte er mit eindringlicher Stimme.
»Wir sind im vierzehnten Stock!« erwiderte Mr. Yin. »Ist Ihnen im Fahrstuhl übel geworden?«
»Ja«, gab der Oberst knapp zurück. »Wie funktioniert diese Schachtel?«
Mr. Yin erklärte, wie ein Kabel, angetrieben von einem Motor unter dem Dach des Gebäudes, den Fahrstuhl hinauf- und hinuntergleiten ließ.
»Und Sie vertrauen darauf, daß das Kabel nicht reißt?« fragte der Oberst zornig.
»Natürlich! Diese Kabel reißen nie«, entgegnete Mr. Yin. »Sie werden sich daran gewöhnen. Sie müssen wirklich vom Lande sein, wenn Sie noch nie einen Fahrstuhl gesehen haben!« Er führte sie den Flur hinunter zur dritten Tür auf der rechten Seite, drückte auf die Klingel, und eine rundliche Frau mit dichtgelocktem Haar öffnete die Tür.
»Warum kommst du jetzt erst?« fragte sie. »Du hast vor fast einer Stunde angerufen. Hast du unterwegs irgendwo gegessen? Ich habe dir doch gesagt, daß ich etwas koche.«
»Nein, nein, wir haben nichts gegessen«, erwiderte Mr. Yin geduldig, »wir mußten nur erst ein paar Dinge einkaufen. Ich möchte dich mit Hsun-ching bekannt machen, dem jungen Mann, von dem ich dir erzählte. Und dies ist sein Begleiter, Oberst Sun. Das ist meine Frau Yu-lan.«
Der Oberst und Hsun-ching nickten höflich. Mrs. Yin starrte den Oberst an und gab sich keinerlei Mühe, ihre Bestürzung über seine Erscheinung zu verbergen. »Sind Sie Ausländer?« fragte sie.

Ein Schatten huschte über das Gesicht des Obersts, aber er antwortete gleichmütig: »Nein, das bin ich nicht.«
»Sie sehen nicht chinesisch aus«, sagte sie und forderte sie mit einer Geste zum Eintreten auf. Als sie in der Wohnung waren, erklärte Mr. Yin seiner Frau: »Oberst Sun und Mr. Hsun sind buddhistische Mönche.«
»Buddhistische Mönche? Davon hast du mir nichts gesagt.«
»Ich habe es selbst erst vor zehn Minuten erfahren«, erwiderte er. »Ich bin neugierig zu hören, wie es auf dem Festland heutzutage um die Religion steht.«
»Hm«, machte sie und starrte den Oberst weiter an. »Wozu brauchen Sie diesen Stab da?«
»Es ist ein Mönchsstab«, erwiderte er. »Wir sind Pilger und legen deshalb lange Strecken zu Fuß zurück. Dieser Stab hilft mir dabei; ich habe ein schlimmes Bein.«
»Sie humpeln aber nicht. Und warum tragen Sie im Haus eine Sonnenbrille? Ich habe noch nie einen Mönch mit Sonnenbrille gesehen?«
Der Oberst ließ ein unfrohes Lachen hören und wandte sich an Mr. Yin: »Wir sind jetzt schon mehrere Tage unterwegs und konnten uns auch nicht ein einziges Mal ausruhen und waschen. Dürften wir uns vielleicht für eine Weile zurückziehen? Dann sind wir wieder frisch und können uns die ganze Nacht mit Ihnen unterhalten, wenn Sie wollen.«
»Natürlich, natürlich!« sagte Mr. Yin. »Ich will Ihnen das Bad und das Gästezimmer zeigen. Ich hoffe, es macht Ihnen nichts aus, auf Pritschen zu schlafen – wir haben in dieser kleinen Wohnung keine Extrabetten.«
Er zeigte ihnen, wie Dusche und Toilette funktionierten. Er hatte durch schmerzliche Erfahrung lernen müssen, daß Leute vom Festland oft nicht wußten, wie man westliche Toiletten benutzt. Dann führte er sie in ihr Zimmer. Es war klein, aber gepflegt, und man hatte Aussicht auf

ein anderes Gebäude. Der Oberst öffnete das Fenster und riskierte einen Blick in die Tiefe. Er zuckte zusammen und schloß es behutsam. »Wie kommt es, daß diese Häuser nicht zusammenbrechen oder einfach umkippen?« wollte er wissen.
Mr. Yin lächelte und sagte: »Das ist noch gar nichts! Warten Sie, bis Sie einige der Gebäude in der Innenstadt sehen! Sie brauchen aber trotzdem keine Angst zu haben. Alle hohen Gebäude sind mit Stahlträgern verstärkt – die brechen nicht so leicht zusammen.«
»Und was ist das da draußen vor dem Fenster?« fragte der Oberst.
»Das ist die Feuerleiter«, antwortete Mr. Yin. »Sollte es einmal brennen, kommen Sie darauf sicher hinunter auf die Erde.«
Oberst Sun schien erleichtert, das zu hören. »Haben Sie vielen Dank. Dies ist ein schönes Zimmer.«
»Lassen Sie mich wissen, falls Sie etwas brauchen«, sagte Mr. Yin und ging rückwärts zur Tür. »Ich denke, daß wir etwa in einer Stunde essen werden. Soll ich Sie dann holen?«
»Ja, vielen Dank«, antwortete der Oberst, und Mr. Yin schloß die Tür.
»Warum behaupten wir, buddhistische Mönche zu sein?« wollte Hsun-ching wissen.
Oberst Sun warf ihre Reisetaschen in eine Ecke und lehnte seinen Stab unter einem großen Porzellankruzifix an die Wand. Er starrte einen Augenblick das Abbild des blutenden Christus an und setzte sich dann auf den Rand einer der Pritschen. Er nahm seine Sonnenbrille ab und sah Hsun-ching mißbilligend an. »Weil meine Anwesenheit dann leichter zu erklären ist. Was ist, wenn dieser Mann oder seine neugierige Frau sich zu fragen beginnen, warum ich bei dir bin?«
Hsun-ching blickte zu Boden und schwieg.

»Hör mal«, sagte der Oberst mit leiser Stimme, »was ist wichtiger? Sich mit Leuten anzufreunden oder dieses Sutra zu bekommen? Manchmal ist es wichtig, die Wahrheit zu sagen, aber manchmal nicht.«
»Es ist eben nur so, daß ich nicht gern lüge«, entgegnete Hsun-ching. »Was hält einen davon ab, dauernd zu lügen, wenn man einmal damit angefangen hat?«
Der Oberst schnalzte ungeduldig mit der Zunge. »Der gesunde Menschenverstand, es sei denn, man ist ein Dummkopf.«
Hsun-ching legte sich auf seine Pritsche und starrte an die Decke. Der Oberst ging zu seiner Reisetasche hinüber und zog seine Rüstung hervor. Er legte sie auf Hsun-chings Pritsche und zeigte auf einen groben Schlitz in einer der Lederplatten.
»Siehst du das?« fragte er Hsun-ching.
»Ja.«
»So nahe bin ich dem Tod seither nicht gewesen. Nur eine Lüge, und diese Rüstung rettete mich. Ich will dir erzählen, wie es passiert ist.«
Der Oberst setzte sich auf die Ecke seiner Pritsche und legte die Rüstung auf seinen Schoß. »Vor langer Zeit durchquerte ich mit einem echten buddhistischen Mönch die Takla-Makan-Wüste. Unterwegs blieben wir mehrere Wochen in einer Stadt namens Turfan. Hast du gewußt, daß Takla Makan ›Geh Hinein, Und Du Wirst Nie Mehr Hinauskommen‹ bedeutet? Du kannst dir also einen Begriff davon machen, wie schrecklich diese Wüste ist. Der Fürst von Turfan schloß uns ins Herz und bot uns bis zur nächsten Oasenstadt eine bewaffnete Eskorte an. In der Wüte trieben sich nämlich zahlreiche Wegelagerer herum, und da der Fürst ein religiöser Mann war, wollte er alles in seiner Macht Stehende tun, damit wir unsere Pilgerfahrt wohlbehalten beenden konnten.
Am dritten Abend unserer Wüstenwanderung griffen die

Banditen an. Sie warteten in den Bergen, bis die meisten von uns sich zur Ruhe begeben hatten, dann stürmten sie auf ihren mongolischen Ponys in unser Lager. Wir hatten nur acht Mann bei uns, doch standen uns mindestens fünfzehn Banditen gegenüber. Die Männer des Fürsten schlugen sich tapfer und brachten es trotz des Überraschungseffekts fertig, sechs der Banditen zu töten. Ich selbst tötete vier, doch dann bekam ich einen Pfeil in die Schulter und einen weiteren ins Bein. Drei der kleinen Bastarde fielen über mich her, und einer von ihnen muß mir mit irgend etwas auf den Kopf geschlagen haben, denn ich wurde ohnmächtig.

Ich nehme an, daß die Banditen uns ausgeraubt und dann getötet hätten, wenn alles gewesen wäre wie üblich. Die Sandstürme hätten sämtliche Spuren des Angriffs verwischt. Doch als sie in unseren Lasttaschen keine Beute fanden, nur Lebensmittel, mußten sie das Gefühl gehabt haben, übertölpelt worden zu sein. Verstehst du, damals durchquerte kein Mensch die Wüste, der nicht Handel trieb und darauf aus war, ein Vermögen zu machen – wer es aus irgendeinem anderen Grund tat, mußte verrückt sein, denn die Takla-Makan-Wüste frißt Männer und Kamele, so wie du und ich auf Ameisen treten. Die Banditen erkannten die Soldaten als die des Fürsten und brachten sie um, ließen den Mönch und mich aber am Leben.

Sie fragten uns, wer zum Teufel wir seien, daß die Soldaten des Fürsten uns durch die Wüste eskortierten. Der Mönch sagte ihnen die Wahrheit, daß er nämlich ein buddhistischer Pilger sei, der eine gute Tat tun wolle. Die Banditen verfluchten ihr Pech und beschlossen natürlich, uns auf der Stelle zu töten. Der Anführer nahm seinen Speer und stieß ihn mir in die Brust, hier, da, wo das Loch ist.

Dies ist eine gute Rüstung; sie war immerhin für den Kaiser persönlich angefertigt worden. Der Speer des Banditen hatte es beim erstenmal nicht geschafft, sie ganz zu durchstoßen. Als er den Speer herauszog, um kräftiger zuzustoßen, gelang es mir, schnell zu sagen: ›Ich kann es nicht tun! Ich will nicht sterben, nur um das Geld eines anderen zu schützen!‹ Das ließ die Banditen aufhorchen. Ihr Anführer sagte: ›Töten wir den Mönch und lassen den anderen am Leben, der von dem Geld gesprochen hat‹ und machte sich bereit, den armen Mönch zu durchbohren. Ich sollte noch erwähnen, daß dieser Mönch mich verpflichtet hatte, ihn nach Indien zu bringen. Wenn ich also je mein Geld haben wollte, konnte ich ihn nicht einfach sterben lassen. ›Nein:‹ rief ich, ›dann ist es hoffnungslos! Ich kenne nur die Hälfte des Wegs zu dem Silber, und er kennt die andere Hälfte! Wir müssen ihn am Leben lassen und zwingen, seinen Teil des Geheimnisses zu enthüllen.‹

›Na schön‹, sagte der Anführer der Banditen. ›Wessen Silber ist es also, zu dem ihr unterwegs seid?‹

Ich erzählte ihm, wir seien Bedienstete des Hofs der T'ang, und zeigte ihm die Einführungsschreiben, die der T'ang-Kaiser uns gegeben hatte. ›In diesen Briefen heißt es, wir sind buddhistische Pilger‹, erklärte ich den Banditen, ›aber das ist nur unsere Tarnung. In Wahrheit hat uns der kaiserliche Palast beauftragt, eine riesige Silberladung wiederzufinden, die vor vier Jahren verlorenging, als die Kamele der Karawane an einer rätselhaften Schlafkrankheit krepierten. Wir sollen bestätigen, daß das Silber noch da ist, dann wird der Fürst von Turfan die Männer und Lasttiere zur Verfügung stellen, die nötig sind, um das Silber nach China zu transportieren.‹ Der Anführer schien diese Geschichte zu glauben, denn er sagte: ›Also gut. Wenn du uns deine Hälfte der Route nennst und dein Freund seine, werde ich euch beide laufen lassen.‹

Natürlich kann man nicht darauf bauen, daß Banditen ihr Wort halten, und deshalb sagte ich: ›O nein, so nicht – in dem Moment, in dem wir euch das Geheimnis verraten, werdet ihr uns die Kehlen durchschneiden, und was haben wir davon? Ebensogut könnten wir ja jetzt gleich sterben, und das in dem Wissen, daß ihr wenigstens nicht das Silber bekommt. Nein, wir werden euch hinführen. Ich gehe jede Wette ein, daß ihr viel zu sehr damit beschäftigt seid, euer Geld zu zählen, wenn wir euch das Silber gezeigt haben, um uns zu verfolgen, wenn wir weglaufen. Was sagt ihr dazu?‹ Die Banditen besprachen sich eine Weile untereinander und fragten dann: ›Wie viele Tagesritte sind es von hier?‹

›Zwei‹, antwortete ich, denn ich hoffte verzweifelt, mir würde bis dahin ein guter Plan einfallen.

Sie fesselten uns beide aneinander und ließen uns neben den Ponys herlaufen. Ich kann dir gar nicht sagen, wie ich mich selbst verfluchte, weil ich nicht von einem Zwei-Stunden-Ritt gesprochen hatte, denn in der Minute, in der wir losliefen, wußte ich schon, was zu tun war. Aber um die Geschichte glaubwürdig zu machen, mußte ich bis zum Ende des zweiten Tages warten. Es blieb mir also nichts anderes übrig, als zwei volle Tage durch diese elende Wüste zu rennen, bevor ich verkündete, wir müßten nach Norden in die Berge.

Als wir dort angekommen waren, führte ich sie zu einem riesigen, verwachsenen Wacholderbaum, der direkt am Rand eines Felsens wuchs. Ich sagte ihnen, sie sollten mich losbinden und mir ein anderes, mindestens sechseinhalb Meter langes Seil geben.

›Wozu?‹ fragte der Anführer, der allmählich ungeduldig wurde, doch ich hatte meine Antwort schon parat. ›Dieser Felsen ist fünfundsechzig Meter hoch – glaubst du etwa, ich könnte mit diesem kurzen Seil hinunterklettern? Mein Freund ist gefesselt, und wohin man auch blickt, im Umkreis von hundertsechzig Kilometern ist kein Mensch zu finden! Wovor hast du Angst? Laß mich doch nur tun, was

zu tun ist, und du wirst dein Silber bekommen!‹ Der Bandit lachte über meine Worte, aber befahl seinen Männern, meine Bitte zu erfüllen.
Ich band das eine Ende des Seils um den Baum. ›Siehst du‹, sagte ich und schlang mir das andere Ende um die Hüfte, ›als erstes muß ich die Höhle finden, die hier unter dem Rand ist. Wenn ich sie gefunden habe, hole ich das Silber heraus und reiche es euch nach oben.‹
Wie ich gehofft hatte, gingen die fünf Banditen zum Rand des Felsens, um einen Blick zu riskieren. Ich warf mich mit aller Kraft auf sie und stieß sie über den Rand. Wir stürzten alle schreiend in die Tiefe, wobei ich, wie ich glaube, am lautesten schrie, denn ich war nicht sicher, ob das Seil halten würde. Es hielt, brach mir jedoch zwei Rippen, als es sich spannte. Das konnte mich aber nicht daran hindern, laut zu lachen, als die Banditen an mir vorbei und dann auf die Felsen in der Tiefe stürzten, wo ihre Schädel wie reife Melonen zerplatzten! Ich kletterte wieder nach oben, band den Mönch los, und dann ritten wir zur nächsten Oase. Von dort benachrichtigten wir den Fürsten von Turfan über das Massaker an seinen Soldaten.
So«, erklärte der Oberst mit Nachdruck, »und jetzt sag mir, ob du es für falsch hältst, daß ich die Banditen angelogen habe.«
Es folgte ein unbehagliches Schweigen, und dann erwiderte Hsun-ching besorgt: »Nein – nein, natürlich nicht.« Und nach einer weiteren Pause fragte er den Oberst nach dem Namen des Mönchs, den er begleitet hatte.
»Sein Name war Hsüan-tsang.«
Hsun-ching blinzelte ein paarmal. »Und Sie sind mit ihm nach Indien gegangen?«
Der Oberst nickte. Er hatte einen losen Faden gefunden und verknotete ihn, damit die Naht nicht noch weiter aufplatzte.
Jetzt wußte Hsun-ching, für wen Wei-ching den Oberst

hielt und warum Wei-ching so sicher gewesen war, daß der Oberst ihn auf dieser Pilgerfahrt begleiten würde.
Hsun-ching kaute ängstlich an der Unterlippe. »Oberst Sun«, begann er, »als ich ein kleiner Junge war, habe ich ein Buch über einen Mönch namens Hsüan-tsang gelesen, der zur Zeit der T'ang-Dynastie nach Indien ging. Meinen Sie etwa diesen Hsüan-tsang?«
Der Oberst blickte von seiner Arbeit auf, sah Hsun-ching an und sagte: »Ja, es sei denn, es hat noch einen anderen Hsüan-tsang gegeben.«
Hsun-ching machte eine Pause, um sich die nächste Frage zu überlegen. »In dem Buch, das ich gelesen habe«, fuhr er vorsichtig fort, »hatte Hsüan-tsang einen Begleiter namens Sun Wu-k'ung. Sind – waren Sie das?«
»Wu-k'ung ist nicht mein richtiger Vorname. Aber manche Menschen nannten mich wegen der von mir geschaffenen Boxschule so.«
Auf Hsun-chings Gesicht breitete sich ein strahlendes Lächeln aus. »Sie meinen in einem früheren Leben!« rief er. »Sie sprechen von Reinkarnation, nicht wahr? Wie dumm ich gewesen bin!«
Der Oberst schüttelte müde den Kopf. »Nein, das tue ich nicht. Aber von mir aus; wenn du dich dabei wohler fühlst, kannst du es gern glauben.«
Hsun-ching klappte der Unterkiefer herunter. »Aber Oberst Sun, Sun Wu-k'ung war kein Mann, er war ein Affe! Ein Affe mit magischen Kräften, der fliegen konnte und mit Dämonen und Monstern kämpfte und ...«
»Hör zu, das ist doch alles offenkundig Unsinn, oder etwa nicht?« unterbrach ihn der Oberst. »Sehe ich etwa wie ein magischer Affe aus? Ich kann nicht weiter fliegen, als ich springen kann, und die einzigen Monster, die uns auf dem Weg nach Indien begegnet sind, waren die Beamten, die wir aufsuchen mußten, um unsere Reisepapiere stempeln zu lassen.«

Hsun-ching war sprachlos; er starrte den Oberst mit offenem Mund an. Der Oberst prüfte einige weitere Nähte und fuhr dann mit einer harten Bürste, die er in einer Innentasche aufbewahrte, über den Kragen. Dabei schien er Hsun-ching aus dem Augenwinkel zu beobachten. Schließlich sagte er: »Du glaubst doch nicht, daß ich derselbe Mann bin, der mit Hsüan-tsang gereist ist, oder?«
»Sollte ich?« fragte Hsun-ching. Er war der Verzweiflung nahe. »Kann ich es? Würden Sie mir glauben, wenn ich sagte, ich sei Konfuzius oder der Jade-Kaiser?«
Der Oberst nickte. Er hielt den Kragen ins Licht, um nach kleinen Rissen zu suchen. »Ich bin schon früher in dieser Situation gewesen. Und es ist eine Tatsache, daß ich nichts tun oder sagen kann, um zu beweisen, daß ich nicht lüge.« Er legte die Rüstung hin und sah Hsun-ching hart an. »Ich will dich aber eins fragen: Kommt es wirklich darauf an, wer ich bin? Was macht es für einen Unterschied für dich, wenn du sicher sein könntest, daß ich nur fünfzig Jahre alt bin? Würde das etwas an unseren Reiseplänen ändern?«
»Nein – aber ja, es kommt darauf an! Sie haben mir das Leben gerettet und setzen jetzt Ihres aufs Spiel, um mir dabei zu helfen, nach Amerika zu gelangen! Natürlich will ich wissen, wer Sie sind! Ich möchte nicht so tun, als würde ich glauben, Sie seien eine Märchengestalt!«
Der Oberst zog seine durchnäßten Baumwollschuhe aus und legte sich auf sein Bett. »Wer hat gesagt, ich sei eine Märchengestalt? Es ist doch nicht meine Schuld, daß du den Unterschied zwischen dem, was wirklich ist, und dem, was du als Kind gelesen hast, nicht kennst. Ob du mir glaubst oder nicht, ist ausschließlich deine Sache. Aber zu welchem Schluß du auch kommst« – er hielt inne, um die Arme vorzustrecken, bis die Knochen in seinen kräftigen Händen und Schultern laut knackten –, »dies ist das letztemal, daß ich eine solche Unterhaltung geführt habe. Es macht mir keinen Spaß, mich anderen Menschen

zu erklären, und außerdem muß ich mich weder dir noch sonst jemandem beweisen. Wenn du keinen Wert darauf legst, daß ich dich auf dieser Reise begleite, brauchst du es nur zu sagen. Wenn du aber auf meine Begleitung Wert legst, dann sei doch bitte so höflich, mir nicht mehr sagen zu wollen, wer ich sein und wer ich nicht sein kann.« Der Oberst senkte den Blick, holte ein paarmal tief Luft und wurde dann reglos wie ein Stein.

XII

»O Herr, der Du bist im Himmel, wir danken Dir für dieses unser tägliches Brot. Und wir beten zu Dir für die Seelen unserer Gäste. Amen«, sagte Mrs. Yin, woraufhin die vier die gesenkten Köpfe hoben.

»Ist das jetzt alles?« fragte Oberst Sun. Er hatte großen Hunger und hoffte, es werde vor dem Essen keine weiteren Ansprachen geben.

»Die Gnade des Herrn ist ewiglich, Mr. Sun«, entgegnete Mrs. Yin mit einem schmallippigen Lächeln, »aber Sie können jetzt essen, falls es das ist, was Sie meinen.«

»Vielen Dank«, sagte der Oberst und begann Speisen auf seinen Teller zu häufen. Mr. Yin räusperte sich entschuldigend. »Meine Frau und ich sind zwar Christen, aber auch Chinesen, so daß wir dem Buddhismus natürlich großen Respekt entgegenbringen. Unser Pfarrer sagt sogar, daß Buddha ein Heiliger war.«

Mrs. Yins Lippen preßten sich noch mehr zusammen, und sie sagte mit ausdrucksloser Stimme: »Ja, aber der Herr hat uns auch ermahnt: ›Du sollst nicht falschen Göttern huldigen!‹ Es gibt nur einen Gott, und Jesus ist sein Sohn.«

Nichts an dieser Unterhaltung schien den Oberst auch nur im geringsten zu stören, und er langte herzhaft zu. Hsun-ching allerdings begann sich äußerst unbehaglich zu fühlen. Er rutschte auf seinem Stuhl herum und überlegte fieberhaft, was er sagen konnte, um das Eis zu brechen. Er zwang sich, Mrs. Yin anzulächeln. »Ihr Mann erzählte mir, Sie stammen beide aus Shanghai. Ist das richtig?«

Mr. Yin nickte begeistert. Er war dankbar für den Themenwechsel, doch Mrs. Yin starrte weiter den Oberst an, der, wie sie bemerkte, sogar die Knochen des in Tee geräucherten Huhns, das sie zubereitet hatte, hinunterschluckte.

»Wie ich sehe, tragen Sie noch immer Ihre Sonnenbrille«, sagte sie. »Sie haben mir aber noch nicht erzählt, was für ein Augenleiden Sie haben.«

Der Oberst hob den Kopf und sah sie an. »Ich trage diese Brille, damit die Leute mich nicht anstarren«, erwiderte er und ließ die Brille etwas herunterrutschen, damit sie direkt in seine strahlend gelben Augen blicken konnte. Sie schnappte nach Luft und legte eine Hand an den Mund.

»Ich bin Mönch geworden, weil ich es nicht ertragen konnte, angegafft zu werden. Ist es meine Schuld, daß ich mit gelben Augen geboren wurde? Oder mit scharfen Zähnen?« Bei diesen Worten zog er die Lippen zurück und entblößte seine langen Eckzähne. Selbst Mr. Yin ließ bei diesem Anblick ein leises Keuchen hören, und Mrs. Yin wurde weiß wie die Wand.

»Die anderen Mönche behandeln mich wie einen gewöhnlichen Menschen, denn sie wissen, daß alles Leben Leiden bedeutet, und angesichts der Tatsache, daß wir alle

einemillionmal geboren und wiedergeboren werden, ist es höchst unwichtig, wenn man häßlich ist«, fuhr der Oberst fort. »Vertritt Ihre Religion eine ähnliche Ansicht?«
Er schob die Sonnenbrille wieder zurück und stopfte sich eine riesige Portion Schweinefleisch in Streifen mit Karotten und Paprikaschoten in den Mund. Mr. Yin schaffte es zu nicken. »Ja – ja, für Jesus waren alle Menschen gleich. Es kommt nicht darauf an, wie man aussieht; wichtig ist, was man glaubt und was man im Leben tut. Nicht wahr, Yu-lan?«
Doch Mrs. Yin hörte ihm nicht zu. Sie starrte den Oberst mit kaum verhüllter Abneigung an. »Ich hoffe, Sie haben genug zu essen«, bemerkte sie in einem seltsamen Tonfall. »Wie ich sehe, essen Sie Fleisch. Ich dachte, buddhistische Mönche sind Vegetarier.«
»Nur in einigen Sekten«, entgegnete der Oberst fröhlich. »In unserer Sekte glauben wir, daß das Rezitieren von Sutras der einzige Weg ist, den Karma-Zyklus zu durchbrechen. Das ist auch der Grund, weshalb wir so weit reisen, um dieses eine Sutra zu finden; wer es richtig rezitiert, wird erleuchtet sein, gleichgültig, was er ißt.«
»Ich bin noch nie in Shanghai gewesen«, warf Hsun-ching in einem verzweifelten Versuch ein, dem Gespräch eine Wendung zu geben. »Ich komme aus Yunnan.« Er begann zu berichten, wie er von einem Mönch aufgezogen wurde, aber Mrs. Yin unterbrach ihn, indem sie mit ihren Eßstäbchen auf ein Kruzifix an der gegenüberliegenden Wand zeigte und den Oberst fragte: »Kennen Sie die Bedeutung des Kreuzes, Mr. Sun?«
Dieser betrachtete es kurz und antwortete: »Ich habe in Peking mal ein paar Missionare kennengelernt. Sie erzählten mir, man habe ihren Gott ans Kreuz genagelt und dann dort sterben lassen. Richtig?«
Mrs. Yin nickte und sagte: »Ja, das stimmt. Doch dann, nachdem Er begraben worden war, ist Er wieder aufer-

standen! Er erstand von den Toten auf und predigte das Wort Gottes! Glauben Sie das?«
Der Oberst wischte sich mit der Serviette den Mund ab und gab sich den Anschein, als dächte er über etwas nach. »Ich bin nicht dabeigewesen und kann folglich nichts mit Gewißheit sagen. Aber ist es nicht denkbar, daß er während dieser paar Tage wegen des Blutverlusts nur bewußtlos war? Vielleicht war er gar nicht tot, sondern ...«
»Nein«, unterbrach ihn Mrs. Yin, »Er war tot! Aber Er ist der Sohn Gottes, und Ihm wurde das ewige Leben gewährt, so wie es auch all denen gewährt werden wird, die getauft sind und an Gott glauben! Wünschen Sie sich nicht auch das ewige Leben, Mr. Sun? Unsterblichkeit?«
Der Oberst warf Hsun-ching einen kurzen Seitenblick zu. Dieser war in seiner Not schon ganz grün im Gesicht. Dann rieb sich der Oberst mit der Handfläche die Wangen. »Nun, vielleicht. Sind Sie aber sicher, daß Unsterblichkeit wirklich etwas Gutes ist? Vielleicht wäre es besser, zu sterben und als Baum oder schöner Vogel oder derlei wiedergeboren zu werden. Was meinen Sie?«
Mrs. Yin schüttelte den Kopf. »Nein, es wäre mir nicht recht, ein Vogel zu sein. Lieber wäre ich ein Engel im Himmelreich. Wenn ich einmal dort bin, werde ich für Ihre Seele beten, Mr. Sun.«
»Vielen Dank«, erwiderte der Oberst und nahm sich noch etwas Reis. Mrs. Yin lehnte sich zurück und betrachtete mißmutig ihren Teller. Für den Moment schien sie ihr Bemühen aufgegeben zu haben, ihren monströsen Hausgast zu bekehren.
»Soviel ich weiß, ist Yunnan für seinen Schinken berühmt«, sagte Mr. Yin zu Hsun-ching in der Hoffnung, damit das Thema zu ändern.
»Ja, das stimmt«, erwiderte Hsun-ching, »der Schinken ist sehr gut.«

Später am Abend brachte Mr. Yin den Oberst und Hsun-ching zu dem Haus seines Freundes Mr. T'ang, um über die Möglichkeit einer Seereise nach Amerika zu sprechen. Mr. T'ang lebte mit seiner Frau, zwei Kindern und drei Enkeln in einer Zweizimmerwohnung in der »Chinesenstadt«, einem kleinen Teil Hong Kongs, der wegen einer Vertragslücke noch immer zu China gehört. In Wahrheit jedoch wird die Chinesenstadt von niemandem regiert. Sie wurde in den vierziger Jahren des achtzehnten Jahrhunderts von Chinesen erbaut, die sich vor britischen »Barbaren« schützen wollten, und war früher von einer hohen Mauer umgeben, welche während des Zweiten Weltkriegs von den Japanern abgerissen wurde, die mit den Steinen Start- und Landebahnen bauten. Heute ist die Chinesenstadt so etwas wie eine Pirateninsel; hier blüht der Handel mit Drogen und illegalen Medikamenten, hier blühen Prostitution und Verbrechen, und die Polizei Hong Kongs sieht sich außerstande, viel dagegen zu unternehmen, da die »Stadt« außerhalb ihrer Zuständigkeit liegt.
Mr. Yin warnte seine Gäste, es sei gefährlich auf den Straßen, und erbot sich, allein zu Mr. T'ang zu gehen, doch sie bestanden darauf mitzukommen. Die Gassen waren schmal und dunkel und voller verdächtig aussehender Leute, und die Gebäude waren baufällige Mietskasernen. Mr. Yin hatte den Oberst gebeten, seinen Eisenstab zu Hause zu lassen, da er sie nicht unnötig in Gefahr bringen wollte; als sie jedoch tiefer in den gesetzlosen Stadtbezirk vordrangen, begann der Oberst seinen Entschluß zu bereuen.
Schließlich erreichten sie das Gebäude, in dem Mr. T'ang wohnte. Sie bestiegen eine pechschwarze Treppe bis zum dritten Stock und klopften an. Mr. T'ang rief hinter der Tür: »Wer ist da?« Als Mr. Yin sich meldete, schob Mr. T'ang eine Reihe von Türriegeln zurück und öffnete.

Zur Überraschung Hsun-chings und Oberst Suns betraten sie eine gepflegte Wohnung. An jeder der gestrichenen Zementwände hingen elegante Kalligraphien. Die Möbel waren zwar einfach, doch von klassischem chinesischem Design und aus dunklem Teakholz. Mr. T'angs Frau kam mit einem Tablett voller Süßigkeiten und einer Kanne Tee aus der Küche. Als sie den Oberst erblickte, zuckte sie leicht zusammen, gewann aber schnell die Fassung zurück und goß jedem Tee ein.

Sie setzten sich an den einen großen Tisch in der Mitte des Raums, und Hsun-ching konnte sehen, wie der Rest der Familie im Nebenzimmer auf einfachen Betten vor einem Fernsehgerät hockte. Das flackernde blaue Licht des Fernsehers war das einzige Licht in der Wohnung, wenn man von einer Glühbirne über dem großen Tisch absah, die einen einfachen Lampenschirm hatte, wie man sie aus chinesischen Restaurants kennt, mit roten Quasten daran und Landschaftsminiaturen auf den Kunststoffseiten.

Zum Glück sprachen Mr. T'ang und seine Frau kein Wort über Religion, obwohl sie Christen waren wie die Yins. Sie bestanden darauf, ihren Gästen *dim sum* anzubieten, füllten ihre Teetassen nach und unterhielten sich eine Zeitlang höflich über Belanglosigkeiten, ohne die Reise mit einem Wort zu erwähnen.

Schließlich wurde der Oberst ungeduldig. »Wie können wir nach Amerika kommen?« fragte er Mr. T'ang.

Dieser lächelte und hüstelte höflich. »Mr. Yin hat mir schon Ihre Situation geschildert. Sie sind aus China angereist und möchten erst nach Amerika, dann wieder nach China, und das alles ohne Pässe oder Visa? Das muß ein Scherz sein.«

»Nein. Wir scherzen nicht«, entgegnete der Oberst. Er lehnte sich auf seinem Stuhl zurück und kratzte sich das Kinn, ohne Mr. T'ang aus den Augen zu lassen. »Sie sind

im Ausland gewesen«, sagte er zuversichtlich. »Sie kennen sich in diesen Dingen aus. Wie läßt es sich machen?«
Diesmal zog Mr. T'ang überrascht die Augenbrauen hoch, und auf seinem Gesicht erschien ein Lächeln. »Woher haben Sie das gewußt?« fragte er und warf Mr. Yin einen Blick zu. Dieser zuckte mit den Schultern.
»Ich sehe das den Menschen an«, erklärte der Oberst. »Hören Sie – wir sind weder Schmuggler noch Flüchtlinge. Wir riskieren eine Menge, um eine alte buddhistische Schriftrolle zu finden, und brauchen Hilfe. Können Sie uns sagen, wie wir hin- und wieder zurückkommen und wieviel es kosten wird?«
Mr. T'ang lachte leise. »Na schön, ich werde Ihnen sagen, was ich weiß. Tatsächlich bin ich einmal in Amerika gewesen. Ich arbeitete früher auf Schiffen, die nach Indonesien fuhren. Kurz vor meiner Pensionierung war ich auf einem Tanker beschäftigt, der die Route nach Gam San befuhr – dem Goldenen Berg. Das ist eine Stadt in Amerika. Wir waren nur ein Wochenende dort. Ich bekam nicht viel zu sehen, aber die fremden Seeleute sind ein lustiges Völkchen und trinken gern.«
»Entschuldigen Sie, aber wie ist der englische Name des Goldenen Bergs?« fragte Hsun-ching.
»San Francisco.«
Hsun-ching zog die vergilbte Visitenkarte des Mannes aus der Tasche, der das Lachende Sutra aus China mitgenommen hatte. Als Adresse war das Museum of Asian Antiquities, San Francisco, Kalifornien, angegeben. Er zeigte die Karte Mr. T'ang, der nachdenklich nickte. »Sie wollen also illegal nach San Francisco?« Er schüttelte den Kopf und lachte. »Das wollen eine Million Hong-Kong-Chinesen auch. Aber dann möchten Sie auch noch nach China zurück! Das ist wirklich verdreht. Bedauerlicherweise wissen das die Leute an den Grenzen nicht.«
»Glauben Sie, sie könnten sich amerikanische Pässe lei-

hen?« fragte Mr. Yin. Bei dieser Vorstellung mußte Mr. T'ang laut auflachen.

»Wenn das so leicht wäre, hätte in Asien jeder einen!« Sein Lachen wurde zu einem Hustenanfall, der sein Gesicht fast puterrot anlaufen ließ. »Nein, so geht das nicht. Und selbst wenn Sie herausfinden könnten, wer mit falschen Papieren handelt, und selbst wenn Sie es sich leisten könnten, sollten Sie sich trotzdem nicht wünschen, damit durchzukommen. Wenn man Sie nämlich mit falschen Pässen erwischt, stecken Sie ganz tief in der Tinte – weit schlimmer, als wenn Sie einfach nur illegal die Grenze überqueren.«

»Was sollen wir also tun?« fragte der Oberst.

Mr. T'ang machte eine Pause, um Luft zu holen. »Mr. Yin berichtete mir, Sie seien ein *moulum gousao.*«

Der Oberst verstand den kantonesischen Ausdruck nicht; er warf Hsun-ching einen Blick zu, doch dieser zuckte nur mit den Schultern.

»Was bedeutet das?« wollte der Oberst wissen.

»Ein Herrscher im Wald der Helden – das bedeutet, daß jemand kämpfen kann. Mr. Yin hat mir erzählt, Sie hätten drei Strolche mühelos ins Meer geworfen.«

Der Oberst nickte. »Das stimmt«, sagte er, »aber was hat das damit zu tun, daß wir nach Amerika wollen?«

»Vielleicht eine Menge. Ich kenne jemanden, der Ihnen unter Umständen helfen kann. Doch zunächst müssen Sie aufrichtig zu mir sein. Kennen Sie irgendeine Kampfkunst?«

Der Oberst entgegnete mit ausdruckslosem Gesicht: »Ich bin noch nie besiegt worden, bei keinem Zweikampf, ob bewaffnet oder unbewaffnet. Aber ich erledige für andere Leute nicht die Schmutzarbeit.«

»Das ist gut«, sagte Mr. T'ang. »So etwas habe ich mir auch gar nicht vorgestellt. Doch lassen Sie mich eins fragen: Falls ein Mann Sie zu einem Zweikampf herausfordern würde – mit wattierten Handschuhen, nur zu einem Messen der Kräfte und Fähigkeiten –, wären Sie sicher, diesen Zweikampf zu gewinnen?«

»Natürlich«, schnaubte der Oberst verächtlich, »aber warum sollte ich etwas so Albernes tun? Kämpfen ist eine ernste Angelegenheit und kein Kinderspiel. Warum sollte sich ein Mann erniedrigen, mit kleinen Handschuhen an den Händen einen Kampf vorzutäuschen?«

Mr. T'ang nickte und sagte: »In diesem Punkt muß ich Ihnen recht geben – ich weiß nicht, worauf es bei einem Boxkampf ankommt. Doch ich glaube, mir ist da etwas eingefallen.«

Er schenkte jedem Tee nach und lehnte sich dann auf seinem Stuhl zurück, um von seinem Plan zu erzählen.

»Es muß 1968 gewesen sein, als ich nach Amerika fuhr – nein, ich glaube es war 1969. Es war der Sommer vor meiner Pensionierung, und das müßte also – was soll's, das spielt hier wohl kaum eine Rolle. Der Kapitän des Schiffs, ein Mann namens Wong, liebt drei Dinge in diesem Leben: das Spiel, den Whiskey und das chinesische Boxen. Als ich den Job auf seinem Schiff bekam, verstanden wir uns auf Anhieb gut, denn ich praktizierte damals *t'ai chi*, um in Form zu bleiben. Wie sich herausstellte, hatte Kapitän Wong, obwohl er die chinesische Kampfkunst so sehr liebt, so gut wie gar kein Talent dazu. Als er mich eines Tages aufforderte, mit ihm ›Hände zu schieben‹, schlug ich ihn mühelos. Er bat mich, sein *sifu* zu sein, und als Gegenleistung machte er mich mit dem Whiskey bekannt.«

Mr. T'angs Frau verzog das Gesicht, als sie das hörte, doch Mr. T'ang begann wieder zu lachen und sagte: »Meine Frau betrachtet das als einen schlechten Tausch, aber ich halte Whiskey nicht für gefährlich, besonders dann nicht, wenn man ein Stück Ginseng-Wurzel in die Flasche tut und sie ein paar Wochen stehenläßt. Das Ginseng hebt die Wirkung aller Gifte auf.

Wie auch immer«, fuhr Mr. T'ang fort. »Was für eine großartige Reise das war – wir brauchten einunddreißig Tage, um hinzukommen! Als wir in San Francisco waren, bestand Kapitän Wong darauf, mich zu seinem bevorzugten Aufenthaltsort in der Stadt mitzunehmen. Es war eine große Trainingshalle in der Nähe des Hafens, zu der auch eine Bar gehörte! An jedem Wochenende wimmelte es dort von Seeleuten und Hafenarbeitern, denn in der Halle stand ein Boxring, wo sie mit großen Lederhandschuhen gegeneinander boxen konnten, und wem nicht danach zumute war, konnte Wetten abschließen. Am Ende waren alle betrunken, auch die Boxer, und jeder hat sich prächtig amüsiert.

An dem Abend, an dem er mich dorthin mitnahm, wurde Kapitän Wong ziemlich betrunken. An jenem Abend war auch ein britischer Seemann da, der im Ring jeden verprügelte. Nachdem er einen einfachen Matrosen, einen Filipino, nach Strich und Faden vermöbelt hatte, brüllte er etwas davon, alle Chinesen seien Schwächlinge. Da können Sie mal sehen, wieviel der Kerl wußte – der Bursche, den er geschlagen hatte, war gar kein Chinese. Wie auch immer: Das brachte Wong richtig in Rage, und er stand auf und forderte den Burschen heraus!

Nun, ich hatte zwar selbst einiges getrunken, aber noch genug Verstand, um zu begreifen, daß Kapitän Wong sich nur eine blutige Nase holen würde. Er war fast fünfzig Jahre alt und wog nur etwa hundertdreißig Pfund; der fremde Teufel war in den Dreißigern und wog weit mehr. Ich erinnerte Wong daran, und er sagte: ›Beim chinesischen Boxen braucht man keine körperliche Kraft! Beim *kung fu* kommt es auf innere Stärke an!‹ Leider besaß Kapitän Wong auch davon nicht viel. Sollte ich etwa dasitzen und zusehen, wie er sich selbst umbrachte? Wer würde das Schiff nach Hong Kong zurückbringen? Ich zog ihn aus dem Ring und sagte: ›Ich bin dein *sifu* und verbiete dir zu boxen!‹ Wie sich herausstellte, war dies genau das, was er wollte. Er rief dem Ausländer zu: ›Jetzt wirst du echtes chinesisches Boxen zu sehen bekommen! Mein Lehrer wird dir den Arsch aufreißen!‹

Bevor ich etwas sagen konnte, schleifte mich die Menge in den Ring. Die ganze Halle brüllte vor Lachen – ich bin immerhin kein sehr kräftiger Mann. Jemand zog mir ein paar Handschuhe an, und da spielte die Halle völlig verrückt. Unterdessen setzte Kapitän Wong alles Geld, das er besaß, auf mich. Mir wurde erst klar, wie riesig dieser fremde Teufel und wie klein ich war, als ich ihn gut einen Meter von mir entfernt stehen und vor Schweiß buchstäblich dampfen sah. Dann läutete die Glocke, und dieser Riese blickte mich nur an. Ich gab mir die größte Mühe, nicht ängstlich auszuschauen, doch ich glaube, daß machte mich nur noch um so bemitleidenswerter. Und wissen Sie, was dann passierte? Er ließ die Arme sinken, lächelte und verkündete: ›Das nenne ich ein Unentschieden! Und ich spendiere diesem alten Mann einen Drink!‹

Er und seine Kumpel zogen mit uns von Bar zu Bar, bis die Sonne aufging. Wir hatten viel Spaß miteinander – zumindest soweit ich mich daran erinnere. Sie ließen uns sogar tätowieren – hier, sehen Sie?«

T'ang rollte seinen Hemdsärmel auf, um eine kleine Tätowierung auf seinem linken Unterarm zu zeigen.

»Das ist das Symbol der britischen Navy. Ich hätte nie gedacht, daß Ausländer wissen, wie man Gäste zu bewirten hat, aber diese Leute von der Navy waren wirklich in Ordnung. Nachdem Kapitän Wong seinen Kater überwunden hatte, ging ihm auf, wie dumm und gefährlich er gehandelt hatte, und er bedankte sich tausendmal bei mir, weil ich meinen Hals riskiert hatte, um seinen zu retten. Doch er sagte zu mir, jetzt, da er in der Boxhalle das Gesicht verloren habe, fühle er sich China und allen Chinesen verpflichtet, eines Tages einen echten chinesischen

Boxer in den Westen zu bringen, um zu beweisen, daß es *kung fu* tatsächlich gibt und daß Chinesen alles andere als Schwächlinge sind. Und natürlich, erklärte er, werde er an den gewonnenen Wetten ein Vermögen verdienen.
Mein Plan sieht also so aus: Kapitän Wong befährt noch immer diese Route – ich weiß es, weil ich an jedem Chinesischen Neujahr Mah-jongg spiele, und dann erzählt er mir immer Geschichten über die jüngsten Boxkämpfe in dieser Bar. Wenn Sie sich bereit erklären, irgendwann dort mal in den Ring zu steigen, dann wette ich, daß er Sie beide nach Amerika bringt. Und wenn Sie dieses Sutra schnell genug finden, können Sie sogar mit ihm zurückfahren. Die Sache hat nur einen Haken: Sie sollten schon dafür sorgen, daß Sie Ihre Kämpfe gewinnen, denn würde Wong noch einmal seine Wetten und das Gesicht verlieren, könnte Ihnen die Rückfahrt sehr lang vorkommen. Was meinen Sie dazu?«

Als sie später am Abend in Mr. Yins Wohnung zurückkehrten, war Mrs. Yin noch auf. Sie waren kaum in der Wohnung, da nahm sie Hsun-ching beiseite und fragte: »Darf ich Sie einen Moment in der Küche sprechen?«
Hsun-ching folgte ihr in die Küche, wo sie ihm eine Tasse Tee anbot. Als er ablehnte, lächelte sie und hielt ihm einige Broschüren hin. »Darf ich Ihnen etwas christliche Literatur geben?« fragte sie freundlich.
»W-warum nicht«, antwortete Hsun-ching und nahm das Material entgegen.
»Ich möchte Sie bitten, sie zu lesen und mir zu sagen, was Sie davon halten. Ich glaube, Sie werden die Broschüren sehr interessant finden.«
»Vielen Dank.«
»Übrigens«, sagte sie in einem verschwörerischen Tonfall, »dieser Mr. Sun – wie lange kennen Sie den schon?«
Hsun-ching wurde nervös. »Nun, in Wahrheit nicht sehr

lange. Ich habe ihn ein paarmal gesehen. Warum fragen Sie?«
»Ich glaube nicht, daß er der ist, der er zu sein vorgibt«, flüsterte sie.
Hsun-chings Herz pochte laut in seiner Brust. »Wofür halten Sie ihn denn?« fragte er sie.
Sie sah sich um, um sich zu vergewissern, daß niemand sonst sie hören konnte. »Ich weiß nicht, aber mir kommt er nicht wie ein buddhistischer Mönch vor. Er scheint mir sehr seltsam zu sein. Woher hat er diesen Goldbarren? Ich kann mich zwar irren, aber ich habe das Gefühl, daß mit ihm etwas nicht stimmt. Sie sollten vorsichtig sein, wenn Sie mit ihm reisen.«
»Ich bin sehr vorsichtig, Mrs. Yin«, entgegnete Hsun-ching. »Vielen Dank für die Hefte. Gute Nacht.« Er drückte sich an ihr vorbei und begab sich schnellstens ins Gästezimmer. Als er seinem Freund vom Verdacht Mrs. Yins erzählte, lachte der Oberst bitter auf. »Siehst du? Wie lange reisen wir schon zusammen? Eine Woche? Sechs Tage? Und es fängt bereits an. Du hast mich einmal gefragt, warum ich mich in Höhlen verstecke, obwohl ich alles habe, was ein Mann sich wünschen kann – nun, jetzt weißt du es. Wir sollten hier schnell verschwinden, bevor sie einen Mob von Fanatikern auftreibt, der uns mit diesen gekreuzten Stäbchen vor der Nase herumfuchtelt.«
Der Oberst nahm einige von Mrs. Yins Broschüren in die Hand und warf einen Blick hinein. »Schau dir das an«, sagte er und zeigte auf den Umschlag einer Broschüre, auf dem eine Familie ihrem Vater gerade dabei half, aus seinem Grab zu klettern. »Wie lautet die Überschrift?«
»›Die Wahrheit über das ewige Leben.‹«
Der Oberst lachte höhnisch. »Wie kommt es, daß er noch nicht verfault ist, nachdem er jahrelang in einem Grab gelegen hat? *Pah!*«

Beide schwiegen eine Zeitlang. Dann stellte Hsun-ching eine Frage, die ihm schon den ganzen Abend auf der Seele gelegen hatte. »Oberst Sun, woher wußten Sie, daß Mr. T'ang im Westen gewesen war?«

Der Oberst lächelte, streckte den Arm aus, als wollte er einen Gegenstand ergreifen, und zeigte auf seinen ausgestreckten Unterarm. »Als er den Tee eingoß, rutschte sein Hemdsärmel hoch, und ich sah seine Tätowierung. Unter dem großen Schiff stand etwas in einer fremden Sprache. Also habe ich einfach geraten.«

Hsun-ching lachte fast laut heraus. Falls der Oberst versuchen sollte, sich als eine Art Schamane zu etablieren, nahm er es nicht sehr geschickt in Angriff.

»Eine Zeitlang dachte ich, Sie könnten die Gedanken von Menschen lesen«, sagte Hsun-ching.

»Das wäre doch was!« rief der Oberst begeistert aus. »Stell dir vor, was für eine Armee man haben könnte, wenn die Generäle die Gedanken ihrer Feinde lesen könnten! Hier habe ich etwas für dich zum Nachdenken: Wenn du wüßtest, daß der Feind deine Gedanken lesen könnte, wie würdest du deine Strategie verändern? Wie würdest du eine Schlacht organisieren?«

Hsun-ching bemerkte, daß dieser Gedanke den Oberst sichtlich erregte. »Oberst Sun, denken Sie gern über den Krieg nach?«

»Ja, ich glaube schon.«

»Aber warum? Ich halte den Krieg für etwas Schreckliches.«

»Das tue ich auch. Ich habe nicht gesagt, daß ich den Krieg mag – ich hasse ihn. Aber ich denke gern darüber nach, denn wenn ein Krieg notwendig wird, ist es immer besser, darauf vorbereitet zu sein. Ich habe viele, viele Schlachten miterlebt. Sie waren alle schrecklich. Es macht mir aber Spaß, die Strategien der Generäle miteinander zu vergleichen und mich zu fragen, wie man es hätte besser machen können. Ich bin die meiste Zeit meines Lebens Soldat gewesen, so daß Kriegsstrategie alles ist, wovon ich etwas verstehe. In mancherlei Hinsicht ist ein Schlachtfeld der einzige Ort, an dem ich wirklich ich selbst sein kann, wenn ich von anderen Männern umgeben bin. Der Krieg ist schrecklich, gehört aber zum Leben. Wenn er unvermeidlich ist, muß man sich ihm nähern, als wäre er eine Kunst. Sonst ist einem die Niederlage gewiß.«

Als Hsun-ching sich an das sinnlose Morden während der Kulturrevolution erinnerte, sah er sich außerstande, die Begeisterung des Obersts zu teilen, und lenkte das Gespräch wieder auf ihre Reise.

»Wenn dieser Kapitän Wong bereit ist, uns mitzunehmen«, sagte er laut denkend, »könnten wir in wenigen Wochen in San Francisco sein! Dann könnten wir nach China zurückkehren, und der Meister würde gegen Ende des Sommers den Text haben.«

»Mag sein«, erwiderte der Oberst. Und nach einer kleinen Pause: »Entschuldige, ich frage aus reiner Neugier – wenn wir mit diesem Kapitän Wong mitfahren, das Sutra finden und es zurückbringen, was wirst du danach tun?«

»Ich weiß nicht«, antwortete Hsun-ching. »Was sollte ich tun? Was meinen Sie?«

»Woher soll ich das wissen? Ich bin kaum eine Autorität in Fragen des normalen Lebens. Ich glaube, ich will nur eine Antwort auf folgende Frage haben: Was würde ich tun, wenn ich wüßte, daß ich nur fünfzig Jahre oder so zu leben hätte und dieses Leben wie ein gewöhnlicher Mann verbringen könnte?«

»Was ich tun will«, sagte Hsun-ching, »weiß ich jedenfalls nicht genau. Es kommt mir vor, als hätte sich seit meiner Geburt alles falsch entwickelt. Ich glaube aber, daß es schön wäre, eine Familie und ein paar Freunde zu haben und genug Zeit, die man mit ihnen verbringen kann.«

»Hm. Und warum begibst du dich dann auf diese Reise?«

fragte der Oberst. »Warum hast du dir nicht einfach ein Mädchen gesucht, geheiratet und eine Familie gegründet?«
Hsun-ching begann an den Fingernägeln zu kauen, eine Gewohnheit, die er sich in den Jahren in Hunan zugelegt hatte, als er ewig hungrig gewesen war.
»Ich weiß es wirklich nicht genau«, erwiderte er unglücklich. «Ich tue dies für meinen Meister, weil es für mich die einzige Möglichkeit ist, ihm dafür zu danken, daß er sich um mich gekümmert hat.«
»Du bist aber nicht dazu verpflichtet, mußt du wissen.«
»Na schön – vielleicht will ich es auch tun. Jedenfalls möchte ich bald wieder zurück.«
Ein Jet donnerte mit ohrenbetäubendem Lärm über das Gebäude hinweg; der Oberst kannte das Geräusch nicht, so daß Hsun-ching es ihm erklärte.
»Dieses Hong Kong ist ein bemerkenswerter Ort«, sagte der Oberst. »Noch gestern hätte ich nicht geglaubt, daß ein Mensch je fliegen könnte. Und jetzt erzählst du mir, daß es etwas Alltägliches ist. Und du sagst, Amerika sei noch fortschrittlicher als Hong Kong?«
»Das habe ich jedenfalls gehört«, erwiderte Hsun-ching.
Der Oberst verfiel in tiefes Nachdenken. Er blieb lange Zeit stumm und meinte schließlich: »Ich denke über dieses Amerika nach – wenn Menschen ohne Schwierigkeit dort hinfliegen können, vielleicht würde ein Mann wie ich dann gar nicht auffallen? Vielleicht würde ich dort wie ein gewöhnlicher Mensch erscheinen oder sogar noch unauffälliger wirken. Ich frage mich, ob es mir dort gefallen wird.«

XIII

Beim Frühstück am nächsten Morgen hatte Mr. Yin eine gute Neuigkeit. »Mr. T'ang hat vorhin angerufen. Er sagte, Wongs Schiff wird diese Woche in Hong Kong liegen. Wenn es ihm möglich ist, wird er ihn heute nachmittag besuchen.«

»Gut«, meinte der Oberst. »Sollen wir ihn dort treffen?«

»Nein, er sagte, er wolle es Wong gegenüber zunächst beiläufig erwähnen. Deshalb habe ich mir gedacht, ich sollte Sie heute ein bißchen herumführen. Wollen Sie sich meine Fabrik ansehen? Dann könnten wir essen und eine Rundfahrt mit der Straßenbahn machen. Das ist der beste Weg, um Hong Kong kennenzulernen.«

Hsun-ching stimmte zu, aber der Oberst schüttelte den Kopf. »Ich glaube, ich würde heute lieber allein umherwandern.«

»Po-jan – dann solltest du mit

Hsun-ching gehen«, schlug Mrs. Yin vor. Sie zupfte nervös das Tischtuch zurecht. »Ich werde für Mr. Sun etwas zu essen zubereiten, was er mitnehmen kann. Dann braucht er sich keine Gedanken zu machen, ob er ein geeignetes Restaurant findet.«

»Oh, das ist nett von dir«, sagte Mr. Yin und klopfte dem Oberst auf die Schulter. »Yu-lan versteht sich auf kleine Leckereien, Mr. Sun! Das sollten Sie sich nicht entgehen lassen.«

Der Oberst nickte und lächelte in Mrs. Yins Richtung, aber Hsun-ching konnte sehen, daß er sie hinter seiner Sonnenbrille gar nicht anschaute. Kurz bevor Hsun-ching und Mr. Yin die Wohnung verließen, sagte der Oberst zu Hsun-ching: »Vielleicht gehe ich in die Stadt. Ich habe mir gedacht, daß es interessant sein könnte, diese Chinesenstadt bei Tageslicht zu sehen.«

Hsun-ching hielt das für ein wenig seltsam und erwiderte: »Aber sie ist so häßlich! Warum wollen Sie sich das noch einmal anschauen?«

Der Oberst blickte Hsun-ching an und erklärte mit ausdrucksloser Stimme: »Neugier, vermute ich. Ich werde jedenfalls dort sein, falls du mich später treffen willst.«

Kaum waren Hsun-ching und Mr. Yin gegangen, bat Mrs. Yin den Oberst, sich hinzusetzen, während sie sein Essen zubereite. Sie ging in die Küche und stellte für ihn einen Topf mit Resten auf den Herd und kehrte dann mit einer Bibel zurück. Sie setzte sich ihm gegenüber an den Eßtisch und legte die Bibel mit dem Titel nach unten vor sich.

»Sagen Sie mir, Mr. Sun«, fragte sie, »wo sind Sie geboren?«

»In einem kleinen Dorf; Sie werden kaum davon gehört haben.«

»Ich bin in Shanghai geboren«, erzählte sie. »Da bin ich auch aufgewachsen. Vor dem Krieg war das Leben dort noch recht gut. Im Krieg aber hatten wir eine schreckliche

Zeit. Meine Schwester wurde bei einem der Bombenangriffe getötet.«
»Oh, das tut mir leid.«
»Vielen Dank. Doch damals hat jede Familie Verluste erlitten, nicht wahr? Wo waren Sie während des Kriegs, Mr. Sun?«
»Welchem?« fragte der Oberst zurück.
Das ließ Mrs. Yin zunächst verstummen. Sie faltete die Hände auf den Tisch. »Welchem Krieg? Nun, dem Krieg gegen die Japaner natürlich! Welchen anderen Krieg könnte ich wohl meinen?«
Der Oberst kratzte sich hinter einem Ohr und nickte. »Natürlich. Ich war zu der Zeit in Yunnan. Dort lebe ich auch jetzt.«
Mrs. Yin löste die Hände. »Waren Sie damals in der Armee?«
»Nein, nein, da war ich schon Mönch.«
»In Yunnan gab es viele schwere Kämpfe. Wären nicht Chennault und die Flying Tigers gewesen, hätten die Japaner wohl die Burma-Straße eingenommen, denke ich. Wenn das passiert wäre, wäre wahrscheinlich Chungking gefallen, und wir hätten den Krieg verloren. Haben Sie sie je fliegen sehen?«
»Nein, ich befand mich die meiste Zeit im Tempel. Wann immer wir Flugzeuge hörten, schlossen wir die Augen und begannen zu beten.«
Mrs. Yin faltete wieder die Hände; sie schien nicht zu wissen, wohin mit ihnen. Ob gefaltet oder ungefaltet, sie lagen dort auf dem dunklen Tisch wie reglose Fische. Sie schienen keinerlei Zusammenhang mit ihrem Körper zu haben. Sie drehte die Bibel um, lächelte das Buch nervös an und legte es so hin, daß der Oberst den Titel sehen konnte.
»Haben Sie je dieses Buch gelesen?« fragte sie und versuchte freundlich zu lächeln.

»Ganz sicher nicht.«
»Würden Sie es gern tun?« fragte sie hoffnungsvoll.
Der Oberst nahm die Bibel in die Hand. Mrs. Yin erbleichte beim Anblick seiner kraftvollen, knochigen Hände, lächelte aber noch immer, wenn auch nervös.
»Was für ein Buch ist das?« wollte der Oberst wissen.
»Es ist die Bibel.«
»Nun, zum einen kann ich nicht lesen.« Seine Lippen verzogen sich zu einem höhnischen Grinsen, als er in dem Buch blätterte. Ihm fiel auf, daß der Ledereinband durch jahrelangen Gebrauch glatt und glänzend geworden war. »Und zum anderen, selbst wenn ich es lesen könnte, würde ich es bestimmt nicht verstehen. Ausländer denken anders als wir.«
Sie rutschte unbehaglich auf ihrem Stuhl hin und her. »Aber dies ist das Wort Gottes, nicht des Menschen! Der Herr unterscheidet nicht zwischen Rassen und Kulturen; Sein Buch spricht zu uns allen. Hier – lassen Sie mich Ihnen etwas vorlesen.« Sie schlug die Bibel auf und fand fast augenblicklich die Stelle, nach der sie suchte. »Lukas-Evangelium, 6,27: ›Aber ich sage euch, die ihr zuhöret: Liebet eure Feinde; tut wohl denen, die euch hassen; segnet, die euch fluchen; bittet für die, so euch beleidigen. Und wer dich schlägt auf eine Backe, dem biete die andere auch dar; und wer dir den Mantel nimmt, dem wehre auch den Rock nicht.‹ Jesus ermahnt uns, unsere Feinde zu lieben. Das ist doch nicht schwer zu verstehen, oder?«
Der Oberst unterdrückte ein Lachen. »Für einen Mann meines Berufs ist es das schon – das heißt meines früheren Berufs. Wäre ich auf dem Schlachtfeld dem Rat der Bibel gefolgt, wäre meine Laufbahn nur sehr kurz geworden.«
Mrs. Yin verzog unangenehm berührt das Gesicht und klappte das Buch zu. »Mr. Sun, interessieren Sie sich denn nicht im mindesten für die Wahrheit über das ewige Leben?«

»Nein«, antwortete der Oberst. »Ich interessiere mich nur für die Wahrheit über dieses Leben, hier und jetzt. Der Wunsch, ewig zu leben, ist nur eine andere Art zu sagen, daß man Angst vor dem Sterben hat. Ich habe keine Angst vor dem Tod, und folglich interessiere ich mich auch nicht für das ewige Leben.«
»Aber was ist mit der Wahrheit?« protestierte sie. »Es gibt so vieles, was der Buddhismus nicht erklären kann! Wie erklären Sie sich die Tatsache, daß Jesus von den Toten auferstand und unter uns wandelte?«
Der Oberst seufzte. »Die Menschen schlucken jede Art Mythos, wie absurd er auch sein mag, um sich davon zu überzeugen, daß sie nie sterben werden. So, und jetzt möchte ich Ihnen eine Frage stellen. Wie erklärt Ihre Religion das?« Er nahm seine Sonnenbrille ab und sah sie direkt an. Seine Augen wurden schmal, und sein Blick brannte sich in sie hinein. Sie erstarrte mit vor Angst aufgerissenen Augen und begann zu zittern. Sie hatte das Gefühl, als quetschte er ihr das Leben aus dem Leib, obwohl er sich nicht von seinem Stuhl wegbewegt hatte. Er hielt sie ein paar Sekunden in seinem unsichtbaren Klammergriff und schloß dann die Augen, womit er sie freigab. Sie schnappte nach Luft und sprang von ihrem Stuhl auf.
»Ich will Ihnen mal ein Geheimnis verraten«, sagte der Oberst mit einem kalten Grinsen. »Der Buddhismus kann das auch nicht erklären.«
Mrs. Yin ergriff die Bibel, rannte in ihr Schlafzimmer und knallte die Tür zu. Der Oberst bedauerte schon, der Versuchung erlegen zu sein, sie zu erschrecken, aber religiöse Menschen waren mit ihrer sklavischen Sehnsucht nach irgendeinem kosmischen Herrscher so unerträglich!
Draußen begann eine Polizeisirene zu heulen. Der Oberst wartete ungeduldig darauf, daß Mrs. Yin herauskam und sein Eßpaket fertigmachte. Die Sirene wurde immer lauter

und lauter, dann verstummte sie. Der Oberst ging in die Küche und nahm selbst den Topf vom Herd. Es war rotgeschmortes Huhn; er probierte ein Stück, und der mit Anis gewürzte Bissen zerging ihm auf der Zunge.
»Ich werde es hier essen«, rief er in Richtung Schlafzimmer. »Sie brauchen es mir nicht einzupacken.«
In dem Moment waren im Treppenhaus laute Schritte zu hören. Jemand schlug gegen die Wohnungstür. »Aufmachen! Polizei!«
Hinter der Schlafzimmertür kreischte Mrs. Yin: »Er ist hier drinnen! Helfen Sie mir!«
Der Oberst rannte in das Gästezimmer, als zwei Polizeibeamte sich mit Gewalt Zutritt zur Wohnung verschafften. Mrs. Yin stürzte aus ihrem Schlafzimmer. Mit der einen Hand preßte sie sich die Bibel gegen die Brust, mit der anderen hielt sie einen Staubwedel vor sich, als wäre er ein Schwert. Sie zeigte mit dem Staubwedel auf das Gästezimmer, doch bevor sie etwas sagen konnte, ertönte das Geräusch zersplitternden Glases. Die Polizisten traten die Tür zum Gästezimmer ein, wobei das Kruzifix von der Wand auf den Fußboden fiel, wo es in tausend Stücke zerbrach. Die Beamten nahmen ihren Verstand zusammen und sahen aus dem Fenster.
»Die Feuerleiter!« brüllte einer von ihnen.
»Aaiiyaa!« kreischte Mrs. Yin, ließ Bibel und Staubwedel fallen und deutete auf die Überreste des Kruzifixes.
Die Polizisten kletterten aus dem Fenster und blickten hinab. Was sie sahen, machte sie sprachlos. Ein Mann flog buchstäblich an der Außenseite der Feuerleiter hinunter, indem er sich von Stockwerk zu Stockwerk fallen ließ und den Metallrahmen nur packte, um seinen Sturz zu verlangsamen. Mehr noch: Er tat es mit einer Hand, in der anderen hielt er zwei Reisetaschen und einen eisernen Stab. Die Polizisten konnten nicht auf die belebte Straße schießen, und außerdem wußten sie, daß sie den Mann

nie einholen würden. So sahen sie zu, wie er sich in Sicherheit brachte, und riefen dann über Funk Verstärkung herbei.

»Dies ist eins unserer Fließbänder«, sagte Mr. Yin und zeigte in einen riesigen, schwach erleuchteten Raum. Hsun-ching trat ein und sah Hunderte von Menschen, meist junge Frauen, die in dem schwachen Licht in langen Reihen dahockten und sich angestrengt ihrer Präzisionsarbeit hingaben. Auf je einer Seite des Raums standen zwei große elektrische Ventilatoren, welche die heiße, abgestandene Luft ein wenig herumwirbelten, und ein kleines Radio plärrte Popmusik. Einige der Frauen sangen, doch die meisten arbeiteten unter dumpfem Schweigen. Hsun-ching war noch nie in einer Fabrik gewesen; sein erster Gedanke war, daß die verarmten Landarbeiter wenigstens an der frischen Luft sein konnten.

»Was stellen Sie her?« fragte Hsun-ching.

»Es ist ein brandneues Gerät, das vor kurzem in Japan entwickelt wurde, ein kleiner Kassettenspieler mit Kopfhörern, den man in der Tasche mit sich herumtragen kann. Auf dem Markt werden Sie es erst in einem Jahr oder so kaufen können. Möchten Sie gern hören, wie es klingt?«

Mr. Yin führte ihn aus der Fertigungshalle in sein Büro. Es war ein kleiner Raum mit einem einzigen, rußverschmierten Fenster, durch das man auf eine kleine Gasse blickte. Er nahm ein kleines Metallgerät aus einer Schachtel, schob eine Kassette ein und setzte Hsun-ching die Kopfhörer auf. »Drücken Sie auf diesen Knopf, wenn Sie bereit sind«, sagte er.

Hsun-ching drückte auf den Knopf, und im selben Moment strömte ihm Musik in das Gehirn, als säßen die Sänger und Musiker direkt zwischen seinen Ohren. Der Ton war unvorstellbar volltönend und schön. Er stand wie gelähmt da, den Mund weit aufgerissen, bis Mr. Yin auf den »Aus«-Knopf drückte und der Bann gebrochen war. »Noch nie … noch nie …« sagte Hsun-ching, und Mr. Yin lachte.

»Sie haben vorher wahrscheinlich noch nicht mal einen guten Plattenspieler gehört, oder? Ich wünschte, ich könnte nur für eine Minute in Ihre Haut schlüpfen, um zu erfahren, wie es sich anhören muß! Und das ist noch gar nichts! Sie sind gerade erst in Hong Kong angekommen; warten Sie, bis Sie noch ein paar der anderen Dinge sehen, die es in China nicht gibt! Und vergessen Sie nicht: Sollten Sie sich entschließen, in Hong Kong zu bleiben, wartet hier ein Job auf Sie.«

Sie gingen in ein kleines Restaurant in der Nähe der Fabrik, um *dim sum* zu essen. Der Kellner brachte ihnen Entenfüße in Speck, gebratene Nudeln und ein paar Krabbenklößchen sowie zum Nachtisch Törtchen mit Eischnee und Mandelgelatine. Hsun-ching staunte über die Vielfalt des Menüs und über die Energie der Kellner.

»In China arbeiten die Menschen nicht so«, sagte Mr. Yin zornig. »Das ist das Problem mit ihrem System – wer wird sich schon anstrengen, wenn er keine Lohnerhöhung kriegen kann? Und wer wird sich schon bemühen, seine Arbeit anständig zu machen, wenn er nicht gefeuert werden kann, wenn er sie falsch macht? Das ist einer der Gründe, weshalb ich China bei der ersten Gelegenheit verlassen habe.«

Hsun-ching, der an derartig üppige Speisen nicht gewöhnt war, fühlte sich überfüttert und benommen. Er lehnte sich auf seinem Stuhl zurück und beobachtete eine große Familie bei der Feier eines fünfzigsten Hochzeitstages. Das alte Ehepaar saß sich an einem großen runden Tisch gegenüber, umgeben von Kindern, Enkeln und Urenkeln.

»Haben Sie und Ihre Frau Kinder?« fragte er Mr. Yin. Mr.

Yin schwieg einen Moment, und ein trauriger Ausdruck huschte über sein Gesicht. »Nein, wir haben keine. Wir wollten Kinder, aber ... Gottes Wege sind unerforschlich. Ich bin sicher, daß Er einen Grund hat.«
Dann lächelte Mr. Yin und fragte Hsun-ching: »Verzeihen Sie, falls sich das dumm anhört, aber können Mönche in Ihrem Orden heiraten?«
Hsun-ching wurde vor Verlegenheit knallrot.
»Stimmt etwas nicht?«
»N-nein«, stotterte Hsun-ching, dem nur mit äußerster Mühe eine Antwort einfiel. »Es ist b-bloß so, daß ... In unserer Sekte kann ein Mönch heiraten ... wenn er ein Laienmönch ist.«
»Verstehe. Und wie sieht's bei Ihnen aus? Werden Sie heiraten? Was meinen Sie?«
»Ich hoffe«, erwiderte Hsun-ching, erleichtert, einmal wahrheitsgemäß antworten zu können.
»Das ist schön! Die Ehe kann etwas Wundervolles sein. Aber seien Sie vorsichtig, denn sie kann auch zur Last werden. Achten Sie darauf, daß Sie ein Mädchen gut kennen, bevor Sie es heiraten. Meine Frau und ich kommen sehr gut miteinander zurecht. Wir haben uns Zeit gelassen, bevor wir die Entscheidung trafen. Es gibt aber viele junge Leute, die sich in eine Ehe mit dem ersten besten Menschen stürzen, der ihnen über den Weg läuft; das kann sich als Fehler erweisen, müssen Sie wissen.«

Nach dem Essen kehrten sie in die Fabrik zurück, damit Mr. Yin ein paar Anrufe erledigen konnte, bevor er mit Hsun-ching zu einer Aussichtsrundfahrt mit der Straßenbahn auf einen der smaragdgrünen Hügel fuhr. »Sie werden es genießen«, sagte Mr. Yin, als sie die staubigen Treppenstufen zu seinem Büro hinaufgingen. »Von der Bergspitze aus können Sie die meisten Inseln Hong Kongs sehen und sogar einen Teil der Grenze zwischen den New

Territories und dem chinesischen Festland! Ich kann mir vorstellen, daß Ihnen das Schauer über den Rücken jagt!«
In diesem Moment lief eine Frau hinter ihnen die Treppe hinauf. »Die Polizei!« rief sie in einem schweren Shantung-Akzent. »Bei Ihnen zu Hause ist etwas passiert! Die Polizei hat angerufen und bittet um Ihren sofortigen Rückruf!«
Mr. Yin warf Hsun-ching einen nervösen Blick zu und eilte dann in sein Büro.
Hsun-ching schloß die Augen und kämpfte mit Mühe seine Besorgnis nieder. Als Mr. Yin aus seinem Büro auftauchte, war sein Gesicht blaß geworden und seine Augen vor Verwirrung glasig. Er starrte kurz Hsun-ching an, als überlegte er, ob er etwas sagen sollte.
»Die Polizei teilte mir mit, meine Frau habe sie wegen eines gefährlichen Mannes in der Wohnung angerufen. Als die Beamten dort hinkamen, habe große Verwirrung geherrscht, und der Mann sei verschwunden.«
»Ist Ihre Frau verletzt worden?« fragte Hsun-ching.
Mr. Yin schüttelte langsam den Kopf. »Ich glaube nicht. Aber sie ist tief verängstigt.« Er blinzelte ein paarmal. »Die Polizei berichtete mir, der Mann sei entkommen, indem er die Feuerleiter hinuntergesprungen sei. Er habe einen langen Stab und zwei Taschen getragen.« Auf seinem Gesicht zeigte sich Verzweiflung. »Ich möchte wissen, was hier vorgeht! Was hat dieser Mann ihr angetan?«
Hsun-ching wußte nicht, was er sagen sollte; er konnte nur den Kopf schütteln.
»Sie kommen mit mir«, sagte Mr. Yin, packte Hsun-ching fest am Arm und eilte mit ihm aus der Fabrik.

»Er war der Teufel. Wirklich! Er versuchte mich zu hypnotisieren!« schluchzte Mrs. Yin, die auf dem schmalen Sofa lag. In ihren zitternden Händen hielt sie den Kopf des zertrümmerten Porzellanchristus.

»Yu-lan, ich bin es. Was ist passiert?« fragte Mr. Yin und ergriff ihre Hand. Im Treppenhaus drängte sich eine Menge neugieriger Nachbarn, um einen Blick in die Wohnung zu werfen.
»Ich hatte recht!« rief sie.
»Womit hattest du recht, Yu-lan?«
»Er war der Teufel! Du hast dich täuschen lassen, aber ich nicht! Ich wußte es schon, als er durch die Tür kam!«
»Was ist passiert, Yu-lan? Hat er dir weh getan?«
»Nein, aber sieh dir an, was er mit Jesus gemacht hat! Sieh doch!« Sie hielt ihm das Keramikgesicht hin.
»Yu-lan – es ist alles in Ordnung, verstehst du? Es ist doch nur eine Statue. Du bist jetzt in Sicherheit, und kein Mensch wird dir weh tun. Und nun sag mir, warum du die Polizei gerufen hast. Was hat Mr. Sun getan?«
Sie schloß die Augen und begann zu weinen. »Weil – er der Teufel war! Ich habe ihm nur eine Bibel gezeigt und versucht, ihm zu predigen, und er sagte: ›Wie erklärt Ihre Religion das?‹, nahm seine Brille ab und sah mich an, und ich konnte nicht mehr atmen! Er war dabei, mich zu hypnotisieren! Deshalb bin ich ins Schlafzimmer gelaufen und habe die Polizei gerufen! Sie sind gleich hinter ihm her, aber er ist entkommen!« Sie versuchte aufzustehen, doch Mr. Yin zwang sie mit sanfter Gewalt wieder aufs Sofa.
»Ich wollte seine Seele retten, das ist alles! Aber sieh dir an, was passiert ist!« Sie zeigte mit einer ausholenden Geste auf das unordentliche Zimmer.
Mr. Yin strich ihr über die Stirn. »Es ist meine Schuld, Yu-lan, ich hätte die beiden nicht einladen sollen.« Er schloß die Augen und seufzte schwer. »Aber jetzt ist es überstanden. Er ist weg und wird auch nicht zurückkommen. Hör mir jetzt bitte mal zu! Was der Mann dir angetan hat, war keine Magie. Es hat nichts Teuflisches an sich, es ist etwas, was Menschen tun können, die die Kampfkunst

beherrschen. Sie können sich konzentrieren und ihr *ch'i* aussenden, und man spürt es. Er hat es auch mit mir gemacht, Yu-lan. Man braucht keine Angst davor zu haben. Versuch, dich zu beruhigen.«
Mr. Yin schüttelte traurig den Kopf und wandte sich dann an Hsun-ching. »Ich weiß nicht, was ich davon halten soll«, sagte er ruhig. »Vielleicht ist es meine Schuld, weil ich sie mit ihm allein gelassen habe. Es tut mir sehr leid, aber Sie werden einsehen, daß ich Sie nicht länger hierbehalten kann. Bitte verzeihen Sie mir.«

Hsun-ching brauchte mehrere Stunden, um den Weg zur Chinesenstadt zu finden. Als er jedoch dort war, hatte er keine Vorstellung, wo er nach dem Oberst suchen sollte. Er wußte ja noch nicht einmal, ob es diesem gelungen war, sich der Festnahme durch die Polizei zu entziehen. Er wünschte, er könnte sich erinnern, wo Mr. T'ang wohnte, aber die Stadt kam ihm wie ein riesiges Labyrinth vor, und die Straßen und Gassen sahen alle gleich aus. Er wanderte bis zum Anbruch der Nacht umher, doch ohne eine Spur von T'angs Wohnhaus oder dem Oberst zu finden.
Hsun-ching hatte beschlossen, den Oberst so schnell wie möglich zurück nach China zu begleiten. Wie sehr Hsun-ching sich ihm auch verpflichtet fühlte und wie gut die Absichten des Obersts auch sein mochten, er hatte eine Art, die Dinge anzugehen, mit der sich Hsun-ching nicht anfreunden konnte. Diesmal hatte er nur eine Frau in Angst versetzt, aber was wäre, wenn er wirklich jemanden verletzte? Oder wenn man ihn erschossen hätte?
Je dunkler es wurde, um so unsicherer fühlte sich Hsun-ching und um so mehr wünschte er, der Oberst – ob verrückt oder nicht – wäre bei ihm.
Ihm fiel auf, daß drei Männer ihm seit einer Weile folgten. Sie schienen Mitte Dreißig zu sein und starrten Hsun-ching finster an, während sie sich leise unterhielten.

Hsun-ching begann schneller zu gehen und rief den Namen des Obersts, bis einer der Männer schrie: »*Wai – ngo giu nei!*«
Hsun-ching wäre am liebsten weggelaufen, hatte aber Angst, das könnte die Männer in Zorn versetzen; wenn sie ihn jagten, konnten sie ihn in einer der engen Gassen leicht in die Enge treiben. Er schritt langsam auf die Männer zu.
»Was wollen Sie?«
»Wen suchen Sie?« fragte der Mann, der ihm etwas zugerufen hatte. Er hatte eine Narbe, die unter der Nase begann und quer durch beide Lippen ging, was ihm das Aussehen einer Katze verlieh.
»Meinen Freund«, antwortete Hsun-ching.
»Was wollen Sie von ihm?« fragte der Mann mit der Narbe.
»I-i-ich …« stotterte Hsun-ching und wich instinktiv zurück, als einer der Männer ihn von hinten zu umkreisen versuchte.
»Komm her«, sagte der Mann und nickte dann den beiden anderen zu. Sie stürzten sich auf ihn und packten ihn an den Armen.
Hsun-ching schrie auf, doch das schien die Männer nicht zu stören. Sie schleppten ihn in eine schmale Seitenstraße.
»Hilfe!« schrie er, aber da zog der Mann mit der Narbe ein langes Messer hervor. »Maul halten! Oder ich schneide dich in Stücke!«
Hsun-ching spürte ein lautes Summen in den Ohren, und dann gaben die Knie nach. Die beiden Schläger hielten ihn hoch, und der mit dem Messer knurrte: »Wo ist deine Brieftasche?«
»I-I-Ich h-h-hab gar keine«, stieß Hsun-ching stammelnd hervor. Der Mann holte mit dem Messer aus und fuhr Hsun-ching damit quer über den Bauch. Hsun-ching spürte nichts, doch als er an sich hinunterblickte, sah er Blut durch das Hemd sickern.

Der Mann hielt Hsun-ching das Messer an die Kehle und krächzte: »Warum sollte ich dich am Leben lassen, wenn du kein Geld hast?« Hsun-ching war einer Ohnmacht nahe, als er zu sehen glaubte, wie sich in der Gasse etwas auf sie zubewegte. Einer der Männer, die Hsun-ching festhielten, brüllte: »He da, halt dich hier raus!«, doch der Schatten kam immer näher.

Der Mann mit dem Messer drehte sich um, um zurückzublicken. Hsun-ching hörte ein überraschtes Keuchen und dann ein schreckliches Krachen, bevor der Mann zu Boden sackte, als wäre er aus Stroh. Hinter ihm kauerte der Oberst mit entblößten Zähnen und glitzernden gelben Augen, bereit, auch die anderen anzugreifen. Diese beiden Schläger ließen Hsun-ching jedoch sofort los und liefen in Panik davon. Der Oberst trat zu Hsun-ching.

»Alles in Ordnung?«

Hsun-ching sank auf die Knie. Er wollte etwas sagen, hatte seinen Atem aber nicht mehr unter Kontrolle. Der Oberst riß ihm das Hemd auf und untersuchte den Messerstich. »Dagegen müssen wir was tun. Kannst du laufen?«

Hsun-ching nickte, doch als er aufzustehen versuchte, war er ganz benommen und sah, wie das Gesicht des Obersts zu einem kleinen hellen Rechteck schrumpfte, doch selbst das ging plötzlich aus wie eine brennende Kerze.

XIV

Hsun-ching wachte in einem kleinen grauen Zimmer ohne Fenster auf. Ich bin im Gefängnis, dachte er. Er versuchte, sich im Bett aufzurichten, doch ein stechender Schmerz im Unterleib ließ ihn innehalten. Dann fiel ihm ein, daß er niedergestochen worden war; er sah unter die Bettdecke und entdeckte, daß jemand ihn verbunden hatte. Er blickte sich in dem Zimmer um. Es war makellos sauber und enthielt nur einen Schreibtisch, ein Waschbecken und einen Papierkorb. Eine der Schubladen stand halb offen, und Hsun-ching konnte eine glänzende Arztschere mit langen Griffen erkennen.

»Ich bin im Krankenhaus«, sagte er laut zu sich selbst, erleichtert, nicht im Gefängnis zu sein. Er fühlte sich benommen und hatte keinerlei Appetit. Er fragte sich, wie schwer seine Verletzung sein mochte.

Dann dachte er an den Oberst. Er fiel in einen unruhigen Schlaf, und als er wieder aufwachte, saß der Oberst am Schreibtisch.

»Oberst Sun!« flüsterte Hsun-ching. Der Oberst drehte sich zu ihm um und lächelte.

»Du hast dich also doch noch entschlossen, endlich aufzuwachen?« sagte er. »Weißt du, du siehst zwar mager aus, aber es war doch ziemlich lästig, dich herumzutragen. Besonders, weil mir deine Eingeweide auf dem Rücken am Hemd herunterrutschten.« Er brüllte vor Lachen, doch als er Hsun-ching erbleichen sah, fügte er schnell hinzu: »Du wirst aber wieder gesund. Der Arzt hat die Wunde vernäht und sagt, daß du in zwei Wochen wieder auf den Beinen bist. Ich habe ihm bei der Arbeit zugeschaut. Die Heilkunst hat sich ziemlich verändert, seit ich das letztemal zusah, wie ein Arzt jemanden zusammenflickt. Hast du gewußt, daß sie heute eine Art Akupunkturnadel mit einer Flüssigkeit darin haben, die den Schmerz für ein paar Stunden völlig verschwinden läßt?«

Hsun-ching nickte, hörte aber kaum zu. »Oberst Sun … wir müssen nach China zurück … so schnell wie möglich, bevor jemandem was passiert. Dies alles ist meine Schuld.«

»Wovon redest du da?« fragte der Oberst.

»Mrs. Yin bekam eine Todesangst! Es wäre nicht passiert, wenn wir nicht bei ihnen gewohnt hätten. Und Sie – sind Sie verletzt worden? Ist bei Ihnen alles in Ordnung?«

»Mir geht's bestens.«

»Was ist dort passiert? Warum hat sie die Polizei gerufen?«

»Weil sie ein abergläubisches dummes Weib ist!« antwortete der Oberst zornig. »Sie verlor den Kopf und rief die Polizei, als ich im Wohnzimmer saß. Dann kamen sie, und ich sprang aus dem Fenster. Aber was hat das alles damit zu tun, daß wir nach China zurück sollen?«

Hsun-ching schloß die Augen. »Verstehen Sie nicht? Ich wollte diese Reise machen, um meinem Meister einen Gefallen zu tun. Ich hätte nicht im Traum daran gedacht, daß ich andere Menschen in Schwierigkeiten bringen könnte! Ich bin genau wie Li Shu-men! Wir sind beide gleich!«
»Wer ist Li Shu-men?« wollte der Oberst wissen.
»Der Rotgardist! Er hat die Bücher vom Meister verbrannt und mich verschleppt! Seinetwegen mußte ich zehn Jahre auf dem Land verbringen, und der arme Hamma ...«
»Inwiefern bist du wie er?« unterbrach ihn der Oberst.
»Wir sind beide auf dem Holzweg!« keuchte Hsun-ching. Als er tief Luft holte, spürte er die Wundnähte. »Er wollte nach Peking, um Revolution zu machen! Er dachte, er würde den Menschen helfen, doch statt dessen tötete er sie! Ich glaubte, eine gute Tat zu tun, indem ich nach Amerika fahre, aber ...«
»Genug!« schnitt ihm der Oberst das Wort ab. »Diese Frau war schon durchgedreht, lange bevor sie uns überhaupt zu Gesicht bekam! Hast du nicht gehört, was sie daherredete, wie sie gestern abend all diesen Unsinn von Gott plapperte? Der war schon vorher nicht mehr zu helfen.«
»Aber ...«, begann Hsun-ching, doch der Oberst ließ ihn nicht ausreden.
»Weißt du, du erinnerst mich an einen Soldaten, den ich mal gekannt habe. Er kämpfte in einer Einheit von Shih Huang Tis Armee. Ihm fiel die Aufgabe zu, von der westlichen Front die Nachricht zu überbringen, daß die Truppen am Fluß geschlagen worden waren. Bei dieser Nachricht begriff der Befehlshaber, daß die Schlacht verloren war. Er ging in sein Zelt und schnitt sich vor Scham die Kehle durch. Als der Soldat den Leichnam seines Kommandeurs sah, heulte er wie ein Hund und brachte sich ebenfalls um. Er fühlte sich persönlich für die Nachricht verantwortlich, die seinen Kommandeur in den Selbstmord getrieben hatte!

Man kann nicht leben, ohne dann und wann Verluste zu erleiden, das ist einfach so. Man darf sich davon aber nicht entmutigen lassen; es sollte die Entschlossenheit stärken! Anders wäre es, wenn, nehmen wir an, einer von uns zu dieser Frau gesagt hätte: ›Halten Sie den Mund! Hören Sie endlich auf mit Ihrem albernen Gewäsch! Es macht mich krank!‹ und ihr anschließend einen Lappen in den Mund gestopft und sie erstickt hätte. Dann könntest du dich verantwortlich und irgendwie verpflichtet fühlen, an Mr. Yin etwas wiedergutzumachen. Doch du hast nichts dergleichen getan, und ich auch nicht!
Wenn du dir all den Ärger ansiehst, den du auf dich nimmst, und alle Risiken, die du eingehst, sowie all die Opfer, die Menschen wie Mr. Yin bringen, um dir zu helfen, dann solltest du das alles gegen den Wert eines einzigen Sutra mit seinem wertlosen Geplapper abwägen. Wenn du das alles bedenkst, sieht diese Reise albern aus. Aber wenn du die Kosten bedenkst, sieht alles albern aus, was du aus Loyalität oder Freundschaft machst! Du hast dich entschlossen, dies zu tun, und es war eine gute Entscheidung. Halte daran fest, und mach dir keine Gedanken darüber, was sie kostet.
Und vergiß nicht: Mr. Yin hat uns bei sich aufgenommen, weil er es wollte. War es etwa klug, zwei Flüchtlinge bei sich wohnen zu lassen? Vermutlich nicht, aber er sagte, er tue es, um einen Gefallen zu erwidern, den jemand ihm einmal getan habe, als er ein Flüchtling gewesen sei. Das ist eine Art von Loyalität. Was mit seiner Frau passiert ist, ist einfach passiert, und zwar aus Gründen, die uns nichts angehen. Und was mich betrifft, bin ich mir sehr wohl bewußt, daß ich verletzt oder getötet werden könnte, und die Verantwortung dafür nehme ich auf mich! Es ist nicht nötig, daß du mich auch noch mit deinen Sorgen belastest.«
Beide schwiegen eine Zeitlang, dann fuhr der Oberst fort:

»Ich habe alles gesagt, was ich sagen kann. Ich halte diese Unentschlossenheit nicht aus! Jetzt liegt es an dir. Du mußt entscheiden, ob du diese Sache zu Ende bringen willst oder nicht. Wenn nicht, werde ich dich noch heute aus diesem Zimmer tragen und nach China zurückbringen. Wenn du dich aber entschließt weiterzumachen, will ich kein Gerede von Umkehr mehr hören, verstanden? Die Entscheidung liegt bei dir.«

Hsun-ching blickte lange Zeit zur Tür. »Sie haben recht. Ich muß diese Sache zu Ende bringen.«

Der Oberst nickte und stand auf, um zu gehen. »Gut.«

»Aber ich muß es allein tun«, fügte Hsun-ching hinzu. »Ich weiß Ihre Hilfe sehr zu schätzen, möchte aber nicht, daß Sie oder andere meinetwegen verletzt werden. Sie hätten in dieser Wohnung erschossen werden können! Sie müssen mir versprechen, daß Sie jetzt gleich nach China zurückkehren.«

Der Oberst öffnete die Tür und enthüllte dabei einen atemberaubenden Streifen von blauem Himmel und Wasser.

»Wo – wo sind wir?« fragte Hsun-ching. In diesem Moment erschien ein Mann in der Tür. Er war zwischen sechzig und siebzig und mit Ausnahme eines langen dunklen Haars, das aus einem Leberfleck auf der Wange herauswuchs, völlig kahlköpfig.

»Ist er wach?« fragte der Mann.

»Ja«, antwortete der Oberst und stand auf. »Aber er ist schwach.«

»Ich bin sicher, daß er in ein paar Tagen wieder bei Kräften ist.« Er lächelte und winkte Hsun-ching kurz zu, schien jedoch mehr daran interessiert zu sein, mit dem Oberst zu sprechen. »Wir beginnen in etwa fünfzehn Minuten, an Deck zu üben. Werden Sie da sein?«

»Ja«, antwortete der Oberst. »Ich komme gleich nach.«

»Das war Kapitän Wong«, erklärte Oberst Sun. »Wir befinden uns auf seinem Schiff. In ungefähr sechs Wochen sollten wir in Amerika sein.«

Hsun-ching schüttelte ungläubig den Kopf. »Aber wie ist das möglich? Wie lange habe ich geschlafen?»

»Nicht lange, nur die letzte Nacht und einen Teil des heutigen Tages.«

»Aber wie sind wir hergekommen?«

»Ich habe es dir doch gesagt, ich habe dich getragen. Deswegen habe ich dir gegenüber gestern morgen auch die Chinesenstadt erwähnt. Ich befürchtete, daß etwas schiefgehen könnte, als Yin mich mit seiner Frau in der Wohnung ließ, und ich wollte sicherstellen, daß wir uns irgendwie wiederfinden, falls wir getrennt werden sollten.

Nachdem mich die Polizei aus der Wohnung gejagt hatte, wußte ich, daß wir sofort aus Hong Kong verschwinden mußten. Ich begab mich also zum Hafen und fragte herum, bis ich dieses Schiff fand. Als ich mich Kapitän Wong vorstellte, erwähnte ich Mr. T'ang und erklärte dem Kapitän, wohin wir wollten. Ich sagte ihm, ich könnte für ihn in dieser Kneipe etwas Geld gewinnen. Er bat mich zu beweisen, daß ich *kung fu* beherrsche. Ich warf einen seiner Matrosen über Bord. Das schien ihn zu beeindrucken, und er fragte mich, ob ich ihm auf See vielleicht ein paar Stunden geben könne.

Es sah so aus, als würde er darüber nachdenken, doch dann sagte er, er müsse erst zu einer Stadt namens Bangkok fahren, dann nach Singapur, anschließend nach Indonesien und dann nach Amerika.

Er machte auf mich den Eindruck, als würde er nein sagen. Doch in dem Moment tauchte T'ang auf, um Wong von uns zu erzählen, was das Ganze erleichterte. Wir tranken etwas ausländischen Wein und besiegelten alles mit einem Handschlag.

Dann begab ich mich mit T'ang zur Chinesenstadt.

Ich hoffte, du würdest dich erinnern, wo er wohnt, damit ich nicht herumwandern und dich in irgendeiner Gasse auflesen müßte, doch da hatten wir Pech. Nach einem angenehmen Essen mit T'ang und seiner Frau begann ich mir Sorgen zu machen und fing an zu suchen. Ich hörte, wie du mich riefst, und ging den Lauten nach, aber ich brauchte etwas zu lange, um dich zu finden. Das tut mir leid.«

»Sie haben mir das Leben gerettet – wieder einmal«, sagte Hsun-ching.

»Hat mir keine Mühe gemacht. Es war mir ein Vergnügen.«

Hsun-ching runzelte leicht die Stirn. »Sie haben mir gerade gesagt, es sei meine Entscheidung, ob wir weitermachen sollen oder nicht. Aber jetzt sind wir schon auf diesem Schiff. Es war überhaupt nicht meine Entscheidung.«

»Das war es doch! Ich habe dich für dich selbst entscheiden lassen, und das war wichtig, denn sonst hättest du endlos mit dir hadern können.«

»Aber was, wenn ich beschlossen hätte umzukehren? Sie sagten doch, Sie würden mich aus diesem Zimmer heraustragen und noch heute nach China zurückbringen.«

»Habe ich das gesagt? Na schön, das war eine Lüge.«

»Aber, Oberst, ich – ich muß das allein erledigen. Wenn wir in Amerika sind, werde ich Sie verlassen. Bitte versuchen Sie, das zu verstehen; ich möchte nicht, daß jemandem etwas passiert ...«

»Wenn es das ist, was du willst, werde ich mich deinen Wünschen fügen. Ich habe nichts zu gewinnen oder zu verlieren, wenn ich bei dir bleibe. Aber wir haben sechs Wochen auf See vor uns, und es kann sein, daß du dich anders besinnst. Jetzt solltest du dich erst mal ausruhen.«

Er machte sich bereit zu gehen, zögerte dann aber. »Noch etwas«, sagte er. »Da es dich so gestört hat, daß ich Mr.

Yin erzählt habe, wir seien Mönche, habe ich mich entschlossen, diesmal bei der Wahrheit zu bleiben. Wong weiß also alles über uns beide. Er weiß, daß ich der Affenkönig bin, und wird es für sich behalten.«
Hsun-ching riß die Augen auf. »Was?« flüsterte er.
Der Oberst lachte. »Du bist so leichtgläubig! Kennst du die Geschichte von General Tso? Einmal hatte er sein Lager mit nur wenigen seiner Männer in einer ummauerten Stadt aufgeschlagen und wartete auf Verstärkung. In dieser Zeit, in der er verwundbar war, unternahmen seine Feinde einen Überraschungsangriff. Tso und seine Männer hatten keine Chance, doch der General hatte eine Idee: Er ließ direkt am Stadttor einen Tisch aufstellen und die Tore weit öffnen. Dann ließ er sich dort nieder und trank Tee, so daß die Barbaren ihn bei ihrem Angriff sehen konnten. Sie wurden mißtrauisch, als sie ihn so fröhlich dasitzen sahen, und hielten kurz vor dem Tor inne. General Tso stand von seinem Tisch auf und lud die Feinde ein, in die Stadt zu kommen und mit ihm Tee zu trinken. Die leichtgläubigen Barbaren vermuteten eine Falle und flüchteten sofort …«
»Meister Sun!« rief Kapitän Wong vom Deck herunter.
»Zeit zu gehen«, sagte der Oberst. »Du mußt versuchen, nicht auf alles hereinzufallen.«

XV

An ihrem vierzigsten Tag auf See verbrachten der Oberst und Hsun-ching den Nachmittag auf der Reling des Schiffs sitzend; sie ließen die Füße baumeln und beobachteten einen Schwarm von Delphinen, die mit dem Boot Schritt zu halten versuchten. Der Oberst hatte Hsun-ching soeben über die ersten zweitausend Jahre oder so seines Lebens Bericht erstattet. In all dieser Zeit, dachte er, habe sich die Welt nicht viel verändert. Doch Hong Kong hatte ihn völlig überrascht. Flugzeuge, Wolkenkratzer, Fahrstühle, Taxis – es war alles wie ein Traum.

Unruhe auf dem Vorderdeck unterbrach ihre Unterhaltung. Mehrere Besatzungsmitglieder lehnten sich über die Reling, deuteten auf die Delphine und riefen etwas. Einer der Männer hatte ein Gewehr; er wollte seine Treffsicherheit zei-

gen und versuchen, einen der Delphine beim Sprung aus dem Wasser zu treffen.
Die meisten seiner Schüsse gingen weit daneben, doch schließlich gelang es ihm, einen der Großsäuger zu verwunden. Die Besatzung jubelte laut, geriet über die Frage, wer als nächster eine Chance haben werde zu schießen, in Streit, doch der verwundete Delphin stieß einen Alarmschrei aus und schickte die anderen gerade noch rechtzeitig in die Tiefe.
»Dummköpfe!« sagte der Oberst zornig. »Selbst der dümmste Jäger der Welt weiß, daß es schlecht ist, ein Tier zu töten, wenn man nicht vorhat, es zu essen. Das stört das *feng-shui!* Wenn er wirklich etwas zu essen braucht, wird ihn das Jagdglück verlassen.« Er schwieg einen Augenblick. Dann fuhr er fort. »Ich will dir etwas über diese großen Tiere erzählen, die wir eben gesehen haben. Ich weiß es von einem Seemann, der es mir vor langer Zeit berichtet hat. Sie atmen durch ein Loch oben auf dem Kopf und ertrinken, wenn sie zu lange unter Wasser bleiben. Er sagte, einer seiner Männer habe mal versucht, einen Delphin zu harpunieren, es aber nur geschafft, ihn zu verwunden. Das Tier konnte sich nicht mehr über Wasser halten und schien unterzugehen, als urplötzlich drei andere Delphine herbeischwammen und das kranke Tier hochhielten, so daß es atmen konnte. Denkst du, daß die Tiere wußten, was sie taten? Oder glaubst du, es sei nur Instinkt, etwa so wie Menschen niesen, wenn sie etwas in die Nase bekommen?«
»Ich weiß nicht«, antwortete Hsun-ching und betastete die Narben am Unterleib. »Ich halte es für möglich, daß Tiere so etwas wie Gedanken haben. Letztlich sind auch wir nur Tiere.«
Der Oberst wandte langsam den Kopf, um Hsun-ching anzusehen. Seine strahlenden, starr blickenden Augen verrieten Überraschung.

»Was willst du damit sagen – auch wir sind nur Tiere?« fragte der Oberst.
»Wissenschaftler haben bewiesen, daß wir nicht einfach so auf der Erde erschienen sind, wie wir jetzt aussehen«, erwiderte Hsun-ching. »Die Menschen waren ursprünglich nur Affen, doch im Verlauf von Jahrmillionen lernten wir den aufrechten Gang, unser Gehirn wurde größer, und wir veränderten uns allmählich, bis wir so aussahen wie jetzt.«
Kaum hatte er dies gesagt, bereute Hsun-ching es schon. Er hatte nicht unterstellen wollen, daß der Oberst mit seiner vage an einen Affen erinnernden Erscheinung eine minderwertige Entwicklungsstufe darstelle. Doch der Oberst schüttelte nur langsam den Kopf, als wundere er sich, wie ein so vernünftiger Mensch wie Hsun-ching eine derart absurde Theorie akzeptieren konnte. Schließlich drehte er sich um und blickte in das Kielwasser hinunter, das in der Ferne ruhiger wurde. Nach längerem Schweigen sagte er: »Wie auch immer, mir gefällt diese Geschichte über die Delphine, weil mich Loyalität schon immer fasziniert hat. Sie fasziniert mich, weil sie keinen Sinn ergibt! Diese drei Delphine etwa stützten ihren Gefährten selbst dann noch, als die Männer im Boot sich ihnen näherten. Das ermöglichte es den Männern, alle vier zu harpunieren.
Bei Menschen – jedenfalls nach meinen Beobachtungen – wird Erfolg in Leben und Krieg durch das Halten von Versprechungen nicht unbedingt gesteigert, und das Brechen von Zusagen zieht nicht unbedingt ein Scheitern nach sich. Aber dennoch wissen die Menschen Loyalität noch immer zu schätzen. Man sollte meinen, daß kluge Männer keine Taktik anwenden, die nicht zu handfesten Ergebnissen führt – und dennoch bestehen viele große Staatsmänner und Krieger darauf, Zusagen zu halten, selbst wenn es sie zerstört.«

»Tatsächlich?« fragte Hsun-ching. »Es ist gut, loyal zu sein.«
»Ah, das ist genau das, was ich meine. So empfinden die meisten von uns – aber warum ist es gut, loyal zu sein? Kannst du mir das sagen?«
»Natürlich kann ich das.«
»Ich höre.« Der Oberst hatte einen kleinen Leinenbeutel genäht und mit getrockneten Bohnen gefüllt. Er warf ihn hin und her, von einer Hand in die andere, und drückte ihn jedesmal, wenn er ihn auffing. Sein Griff war so fest, daß Hsun-ching hören konnte, wie die Bohnen zermalmt wurden. Es schien eine Art Kraftübung für Suns ohnehin schon eisenharten Griff zu sein.
»Das ist eine dumme Frage!« stieß Hsun-ching hervor. »Was taugt man denn noch, wenn man zu seinen Freunden nicht loyal ist? Loyalität ist genau das, was gute von schlechten Menschen unterscheidet. Wenn man nicht loyal ist, ist man nicht vertrauenswürdig. Wenn Menschen ihre Versprechen nicht mehr hielten … gäbe es nur Chaos. Eine Zivilisation wäre nicht möglich. Wir wären wie die Tiere und würden nur ans Essen und ans Schlafen denken. So einfach ist das.«
»Verstehe«, sagte der Oberst. »Dein Argument ist aber nicht ganz stichhaltig, mußt du wissen. Einmal sind manche Tiere loyaler als viele Menschen. Wie diese Delphine.«
Hsun-ching wurde allmählich nervös. »Und was wollen Sie damit ausdrücken? Das es dumm ist, anderen Menschen gegenüber loyal zu sein?«
»Das habe ich nicht behauptet. Ich habe nur gesagt, daß es schwer zu erklären ist, warum wir Loyalität so hoch schätzen, denn die Geschichte zeigt uns, daß sie uns nicht viel hilft.«
»Nicht alles, was Menschen tun, ist für sie selbst gedacht«, erwiderte Hsun-ching. »Loyalität ist etwas, was wir für andere tun.«

»Möglich. Was hältst du von dem Pfirsichgarten-Eid?«
»Dem was?« fragte Hsun-ching.
»Willst du etwa sagen, du hast noch nie davon gehört?«
Hsun-ching zuckte mit den Schultern.
Der Oberst schüttelte ungläubig den Kopf. »Du, ausgerechnet du, der du diese große Reise für diesen alten Mann in Yunnan unternimmst, kennst nicht den berühmtesten Eid aller Zeiten? Einen Eid, der Hunderttausende das Leben gekostet hat und um ein Haar die Han-Dynastie gestürzt hätte?«
Inzwischen hatte sich Hsun-ching allmählich an Oberst Suns Dramatik gewöhnt. Wenn er sich so in Rage redete, bedeutete es meist, daß eine gute Geschichte folgte.
»Vielleicht sollten Sie mir von dem Pfirsichgarten-Eid erzählen«, schlug Hsun-ching vor.
»Vielleicht sollte ich das«, schnaubte der Oberst. Er legte den Beutel mit Bohnen neben sich und begann: »Nach vierhundert Jahren zeigte der herrschende Klan der Han-Dynastie allmählich Anzeichen von Schwäche. So ist es mit dem Mandat des Himmels; eine neue Dynastie fängt voller Kraft und Vitalität an, und ihre Gründer sind Männer von Charakter. Doch dann scheint jeder neue Kaiser weicher zu werden als der letzte; sie verbringen immer mehr Zeit mit dem Malen kleiner Bilder und schlafen immer öfter mit ihren Konkubinen, während die Eunuchen und Minister stärker und geldgieriger werden. So war es bei den Han, der langlebigsten und größten Dynastie Chinas – ihre letzten Kaiser waren elende kleine Dummköpfe. Im ganzen Land hungerten die Menschen, während der Hof nichts weiter tat, als neue Gärten anzulegen.
Eine Geheimgesellschaft, die Gelben Schals, stachelte zahlreiche armen Bauern dazu auf, den korrupten Han-Hof zu stürzen. In seiner Verzweiflung appellierte der Kaiser an seine loyalen Untertanen, sich der Armee anzuschließen und gegen die Rebellen zu kämpfen.

Liu Pei, ein ferner Verwandter des Kaisers, entschloß sich sofort, in die Armee einzutreten. Unterwegs traf er Kuan Yu, einen Flüchtling, der einen korrupten Beamten getötet hatte, sowie Chang Fei, einen Schweineschlachter. Alle drei waren sie Patrioten, der Han-Dynastie treu ergeben, und schlossen sofort Freundschaft. Sie gingen in einen Pfirsichgarten hinter Chang Feis Bauernhof und schworen einen Eid der Bruderschaft; sie gelobten, mit vereinten Kräften jeden zu besiegen, der die Han-Herrscher bedrohte, und würde einer von ihnen in diesem Kampf sterben, sollten die beiden anderen ihn sofort rächen, selbst wenn es den eigenen Tod bedeutete. Dann tranken sie bis zur Besinnungslosigkeit.

Sie kämpften bravourös, um die Rebellen zu besiegen, und als die Gelben Schals geschlagen waren, belohnte der Kaiser Liu Pei sie mit einer Audienz. Während ihres Gesprächs fand der Kaiser heraus, daß sie verwandt waren, und so erhielt Liu Pei, der ältere der beiden, den Titel eines Kaiserlichen Onkels.

Kanzler des Kaisers war damals ein Mann namens Ts'ao Ts'ao. Er war rücksichtslos, ehrgeizig und intelligent. Schwäche und Dekadenz der kaiserlichen Han-Familie widerten ihn an, und er wollte von der Hauptstadt aus die Macht im Reich übernehmen. Liu fand schon bald heraus, was Ts'ao vorhatte. Nach einem mißlungenen Versuch, Ts'ao zu vergiften, flüchtete Liu aus der Hauptstadt und siedelte sich mit Kuan Yu und Chang Fei im Westen an, wo sie eine Armee aufstellten, um gegen Ts'ao vorzugehen und die Han-Dynastie zu bewahren.

Unterdessen war der südliche Teil Chinas vom Norden ein wenig unabhängig geworden, und sein Anführer Sun Ch'üan verfolgte eigene Pläne. Er ging davon aus, daß Liu und Ts'ao sich gegenseitig erschöpfen würden, wenn sie einander bekämpften. Sun meinte, nur warten zu müssen, bis der Schlachtenlärm sich legte, um dann zugreifen und das ganze Land übernehmen zu können. Folglich bemühte er sich, Ts'ao und Liu in den Kampf zu treiben. Gleichzeitig bemühten sich sowohl Ts'ao als auch Liu, sich mit Sun zu arrangieren, um nicht in eine unterlegene Position zu kommen.

So, und jetzt will ich dir sagen, wer meiner Ansicht nach diese Geschichte interessant macht. Nicht Ts'ao, nicht Liu, nicht Sun, auch nicht der Kaiser – der Mann, der mich faszinierte, war Kuan Yu, der Flüchtling. Er war ein Krieger von überwältigender Körperkraft; seine Lieblingswaffe war ein Säbel, der an einem langen Stab befestigt war. Er nannte diese Waffe das Blaue Drachenschwert. Er ging so geschickt damit um, daß er einmal ganz allein direkt in die Kavallerie des Feindes hineinritt, sich den Weg bis zu deren General freikämpfte, dem General den Kopf abhieb und es schaffte, damit zu den eigenen Linien zurückzukehren. Er ist der einzige Mann, den ich je gekannt habe, gegen den ich lieber nicht kämpfen würde. Aber Lord Kuan war kein guter Stratege.

Ts'ao Ts'ao schaffte es, Lord Kuan in einem Hinterhalt zu überfallen und gefangenzunehmen. Liu Peis Familie hatte er ebenfalls in Gewahrsam. Statt Kuan jedoch zu töten, ließ er ihn am Leben und behandelte ihn über alle Maßen gut. Er hoffte, Kuan dazu zu bringen, sich ihm anzuschließen, doch als er sah, daß dies unmöglich war, beschloß er, Kuan sowie Lius Familie freizulassen. Dafür hatte er zwei Gründe. Er wußte, daß Lord Kuan vor allem ein Ehrenmann war. Ts'ao Ts'ao sagte sich, daß es eines Tages nützlich sein könnte, wenn Lord Kuan sich ihm gegenüber verpflichtet fühlte, sollte der Krieg mit Liu Pei nicht nach Wunsch verlaufen. Und indem er Lius Familie freiließ, verschaffte er sich den Ruf eines Mannes, der Familienbande über den persönlichen Ehrgeiz stellt. Das würde ihm dabei helfen, das Vertrauen und die Achtung der Gelehrten bei Hof zu gewinnen, die er

später brauchen würde, um seiner Herrschaft Legitimität zu verleihen.
Tatsächlich wurden Ts'ao Ts'aos Armeen mehrere Jahre später von Liu Pei in die Flucht geschlagen. Liu hatte Kuan befohlen, einen Paß zu sichern, durch den Ts'ao würde fliehen müssen. Als Lord Kuan und seine frisch aufgestellte Armee die erschöpften Truppen Ts'aos am Paß überfielen, hätte Kuan an Ort und Stelle den Sieg sichern und den Krieg beenden können, und damit hätte die Han-Dynastie vielleicht bis heute weiterregiert! Doch Ts'ao, der wirklich ein großartiger Mann war, ritt tapfer an die Spitze seiner Soldaten und näherte sich Kuan zu Pferde. Er sagte: ›Ich hoffe, daß es dir seit unserer letzten Begegnung gut ergangen ist.‹ Lord Kuan war von Schuldgefühlen gelähmt; er brachte es nicht über sich, einen Mann zu töten, der ihm einmal Gnade erwiesen hatte. Seine Ritterlichkeit war stärker als sein Eid, zur Verteidigung des Kaisers zu kämpfen, und so ließ er Ts'aos Armee passieren. Doch sollten sie sich je wieder begegnen, mahnte er Ts'ao, dann als geschworene Feinde.
Ts'ao kehrte in den Norden zurück, füllte seine Armeen auf und plante eine neue Strategie zur Niederwerfung Lius. Einem seiner Generäle gelang es, Kuan wieder gefangenzunehmen. Da Ts'ao wußte, daß sich Kuan kein zweitesmal hereinlegen lassen würde, befahl er, ihn auf der Stelle zu köpfen. Als man Ts'ao Ts'ao Lord Kuans Kopf brachte, lachte er und sagte: ›Ich hoffe, es ist dir seit unserer letzten Begegnung gut ergangen.‹
Als Liu Pei und Chang Fei hörten, daß Kuan getötet worden war, beschworen sie den Pfirsichgarten-Eid und griffen Ts'ao an, um den Tod ihres Bruders zu rächen. Dieses Vorgehen verurteilte ihre Gesamtstrategie zur Verteidigung des Han-Hofs zum Scheitern, und beide wurden getötet, bevor sie auch nur in die Nähe von Ts'ao Ts'ao kamen. Alle drei – Kuan, Liu und Chang – stellten

ihre Loyalität einzelnen gegenüber also höher als ihre Loyalität dem gesamten Volk gegenüber. Im Ergebnis hatte die ganze Nation zu leiden, und die drei Männer verloren ihr Leben.

Und jetzt frage ich dich nochmals: Was hältst du von dem Pfirsichgarten-Eid?«

Hsun-ching blickte zum Horizont; die Sonne war gerade dabei, in den Ozean einzutauchen. »Was meinen Sie damit, was ich davon halte? Was soll ich denn davon halten? Sie taten, was sie für richtig erachteten, und das Ganze endete in einer Tragödie. Sie hätten gar nicht anders handeln können.«

»Nein, das ist es nicht, was ich meine. Meine Frage lautet: Warum haben sie einander überhaupt geschworen, füreinander zu sterben? Welchem Zweck dient Loyalität gegenüber einzelnen, wenn sie dem zuwiderläuft, was für eine große Zahl von Menschen oder gar für ein ganzes Volk richtig ist? Hunderttausende unschuldiger Menschen starben in Schlachten und bei Hungersnöten, die hätten vermieden werden können, wenn Liu, Kuan und Chang Ts'ao besiegt hätten. Doch sie scheiterten, hauptsächlich weil Lord Kuan Ritterlichkeit über alles andere stellte. Die meisten Menschen halten ihn für einen tragischen Helden, und er wird vermutlich eine der meistgeliebten Gestalten der chinesischen Geschichte bleiben – wenn man aber das Leben eines Bauern für genauso kostbar hält wie das eines Generals, dann scheint er ein unglaublicher Dummkopf gewesen zu sein. Meinst du nicht auch?«

»Ich weiß wirklich nicht«, erwiderte Hsun-ching schließlich. Die Sonne verschwand hinterm Horizont, und unter Deck läutete die Glocke zum Dinner.

»Ich weiß auch nicht«, sagte der Oberst und stand auf. »Deshalb frage ich die Leute auch immer wieder.«

»Wie lange dauert es noch, bis wir Amerika erreichen?«

Hsun-ching wurde immer ruheloser, je mehr sich die Wochen dahinschleppten; er konnte nichts anderes tun, als den Ozean vorübergleiten zu sehen.

»Wong sagt, daß wir schon bald in Amerika ankommen werden. Wenn wir erst mal dort sind, werden wir warten müssen, bis im Hafen alle Formalitäten erledigt sind. Ist das geschehen, kann er uns an Land bringen. Dann wollen wir zu diesen *chiutien*, wo ich mit einigen Ausländern boxen soll. Während ich das tue, kannst du losgehen und das Sutra kaufen. Weißt du, wo es sich befindet?«

Hsun-ching kaute an der Unterlippe. »Auf der Visitenkarte, die Wei-ching mir gegeben hat, steht die Adresse des Museums, für das dieser amerikanische Sammler gearbeitet hat. Wir können nur hoffen, daß das Sutra in diesem Museum ist.«

»Was ist ein Museum?«

»Das ist ein Ort, an dem alte Dinge aufbewahrt werden. Die Menschen können hingehen und sie sich dort ansehen.«

»Es dürfte nicht schwer zu finden sein«, sagte der Oberst. Er war zuversichtlich, daß es Hsun-ching leichtfallen würde, das Sutra zu bekommen, ob nun mit oder ohne seine Hilfe. Sollte Hsun-ching ihn nicht dabeihaben wollen, würde er Kapitän Wong bitten, ihn ein wenig in Amerika herumzuführen.

Doch Hsun-ching hatte sich nicht bewegt. Er saß nur da und biß sich auf die Unterlippe.

»Du siehst aus, als machte dir etwas Kummer«, sagte der Oberst.

»Na ja, es ist nur so, daß ich nicht sicher bin, ob man Museen Dinge abkaufen kann. In China kann man es nicht. Das weiß ich.«

»Ja, aber China ist kommistunisch, und Amerika ist kapistalisch.«

»Wie bitte?«

»Du hast mir erzählt, daß Kommistunen Geld nicht mögen, während Kapistalen es tun. Amerikaner sind Kapistalen, habe ich recht?«

»*Kapitalisten*. Es heißt *kommunistisch* und *kapitalistisch*. Ich weiß nicht – es bereitet mir nur Kopfschmerzen. Außerdem habe ich gar kein Geld.«

»Mach dir deswegen keine Sorgen. Ich werde dir welches geben. Wozu brauch ich es schon? Und wenn du das Sutra nicht kaufen kannst, wirst du es stehlen – das ist alles. Es ist China ohnehin gestohlen worden, so daß wir nur etwas Gutes tun würden. Außerdem mußt du sowieso erst mal herausfinden, wo das Museum ist, während ich in dieser Kneipe Ausländern die Nase einschlage.«

Hsun-ching sah jetzt noch besorgter aus. »Oberst Sun, Sie müssen vorsichtig sein. Tun Sie dort niemandem weh – in Amerika hat jeder eine Waffe, und Massen von Menschen dort sind verrückt! Darüber habe ich in den chinesischen Zeitungen Artikel gelesen. Mehr als die Hälfte der Bevölkerung ist opiumsüchtig, und Menschenleben oder ihre Familien sind den Leuten gleichgültig. Die Scheidungsrate liegt bei fast hundert Prozent! Und Ausländer mögen keine Chinesen – sie möchten sie immer nur unterdrükken. Sie müssen also sehr vorsichtig sein.«

Der Oberst hob die Augenbrauen. »Wie halten die Leute es nur aus, dort zu leben, wenn es so schrecklich ist?«

»Keine Ahnung, aber wir wollen ja nicht da bleiben. Passen Sie nur auf, daß Sie in dieser Bar niemandem weh tun. Wer weiß, wozu sie fähig sind, wenn sie durchdrehen?«

Der Oberst runzelte die Stirn. »Von Waffen hat mir Wong gar nichts gesagt. Es dürfte wohl am besten sein, wenn ich nach dem Essen mit ihm rede.«

Als der Oberst in jener Nacht an Kapitän Wongs Kabinentür klopfte, war dieser gerade dabei, sein drittes Wasserglas mit Scotch zu füllen. Er ließ nur noch für einen einzigen Eiswürfel Platz. »Wer zum Teufel ist das?« knurrte er, doch als er hörte, daß es Oberst Sun war, eilte er zur Tür.

»Meister Sun – Sie hätten einfach reinkommen sollen! So förmlich brauchen Sie bei mir nicht zu sein – immerhin sind Sie mein *sifu!*«

Der Oberst sah, daß Wong betrunken war. Er nahm dankend ein Glas Scotch an und setzte sich dann an den Tisch des Kapitäns.

»Nächste Woche sind wir da«, sagte Kapitän Wong mit einem breiten Grinsen, »und dann zeigen wir diesen schwarzen und weißen Bastarden, was echtes chinesisches Boxen ist.«

Der Oberst lächelte nicht. »Tragen die Leute in dieser Kneipe Waffen?«

Wong wirkte überrascht. »Natürlich nicht! Wieso?«

»Jeder Mensch weiß, daß die meisten Leute in Amerika Waffen tragen«, erklärte der Oberst selbstbewußt, »und daß sie fast alle verrückt sind. Mir ist nicht danach zumute, erschossen zu werden, nur weil ich bei einem Boxkampf irgendeinen Burschen schlage. Sagen Sie es mir lieber gleich – wie wird es für uns aussehen?«

Wong starrte ihn an. Dann schien er zu begreifen, und sein Gesicht hellte sich auf. »Aaah … jetzt weiß ich, was das alles soll! Es ist *hsüan-ch'uan* – Propaganda! Das ist alles dummes Zeug. Die Partei erzählt Ihnen das, damit niemand China verläßt! Hahaha!«

Der Oberst schien nicht im mindesten erleichtert zu sein. »Was ist *hsüan-ch'uan?*« fragte er in ungewöhmlich scharfem Tonfall.

Jetzt schien Wong tatsächlich ratlos zu sein. Er neigte den Kopf zur Seite, wo er einen Moment lang schwankte, und sagte »Propaganda! Das ist, was die Partei den Leuten erzählt, damit sie glauben, das Leben in China sei besser

als irgendwo sonst. Was haben sie Ihnen noch alles über Amerika erzählt?«
»Ich habe gehört, daß dort jeder Opium raucht und daß die Scheidungsrate einhundert Prozent beträgt. Und außerdem kümmern sie sich nicht um ihre Familien.«
»Die Scheidungsrate?«
»Richtig. Sie liegt bei einhundert Prozent, das kann nicht gut sein.«
Wong schüttelte den Kopf und nahm einen großen Schluck Scotch. »Hören Sie, das ist alles Quatsch. Es ist übertrieben, verstehen Sie? Natürlich gibt es in Amerika Waffen und Opium, aber in Hong Kong sieht es nicht anders aus. Man erzählt Ihnen diese Dinge in China, damit Sie sich nicht beklagen, wenn Sie herausfinden, wie reich der Rest der Welt ist. Sie sollten dieses ganze Zeug lieber gleich vergessen! Gehen Sie ruhig los und sehen Sie sich um, dann können Sie sich selbst ein Urteil bilden. In der Bar gibt es aber keine Waffen. Wenn Sie fair kämpfen, wird es keine Schwierigkeiten geben. In Ordnung?«
Der Oberst schien mit den Gedanken woanders zu sein. »Was meinen Sie damit, wie reich der Rest der Welt ist?« fragte er langsam.
Wong lachte und hob sein Glas zu einem Toast. »Sie werden sehen! Und ich wette hundert Dollar darauf, daß Sie und Ihr Freund nicht mit diesem Schiff zurückfahren! Auf den Reichtum!«

Als der Oberst in seine Kabine zurückkehrte, übte Hsun-ching gerade Englisch. Mit seinem ungewöhnlichen Gedächtnis hatte Hsun-ching im Lauf der Jahre einen großen Wortschatz erworben, war sich seiner Aussprache aber nicht sehr sicher. Die Seeleute, die Englisch sprachen, hatten ihm geholfen, obwohl sie ihm nur eine Art von Literatur zum Üben anbieten konnten – Pornographie.
»Liebes *Penthouse Forum*«, las Hsun-ching vor. »Meine

Freundin nimmt mit mir gern ein Schaumbad. Neulich waren wir wieder in der Wanne, und, na schön, ich furzte. Ich dachte, das wäre ihr zuwider, doch statt dessen lächelte sie und wollte die Blasen küssen! Dann sagte sie ...«
Der Oberst öffnete das Bullauge über dem Waschbecken und blickte zu den Sternen hinauf. Hsun-ching fragte ihn, ob etwas passiert sei.
»Welches ist das mächtigste Land der Welt?« wollte der Oberst wissen.
»Amerika. Oder vielleicht Rußland. Eins von den beiden.«
Der Oberst setzte sich auf seine Pritsche. »Wie mächtig ist China heute?«
»Nicht sehr. Man nennt China ein ›Entwicklungsland‹. Das heißt im Grunde nichts anderes als arm. Wir haben die größte stehende Armee der Welt, aber unsere Ausrüstung ist überaltert. Amerika, Rußland, die westeuropäischen Länder, Japan – das sind ›entwickelte‹ Länder. Das sind die mächtigen Staaten.«
Diese Neuigkeit schien den alten Krieger zu vernichten. »China war immer das mächtigste Land der Welt. Alle anderen Länder waren nichts als Barbarensiedlungen! Sie zahlten China Tribut! Wie konnte das passieren?«
»Ich weiß nicht«, antwortete Hsun-ching, »doch Ausländer verstehen sich sehr gut darauf, Dinge zu bauen. Sie sind sehr wissenschaftlich. Sie stellen bessere Waffen her, bessere Flugzeuge, bessere Bomben und bessere Fernsehgeräte. Bei politischen Kampfversammlungen hat man uns erzählt, das liege nur daran, daß Ausländer China ausnutzten; erst hätten sie alle Chinesen opiumsüchtig gemacht, dann seien sie einmarschiert, hätten China aufgeteilt und behauptet, Teile des Landes gehörten ihnen. Dann hätten sie China Aggressionskriege erklärt und die Menschen getötet. Und schließlich habe es da noch die korrupten Nationalchinesen gegeben, die von Ausländern unterstützt würden; sie hätten das Volk ausgehun-

gert. Und zuletzt, im Jahre 1949, hätten die Kommunisten die Macht übernommen und alle Ausländer aus dem Land gejagt. Seitdem versuche China aufzuholen.«
»Was haben sie getan, um aufzuholen?«
»Nun ja, hauptsächlich darüber gestritten, wer der beste Kommunist sei. So schaffen wir es, uns ohne Hilfe von Ausländern gegenseitig umzubringen.«
Der Oberst seufzte. »Was haben die Amerikaner für Sitten und Gebräuche?«
»Ich weiß es nicht genau«, sagte Hsun-ching mit einem Seitenblick auf das *Penthouse.* »In den chinesischen Zeitungen heißt es, junge Amerikaner würden aus dem Haus gejagt, wenn sie sechzehn sind, und müßten Miete zahlen, wenn sie ihr Elternhaus wieder besuchen wollen. Wenn Eltern alt werden, würden sie von ihren Kindern im Stich gelassen. Sie hätten Musik, die sie jeder Selbstkontrolle beraube; wenn sie diese Musik hörten, tanzten sie wie Verrückte, schüttelten sich und wänden sich und begingen obszöne Handlungen.«
Der Oberst starrte verloren durch das Bullauge. »Ich möchte gern wissen, wie sich diese Musik anhört.«
Hsun-ching ließ schuldbewußt den Kopf hängen. »Ich weiß, was Sie meinen. In den Zeitungen heißt es, wir sollten froh sein, daß es in China solche Dinge nicht gibt, aber ich kann mir nicht helfen, ich bin trotzdem neugierig darauf.«
»Was tun diese Ausländer sonst noch?«
»Na ja, ich habe Ihnen ja schon erzählt, daß die meisten von ihnen opiumsüchtig sind. Und außerdem sind sie sehr materialistisch. Doch ihre Köpfe seien leer wie ausgeblasene Eier. Sie hätten keine Gefühle oder menschliche Wärme. Es sei eine sehr einsame Gesellschaft.«
Der Oberst schnaubte verächtlich. »Weißt du was«, sagte er, »es kommt mir vor, als hätte ich das alles schon mal gehört! Genau das haben wir über die Mongolen gesagt,

als sie China überrannten – daß sie grausam seien, herzlose Barbaren und daß sie nie in der Lage sein würden, die Zivilisation zu verstehen. Doch das stellte sich als lauter Unsinn heraus – sie waren kaum anders als wir, wenn man davon absieht, daß sie bessere Armeen hatten! Ich möchte wirklich gern wissen, wie schrecklich dieses Amerika tatsächlich ist.«

Hsun-ching grinste. »Auf dem Land habe ich mal jemanden kennengelernt, der sagte, er habe Verwandte in Amerika. Er meinte« – aus Gewohnheit senkte Hsun-ching die Stimme zu einem Flüstern –, »daß Amerika der Himmel auf Erden sei!« Er lachte nervös und wandte sich dann dem Klappbild in der Mitte der Zeitschrift zu. Er faltete es auseinander und breitete es auf dem Bett aus. Der Oberst beugte sich vor und riskierte einen Blick auf das *Pet of the Month* für Juni. Zunächst wirkte er wie vom Donner gerührt, doch dann verriet sein Gesicht, daß er zu begreifen begann.

»Das hier könnte der Grund sein«, sagte der Oberst und zeigte auf die üppigen Brüste der Frau. »Die Ausländer scheinen so mächtig und ehrgeizig zu werden, weil sie als Säuglinge offensichtlich gut genährt werden.«

XVI

Hsun-ching träumte. Er rannte den Pfad zu Wei-chings Hütte entlang, um ihn von seiner Rückkehr aus Amerika zu benachrichtigen. Er sah, wie der alte Mönch im Garten Unkraut jätete, und rief seinen Namen. Wei-ching drehte sich um und lächelte zunächst, doch dann begann sich sein Gesicht zu Hsun-chings Entsetzen zu verändern. Er hörte Knochen krachen, als Wei-chings Kiefer hervorschoß, dessen Hals sich streckte und dessen Stirn platt wurde. Wei-chings Bänder und Sehnen rissen, und seine Haut schälte sich, um einem Fell Platz zu machen, und Hsun-ching erkannte, daß Wei-chings Gesicht zu dem einer Kuh wurde. Schließlich öffnete sich der Mund Wei-chings, doch statt Worten entströmte ihm ein schauriges, langgezogenes *Muuh*.

Hsun-ching wachte, mit kaltem

Schweiß bedeckt, urplötzlich auf, doch das Muhen ging weiter. Allmählich begriff er, daß er das Nebelhorn des Schiffs hörte. Wo der Ton einer Schiffssirene erstarb, antwortete ein anderer. »Wir sind in Amerika«, sagte Hsun-ching laut und richtete sich im Bett auf. Er sah zum Oberst hinüber, der mit halboffenen Augen dasaß und still vor sich hin lachte.

»Warum lachen Sie?« fragte Hsun-ching.

»Ich dachte gerade daran«, antwortete der Oberst, »wie bemitleidenswert es ist, daß diese riesigen Schiffe so lächerliche Sirenen haben! Wenn ich dieses Schiff hätte bauen lassen, würde es sich wie ein Adler oder ein Tiger anhören.«

Sie machten sich fertig und begaben sich auf die Brücke. Kapitän Wong stand vor den Instrumenten der Kommandobrücke und schien zum erstenmal, seit der Oberst und Hsun-ching ihm begegnet waren, kompetent und Herr der Lage zu sein. Er bellte seiner Besatzung Befehle zu und sprach über Funk mit knappen Worten von Anlegegeschwindigkeit, Unterwasserströmungen und Anlegemanövern. Dann bemerkte er seine beiden Freunde. »Es wird Ihnen gefallen, was Sie zu sehen bekommen – das heißt, wenn wir nichts rammen.«

Sie blickten angestrengt hinaus, konnten aber nichts als Nebel erkennen. Das Schiff durchpflügte weiter das waffenmetallgraue Wasser, und jetzt waren mehrere verschiedene Nebelhörner zu hören. Plötzlich kam ein riesiges rotes Objekt durch den Nebel in Sicht, das nur fünfundvierzig Meter vom Bug des Schiffs entfernt war. Es schien das Bein eines gewaltigen Seeungeheuers zu sein, dessen Rumpf so hoch war, daß er in den Wolken verschwand. Dann tauchte ein zweites Bein auf, und schließlich konnten sie den Leib des Ungeheuers erkennen, als sie unter ihm hindurchglitten.

»Das ist die Golden Gate Bridge!« rief Kapitän Wong. »Das Tor zum Gam San!»

»Gam San?« fragte der Oberst nicht ohne Interesse.
»Das ist der kantonesische Name für diese Stadt. Die Fremden nennen sie San Francisco. Wir haben ihr den Namen Gam San – Goldener Berg – gegeben, weil früher in den Bergen Gold gefunden wurde; aus diesem Grund sind auch die ersten Chinesen nach Amerika gekommen. Und da drüben im Norden«, fuhr Kapitän Wong fort und zeigte auf einen dunklen Fleck im Nebel, »liegt Angel Island. Dort wurden Tausende von Chinesen festgehalten, bevor man ihnen erlaubte, nach Amerika zu kommen. Viele von ihnen verbrachten Jahre auf dieser Insel, um schließlich doch nach China zurückgeschickt zu werden, weil die Einwanderungsquoten schon erfüllt waren! Ich habe die Insel vor ein paar Jahren besucht. Die Wände des Lagers sind mit traurigen Gedichten bedeckt. Die Chinesen haben sie in das Holz und den Beton geritzt.«
»Weshalb wurden sie auf der Insel festgehalten?« wollte der Oberst wissen. »Waren sie Verbrecher?«
»Nein. Die Weißen wollten nicht, daß in Amerika Chinesen lebten! Diese Fremden sind jedem gegenüber mißtrauisch, der anders aussieht als sie.«
»In dieser Hinsicht«, bemerkte der Oberst erbittert, »sind sie also genau wie die Chinesen.«
»Wie kommen Sie denn darauf?« fragte Wong. »Wir Chinesen sind Ausländern gegenüber sehr aufgeschlossen! Sehen Sie sich doch Hong Kong an – es ist eine internationale Stadt!«
»Ja, doch sie wird von Ausländern regiert, nicht wahr?« brummte der Oberst. »China wird von Chinesen regiert und ist nicht sehr international.«
»Aber sehen Sie sich doch selbst an!« entgegnete Wong. »Sie müssen ausländischer Abstammung sein und sind in China aufgewachsen! Man hat Ihnen sogar erlaubt, unser chinesisches *kung fu* zu lernen, und jetzt sind Sie darin ein Meister!«

»Davon spreche ich ja gerade«, sagte der Oberst zornig. »Wie kommen Sie darauf, ich sei ein Ausländer?«
Kapitän Wong hörte die Frage nicht; er war wieder damit beschäftigt, seiner Besatzung weitere Befehle zu erteilen und den sich nähernden Schleppern über Funk Meldungen durchzugeben. »Der Hafenkapitän wird jetzt jede Minute an Bord erscheinen, um uns in den Hafen zu lotsen«, sagte er. »Entschuldigen Sie, ich muß noch einiges vorbereiten.«
Der Oberst und Hsun-ching gingen wieder an Deck, um einen besseren Blick auf die Stadt zu haben. Der Nebel lichtete sich so weit, daß sie bis zum Colt Tower sehen konnten; die pastellfarbenen Gebäude schauten aus wie Edelsteine, die man überall in den Hügeln verstreut hatte. Hsun-ching spürte einen Kloß im Hals, und ihm wurde schwindelig vor Augen, bis die Stadt den bunten Röcken der jungen Tai-Frauen in Yunnan ähnelte.
»Ich habe so etwas noch nie gesehen«, sagte der Oberst. »Jede Stadt hat etwas Besonderes an sich. Die Kaiserliche Stadt läßt einen an Macht denken. Die roten Mauern schauen aus, als wären sie mit Blut beschmiert, und die goldenen Dachziegel sehen aus wie die Schuppen sprungbereiter Drachen. Aber diese Stadt ... sie sieht aus wie...«
»... ein junges Mädchen«, sagte Hsun-ching, und der Oberst mußte ihm recht geben.

Mehrere Stunden später, als die meisten Besatzungsmitglieder mit der Entladung des Schiffs beschäftigt waren, verkündete Kapitän Wong Oberst Sun und Hsun-ching, es sei Zeit, sich an Land zu begeben. »Wir gehen mal zu dieser Bar hinüber und sehen, was los ist. Wenn ich erst erfahren habe, gegen wen Sie kämpfen werden, kann ich Ihnen dabei helfen, eine Strategie zu entwickeln. Ich weiß, wie diese Fremden kämpfen. Sie neigen dazu ...«
»Ich brauche nicht zu wissen, wie sie kämpfen«, schnitt

ihm der Oberst das Wort ab. »Jetzt ist nur eins wichtig, nämlich daß mein Freund zu diesem Museum kommt. Während wir in der Bar sind, sollte er diese Schriftrolle besorgen. Kann ihn jemand hinbringen?«
Kapitän Wong schien leicht verärgert zu sein, weil der Oberst die Boxkämpfe offenbar nicht ernst nahm; er beabsichtigte nämlich, eine hübsche Summe auf ihn zu setzen. »Ich kann ihm ein Taxi besorgen«, antwortete er ungeduldig. »Das ist der leichtere Teil dessen, was wir vorhaben. Sie sollten sich aber sorgfältig auf die Kämpfe vorbereiten, denn …«
»Ich bin vorbereitet. Gehen wir?«
Wong runzelte die Stirn, sagte aber nur: »Vergessen Sie nicht, es ist absolut illegal, daß ich Sie ohne Papiere an Land bringe.« Er sah Hsun-ching an. »Fahren Sie zum Museum, besorgen Sie, was Sie haben wollen, und kommen Sie dann gleich zurück. Gehen Sie jedem Ärger aus dem Weg! Denn sollten Sie Schwierigkeiten bekommen – und das gilt übrigens auch für Sie«, sagte er mit einem Seitenblick auf den Oberst, »gibt es nichts, was ich für Sie tun kann, und dann kennt Sie auf diesem Schiff kein Mensch, ich ebenfalls nicht! Verstanden?«
Hsun-ching nickte. Wong zog seine Brieftasche hervor und reichte Hsun-ching ein paar grüne Geldscheine.
»Dies ist amerikanisches Geld. Wenn wir an Land sind, werde ich für Sie ein Taxi rufen. Haben Sie die Adresse des Museums?«
Hsun-ching zeigte ihm die vergilbte Visitenkarte.
»Gut. Wenn Sie dort fertig sind, kommen Sie wieder her. Nicht vergessen, wir liegen an Pier sechsundzwanzig, direkt unter der Bay Bridge.« Dann führte er sie die lange eiserne Laufplanke hinunter zum Kai.
Es war das erstemal seit sechs Wochen, daß sie wieder auf trockenem Land standen, und Hsun-ching dachte zunächst, er würde hinfallen. Er hatte sich so daran ge-

wöhnt, das sanfte Rollen des Schiffs auszugleichen, daß sich der Boden unter ihm anfühlte, als würde er ihn hin und her schleudern. Kapitän Wong begab sich in ein Bürogebäude, um ein Taxi anzurufen, und ließ Hsun-ching und den Oberst auf der Pier zurück. Sie staunten über das schwere Gerät, mit dem die Schiffe entladen wurden. Besonders eine Maschine, ein riesiger Kran, ließ sie ehrfurchtsvoll erschauern. »Das sieht aus wie das Skelett eines riesigen Bronze-Elefanten«, bemerkte der Oberst sinnierend.

Als das Taxi erschien, kletterte Hsun-ching auf den Rücksitz und gab dem Fahrer die Adresse.

»Viel Glück«, sagte der Oberst und drückte Hsun-ching einen Goldbarren in die Hand.

»Vielen Dank. Seien Sie bitte vorsichtig, Oberst Sun. Ich will nicht, daß Ihnen etwas passiert.«

Der Oberst grinste. »Ich werde mir Mühe geben, mir keine Kratzer an den Händen zu holen.«

Das Taxi schlängelte sich durch die Stadt, und Hsun-ching sog den Anblick der großartigen Gebäude, der üppigen Bäume und der wunderschönen Topfblumen auf den Balkons und in den Fenstern ein. Die ganze Stadt schimmerte, als wäre sie soeben gewaschen, gewachst und poliert worden. Die bunten viktorianischen Häuser fingen das Sonnenlicht des späten Nachmittags ein und glühten, als würden in ihnen riesige Lampen brennen. Das Taxi brachte ihn in das exklusive Pacific-Heights-Viertel und hielt vor einem dunklen, eleganten Backsteingebäude. Ein kleines Messingschild an der Eingangstür verriet, daß es sich um das Museum of Asian Antiquities handelte. Hsun-ching bezahlte die Fahrt, öffnete die schwere Holztür des Museums und betrat die hohe, gewölbte Eingangshalle.

Er war noch nie in einem so großen Raum gewesen. Die Höhe der Decke und das Echo von Stimmen und Schritten machten ihn benommen. Dann betrat er einen kleineren Raum, der antike chinesische Bronzen in makellosen Glasvitrinen enthielt. Dort betrachtete er ein Weingefäß, las dessen Inschrift auf der Innenseite und erkannte, daß es aus der Zeit der Chou-Dynastie stammte; er besah sich einen Becher, aus dem Konfuzius vielleicht getrunken hatte. Anschließend ging er langsam an Jade-Äxten, Bronze-Spiegeln und Gegenständen aus gebranntem Ton vorbei in einen Raum voller Bilder aus der Zeit der Sung-, Yuan-, Ming- und Ch'ing-Dynastie. Eine Zeitlang vergaß er seine Mission vollständig und verlor sich im Betrachten der Gemälde; er wanderte durch die Kulturgeschichte seines Landes. Er wußte, daß China Perioden künstlerischen Glanzes gehabt hatte, hatte sich bisher aber nur vorstellen können, wie solche Kunstwerke aussahen. Er spürte plötzlich Kulturstolz in sich aufwallen; endlich schien Chinas Behauptung, das zivilisierteste Land der Erde zu sein, gerechtfertigt. Dann deprimierte ihn auf einmal der Gedanke, daß er zwanzig Jahre hatte warten und zu einem ausländischen Museum reisen müssen, um so etwas zu erleben.

Eine Schriftrolle mit Kalligraphie erinnerte ihn an das Sutra. Wen kann ich fragen? überlegte er. Er sah einen Mann in Uniform, der langsam durch den Raum schlenderte. Er brachte den Mut auf, den Mann anzusprechen, und bemühte sich, sich an die Grußformeln zu erinnern, die er aus dem britischen Lehrbuch gelernt hatte, das ihm Wei-ching in Kun-ming gekauft hatte. Er schlenderte zu dem Wärter hinüber. »Wunderschönes Wetter heute, nicht wahr?«

»Pardon?« entgegnete der Wärter.

Plötzlich fiel Hsun-ching ein, daß Amerikaner vielleicht wie Chinesen Regionaldialekte sprachen. Was wäre, wenn dieser Wärter vom Land war und Hsun-chings Englisch nicht verstehen konnte? Er wühlte in seinen

Taschen und zog eine Zigarettenschachtel heraus, die ihm einer der Matrosen geschenkt hatte. Er dachte, daß es in Amerika vielleicht wie in China nötig war, niedere Beamte mit kleinen Geschenken gnädig zu stimmen, bevor sie einem halfen. Hsun-ching hielt dem Mann eine Zigarette hin, doch dieser verzog nur ungeduldig das Gesicht und zeigte auf ein Schild an der Wand. »Im Museum darf nicht geraucht werden.«
Hsun-ching steckte die Zigaretten wieder in die Tasche. Er beschloß, es mit Pantomime zu versuchen. Er streckte beide Hände vor sich aus und bewegte den Kopf hin und her, als läse er. »Ich suche nach dem berühmten chinesischen Buch über das Lachen«, sagte er mit so klarer Aussprache wie möglich.
Der Wärter seufzte. »Sprechen Sie mit dem Kurator der chinesischen Sammlung. Er ist vermutlich unten in seinem Büro. Gehen Sie doch zum Empfang und bitten Sie, ihn anzurufen.«
Der Wärter zeigte auf den Empfangstisch, aber Hsun-ching hatte ihn nicht verstanden. Er nickte nur mit dem Kopf und lächelte erwartungsvoll.
Der Wärter rollte mit den Augen und brachte Hsun-ching zum Empfangstisch, von wo er selbst im Büro des Kurators anrief. »Warum setzen Sie sich da drüben nicht eine Weile hin«, sagte er zu Hsun-ching. »Es wird gleich jemand da sein und sich um Sie kümmern.«
Hsun-ching nickte dankbar und setzte sich. Er sah sich in der Halle um und staunte über ausgewachsene Bäume in Kübeln, die fast bis zur Decke reichten. Was soll das? fragte er sich. Chinesische Gärtner würden Jahrzehnte damit zubringen, einen einzigen Miniatur-*p'engchin* zu schaffen, in Japan und dem Westen als Bonsai-Bäume bekannt, während sie hier anscheinend keinen Versuch gemacht hatten, die Größe der Bäume zu begrenzen. Konnte es vielleicht daran liegen, daß es ihnen einfach

mißlungen war, die Bäume zu erziehen, und sich nicht schämten, die Ergebnisse vorzuführen? Er hatte gehört, daß Fremde kein Gefühl dafür hätten, daß man »das Gesicht verlieren kann«, so daß das möglicherweise der Grund war.

Er hörte hinter sich leise eine Glocke läuten und drehte sich gerade noch rechtzeitig um, um die Fahrstuhltür aufgehen zu sehen. Eine junge Frau betrat die Halle und schritt zum Empfangstisch. Der Wärter zeigte auf Hsun-ching.

Hsun-ching stand auf, um sie zu begrüßen, hatte aber das Gefühl, als würden plötzlich seine Beine nachgeben. Sie hatte den ungewöhnlichsten Teint, den er je gesehen hatte. Er war nicht so sehr weiß, sondern vielmehr von einem durchsichtigen Rosa, und dazu noch soviel davon! Nach westlichen Begriffen war sie ganz und gar nicht übergewichtig, doch für Hsun-ching, der den größten Teil seines Lebens gehungert hatte, sah sie aus wie eine leckere gekochte Garnele. Und ihre Augen! Sie waren jadegrün und glühten, als würden hinter der Iris winzige Lichter brennen, eingerahmt von einem Kopf voll dicken braunen Haars, das ihr in ungebärdigen Locken um das Gesicht fiel. An ihren Ohren hingen schmale Goldringe, und ihre Fingernägel glitzerten vor rotem Nagellack. Als sie vor ihm stehenblieb, wurde Hsun-ching von ihrem Parfum fast überwältigt. Er hatte gehört, daß Fremde nach Butter stänken, aber diese Frau roch eher wie ein tropischer Garten.

Die Frau stellte sich als Assistentin des Kurators vor; der Kurator sei für heute schon gegangen. Sie fragte Hsun-ching, wie sie ihm helfen könne, doch gerade in diesem Moment rang er vergeblich nach Worten.

Alles an ihr ist so weich! dachte Hsun-ching. Ihr Teint, ihr Haar, sogar ihre Stimme. Die hört sich an, als wäre ihre Kehle mit Sojamilch beschichtet. Er wollte ihr Haar berühren – ob sie etwas dagegen hat?

»Er sagt, er komme aus China«, bemerkte der Wärter.
Hsun-ching bemühte sich, sich auf die Aufgabe zu konzentrieren, Englisch zu sprechen. »Wunderschönes Wetter heute, nicht wahr? Bitte zeigen Sie mir das Lachende Sutra so schnell wie möglich, vielen Dank. Ich habe keine Zeit.«
»Verzeihung – das lachende was?«
Hsun-ching überreichte ihr schnell die vergilbte Visitenkarte. »Haben Sie vielen Dank! Aber dieser Mann weiß Bescheid. Bringen Sie mich möglichst schnell zu ihm. Ich habe keine Zeit.«
Die Frau sah prüfend auf die Karte und warf Hsun-ching einen unsicheren Blick zu. Hsun-ching rang die Hände. Erkannte sie nicht den Namen auf der Karte? Schließlich sprach sie. John Volland habe dem Museum eine große Zahl chinesischer Objekte gestiftet, sei aber vor mindestens zehn Jahren gestorben.
Hsun-ching wurde aschfahl, war jedoch eisern entschlossen, nicht die Fassung zu verlieren. »Oh, tut mir leid«, sagte er und suchte nach einem angemessenen Ausdruck aus seinem Wörterbuch englischer Redewendungen. »R.I.P.«
Die Frau unterdrückte ein Lachen. Sie erklärte, daß im gesprochenen Englisch meist der ganze Satz gesprochen werde – »Requiescat in pacem«, er ruhe in Frieden –, doch es komme auf die Absicht an, und sie sei sicher, Mr. Volland hätte die gute Absicht zu schätzen gewußt. Hsun-ching bemerkte, daß sie etwas auftaute, nachdem er eine Redewendung gebraucht hatte; er mußte sich noch mehr einfallen lassen, um sie dazu zu bringen, ihm zu helfen. Ob das genügt? fragte er sich. Immerhin ist sie eine Beamtin.
»Bitte hören Sie mich an! Ich habe alles riskiert, um herzukommen! Sie halten mich vermutlich für verrückt, aber ich muß das Lachende Sutra finden! Sie sind die einzige,

die mir helfen kann! Ich werde alles für Sie tun, wenn Sie mir helfen! Ihr Bitten ist mein Befehl!«
Jetzt lachte die Frau laut auf. »Wir sagen: ›Ihr Wunsch ist mir Befehl‹. Hören Sie, ich habe keine Ahnung, ob ich Ihnen helfen kann oder nicht, aber warum kommen Sie nicht mit in mein Büro und sehen sich den Katalog der Sammlung Volland an. Wenn dort verzeichnet ist, was Sie suchen, kann der Kurator es Ihnen morgen zeigen.«
Als sie ihn zum Fahrstuhl brachte, lächelte sie und stellte sich vor: »Übrigens, ich heiße Alison Weber.«
»Mein Name ist Hsun-ching. Ich bin ... Ich habe auf einem Bauernhof gearbeitet.«
»Oh, tatsächlich? Aber was machen Sie jetzt? Sind Sie Doktorand?«
»Nein – nicht direkt. Ich bin wie Sie. Ein Assistent.«
»Verstehe, also, Sie sagten, Sie kämen aus Taiwan?« Sie hatte ein wundervolles Lächeln und die vollkommensten Zähne, die er je gesehen hatte.
»Nein, aus China. Ich bin aus China hergekommen.«
»Wirklich?« fragte sie ungläubig. »Wie denn?« Zu dieser Zeit hatten China und Amerika ihre Beziehungen noch nicht normalisiert, so daß nur offiziellen Abgesandten der chinesischen Regierung der Besuch der USA möglich war.
»Auf einem Schiff«, antwortete Hsun-ching und erwiderte das Lächeln. Als er in der polierten Fahrstuhltür jedoch sein Spiegelbild entdeckte, fiel ihm auf, daß seine Zähne krumm und schadhaft waren, und so schloß er schnell den Mund. »Übrigens«, bemerkte er fröhlich, »Sie sind ziemlich fett!«
Alisons Gesicht erstarrte.
»In China ist es sehr gut, fett zu sein!« beeilte sich Hsun-ching ihr zu erklären. »Sie sind sehr reich! Sehen Sie mich an! Ich bin so mager, weil ich arm bin. Bedauerlich, sehr schade. Aber Sie – gratuliere! Je mehr, um so fröhlicher!»

Die Fahrstuhltür ging auf, und sie führte ihn in ein Büro mit lauter Aktenschränken an den Wänden. »Also», sagte sie und öffnete einen der Schränke, »dies ist der Katalog der Sammlung Volland. Der Kurator, Dr. Pertel, hat die Objekte auf englisch und chinesisch katalogisiert – sehen Sie, hier in der oberen rechten Ecke? Sie brauchen die Karten nur durchzuschauen und mir zu sagen, wenn Sie etwas finden. Ich werde noch eine halbe Stunde oder so hier sein.«

Sie setzte sich an einen Schreibtisch in der Nähe und begann auf einer Schreibmaschine zu schreiben. Hsun-ching beobachtete sie einen Moment aus dem Augenwinkel und machte sich dann daran, den Katalog durchzublättern.

Es gab Abteilungen für Skulptur, Porzellan, Gemälde, Jade, Ton, Bronzen und Vermischtes. Hsun-ching sah unter »Vermischtes« nach und blätterte die Einträge einzeln durch:

Schatten-Handpuppe, Leder, Ch'ing-Dynastie, Provinz Honan.
Geschnitzter Bürstenhalter, Holz, Ch'ing-Dynastie, Provinz Shansi.
Schnupftabakfläschchen, Glas, Ch'ing-Dynastie, Peking.

Und so weiter. Hsun-ching ging einen Eintrag nach dem anderen durch, Blatt für Blatt. Es verblüffte ihn, daß ein Mann so viel von der unersetzlichen Geschichte eines anderen Landes besitzen konnte. Da waren Farbsteine, Kopflehnen, Kinderschuhe, Schwerter, Siegel und Haarnadeln. Manche der Einträge hatten einen roten Stempel, eine Signatur und daneben ein anderes Datum, aber Hsun-ching konnte sich nicht erklären, worauf sich die bezogen. Schließlich stieß er auf eine Seite mit der Überschrift:

Buddhistische Literatur
Dreiundzwanzig Schriftrollen. Nicht offiziell datiert. Einige in nichtchinesischen Sprachen, darunter Sanskrit, Tibetisch sowie eine nicht identifizierte Sprache. Bekannte Titel sind:
1. Das Diamanten-Sutra (Chinesisch)
2. Das Diamanten-Sutra (Sanskrit) (stockfleckig)
3. Das Lachende (?) Sutra (Chinesisch, Original-Übersetzung aus dem Sanskrit)

»*Chaotaole!*« jubelte Hsun-ching auf chinesisch. Alison sah hoch. »Haben Sie das Buch gefunden?« fragte sie.
»Ja – das hier!«
Sie kam herüber und blickte ihm über die Schulter. Hsun-ching zeigte auf den Eintrag. »Es war also kein Scherz – es gibt tatsächlich ein Lachendes Sutra!«
»Ja, natürlich!« rief Hsun-ching aus. »Es sagt einem, wie man den Körper nie sterbend macht – unsterblich!«
»Mr. Volland hat das Sutra allerdings nicht helfen können«, bemerkte Alison trocken.
»Nein. Vielleicht konnte er kein Chinesisch lesen! Haha! Aber es hat keinen Sinn zu weinen, wenn das Kind schon im Brunnen liegt. Können Sie mir jetzt das Sutra geben?«
»Ooh«, sagte sie, »hier haben wir ein kleines Problem.« Sie zeigte auf einen roten Stempel am Ende der Liste.
»Was bedeutet der?« fragte Hsun-ching.
Alison erklärte, Mr. Volland habe vor seinem Tod darum gebeten, daß die Stücke seiner Sammlung, die eine religiöse Bedeutung hätten, einer obskuren buddhistischen Organisation, dem Dharma-Institut, zu übergeben seien.
Hsun-ching spürte, wie sich ihm die Kehle zuschnürte.
»Wo befindet sich das?« fragte er.
»Um die Wahrheit zu sagen, ich weiß nicht einmal, ob es überhaupt noch existiert«, antwortete sie. »Aber lassen Sie mich mal nachsehen.«

Sie schaute im Telefonbuch nach. Die Nummer war noch aufgeführt. Sie bot Hsun-ching an, anzurufen und sich für ihn zu erkundigen. Dieser nickte dankbar. Als sie mit dem Drucktasten-Telefon die Nummer wählte, wurde Hsun-ching wieder leichter ums Herz; mit einer solchen Ausrüstung wäre es sicher eine Kleinigkeit, das Sutra zu finden. Alison erklärte jemandem im Institut, ein junger Mann vom chinesischen Festland wolle sich eine Schriftrolle in ihrer Sammlung ansehen. Sie hörte zu und sagte nach einer Weile: »Aha«, hörte wieder zu und sagte erneut: »Aha.« Das ging mehrere Minuten so weiter. Dann legte sie auf und sah Hsun-ching entschuldigend an. Die gute Nachricht sei, erklärte sie, daß es das Dharma-Institut tatsächlich noch gebe. Die schlechte Nachricht sei, daß es sich um eine private Organisation handle, der es die begrenzten finanziellen Mittel nicht erlaubten, ihre Sammlung buddhistischer Antiquitäten der Öffentlichkeit zugänglich zu machen.

Hsun-ching spürte, wie seine Hände eisig kalt wurden. »Aber ich will es doch nicht nur ansehen«, sagte er verzweifelt, »ich will es kaufen!«

Alison zeigte sich erstaunt. Wolle er es für ein Museum in China erwerben? fragte sie. Nein, erwiderte er, er wolle es einfach nur kaufen. »Meinen Sie etwa nur für sich? Um es zu lesen?« Hsun-ching fuhr sich mit den Fingern durchs Haar und erklärte, es sei nicht für ihn, sondern für einen alten Mann in China.

Hsun-ching ging allmählich auf, wie abenteuerlich diese Geschichte der Frau vorkommen mußte. Er versuchte sich vorzustellen, was er getan hätte, wenn jemand wie Alison plötzlich in Yunnan aufgetaucht wäre, etwa auf der Suche nach einem Cowboyhut, den ein chinesischer Kaufmann aus Amerika mitgenommen hatte und den sie zwar nicht für sich selbst wolle, aber für einen alten Mann in einem Dorf in … Texas, war es nicht so?

Hsun-chin überlegte schnell und zog die rote Arbeitskarte aus Kunststoff aus der Tasche, die man ihm in Hunan gegeben hatte. Sie zeigte ein kleines Schwarzweißfoto von ihm und nannte die Arbeitseinheit, zu der er gehörte. Er reichte Alison die Karte zum Beweis, daß er tatsächlich aus China kam. Dann erzählte er ihr die Geschichte, wie John Volland das einzige Exemplar des Lachenden Sutra aus China mitgenommen habe und wie sein alter Meister seit fast dreißig Jahren nur den Wunsch hege, es wiederzubekommen. Er vertraute ihr auch an, daß er aus keinem anderen Grund nach Amerika gereist sei, als um dieses Sutra zu finden, und wenn er es gefunden habe, wolle er es sofort nach China zurückbringen.

»Das alles wollen Sie für diesen alten Mann tun?« fragte sie, als er geendet hatte.

»Er kann nicht mehr laufen, und er ist mein Vater«, erwiderte Hsun-ching einfach.

Alison sah immer noch skeptisch aus. Hsun-ching beugte sich vor. »Rufen Sie die Leute doch noch einmal an«, bettelte er. »Sagen Sie Ihnen, daß ich das Sutra kaufen werde. Und daß ich mit Gold dafür bezahle.« Er zeigte ihr den Goldbarren, den der Oberst ihm gegeben hatte.

Alison wußte wirklich nicht, was sie von all dem halten sollte, kam aber zu dem Schluß, daß es nicht schaden könne, noch einmal anzurufen. Und überdies war diese Unterhaltung das bei weitem Interessanteste, was ihr in jüngster Zeit widerfahren war; ihr Zeichenlehrer hatte ihr immer und immer wieder gesagt, sie führe ein viel zu behütetes Leben, um große Kunst hervorzubringen.

Diesmal erklärte sie am Telefon, der Herr aus China wolle das Sutra kaufen und nicht einfach nur ansehen.

»Es tut mir schrecklich leid«, erklärte sie Hsun-ching, nachdem sie aufgelegt hatte, »doch sie sind offenbar auch nicht daran interessiert, ihre Sammlung zu verkaufen. Aber hören Sie, warum gehen Sie nächste Woche nicht einfach zu denen ins Büro und erzählen ihnen persönlich, was Sie mir erzählt haben? Vielleicht ändern sie dann ihre Meinung.«

Das wird zu spät sein, dachte Hsun-ching; Wongs Schiff legt am Dienstag morgen um vier Uhr ab. Und wenn ich das verpasse, wie komme ich dann nach Asien zurück? Wo soll ich in der Zwischenzeit wohnen? Wo bekomme ich was zu essen? Und was ist, wenn ich von Drogensüchtigen und geschiedenen Leuten ermordet werde, die ihre Eltern nicht lieben?

»Ich kann nicht warten!« entgegnete Hsun-chin verzweifelt. »Ich muß das Sutra vor Dienstag finden, denn Dienstag morgen geht mein Schiff!«

Aber wie, fragte ihn Alison, habe er nur den ganzen Weg aus China zurücklegen können, um ein Sutra zu suchen, ohne zuvor das Museum anzurufen oder auch nur anzuschreiben, um dann an einem Freitagnachmittag unangemeldet aufzukreuzen und auch noch zu erwarten, er könne es vor Dienstag kaufen?

Wie sollte ein Ausländer das verstehen? Amerikaner durften reisen, wann immer und wohin sie wollten, und sie waren so reich, daß sie alles tun oder haben konnten. Wie sollte er erklären, daß er ein Flüchtling war, aber kein Verbrecher? Dem Oberst wäre vermutlich etwas eingefallen, was er ihr hätte erzählen können, obwohl es wahrscheinlich nicht wahr gewesen wäre. Tom Sawyer wäre auch etwas eingefallen, dachte er, als er sich an das einzige Buch erinnerte, das er mal gelesen hatte und das tatsächlich von einem Amerikaner geschrieben war. Und dann plötzlich kam ihm die Erleuchtung.

»Kennen Sie Tom Sawyer?« fragte er sie.

»Wie bitte? Meinen Sie das Buch?«

»Ja – den Jungen in dem Buch. Kennen Sie ihn?«

Natürlich sei ihr Tom Sawyer bekannt, erwiderte sie, aber was habe das mit dieser Angelegenheit zu tun?

»Ich bin der chinesische Tom Sawyer!« verkündete er und berührte ihre Hand. »Er ist in die Höhle gegangen, aber für eine gute Sache! Ich bin gegen das Gesetz nach Amerika gekommen, aber es ist für einen guten Zweck! Ich habe keine Reisepapiere. Ich bin in einem Zug voller Schweine aus China rausgekommen und auf einem Schiff hierher! Alles, was ich will, ist dieses alte Buch, für einen alten Mann, denn er wird bald sterben. Wenn Sie mir nicht helfen, werde ich versagen. Im Augenblick sind Sie alles für mich.«
Er stand auf und zeigte ihr seine Hände, die von schwerer Handarbeit so schwielig waren, daß sie wie klumpige Ingwerwurzeln aussahen. »Schauen Sie sich die mal an! Ich kenne nur diese Dinge: Loch graben, kleinen Samen reinlegen, Erde drauf. Wasser in Eimern tragen, auf Erde gießen. Aber mein Meister, sein Leben hat einen Wert. Er weiß viele Dinge. Doch er wird bald sterben, so daß ich ihm etwas Gutes geben möchte, denn er hat nie etwas Gutes bekommen. Er will dieses Sutra, weil er glaubt, sein Körper werde dann nie sterben. Ich, für mich ist dieses Sutra gar nichts, nur ein Stück blödes Papier. Vielleicht halten Sie mich für einen dummen Jungen, aber ich will meinen Vater glücklich machen. Bitte helfen Sie mir, meinen Vater glücklich zu machen.«
Seine Geschichte rührte Alison so, daß sie für einen Moment nichts sagen konnte. Da Hsun-ching ihr Schweigen als Zorn deutete, entschuldigte er sich und versuchte zu erklären. »Vielleicht verstehen Sie nicht, weil Sie in Amerika so viele Dinge haben. Aber in China habe ich nichts, nur diesen alten Mann. Ich möchte ihm dieses Sutra geben, weil es sonst nichts gibt, was ich ihm geben könnte! Bitte verzeihen Sie mir, falls ich Sie wütend mache!«
Alison versicherte ihm, er habe sie nicht wütend gemacht. Seine Worte hatten sie sogar so gerührt, daß sie beschloß, Hsun-ching persönlich zum Dharma-Institut zu beglei-

ten, um sicherzugehen, daß er noch vor fünf Uhr dort ankam. Sie brachte ihn zu ihrem Wagen, einem klapprigen alten Rambler mit nur einem Scheinwerfer, den sie statt mit einem Schlüssel mit einem Schraubenzieher anließ.

Das Institut befand sich in einem Waldgebiet in der Nähe des Presidio-Museums und des Pazifik, aber sie fuhren mehrmals an ihm vorbei, bevor sie es fanden. Nur ein einfacher Holzpfahl markierte die ungepflasterte Auffahrt. Sie fuhren durch einen Eukalyptushain und anschließend einen steilen Hügel hinunter. Die Eukalyptusbäume wichen niedrig wachsenden Kiefern, dann wurde die Straße plötzlich schnurgerade, und sie kamen durch ein kunstvoll geschnitztes hölzernes Tor.

»Dies muß L. Ron Hubbards Haus sein«, brummte Alison vor sich hin, als sie den Wagen neben einer langen weißen Limousine mit dunkel getönten Scheiben parkte. Sie gingen auf einem Pfad aus glatten weißen Steinen durch eine Reihe von Bambusbäumen. Dann öffnete sich der Pfad zu einem Hof, der mit einem Zen-Steingarten in einem Bett aus weißem Sand geschmückt war. Der Sand war sorgfältig in Wellenmustern geharkt worden und wirkte wie das Meer aus großer Höhe. Das Gebäude war eine seltsame Mischung aus asiatischer und moderner Architektur. Es hatte ausgebleichte, weiß verputzte Außenwände und ein geschwungenes Dach mit grauen Dachziegeln. Sie durchquerten eine elegante, makellose Halle voller asiatischer Skulpturen und mit einem Springbrunnen und betraten einen riesigen Empfangsraum, wo sie von einem jungen Mann mit einem weißen Pullover und weißen Hosen begrüßt wurden. Er warf einen Blick auf ein kleines Klemmbrett und erkundigte sich, wie er ihnen helfen könne.

Alison sagte, sie sei die Assistentin des Kurators vom Museum of Asian Antiquities und habe eine recht drin-

gende Frage an denjenigen, der für die Sammlung des Instituts zuständig sei. Der junge Mann blickte wieder auf sein Klemmbrett und wollte wissen, ob sie einen Termin habe. Sie bedauerte und erklärte, sie habe leider keine Zeit gehabt, einen Termin zu vereinbaren.
Nach einer schnellen Unterhaltung am Telefon zeigte der junge Mann auf ein Sofa und bat sie, Platz zu nehmen. Während sie warteten, nahm sich Hsun-ching eine Broschüre von einem Stapel auf dem Empfangstisch und begann zu lesen. Der Broschüre zufolge war das Dharma-Institut 1965 von Mahavishnu Bob Corman gegründet worden, der im Jahre 1963 die höchste Erleuchtung erlangt habe. Mr. Corman, so hieß es weiter, sei bis dahin Schüler eines indischen Yoga-Meisters gewesen, habe dann aber mit einer blitzhaften Erleuchtung ein völliges Verständnis nicht nur von Yoga gewonnen, sondern auch des Zen-Buddhismus, des Taoismus, ja sogar aller mystischer Religionen. Ziel des Instituts sei es, die einzigartige Vielfalt panasiatischer Philosophie, über die der Mahavishnu verfüge, als Gegenmittel gegen Unwissenheit, Leiden und Konflikte auf der ganzen Welt zu fördern. Hsun-ching versuchte sich vorzustellen, wie Philosophie die Roten Garden hätte aufhalten können, wurde in seinen Gedanken aber von dem jungen Mann am Empfang unterbrochen.
»Miranda wird sich jetzt um Sie kümmern.«
Der Portier führte sie durch eine Halle mit tibetanisch-buddhistischen Wandgemälden und zeigte dann auf die Tür zu einem kleinen Büro. Eine rothaarige junge Frau mit einem wallenden weißen Gewand stand hinter ihrem überladenen Schreibtisch auf. Sie legte die Handflächen zur buddhistischen Begrüßung aneinander.
»*Namaste*«, sagte sie mit sanfter Stimme.
»Hallo«, erwiderte Alison ein wenig knapp.
Miranda forderte sie auf, sich auf kleine runde Kissen zu

setzen, und bot ihnen Tee an. Hsun-ching, der seit vielen Wochen keinen Tee getrunken hatte, nahm dankbar an. Das merkwürdige blasse Gebräu, das sie ihm eingoß, war jedoch so dickflüssig und süß, daß er fast würgen mußte. Alison entschuldigte sich für ihr plötzliches Eindringen, erklärte, was sie von Hsun-chings Situation wußte, und fragte, ob das Institut ihm irgendwie weiterhelfen könne. Miranda ließ sie ausreden, nickte dabei langsam mit dem Kopf und hörte nicht eine Sekunde auf zu lächeln. Dann legte sie wieder die Handflächen aneinander und sagte: »Ich bin sicher, daß Mahavishnu bereit sein wird, Ihnen weiterzuhelfen.« Als sie den Namen des Gurus erwähnte, huschte ein glückseliger Ausdruck über ihr Gesicht.
»Gut. Können wir ihn sprechen?« fragte Alison.
»Oh, Mahavishnu wird das ganze Wochenende in Alaska sein, um Exerzitien zu leiten. Er kehrt erst Sonntag abend zurück. Warten Sie, ich sehe mir mal seinen Terminplan an.« Sie blätterte in einem dicken, in Leder gebundenen Band. »Warum kommen Sie nicht am Montag morgen wieder? Wäre Ihnen zehn Uhr recht? Dann hätte er ein paar Minuten Zeit für Sie.«
»Können Sie nicht das Telefon benutzen und ihn gleich fragen?« bat Hsun-ching.
»Ihn jetzt anrufen?« sagte sie lachend. »Nein, das wäre gar keine gute Idee, fürchte ich. Wir dürfen sie nicht bei den Exerzitien stören. Das verstehen Sie sicher! Aber keine Angst, er ist ein wunderbarer Mann! Wenn Sie am Montag wiederkommen, wird er Ihnen bestimmt helfen können.« Als sie sie hinausbegleitete, kehrte der glückselige Ausdruck auf ihr Gesicht zurück.

Alison kochte fast vor Wut. »Ich hasse es, wenn Weiße solche Gewänder tragen! Und diese kleinen Guru-Kissen? Die können sich verdammt noch mal wohl Stühle leisten, oder etwa nicht?«

Hsun-ching fragte sich, warum Alison sich so aufregte. Das Dharma-Institut kam ihm ziemlich harmlos vor, abgesehen von dem Tee, der ihm leichte Übelkeit verursacht hatte. Beim Trinken, dachte er, hatte ich das Gefühl, als hätte man mich mit dem Kopf in eine riesige Honigwabe gesteckt und als hätte ich mich kauend daraus befreien müssen.
Während der Fahrt gestand ihm Alison, auch sie sei einmal wie die rothaarige Frau gewesen. Sie sei nach dem Examen an einem katholischen Frauen-College in Ohio nach San Francisco gegangen. Gegen den Willen ihres Vaters habe sie Kunst und Malerei studiert. Sie habe in der Gegend von Haight-Ashbury gelebt und Bohemien und Malerin werden wollen, aber an ihrem ersten Abend in San Francisco sei sie einer Gruppe junger Leute begegnet, die sie zu einem kostenlosen vegetarischen Essen eingeladen hätten. Nach dem Essen hätten ihre Gastgeber sie gedrängt, übers Wochenende mit ihnen aufs Land zu fahren, zu ihrer »utopischen Gemeinschaft« außerhalb der Stadt, um dort andere Künstler und kreative Typen kennenzulernen. Sie hätten sie drei Wochen festgehalten, praktisch ausgehungert und sie so mit Pseudoreligion, halbgarer Philosophie und verlogenem Gewäsch von ewigem Wohlgefühl vollgepumpt, daß sie am Ende überzeugt gewesen sei, sie könne nichts Besseres mit ihrem Leben anfangen, als Teil dieser Gemeinschaft zu werden. So hätte sie die nächsten vier Monate damit verbracht, auf Flughäfen und an Straßenecken herumzustehen und kleine Gerichte aus biologischem Anbau zu verteilen und andere verlorene Seelen zu kostenlosen vegetarischen Mahlzeiten einzuladen. Wenn da nicht ihr Zeichenlehrer gewesen wäre, sagte sie, würde sie wahrscheinlich noch immer dort herumstehen und Kuchen aus Johannisbrot verkaufen. Doch das, erklärte sie, sei eine andere Geschichte.

»Hier bin ich nun und habe den chinesischen Tom Sawyer im Auto! Und heute ist Ihr erster Tag in Amerika! Sie zum Essen einzuladen ist das mindeste, was ich für Sie tun kann! Aber keine kostenlosen vegetarischen Mahlzeiten, das verspreche ich.«
Hsun-ching war insgeheim entzückt über die Aussicht, mehr Zeit mit ihr verbringen zu können, doch er lehnte aus Höflichkeit ab und erklärte, es sei ihm unmöglich, die Gunst zu erwidern. Für einen Chinesen, erklärte er, wäre es sehr unhöflich, eine Einladung anzunehmen, die man nicht erwidern könne. Und außerdem habe sie ihm schon genug geholfen.
»Na schön, und was wäre, wenn auch Sie mir mit etwas helfen könnten? Dann wären wir quitt. Würden Sie sich dann von mir zum Essen einladen lassen?« Natürlich, erwiderte er, aber was könne er denn tun, um ihr zu helfen?
»Alison fuhr quer durch die Stadt zum South-of-Market-Viertel, das nicht weit von der Pier entfernt war, an der Kapitän Wongs Schiff lag. Sie bog in eine schmale Straße ein, fuhr an einer langen Reihe von Lagerhäusern vorbei und hielt gegenüber von einem Laden, in dem Hochzeitskleider ab Fabrik verkauft wurden. Durch die Panoramafenster sah Hsun-ching Dutzende und aber Dutzende junger Mädchen in schulterfreien Kleidern, die sich vor bodenlangen Spiegeln drehten und herausputzten, während dicke ältere Frauen auf Stühlen saßen und zusahen. Hsun-ching schoß es durch den Kopf, daß dies ein amerikanisches Bordell sein müsse, und so wandte er sich schnell ab und hoffte, Alison hätte sein Starren nicht bemerkt. Sie war aber damit beschäftigt, die Tür eines Lagerhauses gegenüber von dem Kleiderladen zu öffnen. Das vermeintliche Warenhaus erwies sich als Studio, das Alisons Zeichenlehrer Sky Lucas gehörte. An der Decke hing ein Gewirr aus freiliegenden Balken, Belüftungsroh-

ren, Wasserleitungen und Lichtschienen, die wie ein groteskes Spalier jederzeit herunterzustürzen drohten. An den nackten Wänden erblickte Hsun-ching etwa zwei Dutzend Bilder. Sie schienen bei irgendeiner Überschwemmung unrettbar beschädigt worden zu sein. Vielleicht hingen die Leinwände zum Trocknen dort.
Alison sah sich stolz um. »Sky hat nächste Woche eine Ausstellung. Die Eröffnung ist am Sonntag. Vielleicht würden Sie auch gern kommen? Es werden viele interessante Menschen da sein, und es gibt Wein und Käse.« Nach kurzem Nachdenken fragte sie: »Gibt es Wein und Käse in China? Oder habe ich mal gelesen, daß die Leute dort keinen Käse essen?«
»Käse nein«, erwiderte Hsun-ching, »Wein manchmal.« Er sah durchdringend auf eins der Bilder. Es war ein Durcheinander hingekleckster Farbe um zwei Blatt Papier herum, die übereinandergelegt und dann direkt auf die Leinwand geklebt worden waren. Das sichtbare Blatt wies lauter maschinegeschriebene Buchstaben auf, die aber weder Wörter noch Sätze zu bilden schienen. Der Titel des Werks war *Du Sollst Nicht*.
Alison trat zu ihm und fragte, ob er die Geschichte von den Affen und der Bibel kenne. Sie sagte, ein Philosoph habe einmal behauptet, wenn man genügend Affen in Ewigkeit auf Schreibmaschinen herumhämmern lasse, werde früher oder später einer von ihnen rein zufällig die gesamte Bibel zu Papier bringen. »Danach verbrachte Sky mal einen Tag in einem Hochsicherheitsgefängnis. Er überredete einen verurteilten Mörder, einen totalen Analphabeten, dazu, einen Tag lang auf einer Schreibmaschine herumzuhämmern. Und dann hat Sky eine der Seiten, die der Mörder geschrieben hatte, über eine Seite aus der Bibel gelegt und sie zusammengeklebt.«
Hsun-ching war völlig durcheinander.
»Ich sollte Ihnen sagen«, fuhr Alison fort, »daß diese ganze

Ausstellung Teil einer Serie ist, an der Sky seit etwa einem Jahr gearbeitet hat. Sie heißt *Chaos aus der Ordnung*. Es ist eine Studie darüber, daß der Mensch zwar Hunderttausende von Jahren gebraucht hat, um aus dem Chaos Ordnung zu schaffen – Sie wissen schon, Zivilisation aus primitiven Bedingungen –, daß er aber nur ein Jahrhundert braucht, um alles zunichte zu machen. Das hört sich vermutlich etwas verdreht an, wenn man es einfach so sagt, aber sehen Sie sich den Rest der Serie an, dann werden Sie bestimmt ein Gefühl dafür bekommen, was Sky meint.«

Ein Gemälde mit dem Titel *Florence Nightingale* war ein Porträt einer Krankenschwester, der das Cover eines pornographischen Magazins aufs Gesicht geklebt worden war. Ein weiteres Bild war ein Seestück, das mit dickem Öl beschmiert und einzelnen Polystyrolstücken besprenkelt war. »Polystyrol löst sich nie auf«, erklärte ihm Alison. Sie sagte, Meerestiere fräßen Polystyrolstücke, die im Ozean trieben, da sie sie für Nahrung hielten, um dann zu verhungern, wenn die Stücke die Speiseröhre verstopften. »Und wenn diese Tiere sterben, verwesen ihre Leichen, und das Polystyrol schwimmt wieder im Meer und wird von anderen Tieren gefressen. Es hört nie auf, trotzdem scheint es niemand zu wissen oder sich deswegen Sorgen zu machen.«

Plötzlich hellte sich Hsun-chings Miene auf. »Also ist das hier Propaganda?« Alison wußte nicht, daß das chinesische Wort für Propaganda buchstäblich bedeutet, Information zu verbreiten, und daß es keinen negativen Beigeschmack hat. Sie entgegnete unwirsch, nein, dies sei nicht Propaganda, sondern Kunst. Richtige Kunst, fügte sie hinzu, nicht einfach nur schöne Bilder.

»Aber Kunst muß schön sein«, protestierte Hsun-ching.

»Wie? Kunst muß nicht schön sein! Sie muß Gefühl haben! Manchmal ist das ausgedrückte Gefühl sehr häßlich, doch es kommt darauf an, daß es echt ist.«

Hsun-ching schüttelte den Kopf. In der Kunst, das wußte er, mußte man zunächst die Technik beherrschen. Erst dann konnte das Werk Gefühl haben. Skys Werk vermittelte wichtige Informationen, verriet aber keinerlei Beherrschung der Technik und konnte daher nicht als Kunst gelten. Er zeigte auf ein unausgeführtes Bild, eine Kreuzigungsszene, das teilweise mit Polaroidfotos eines Fernsehpredigers bedeckt war. »Das könnte auch ein Kind«, betonte er.

Alison schnalzte ungeduldig mit der Zunge, widersprach aber nicht mehr. Sie hatte gehofft, der Wert von Skys Arbeit werde sich als universell erweisen. Aber wahrscheinlich kann man *conceptualist art* nicht schätzen, dachte sie, wenn man nicht mit Impressionismus, Expressionismus und Postexpressionismus vertraut ist.

Hsun-ching glaubte, sie überzeugt zu haben und spürte zum erstenmal seit der Ankunft in Amerika einen Anflug von Selbstbewußtsein. »Ist es das, wofür Sie meine Hilfe wollten?«

Alison lachte und sagte nein, bei der Einschätzung von Kunst brauche sie keine Nachhilfe. Was sie brauche, sei jemand, der ihr helfe, ihren Schreibtisch zu verrücken. Sie führte ihn zu einem kleinen, fensterlosen Kabuff am hinteren Ende des Studios, das von einer Sperrholzwand abgeteilt wurde. Sie hatte ihren Schreibtisch schon seit Tagen woanders haben wollen, um in ihrem Raum eine große Staffelei aufzustellen, hatte ihn selbst aber nicht von der Stelle gebracht. »Sky hat einen schlimmen Rücken. Er kann nicht heben.«

»Ist Sky Ihr Mann?« fragte Hsun-ching, als sie den riesigen Metallschreibtisch über den mit Farbklecksen bedeckten Fußboden schoben. Sie ließ ein schrilles Lachen hören. Dann sagte sie, Sky sei eine Art Lehrer, der ihr ein wenig unter die Arme greife, indem er ihr diesen Raum für nur hundert Dollar im Monat vermiete und ihr freien Malunterricht gebe.

Hsun-ching fielen einige ungerahmte Bilder auf, die dort, wo der Schreibtisch gestanden hatte, an der Wand lehnten. Als er danach fragte, seufzte Alison und sagte, es seien ihre Bilder. Während Hsun-ching sie sich ansah, zündete sie sich eine Zigarette an und lehnte sich gegen den Schreibtisch. Es waren alles Porträts ganz gewöhnlich aussehender Menschen, jedoch in einem kühnen, impressionistischen Stil gemalt. Das Porträt einer sitzenden alten Frau, das mit kräftigen Rot-, Braun- und Orangetönen gemalt war, schienen buchstäblich in Flammen zu stehen.

Hsun-ching starrte das Bild mit offenem Mund an und drehte sich dann zu Alison um. »Das hier ist Kunst! Sie sollten Lehrerin sein und nicht Schülerin.«

Alison lachte, bis sie husten mußte. »Das soll wohl ein Witz sein. An meinem Zeug ist nichts originell! Bilder wie die hier sieht man in jeder Malschule für Kinder! Unsere Lebensläufe würden alle gleich ausschauen. ›Lieblingskünster: van Gogh; Lieblingsthema: Porträts wettergegerbter Gesichter; Hobbys: lange Spaziergänge im Regen und schwarzen Kaffee trinken.‹ Ich kann die Bilder anderer Maler nur gut imitieren, das ist alles. An dem, was ich male, ist nichts neu.«

Hsun-ching ließ sich jedoch nicht beirren. Ihre Bilder hatten mehr Eindruck auf ihn gemacht als jedes Gemälde von Sky, obwohl ihm die Tiere leid taten, die das Polystyrol schluckten. Alison erklärte ihm, er sehe nur das Äußere und erkenne nicht, daß hinter ihren Farben und ihrem Strich nichts stecke, während Skys Bilder vor Zorn und Angst geradezu explodierten. Wütend werden könne jeder, entgegnete Hsun-ching, während nur ein fähiger Künstler etwas Schönes schaffen könne.

»Das ist es ja gerade, wovon ich weg will! Ich habe schöne Kunst satt – sie ist so banal, sie engt einen so ein! Warum sollte Kunst nur schön sein? Moderne Künstler erweitern

die Grenzen immer mehr und definieren neu, was Kunst ist! Finden Sie das denn gar nicht aufregend?«
Hsun-ching ließ die Worte auf sich wirken. Er gab ihr darin recht, daß es wahrscheinlich aufregend sei, sich neue Kunstformen auszudenken. Aber trotzdem möge er ihre Bilder mehr als die häßlichen.
Hsun-ching war noch nie einem Künstler begegnet, so daß er Alison ehrfürchtige Scheu entgegenbrachte und nicht verstehen konnte, warum sie mit sich so streng war. Er vermochte sich nicht einmal vorzustellen, wie es wäre, so intellektuell zu sein, sich über etwas so Subtiles und Kompliziertes Gedanken zu machen, und einen Drang, ein Bedürfnis zu spüren, etwas zu erschaffen. Im Vergleich mit ihr fühlte er sich so primitiv! Seine Hauptsorgen waren Essen und Schlafen und sich um Wei-ching zu kümmern, das einzige, was er beherrschte, war Landwirtschaft. Wenn ich Alison wäre, dachte er, wäre ich so glücklich und stolz! Jeder Tag würde mir wie ein Abenteuer vorkommen, weil ich am Tag im Museum wäre, umgeben von Schönheit, und nachts würde ich noch mehr Schönheit erschaffen! Keine Sorgen wegen Dürre oder Flut oder Heuschrecken, die Ernten vernichten, und keine politischen Kampfversammlungen. Was für ein Leben! Er beneidete sie mehr als irgendeinen der Menschen, denen er bisher begegnet war. Und jetzt, da er ihr geholfen hatte, würde er ihre Einladung zum Essen ohne Schuldgefühle annehmen und mehr über ihr behütetes Leben erfahren.
Alison ging mit ihm in ihr Lieblingscafé um die Ecke. Für den Anfang bestellte sie eine Portion Nachos und einen Krug Bier. Hsun-ching, der noch nie Bier getrunken hatte, beschloß dennoch, davon mindestens soviel zu trinken wie Alison. Er war immerhin ein Mann, und es ist eine bedauerlich allgemeingültige Wahrheit, daß kein Mann den Gedanken ertragen kann, eine Frau könnte mehr essen, trinken, rauchen oder heben als er. Dieser Ent-

schluß stellte sich jedoch als Dummheit heraus, denn Alison mochte Bier und hatte im Biertrinken ziemliche Übung. Beide tranken ihre Krüge aus, bevor die Nachos kamen, und Hsun-ching wurde so rot im Gesicht, daß Alison glaubte, er bekäme gleich einen Schlaganfall. Zum Glück lehnte sie das Angebot des Kellners ab, ein neues Bier zu bringen, und bestellte statt dessen zwei Ginger Ale.

Leider konnte Hsun-ching die Nachos wegen des geschmolzenen Käses obendrauf nicht genießen. Er schaffte es, ein paar Chips ohne den obszön hellen Brei zu finden, aber auch die schienen ihm verdorben.

Als Alison sah, daß Hsun-ching mit den Nachos nicht zurechtkam, fragte sie ihn, was er möge, um ihm etwas anderes zu bestellen. Da er natürlich nichts von dem kannte, was auf der Speisekarte stand, bestellte ihm Alison am Ende Spaghetti. Ihr fiel dunkel ein, daß die Chinesen die Nudeln erfunden hatten und daß Marco Polo sie nach Italien mitgebracht hatte. Als die Spaghetti kamen, mußte Alison verblüfft feststellen, daß Hsun-ching seine Portion schon aufgegessen hatte, bevor sie ihre auch nur gewürzt hatte. Sie fragte ihn, ob er noch mehr davon wolle; tatsächlich hätte er leicht eine weitere Portion essen können, aber in China verlangt es die Höflichkeit, daß der Gast die Frage, ob er noch etwas wolle, stets zu verneinen hat. Der Gastgeber muß das Nein jedoch überhören und dem Gast trotzdem etwas auf den Teller geben. So wartete Hsun-ching hoffnungsvoll, doch in Amerika ist ein Nein ein Nein, was Hsun-chings Pech war. Alison zuckte mit den Schultern und aß ihre Spaghetti, während er ihr sehnsüchtig zusah und sich fragte, was er gesagt oder getan hatte, um diese plötzlich so kalte Behandlung zu verdienen.

Begierig, ihre Gunst wiederzugewinnen, und weil er erkannte, daß dies vielleicht seine einzige Chance war, ei-

nen richtigen Amerikaner kennenzulernen, erzählte Hsun-ching ihr, bis heute habe er alles, was er über Amerika wisse, aus chinesischen Zeitungen. »Wie sind die Amerikaner wirklich?« fragte er.
»Das ist ein weites Feld«, antwortete sie lachend. »Warum erzählen Sie mir nicht einfach, was Sie über uns gelesen haben, dann kann ich Ihnen sagen, ob es stimmt oder nicht.«
Hsun-ching zögerte, dieser Bitte nachzukommen, doch sie blieb hart und erklärte, sie werde nichts übelnehmen.
»Ich habe gelesen, daß Amerikaner kein *renging wei* haben, was ›menschliches Feingefühl‹ bedeutet. Zum Beispiel haben sie ihre Eltern nicht lieb, und ihre Eltern zwingen sie, das Elternhaus zu verlassen, wenn sie sechzehn Jahre alt sind. Wenn man danach seine Eltern besuchen will, muß man sie dafür bezahlen, daß man zu Hause essen oder schlafen darf. Wie in einem Hotel.«
»Nun, das stimmt nicht ganz«, erwiderte Alison. »Es ist so: Amerikaner lieben ihre Eltern zwar, aber wir streiten auch viel mit ihnen und *wollen* das Elternhaus verlassen, wenn wir mit der High-School fertig sind. Unsere Eltern geben uns keinen Fußtritt, das ist jedenfalls nicht die Regel. Wir wollen gern unabhängig sein. Wenn man danach seine Eltern besuchen will, muß man zwar keine Miete zahlen, aber sich damit abfinden, daß sie einem vorschreiben wollen, wie man zu leben hat. So sieht es jedenfalls bei mir aus.«
»Haben Sie Ihr Elternhaus mit sechzehn verlassen?« wollte er wissen.
Bevor sie antworten konnte, unterbrach sie der Kellner und fragte, ob einer von ihnen einen Nachtisch haben möchte. Alison bestellte sich ein Stück Blaubeer-Pie und fragte Hsun-ching, ob er etwas wolle.
»O nein, vielen Dank«, erwiderte er munter.
»Sind Sie sicher?« fragte sie.

»Ja, ich bin satt«, antwortete er, diesmal jedoch weniger munter. Das kann doch nicht ihr Ernst sein, dachte er – natürlich wird sie mir etwas bestellen.
»Mein Gast dankt, fürchte ich«, sagte sie zum Kellner, und Hsun-ching wurde mutlos.
»Nein, ich war siebzehn, als ich aufs College kam. Im Vergleich zu den meisten hatte ich eine ziemlich leichte Kindheit, würde ich sagen, habe mich aber trotzdem viel mit meinen Eltern gestritten.«
»Warum?«
»Warum?« fragte sie lachend. »Warum nicht? Ich wollte nicht so sein wie sie. Mein Vater verkauft Lampen, und meine Mutter wischt Staub – sie lebt, um Staub zu wischen. Und wenn sie nicht damit beschäftigt sind, sitzen sie beide vor dem Fernseher. Sie werden einfach nur älter und dicker und miesepetriger und haben nichts, worauf sie sich freuen können, außer ihrem alljährlichen Trip nach Florida, wo sie sich einen Sonnenbrand holen.«
»Sie haben einen eigenen Fernseher?« fragte Hsun-ching neidisch. Alison schämte sich plötzlich; vielleicht kam einem Chinesen das Leben ihrer Eltern befriedigend vor. Sie sagte, diese kämen mit ihrer Art zu leben wunderbar zurecht, doch sie wolle etwas anderes. Sie wolle in einer Stadt leben und Menschen aus der ganzen Welt kennenlernen und Freunde mit gleichen Interessen haben, doch ihre Eltern hätten sich gewünscht, daß sie in ihrer Heimatstadt bleibt, einen netten, langweiligen Mann heiratet und Kinder produziert. Sie habe ihr Elternhaus verlassen, um dem zu entfliehen. Sie habe keine Lust, sich Vorschriften machen zu lassen.
Unterdessen sah Hsun-ching zu, wie sie ihren Pie aufaß. Der Anblick all dieser dunklen, saftigen Beeren ließ ihn fast in Ohnmacht fallen. Als nur noch ein Bissen übrig war, fragte Alison, ob er wirklich nichts davon probieren wolle. Die Höflichkeit erlaubte ihm noch immer nicht, das

anzunehmen, obwohl seine Augen sie flehentlich anblickten. Doch sie zuckte nur mit den Schultern und ließ das Stück auf ihrem Teller. »Ich bin einfach zu satt, es aufzuessen.« Hsun-ching hätte um ein Haar aufgeschrien, als eine Bedienungshilfe den Teller mitnahm.

»Entschuldigen Sie mich, ich werde die Toilette benutzen«, sagte er plötzlich und rannte hinter der Bedienungshilfe in Richtung Küche her. Als er sicher war, daß Alison ihn nicht mehr sehen konnte, hielt er die Serviererin an, nahm sich das letzte Stück Pie und stopfte es in den Mund. Es war jedoch für seinen Geschmack viel zu süß, und am Ende fühlte er sich wieder ganz benommen.

Als er zum Tisch zurückkehrte, plärrte etwas von den Sex Pistols aus der Stereoanlage, und zwar so laut, daß der Fußboden vibrierte. «Was halten Sie von dieser Musik?« wollte Alison wissen.

»Warum ist sie so laut?« rief Hsun-ching.

»Damit man sie besser hören kann.«

Hsun-ching ließ sich das durch den Kopf gehen. »Ich halte sie für sehr interessant«, rief er, »aber es wäre besser, wenn der zornige Mann aufhören würde zu reden.«

»Er redet nicht, er singt! Dies ist wirkliche Musik – die Leute halten sie für stark!«

Hsun-ching nickte zwar, doch er kam zu dem Schluß, daß die Fremden die Musik im Verlauf ihrer Entwicklung offenkundig vernachlässigt hatten, wie fortgeschritten sie auf den Gebieten von Wissenschaft und Technologie auch sein mochten.

Nach dem Essen ging Alison mit ihm auf das Dach des Lagerhauses, wo sie einen wundervollen Ausblick auf die dunkle Bucht und die Lichter auf den Twin Peaks hatten. Es schaute aus, als hätte jemand einen riesigen Eimer voller Sterne über die Hügel ausgegossen. Hsun-ching fragte, ob alle amerikanischen Städte wie San Francisco aussähen.

»O nein. Deshalb bin ich hergekommen. Ich halte sie für die schönste Stadt, die wir haben. Aus welchem Teil Chinas kommen Sie?«
»Aus dem Südwesten. Schöne Landschaft, aber China ist ein sehr armes Land. Das Leben ist sehr hart.« Er erzählte ihr von der Kulturrevolution und daß man ihn für zehn Jahre aufs Land geschickt habe. Sie fragte, was er nach seiner Rückkehr tun wolle, und er gestand, darüber noch nicht viel nachgedacht zu haben.
»Wie kommt es, daß Sie nicht darüber nachdenken? Es ist doch Ihr Leben, oder? Gibt es denn nichts, was Sie gern tun würden?«
Hsun-ching dachte angestrengt nach und zuckte dann mit den Schultern. »Es gibt nur zwei Dinge, die ich kann: Lesen und Landwirtschaft. Landwirtschaft mag ich nicht, und das Lesen verschafft mir keinen Job.«
Alison rollte erstaunt mit den Augen. »Sie sprechen ein großartiges Englisch – wie viele Menschen in China beherrschen unsere Sprache? Denken Sie doch nur an all die Dinge, die Sie tun könnten, wenn wir die Beziehungen zu China normalisieren! Sie könnten Ihre Sprachstudien weiterführen oder einen Abschluß in Betriebswirtschaft machen und dann einen Laden eröffnen, in dem Sie den Amerikanern vielleicht Mao-Mützen verkaufen! Ich habe das Gefühl, Sie können alles tun, was Sie wollen.«
Hsun-ching lächelte bitter. »In China ist es anders als in Ihrem Land. In China sucht man sich keine Arbeit und kann sich auch nicht einfach an der Universität einschreiben. Für mich ist es unmöglich. Die Regierung entscheidet für mich. Ich bin wegen politischer Verbrechen mit zehn Jahren Landarbeit bestraft worden, und jetzt bin ich nur ein Bauer. Und außerdem habe ich keine Hintertür, um etwas zu erreichen.«
»Was ist eine Hintertür?« fragte sie.
»Sie wissen nicht, was eine Hintertür ist? Das ist … wenn

man einen Job will und einen Onkel hat, der den Vorarbeiter kennt. Dann bittet man den Onkel um Hilfe.«

»Wenn das so ist, sollten Sie vielleicht nicht zurückgehen«, dachte Alison laut. »In ein paar Jahren könnten Sie genug Geld verdienen, um sich einen guten Anwalt zu leisten, der Ihnen eine Aufenthaltsgenehmigung besorgt. Irgendwann könnten Sie amerikanischer Staatsbürger werden. Das tun viele Menschen, müssen Sie wissen. Mein Vater auch. Er stammt aus Deutschland.«

Hsun-ching starrte sie völlig verblüfft an. Solch ein Gedanke war ihm noch nie gekommen, und sollte es doch passiert sein, hatte er ihn so erfolgreich verdrängt, daß er sich nicht einmal daran erinnern konnte.

»Ich meine, Sie haben es immerhin geschafft, unbemerkt ins Land zu kommen», fuhr sie fort, »und das ist etwas, was viele Menschen in der ganzen Welt liebend gern täten, wenn sie nur könnten. Warum zurückgehen, wenn es nichts gibt, worauf Sie sich freuen können? Wenn Sie erst mal die Staatsbürgerschaft haben, wird es Amerikanern vielleicht schon erlaubt sein, nach China zu reisen, und dann können Sie Ihrem Meister auch das Sutra bringen.«

Es war undenkbar. Was wäre, wenn Wei-ching starb, bevor Hsun-ching nach China zurückkehren konnte? »Es ist … es ist unmöglich«, sagte er voller Schuldbewußtsein, so etwas überhaupt in Betracht gezogen zu haben.

Alison bemerkte, daß sie sich um Hsun-chings willen ziemlich erregt hatte, und mußte unwillkürlich lachen. »Hör sich das einer an, ich will Ihnen vorschreiben, wie Ihr Leben auszusehen hat! Dabei schaffe ich es nicht mal, mein eigenes in Ordnung zu bringen, und ausgerechnet ich sage Ihnen, wie Sie zu leben haben! Ich rede wie mein Vater! Ich will Ihnen mal erzählen, wie konfus ich bin, damit Sie sich nicht schlecht fühlen: Ich habe Malerei studiert, als mein Vater mir nahelegte, Betriebswirtschaft zu studieren. Ich sagte, ich wolle etwas tun, was mir Spaß macht, und er sagte, ich würde als Sekretärin enden. Und wissen Sie was? Er hatte recht! Ich sitze wie eine Million anderer Künstler in einem Museum und lecke Briefumschläge und erkenne erst jetzt allmählich, daß ich als Malerin vielleicht gar kein großes Talent besitze. Sie sollten sich von mir also lieber keine Ratschläge geben lassen, bei gar nichts.«

Als Alison ihn unten am Hafen absetzte, schrieb sie die Adresse des Dharma-Instituts auf die Rückseite eines Kaugummipapiers, damit er am Montag hinfinden konnte. Sie schrieb ihm auch die Adresse von Skys Studio auf. »Wie ich schon sagte, seine Ausstellung wird morgen abend eröffnet. Wenn Sie vorbeikommen wollen, wäre es für die Leute bestimmt sehr aufregend, Sie kennenzulernen. Und Sie könnten sie dann auch fragen, ob sie ihre Eltern lieben oder nicht!«

Hsun-ching bedankte sich für all ihre Hilfe und versprach, zu der Party zu kommen, falls es ihm möglich sei. Statt direkt zum Schiff zu gehen, beschloß er, sich die Bar anzusehen. Vielleicht waren der Oberst und Kapitän Wong dort schon fertig. Er hielt es für einen aufregenden Gedanken, den Oberst mit den Fremden boxen zu sehen. Doch als er näher kam, hörte er ein Gebrüll. Ein Mann flog durch die Eingangstür auf die Straße, und da wußte Hsun-ching, daß etwas furchtbar schiefgegangen war.

XVII

Das Lokal war ursprünglich ein Lagerhaus gewesen, doch 1965 hatten einige pensionierte Hafenarbeiter es gekauft und in einen Club für Stauer und Seeleute verwandelt. Das gab jedem, der mit dem Hafen zu tun hatte, eine bequeme Möglichkeit, etwas zu trinken und mal abzuschalten und nicht mit Bankern oder College-Studenten um einen freien Tisch kämpfen zu müssen. Und die Trainingshalle machte es überflüssig, sich mit Fremden oder Kollegen zu prügeln. Wer Lust hatte zu boxen, konnte in den Ring steigen oder aber auf andere wetten, die boxen wollten. So bot der Club zwei der beliebtesten traditionellen Unterhaltungsformen unter Seeleuten: Hier konnten sie trinken und sich prügeln. Die Jagd auf Frauen, eine weitere, bei Männern aller Berufsgruppen beliebte Tradition, mußte

jedoch woanders stattfinden; Frauen waren im Club zwar zugelassen, aber nur, wenn sie zur See fuhren oder im Hafen arbeiteten. Das bedeutete, daß jeder, der einen Kniff in ein weibliches Hinterteil riskierte, darauf gefaßt sein mußte, einen Ellbogen ans Kinn zu bekommen.
Während Hsun-ching zum Museum of Asian Antiquities unterwegs war, war Kapitän Wong mit dem Oberst zum Club gegangen. Er erklärte dem Rausschmeißer, ein chinesischer Boxer sei in die Stadt gekommen. Der Türsteher begrüßte Wong mit einem herzhaften Schlag auf den Rücken. Er begrüßte auch den Oberst und reichte ihm die Hand, doch dieser reagierte nicht darauf, da er kein Englisch verstand.
»Geben Sie ihm die Hand, er will sie Ihnen schütteln«, sagte Wong. »Das ist bei den Fremden so Sitte.«
Der Oberst streckte die Hand aus. Wie gewohnt preßte der Rausschmeißer fest zu, um zu zeigen, wie männlich er zudrücken konnte.
»Er quetscht mir die Hand und schüttelt sie nicht«, beschwerte sich der Oberst bei Wong.
Wong lachte. »Ja, und das beweist, daß er ein Mann ist! Geben Sie's ihm doch zurück und zeigen Sie ihm, wie stark Sie sind!«
Der Oberst hob zweifelnd eine Augenbraue und sah dann den Rausschmeißer an. Dieser grinste. Der Oberst grinste zurück. Das Gesicht des Rausschmeißers wurde gespannt, verzerrte sich und wurde bleich. »Verdammt!« rief er aus und riß mühsam die Hand los.
Kapitän Wong klatschte sich auf die Schenkel und lachte schallend. Dann sagte er zu dem Türsteher: »Sehen Sie? Chinesisches Boxen! Hahaha!«
Der Rausschmeißer rieb sich die Hand und brachte die beiden zu dem behelfsmäßigen Boxring. Es war noch Nachmittag, so daß die Sitzreihen im Saal leer waren, und an der Bar standen nur wenige Männer. Ein Mann war

gerade dabei, den Ring mit einem nassen Mop zu wischen. Kapitän Wong ging zu ihm hinüber, begrüßte ihn und stellte ihm dann den Oberst vor.

»Meister Sun, dies ist Bill McKeefrey. Er ist der Geschäftsführer.« Der Oberst nickte und gab ihm die Hand.

»Bill, dies ist Mr. Sun. Er spricht kein Englisch, aber du kannst ihm die Hand schütteln, wenn du willst!«

»Laß die Hand nicht an dich rankommen«, sagte der Rausschmeißer wütend. Bill lehnte den nassen Mop gegen die Seile und kaute eine Zeitlang auf seiner Zigarre herum. Er sah den Oberst an und verzog das Gesicht.

»In deinem Telegramm hieß es, es sei ein kräftiger Bursche. Der ist aber kein Schwergewicht.«

Wong grinste und erwiderte: »Das sagst du nur, weil du ihn noch nicht hast kämpfen sehen! Er ist schon in der Lage, auf sich aufzupassen.«

Bill schüttelte den Kopf. »Ich kann diesen Burschen nicht in den Ring lassen. Ich kann keinen Chinesen mit einem gebrochenen Hals gebrauchen.«

Wong steckte die Hände langsam in die Taschen. Die Augen noch auf Bill gerichtet, sagte er zu dem Oberst: »Er glaubt nicht, daß Sie stark genug sind. Sehen Sie den ledernen Sandsack, der da drüben von der Decke hängt? Trommeln Sie ein paarmal mit den Fäusten drauf und zeigen Sie ihm, wie chinesisches Boxen aussieht.«

Der Oberst ließ ein ärgerliches Zischen hören. Irgend so ein kleiner Mann mit einem Mop war der Meinung, er sei nicht stark genug zu kämpfen! Er überlegte kurz, ob er statt des Sandsacks lieber auf diesen Mann einschlagen sollte, kam dann aber zu dem Schluß, daß es wohl am besten sei, dem Vorschlag des Kapitäns zu folgen, da Wong sich mit diesen Ausländern auskannte. Der Oberst ging zu dem Sandsack hinüber und betastete ihn. »Wie hart soll ich denn zuschlagen?« fragte er.

»So fest Sie nur können.«

Der Oberst musterte den kleinen Mann, der auf seiner nassen Zigarre herumkaute, und blickte dann wieder auf den Sandsack. Dieser baumelte an einer Kette, die an einem in der Decke befestigten eisernen Haken hing. Seine Oberlippe zuckte; er suchte sich eine Stelle auf dem Sandsack aus und drehte sich aus der Hüfte. Seine Faust stieß mit solcher Wucht gegen den Sandsack, daß dieser einknickte. Der eiserne Haken wurde aus der Decke gerissen und ließ einen Hagel von Stuck und Holzsplittern auf den Fußboden regnen. Der Sandsack landete auf einem Holzstuhl und zertrümmerte ihn.

Der Mann mit der Zigarre hörte auf zu kauen. Der Rausschmeißer hörte auf, sich die Hand zu reiben, und stieß hervor: »Hol mich ... der Teufel!«

»Wie du siehst«, sagte Wong, «brauchst du dir um den keine Gedanken zu machen. Ich habe ihn für diesen Kampf zwölftausend Kilometer hergefahren. Behaupte also nicht, daß er zu klein ist.«

Bill kaute nachdenklich auf seiner Zigarre und erklärte dann: »Na schön, von mir aus. Bring ihn am Dienstag mit. Dann fängt das Boxen wieder an.«

Kapitän Wongs Unterkiefer klappte herunter. »Was soll das heißen, Dienstag. Es ist Freitagabend! Jetzt ist Wochenende! Am Wochenende finden die Boxkämpfe statt!«

Bill spie abgekaute Zigarrenkrümel aus und grinste. »Nicht mehr. An den Wochenenden haben wir jetzt etwas, was mehr Leute anzieht. Geboxt wird dienstags.«

Kapitän Wongs Gesicht lief purpurrot an. »Aber das ist unmöglich! Am Dienstagmorgen laufen wir aus! Wir müssen es jetzt machen!«

Bill schüttelte den Kopf und lachte. »Tut mir leid, Käpt'n, da geht nichts. Aber hör mal, ich habe eine Idee. Ihr seid trotzdem nicht umsonst gekommen. Laß deinen Mann doch heute abend mitmachen! Wenn er gewinnt, holst du doppelt soviel Geld rein wie an einem Boxabend.«

Wongs Mund öffnete und schloß sich wie bei einem Fisch auf dem Trockenen. »Mitmachen? Wobei mitmachen?« stieß er hervor.

»Bei der heißesten Sache, die gerade läuft«, antwortete Bill. »In Australien ist es schon ganz groß, und in ein paar Jahren wird es sich überall in Amerika durchgesetzt haben: Zwergewerfen. Man heuert einen Zwerg an, der einen Spezialanzug trägt und einen Helm, und dann kommt es darauf an, wie weit die Leute ihn werfen können. Man wettet auf den, dem man die größte Weite zutraut. Eine einfache Sache. Und dein Mann sieht klein aus; kein Mensch wird glauben, daß er einen Zwerg weiter werfen kann als einen Meter. Seine Gewinnquoten werden gigantisch sein. Wenn er einen Zwerg auch nur halb so gut werfen kann, wie er auf Sandsäcke eindrischt, wirst du morgen ein reicher Mann sein.«

»Das gibt's doch einfach nicht«, sagte Kapitän Wong, als er mit dem Oberst die Battery Street hinunterging.

Oberst Sun zuckte mit den Schultern. »Wo liegt der Unterschied? Ob ich nun jemanden k.o. schlage oder ihn quer durch einen Raum werfe, gewinnen werde ich trotzdem.«

Wong sah ihn mit hochgezogenen Augenbrauen an. »Was macht Sie so sicher? Sie sind ein großartiger Kämpfer, da besteht gar kein Zweifel, und darauf würde ich alles verwetten, was ich habe. Aber haben Sie ein paar von diesen Fremden gesehen? Das sind Riesen! Es ist eine körperliche Sache – die werden so erzogen. Und essen dauernd rohes Fleisch. Wie wollen Sie mit denen mithalten? Wir reden hier nur von Muskelkraft, mit Grips hat das nichts zu tun. Wie kommen Sie darauf, Sie seien stärker als jeder von ihnen?«

»Jetzt hören Sie mir mal zu«, zischte der Oberst. «Ich werde den Wettbewerb gewinnen, und nun Schluß damit! Außerdem habe ich Hunger. Sie bringen mich jetzt ir-

gendwohin, wo wir etwas zu essen bekommen können, und dann hören Sie auf zu jammern.«
Kapitän Wong schloß resigniert die Augen, seufzte und sagte: »Was für eine Art Essen wollen Sie?«
»Wir sind in Amerika. Ich will amerikanisches Essen.«
»Sind Sie sicher?« hakte Wong nach. »Die meisten Chinesen halten es für unverdaulich.«
»Ich habe keine Angst vor ausländischem Essen. Was für Arten gibt es?«
»Es gibt zwei Arten«, sagte Kapitän Wong. »Einmal Steak – das ist das rohe Fleisch, von dem ich Ihnen schon erzählte –, und dann noch ›Fast food‹. Wir haben nicht viel Zeit, also sollten wir etwas davon nehmen.«
Als sie durch das Bankenviertel schlenderten, gab sich Wong die größte Mühe, den Oberst in die amerikanische Geschichte einzuführen. »Dies ist eine Nation von Einwanderern. Die meisten Menschen, die nach Amerika kommen, waren zu Hause arm und hofften, hier ein Vermögen zu machen. Deswegen denken die Amerikaner Tag und Nacht nur ans Geldverdienen. Und das ist auch der Grund, weshalb sie im Vergleich zu uns Chinesen roh und unzivilisiert sind. Wenn ich in Amerika in ein fremdes Haus komme und über einen Stuhl stolpere, würde ich den Gastgeber verklagen, weil er das zugelassen hat, damit ich so zu Geld komme und reich werde! In China würde ich mich natürlich für meine Ungeschicklichkeit entschuldigen und mir Vorwürfe machen, weil ich nicht aufgepaßt habe. Immerhin habe ich Augen im Kopf, nicht wahr?
Mit anderen Worten: Für Geld tun sie alles. Und sie wollen es schnell – sie mögen es nicht, Zeit zu verschwenden. Sie machen alles schnell! Aus diesem Grund haben sie auch ›Fast food‹ erfunden. Es ist schon zubereitet, und man braucht es nur noch zu bestellen. Es wird einem sogar schnell überreicht! Sie werden sehen.«

Wong machte einen kurzen Umweg, um dem Oberst die Halle eines großen Hotels zu zeigen. Diesem kam es vor, als befände er sich im Innern einer durchsichtigen Pyramide. Die Halle war fast zwanzig Stockwerke hoch, und von den Geländern jedes Stockwerks ergossen sich Kaskaden von Efeu. Ein reflektierender Pool, dessen Wasser glatt war wie ein Spiegel, lag in der Mitte der Halle, umgeben von üppig belaubten Bäumen in Kübeln. Über die vier Ränder des Pools ergoß sich eine ungebrochene Wasserwand und ließ dabei ein leise zischendes Geräusch hören. Der Oberst zuckte zusammen, ging zu einem Baum in einem Kübel hinüber und begann sich die Hosen zu öffnen.

»Was tun Sie da?« fragte Wong.

»Ich muß pinkeln«, sagte der Oberst und fingerte an seiner Schärpe.

»Nein, nein, das können Sie hier nicht machen! Kommen Sie mit!«

Sie eilten in die Herrentoilette, wo sich der Oberst erleichterte und schwer seufzte. »Immer wenn ich Wasser laufen höre«, sagte er, »muß ich pinkeln. Es spielt keine Rolle, wo ich mich befinde oder was ich gerade tue. Jeder hat eine Schwäche.«

Als sie wieder in der Halle waren, begleitete ein Quartett von Musikern im Smoking die leise Unterhaltung der Menschen, die auf üppig gepolsterten Sofas saßen und an ihren Getränken nippten oder im Hotelrestaurant aßen. Ein gläserner Fahrstuhl fuhr hinter ihnen völlig lautlos hinauf und hinunter. In den Augen des Obersts schienen die klaren Linien der Architektur, das überwältigende Ausmaß des Innenraums und das vollkommene Gleichgewicht von Stein, Wasser und Vegetation nicht von dieser Welt zu sein. Er wußte nicht, ob der Anblick schön oder schauerlich war, da er keinerlei Vergleichsmöglichkeit hatte.

»Wenn dies das Ergebnis ist, wenn Menschen unzivilisiert sind«, erklärte er schließlich, »sollten wir uns vielleicht überlegen, primitiver zu werden.«
Wong lachte. Trotz all ihrer moralischen Verkommenheit und ihres unmöglichen Benehmens, sagte er, seien die Amerikaner zu großen Dingen fähig. »Ich erinnere mich noch an den Tag, an dem sie einen Mann zum Mond schickten. Alle Männer auf meinem Schiff gingen an Deck und riefen Hurra. Es war egal, ob man Amerikaner oder Chinese oder sonst etwas war – an jenem Tag war die ganze Welt stolz.«
»Sie haben einen Mann zum Mond geschickt?«
Wong sah den Oberst verständnislos an. »Wollen Sie etwa sagen, daß Sie auch das nicht wissen?«
Oberst Sun sah zur Seite. Es schien eine große Leistung zu sein, einen Mann zum Mond zu schicken, aber da er keine Vorstellung davon hatte, wie weit der Mond entfernt war, und auch nicht wußte, daß es im Weltraum keine Luft gibt oder wieviel Kraft nötig ist, um einen Gegenstand gegen die Schwerkraft der Erde ins All zu befördern, beeindruckte ihn diese Nachricht nicht sonderlich.
Eine Asiatin in einem Silberfuchsmantel ging vorbei. Ist das eine Mongolin? fragte sich der Oberst. Die Mongolen hatten jahrhundertelang den größten Teil Asiens beherrscht, dann aber die Macht verloren und waren anschließend aus dem Blickfeld verschwunden. Möglicherweise waren sie nach Amerika ausgewandert, dachte der Oberst. Dies ist vielleicht die Frau eines Häuptlings.
»Verstehen Sie, was ich über die Kommunisten sagen wollte?« ließ sich Wong vernehmen. »Sie tun alles, um das Volk unwissend zu halten! Die Amerikaner haben vor fast zehn Jahren einen Mann zum Mond geschickt, und seitdem noch einige andere! Können Sie sich das vorstellen? Ein *huochien* – eine Rakete – brachte sie bis zum Mond. Die

Männer hatten sogar ein kleines Gefährt mitgenommen, damit sie da oben herumfahren konnten!«
Huochien bedeutet »Feuerpfeil«; der Oberst versuchte sich vorzustellen, wie sich eine Gruppe von Männern am Schaft eines großen Pfeils festklammerte, als dieser von einem riesigen Bogen abgeschossen wurde, und fragte sich, wie die Männer bei der Landung überleben konnten.
»Was haben sie da oben gefunden? Gab es dort Menschen?« fragte er und versuchte, seinem Tonfall höfliches Interesse anmerken zu lassen.
»Nein. Nur Staub und Felsen. Es ist ein sehr staubiges Gestirn.«
»Und was ist mit diesen Männern passiert?« wollte der Oberst wissen. Er ging davon aus, daß sie ohne Hilfe der lokalen Bevölkerung oder geeignetes Material nie einen Bogen bauen konnten, der groß genug war, sie wieder auf die Erde zurückzuschießen. Er stellte sich die armen Forschungsreisenden vor, wie sie auf einem Feld voller Felsen am Schaft ihres großen Pfeils saßen, ohne etwas tun zu können und ohne jede Hoffnung, ihre Familien wiederzusehen.
»Wer weiß?« erwiderte Wong. »Heute schickt Amerika jedenfalls keine Männer mehr zum Mond.«
Sie verließen das Hotel, gingen ein paar Straßenblocks zu einem McDonald's am Rande von Chinatown und stellten sich ans hintere Ende der Schlange. Wong zeigte auf die Speisekarte, die über dem Tresen an der Decke hing. »Die Speisen sind auch auf chinesisch aufgeführt«, sagte er. »Bestellen Sie, was Sie wollen.«
Der Oberst blinzelte und blickte zu den chinesischen Schriftzeichen hinauf. Dann schüttelte er den Kopf und gestand Wong, er könne nicht lesen.
»Oh – na schön, dann lese ich Ihnen vor. Sie haben Hamburger, Cheeseburger, Pommes frites, Apfel- und Kirschpie, Milchshakes, Coke. Was wollen Sie haben?«

»Ich nehme das gleiche wie Sie.«
Kapitän Wong bestellte zwei Cheeseburger, Pommes frites und zwei große Coke. Auf dem Weg zu einem Tisch fiel dem Oberst eine große Kunststoffstatue von Ronald McDonald auf.
»Diese Statue zeigt Mr. McDonald«, erklärte Kapitän Wong. »Ihm gehören diese Restaurants.«
»Ist er Opernsänger? Warum ist sein Gesicht voller Farbe?«
»Nein«, antwortete Wong lachend. »Er ist ein Clown. In Amerika sehen Clowns so aus – die Leute halten das für komisch. Verstehen Sie? Er lächelt.«
Der Oberst schüttelte den Kopf. »Er hat ein weißes Gesicht. Weiß ist die Farbe des Todes, eine sehr schlechte Farbe.«
Als sie sich setzten, fiel dem Oberst eine weitere Plastikstatue auf. Sie stellte Bürgermeister McCheese dar, einen Cheeseburger mit menschlichen Zügen. Der Oberst runzelte die Stirn und zeigte darauf.
»Dieser Mann ist verunstaltet. Wie können sie solche Statuen in einem Restaurant aufstellen? Ich denke, das bringt Unglück.«
Der Oberst biß in seinen Cheeseburger, kaute eine Zeitlang auf dem Bissen herum und spie ihn dann auf das Tablett. Auf seinem Gesicht zeigte sich ein Ausdruck tiefen Mißtrauens. »So etwas habe ich noch nie probiert«, sagte er langsam. »Was für Fleisch ist das?«
»Es ist Rindfleisch«, antwortete Wong. »Amerika ist für sein Rindfleisch berühmt. Sie haben riesige Kühe hier. Das Fleisch ist viel zarter als alles, was man sonst auf der Welt bekommt. Was ist los? Mögen Sie es nicht?«
Der Oberst machte ein böses Gesicht und erwiderte: »Mir fiel gerade eine Geschichte über ein Restaurant in China ein. Sie haben doch von Wu Sung gehört, nicht wahr?«
»Dem Mann, der mit bloßen Händen den Tiger tötete?«

»Ja. Kurz bevor er den Tiger tötete, ging er in ein Restaurant, um etwas zu essen. Es gab Fleischpastetchen. Wie sich herausstellte, war der Inhaber des Restaurants geisteskrank, ein Mörder. Er brachte Menschen um und verarbeitete sie zu Hackfleisch und Pastetchen, die er dann als Lebensmittel verkaufte. Wu Sung fand das heraus und brachte den Mann natürlich um.« Der Oberst zeigte auf die Statue von Ronald McDodnald. »Es würde mich nicht überraschen, wenn auch dieser Mann zu so etwas fähig wäre! Sehen Sie sich sein irres Grinsen an! Es sieht aus, als wäre sein Mund blutverschmiert.«
Kapitän Wong schüttelte den Kopf. »Hören Sie zu. Ich kann Sie beruhigen. Ich will Ihnen mal erzählen, warum es für McDonald's unmöglich wäre, Menschen zu Hamburgern zu zermahlen. Diese Restaurantkette ist eins der größten Unternehmen der Welt – bis jetzt haben sie bereits Millionen und aber Millionen von Hamburgern serviert! Wenn sie dazu Menschenfleisch verwendeten, wäre inzwischen schon die gesamte Bevölkerung der Erde verschwunden! Also keine Aufregung – entspannen Sie sich und essen Sie. Sie brauchen Ihre ganze Kraft für heute abend.«

Zwei Stunden später drängten sich dreihundertneunundzwanzig hochgewachsene Menschen und ein Zwerg in der Kneipe mit der Boxhalle. Die Feuerwehr hätte das Lokal wegen Überfüllung geschlossen. »Bei den Faustkämpfen hatten wir nicht annähernd so viele Leute hier«, sagte Bill zu Kapitän Wong. »Dieses Zwergewerfen wird mich noch zu einem reichen Mann machen.«
»Was habe ich zu tun?« fragte der Oberst.
»Soviel ich weiß«, antwortete Wong, »müssen Sie diesen Mann so weit werfen wie nur möglich.« Er wies auf den Zwerg, der einen roten Nylonoverall trug, eine Art Geschirr mit Tragegurten und einen weißen Schutzhelm aus Kunststoff.

Bill führte sie in die Bar, wo ein riesiger Mann mit schulterlangem rotem Haar, einem Schnauzbart, einem Gesicht voller Pockennarben und einem riesigen Bierbauch stand. Er trank das Bier so gierig aus dem Krug, daß sein Schnauzbart voller Schaum war und die Vorderseite seiner Tarnjacke völlig durchnäßt wurde. Er war gut zwei Meter groß, und seine Arme waren so dick wie die Beine des Obersts.

»Das ist Red«, sagte Bill zu Wong. »Beim Zwergewerfen ist er der Meister aller Klassen. Es hat noch niemand diese Bar betreten, der auch nur halb so weit werfen kann wie er. Und das hier ist mein Freund Kapitän Wong.«

Red rülpste und lächelte Wong an.

»Und das hier ist sein Freund Mr. Sun«, sagte Bill zu Red. »Er ist sogar aus China hergekommen, um zu boxen, aber da wir heute abend kein Boxen haben, hat er gesagt, daß er diesen mickrigen Zwerg quer durch den ganzen Laden schmeißen wird!«

Red sah auf die Füße des Obersts, und dann wanderte sein Blick langsam bis zu dessen Gesicht hoch. Er ließ ein brüllendes Lachen hören und besprühte den Oberst dabei mit Bierschaum.

Oberst Suns Augen wurden zu schmalen Schlitzen. »Worüber lacht er?« fragte er Wong.

»Keine Aufregung jetzt«, sagte Wong. »Wenn der Wettbewerb zu Ende ist, können Sie ihn auslachen.«

»Ich mag ihn nicht«, erklärte der Oberst. Wong wurde ein wenig nervös und fragte Bill: »Hör mal, können wir uns irgendwo hinsetzen und etwas trinken, bevor es losgeht?«

Bill führte sie zu einem Tisch und sagte: »Ich will dir mal etwas Komisches über Red erzählen. Er hat eine sehr hohe Stimme, so daß er nicht gern spricht. Er hört sich an wie eine dieser Schwuchteln drüben in der Castro Street! Kannst du dir das vorstellen? Hahaha!« Bill lachte über seine Bemerkung und schlug Wong auf den Rücken, doch Kapitän Wong war alles andere als glücklich. Er war keineswegs überzeugt, daß der Oberst gewinnen konnte, und fragte sich, wie er seinen Wetteinsatz bei diesem Wettbewerb berechnen sollte.

»Kannst du mir einen Gefallen tun?« fragte Wong Bill. »Da Mr. Sun und ich noch nie ein Zwergewerfen gesehen haben, können wir gar nicht beurteilen, ob er überhaupt eine Siegeschance hat. Ob du Red vielleicht bitten könntest, den Zwerg einmal zu werfen, damit wir sehen, was auf uns zukommt?« Bill sog einmal an seiner kalten Zigarre und lächelte. »Aber sicher! Warum fragt dein Freund ihn nicht selbst? Hahaha!«

Wong schüttelte den Kopf und zupfte an seinem Glücksbringer, dem langen Haar am Leberfleck. Wenn ein Spiel erst mal abgemacht war, wettete er für sein Leben gern. Er mußte nur wissen, ob der Oberst den Zwerg tatsächlich weiter werfen konnte als Red – dann würde er alles arrangieren. Wenn der Oberst der stärkere der beiden war, würde er ihm befehlen, einfach nur still dazusitzen und schwach auszusehen, damit seine Gewinnquoten in die Höhe schnellten. Dann würde Wong alles auf ihn setzen und abräumen. Und wenn der Oberst den Zwerg nicht so weit zu werfen vermochte, war damit noch längst nicht alles verloren; Wong konnte in diesem Fall immer noch einen Faustkampf zwischen den beiden provozieren, und der Oberst würde Red vorführen, was chinesisches Boxen ist. Dann würden die Leute ihr Geld vielleicht auf den Oberst setzen. Wenn es so ablief, würde Wong sein Geld auf Red setzen und immer noch vorn liegen. Wenn der Oberst im Faustkampf unterlag, würde er, Wong, zumindest kein Geld verlieren.

»Hören Sie, Meister Sun«, sagte er, »ich weiß, daß Sie diesen Mann in einem Boxkampf schlagen könnten, aber bei diesem Wettbewerb kenne ich mich nicht aus. Wie können Sie sicher sein, daß Sie gewinnen werden, wenn Sie so etwas noch nie gemacht haben?«

Der Oberst wandte langsam den Kopf. Er starrte Wong an, ohne zu blinzeln, bis der Kapitän den Blick senken mußte. »Setzen Sie Ihr Geld einfach auf den, der Ihrer Meinung nach gewinnen wird«, sagte der Oberst. Seine Stimme hörte sich ruhig an, doch so, wie er aussah, kam Kapitän Wong zu dem Schluß, daß eine ehrliche Wette letztlich vielleicht am sichersten war.

Der Oberst beobachtete zornig, wie die Rausschmeißer in der Nähe der Tür zur Bar ein paar Schaumstoffmatten hinlegten. Unterdessen marschierte der Zwerg im Raum herum, knickte in der Hüfte ein, bückte sich tief und ließ zur Vorbereitung auf das, was ihm bevorstand, die Knöchel knacken. Als Red mit schwerfälligen Schritten von der Bar zu der Stelle ging, an der geworfen werden sollte, wichen die Zuschauer vor ihm zurück. Er legte dem Zwerg eine Hand auf den Kopf und reckte die andere, zur Faust geballt, in den Himmel. Die Menge brüllte zustimmend. Bill kaute glücklich auf seiner Zigarre herum, sprang auf seinen Tisch und rief: »So, Jungs, jetzt geht's los! Jetzt wird geschmissen!«

Die Menge johlte wieder.

»Okay, Matrosen«, verkündete Bill, »ihr kennt die Regeln. Wer sich stark genug fühlt, einen Versuch zu wagen, kommt zu mir rüber und sagt es, und dann gibt es die Ausscheidungskämpfe. Jeder Mann hat drei Würfe, und wir wetten auf den, den wir für den Sieger halten. Anschließend tritt der Sieger dieser Runde gegen Red an, und natürlich wird auch dann wieder gewettet. Und sollte jemand zufällig Red in dieser Runde schlagen, bekommt er den ›Schlagt Red‹-Jackpot, in dem sich seit letzter Woche zweihundertdreiundzwanzig Dollar befinden. Wer also meint, er könnte es schaffen, sollte ruhig einen Bruch riskieren.«

Mit diesen Worten hob Bill einen schweren Glaskrug voller Bargeld in die Luft, und die Menge johlte und stampfte mit den Füßen. Zwölf Männer begaben sich zu den Matten.
»Sie müssen mit denen da rübergehen», sagte Wong zum Oberst.
Als dieser sich zu den Teilnehmern stellte, ließ die Menge ein lautes Lachen hören. Neben Red und den anderen zwölf Männern, die sämtlich größer als einen Meter achtzig waren, sah der Oberst mit seiner uralten Lederrüstung und seiner ernsten Erscheinung winzig, wenn nicht gar seltsam aus. Das ließ ihn den Zuschauern nur noch komischer erscheinen, die inzwischen fast alle mit dem Finger auf ihn zeigten, sich auf die Schenkel klatschten und fast ihre Brezeln verschluckten.
»So, Männer, jetzt beruhigt euch wieder«, rief Bill. »Er kommt aus China und weiß also nicht, daß ihr hier euren Spaß haben sollt.« Die Nachricht, daß der zornige kleine Fremde aus China kam, löste bei den Zuschauern nur noch mehr Lärm aus. Aber am Ende schaffte Bill es, die Männer so weit zu beruhigen, daß er verkünden konnte, von jetzt an würden Wetten angenommen, und jeder habe zehn Minuten Zeit, sich zu entscheiden. Kleine Zettel und lautstark vorgebrachte Argumente gingen in der Menge hin und her, bis Bill schließlich mit einer Brechstange auf einen Mülltonnendeckel schlug und dem Zwerg zuschrie: »Helm bereit?«
Der Zwerg rückte den Helm zurecht. »Helm bereit!« rief er mit nasaler Stimme.
»Dann ... kann's losgehen!« schrie Bill, und die Menge spielte völlig verrückt. Kapitän Wong, der bei Vorwetten von vier zu eins bescheidene hundert Dollar auf den Oberst gesetzt hatte, kippte schnell einen Bourbon, kreuzte die Arme auf der Brust und seufzte.
Der Zwerg ging zu einem der Herausforderer hinüber,

baute sich vor ihm auf, reckte zum Zeichen, daß er bereit war, den Daumen in die Höhe und stellte sich dann mit dem Gesicht zu den Matten hin auf. Der Herausforderer, ein fleischiger Mann mit kahlem Kopf und einer riesigen Tätowierung auf dem rechten Arm, hob den Zwerg an den Tragegurten in die Höhe. Der Zwerg, der wie ein Torpedo mit dem Kopf in Richtung Matten hing, kreuzte die Arme auf der Brust und spannte sich an. Der Herausforderer ließ den Zwerg schwingen, einmal, zweimal, und warf ihn beim drittenmal auf die Matte. »Acht Fuß drei!« schrie Bill, der jetzt mit einem Maßband in der einen Hand und einem Bierkrug in der anderen am hinteren Ende des Raums stand. »Buuuh!« rief das Publikum. Alles, was unter neun Fuß lag, war nicht der Rede wert.
Der Mann mit der Tätowierung absolvierte seine drei Würfe, von denen jeder schlechter war als der vorhergehende. Der Zwerg ließ sich von einem Herausforderer nach dem anderen durch den Saal werfen. Am Ende blieb nur der Oberst übrig, den er sich bis zum Schluß aufgehoben hatte. Als dieser an der Reihe war, sagte der Zwerg zu ihm: »Bist du sicher, daß du es bis zur Matte schaffst, Opa? Ich hätte es nicht so gern, auf dem Fußboden zu landen.«
Selbst wenn der Oberst Englisch verstanden hätte, hätte er bei all den höhnischen Bemerkungen und dem Gelächter die Frage gar nicht gehört. Von den sechsunddreißig bisherigen Würfen waren elf Fuß fünf Zoll das beste Ergebnis, was auch nicht annähernd an Reds Rekord von fünfzehn Fuß zwei heranreichte. Red war inzwischen wieder an die Bar gegangen, um seinen Krug auffüllen zu lassen, nachdem klar war, daß er sich heute abend nicht würde überanstrengen müssen.
Der Oberst packte den Zwerg am Hosenboden und schleuderte ihn ohne jeden vorbereitenden Schwung durch die Luft. Kapitän Wong fiel bei diesem Wurf auf,

daß der Oberst den Zwerg nach unten zu werfen schien, was ihm seltsam vorkam. Der Zwerg landete mit einem schweren Klatscher auf der Matte und rutschte noch mehrere Fuß weiter.
»Herr im Himmel!« kreischte der Zwerg. »Er ist ein Irrer! Er hat versucht, mir das Genick zu brechen!«
Die Zuschauer waren seltsamerweise urplötzlich verstummt. Dann brüllte Bill: »Zwölf Fuß!« Daraufhin brach die Hölle los.
Der Oberst ignorierte all die Jubelrufe und das Klatschen auf den Rücken und bahnte sich einen Weg zu Wong. Dort beugte er sich hinunter und sagte: »Ich habe dieses Spiel schon jetzt satt. Sie kommen nun mit.«
Wong hatte das Gefühl, am besten zu tun, was der Oberst verlangte, und folgte ihm in die Arena.
»Sagen Sie diesem Mann«, der Oberst zeigte auf Bill, »daß ich die Sache beschleunigen möchte. Er soll diesen fetten Burschen mit dem roten Haar herschaffen.«
Wong übersetzte dies so diplomatisch wie möglich, und Bill rief aus: »Hört zu, Männer! Der Mann aus China hat es satt, auf Red zu warten! Er will, daß Red sofort herkommt, damit er ihm jetzt gleich in den Arsch treten kann!»
Die Menge war völlig aus dem Häuschen. Die Leute liebten es, wenn jemand die Zähne zeigte – vor allem wenn es so aussah, als würde die Herausforderung anschließend mit einer anständigen Prügelei enden. Red stellte seinen Bierkrug ab und schlenderte zu dem Oberst hinüber. »Sagen Sie ihm«, befahl der Oberst Wong, »daß dieses Spiel eine Sache für Schwächlinge ist.«
Kapitän Wong schluckte hart und sagte zu Red: »Er hält dieses Spiel nicht für hart genug.«
Die Zuschauermenge jubelte so laut, daß es den Anschein hatte, als würden einige der Männer gleich in Ohnmacht fallen. Dies war der größte Spaß, den die Männer seit Jahren erlebt hatten.

Der Oberst nahm dem Zwerg den Helm vom Kopf, warf ihn weg und wandte sich wieder Wong zu. »Sagen Sie diesem Gefangenen, daß er frei ist! Ich sorge dafür, daß er den Saal verlassen kann, ohne daß ihm jemand weh tut.«

»Aber, Meister Sun«, entgegnete Kapitän Wong mit zitternder Stimme, »er ist kein Gefangener, er ist ...«

»Es ist mir egal, ob er ein Gefangener ist oder nicht!« schrie der Oberst. »Er ist jetzt ein freier Mann. Teilen Sie ihm das mit!«

Wong wandte sich an den Zwerg. »Mr. Sun sagt ... er sagt, Sie sind jetzt ein freier Mann. Sie können gehen.«

»Dieser Scheißkerl soll mich in Ruhe lassen, das hier ist mein Job!« kreischte der Zwerg und stakste quer durch den Raum, um seinen Schutzhelm zu suchen.

Die Menge war inzwischen nicht mehr zu bändigen. Red, der allmählich spürte, daß man sich über ihn lustig machte, begann gefährlich auszusehen. Seine Adern traten hervor, als hätte man sie ihm aus einer Tube auf Stirn und Hals gedrückt. Er war purpurrot angelaufen.

»Und jetzt sagen Sie diesem fetten Burschen«, fuhr der Oberst fort, »daß wir diesen Wettbewerb mit der Verwendung eines ausgewachsenen Mannes beenden werden.«

»Er möchte einen ausgewachsenen Mann werfen«, verkündete Wong.

»Moment mal – wen denn?« fragte Bill, der langsam das Gefühl hatte, daß ihm die Dinge ein wenig zu entgleiten begannen.

Wong übersetzte für den Oberst. Der Oberst zeigte auf Wong. »Sie.«

»Mich?« jaulte Wong auf. »Ich laß mich doch nicht einfach durch die Gegend werfen ...«

»Wollen Sie Geld verdienen?« unterbrach ihn der Oberst. »Ich will Ihnen mal zeigen, wie! Ich habe diesen kleinen Mann Ihretwegen auf den Fußboden geworfen! Kein Mensch wird glauben, daß ich Sie weiter werfen werde als

dieser große rosige Dummkopf. Sie werden eine Menge Geld machen, aber selbst dafür arbeiten, statt diesen armen kleinen Mann mit dem Hut und den Lederriemen leiden zu lassen!«
Kapitän Wong erkannte, daß sich mit dem Oberst nicht streiten ließ. Er hatte schon jetzt achthundert Dollar gewonnen – wenn er davon sechshundert einsetzte und der Oberst verlor, würde er an diesem Abend trotzdem mit plus minus Null herauskommen. Wie anders sich alles entwickelte, als er es sich vorgestellt hatte! Chinesisches Boxen – er hatte ihnen allen beweisen wollen, daß ein guter chinesischer Boxer jeden Fremden, wie groß der auch sein mochte, zu Brei schlagen konnte. Statt dessen sah es jetzt so aus, als würde man nun ihn zu einem dümmlichen Wettbewerb wie einen Mehlsack durch die Luft schleudern, und dabei ließ sich nicht einmal Geld verdienen. Vor allem mißfiel ihm schon die bloße Vorstellung. Er war immerhin Kapitän eines Schiffs und fast sechzig Jahre alt. Allein die Demütigung, wenn in Hong Kong jemand davon erführe! Und was wäre, wenn er verletzt wurde?
»Was ist los?« fragte Bill. »Wir werden alle allmählich nervös.«
Kapitän Wong holte tief Luft und stellte sich dann auf Bills Tisch. »Hört mal zu!« schrie er. Die Menge wurde bemerkenswert schnell still; keiner wollte den Kampf und die anschließende Prügelei weiter verzögern.
»Ich werde mich werfen lassen«, schrie Wong, »aber nur, wenn es sich für mich lohnt. Ich sage, daß mein Freund gewinnen kann, und bin gewillt, darauf zu wetten. Wenn jemand bereit ist, dagegenzuhalten, werden wir herausfinden, wer recht hat. Wenn niemand bereit ist, eine anständige Wette zu halten, werde ich nach Hause gehen!«
Die Menschenmenge bewegte sich wie ein einziger Organismus und warf Wong ganze Fäuste voller Geld zu, um

Wetten zu plazieren. Als das Wetten beendet war – Bill hatte sich die Einsätze auf dem Unterarm notiert –, hatte Wong mehr als zweitausend Dollar auf seinen Lehrer gesetzt.
»In Ordnung, meine Herren«, sagte Bill lachend, »es ist Zeit, den Kapitän zu werfen!«
Er zeigte auf den Oberst. »Sie zuerst, Fremder.«
Der Oberst hielt drei Finger in die Höhe und sah Bill an.
»Richtig«, sagte Bill, »drei Würfe.«
Der Oberst packte Wong am Hemdkragen und am Hosenboden.
»Seien Sie vorsichtig«, bat ihn Wong.
Der Oberst schwang Wong einmal, zweimal und ließ beim drittenmal los. Wong landete klatschend auf der Matte.
»Genau acht Fuß!« verkündete Bill.
Red lachte den Oberst höhnisch aus. Dann packte er Wong und warf ihn wie beiläufig auf die Matte.
»Acht Fuß zehn!« schrie Bill. Die Menge johlte, wenn auch nicht so laut wie zuvor. Vor ihren Augen spielte sich jetzt etwas ab, was ihnen noch vor kurzem undenkbar erschienen war.
Der Oberst ging zu der Stelle auf der Matte hinüber, wo Wong zuletzt gelandet war. Er hob Wong hoch, ließ ihn einmal, zweimal schwingen und schickte ihn dann wie einen toten Dorsch klatschend auf die Matte.
Die Menschenmenge ließ ein Murmeln hören, und Bill rannte zu der Stelle hinüber, auf der Wong gelandet war. Er sah einen Moment lang hin und machte dann einen Luftsprung. »Neun Fuß zehn!« rief er aus, woraufhin die Menge wieder lebendig wurde. Wie war das möglich? Trotz der Tatsache, daß fast jeder gegen ihn gewettet hatte, war der Oberst dabei, jetzt die Sympathien eines Underdog zu gewinnen.
Red spürte das, und es gefiel ihm ganz und gar nicht. Es

war an der Zeit, beschloß er, den Burschen mit den gelben Augen und den Koteletten ein für allemal auf den Topf zu setzen. Er riß Wong mit grobem Griff hoch und schleifte ihn zur Abwurflinie. Diesmal nutzte Red tatsächlich seine Schwünge zum Aufwärmen aus, ließ bei »drei« einen schrillen Aufschrei hören und schleuderte Wong mit aller Kraft in die Luft.

»Zehn Fuß!« rief Bill mit heiserer Stimme aus, und jetzt hatte Red das Publikum zurückgewonnen. Keinem der Anwesenden war es gelungen, den Zwerg so weit zu werfen, geschweige denn den chinesischen Schiffskapitän. Red reckte die Fäuste in die Höhe, starrte den Oberst an und piepste: »Letzter Wurf, du Trottel!«

Beim Ertönen von Reds Piepsstimme kicherten ein paar Männer, doch als er herumfuhr und den Eindruck erweckte, als würde er jeden Augenblick Gift und Galle spucken, verstummte die Menge. Der Oberst sah sich die Stelle an, an der Wong auf die Matte gefallen war. Wong rieb sich dort am Kopf, wo er mit der Matte Bekanntschaft geschlossen hatte. Mit seiner anderen Hand rieb er sich das schmerzende rechte Knie, das aufgeschürft war und schnell anschwoll.

Der Oberst zog sich aus dem Wurfraum zurück, und die Zuschauer begannen zu buhen. »Nun mach schon, du feiger kleiner Scheißer!« kreischte Red.

Der Oberst blieb an der Bar stehen und gab Kapitän Wong ein Zeichen. Wong humpelte quer durch den Raum zum Tresen.

»Was nun?« fragte er.

Ohne zu antworten, packte der Oberst Wong und hielt ihn in Abwurfposition.

»He – was zum Teufel soll das?« heulte Wong.

Die Zuschauer glaubten ihren Augen nicht zu trauen. Meinte er es etwa ernst? Er war fünfzehn Fuß von den Matten entfernt! Wie auch immer, die Zuschauer liebten

diesen Moment mehr als irgendeinen anderen, an den sie sich zu erinnern vermochten.
»Das können Sie nicht machen!« flehte Wong. »Sie werden mich umbringen!«
»Sie werden es überleben«, knurrte der Oberst, »und denken Sie an all das schöne Geld, das wir verdienen werden. Sagen Sie ihnen, sie sollen die Tür aufmachen.«
»Er sagt, Tür aufmachen!« stöhnte Wong.
Der Oberst stellte sich breitbeinig hin und visierte sein Ziel an. Während er Wong schwingen ließ, der sich bei dem Versuch, sich zu befreien, bejammernswert an Oberst Suns Händen festklammerte, schrie die Menge: »Eins!«
Beim zweiten Schwung bedeckte Wong mit den Händen den Kopf. »Zwei!« brüllte die Menge.
Als der Oberst Wong vor dem Abwurf noch ein letztes Mal schwingen ließ, öffnete er die Augen, zitterte am ganzen Körper und stieß einen durchdringenden Schrei aus. Wong segelte durch die Luft, über die Matten hinweg, prallte jenseits von Bills Maßband auf den Fußboden und rutschte durch die Tür auf den Parkplatz. Er landete praktisch auf Hsun-ching, der gerade von dem Abendessen mit Alison zurückkehrte.
Die Zuschauermenge ließ keinen Laut hören. Es waren alles Männer, die von der Kraft ihrer Arme und Rücken lebten und eine sehr gute Vorstellung davon hatten, was sie bei einem Kräftemessen erwarten konnten. Was sie soeben gesehen hatten, hatte in dieser Vorstellung keinen Platz. Der häßliche kleine Kerl aus China hatte soeben einen hundertfünfzig Pfund schweren Mann mindestens fünfundzwanzig Fuß weit geschleudert, vielleicht sogar noch weiter. Dabei hatte sein Opfer nicht einmal Tragegurte, die einen besseren Griff ermöglicht hätten.
Der Oberst kam zu dem Schluß, daß es an der Zeit war, mit dem behaarten Burschen abzurechnen. Er ging steifbeinig zu Red hinüber, langte nach oben, tätschelte dem

Riesen die Wangen und lächelte. Red sah die entblößten Zähne des Obersts nur eine Sekunde lang; dann wurde sein Gesicht bleich, und er öffnete den Mund, um zu schreien, doch der Oberst ließ ihm keine Chance. Er packte Reds Schnurrbart, riß einen Teil davon aus und schleuderte den heulenden Riesen über einen Tisch hinweg.

Im Bruchteil einer Sekunde verwandelte sich Ehrfurcht in Wut, und die Zuschauermenge stürzte auf den Oberst zu. Hätte dieser grimmige kleine Mann aus China Wong zwölf oder selbst dreizehn Fuß weit geworfen, hätten sie ihn auf den Schultern getragen und zum König der Halle gekrönt. Sie hätten auch beim Anblick Reds, der gerade seinen halben Schnurrbart aufhob und seine Demütigung hinunterschluckte, laut gelacht. Doch fünfundzwanzig Fuß waren zuviel – das machte den Oberst zu einer Mißgeburt aus China und nicht zu einem Helden, und ein guter alter Kumpel aus dem Hafen würde es nie zulassen, daß so eine Mißgeburt Red den Schnauzbart ausriß.

Nichts hätte dem Oberst mehr gefallen können als die Gelegenheit, etwas Dampf abzulassen und ein paar Barbaren zu verprügeln. Gleichwohl vergaß er nicht die furchterregende Macht der Waffen in Hong Kong und Hsun-chings Warnung, daß alle Amerikaner Waffen trügen. So beschränkte er sich darauf, die Angreifer bewußtlos zu prügeln oder ihnen die Arme zu brechen. Innerhalb von Sekunden lagen überall in der Bar Hafenarbeiter herum. Sie stöhnten und ächzten wie Kamele. Die restlichen Stammgäste des Lokals verloren die Lust an dem Kampf und zogen sich zurück. Sie wollten abwarten, was als nächstes passierte.

»Sie sollten jetzt lieber Ihr Geld holen«, sagte der Oberst zu Kapitän Wong. Dieser kroch noch in der Tür auf allen vieren herum. Hsun-ching war dabei, ihm wieder auf die Beine zu helfen.

»Vergessen Sie das Geld«, keuchte Wong, »Sie müssen hier verschwinden!«
»Weshalb?« fragte der Oberst. »Ich habe jeden geschlagen. Es besteht keine Gefahr.« In diesem Moment hörten sie, wie etwa zehn Straßenblocks entfernt eine Polizeisirene aufheulte.
»Deshalb!« entgegnete Wong. »Hören Sie – kommen Sie ja nicht zu meinem Schiff, verstanden? Wagen Sie sich nicht mal in seine Nähe!«
Die Polizei kam näher. Plötzlich tanzten dem Oberst rote Farbflecken vor den Augen. Es war, als hätte ihm jemand einen Trichter aus schwarzem Filz vors Gesicht gehalten, so daß er nur durch eine kleine Öffnung sehen konnte. Irgend etwas in seinem Gehirn rastete ein, und reiner Zorn explodierte hinter seinen Augäpfeln und ergoß sich ins Gehirn. Am liebsten wäre er stehengeblieben, um jeden zu vernichten – die Dummköpfe in der Bar, die Polizisten mit ihren Waffen, jeden, der ihm weh zu tun versuchte –, doch dann begann es in seinem Kopf zu pochen, und da wußte er, daß er das Lokal verlassen mußte. Er schnappte den Glaskrug mit der Aufschrift »Schlagt Red«, rannte zur Tür und eilte mit dem verwirrten Hsun-ching durch eine Nebenstraße in Richtung Innenstadt.

XVIII

Am Fuß der Bay Bridge hockten der Oberst und Hsun-ching unter dem Betonsockel der Rampe, damit Hsun-ching wieder zu Atem kommen konnte.

Der Oberst schilderte, was in der Bar passiert war. »Ich hätte den Wettbewerb gewinnen und mich still aus dem Staub machen sollen, doch das ist mir mißlungen. Ich bekam einen Wutanfall und habe mich schlecht benommen. Wegen dieses Fehlers werden wir jetzt vier Nächte auf ausländischem Boden verbringen müssen. An dem Morgen, an dem Kapitän Wongs Schiff ausläuft, werden wir zum Hafen hinuntergehen, und ich werde dafür sorgen, daß wir beide an Bord kommen.« Er zuckte zusammen und preßte die Hand an die Stirn. Dann ließ er sich langsam auf ein Knie niedersinken.

»Verzeih mir«, sagte er.

Hsun-ching half dem Oberst auf die Beine und bat ihn, sich nicht zu entschuldigen. Ihm fiel auf, daß sein Begleiter sich langsam und schwerfällig erhob, als hätte er Schmerzen.
»Das wäre nie passiert, wenn Sie nicht mitgekommen wären«, sagte Hsun-ching. »Und außerdem ist es nicht Ihre Schuld, daß diese Leute eine Prügelei anfingen. Aber was ist mit Ihrem Kopf? Sind Sie verletzt?«
Der Oberst schwankte ein wenig und antwortete: »Das ist bald vorbei.« Dann betastete er die leere Lederschlinge auf dem Rücken.
»Ich hätte meinen Stab nicht auf dem Schiff lassen dürfen«, brummte er.
Hsun-ching hingegen war sehr froh, daß der Oberst seine Waffe nicht bei sich hatte. Was hatte er sich nicht schon mit bloßen Händen eingebrockt! Hsun-ching wollte sich gar nicht erst vorstellen, was für schreckliche Dinge geschehen konnten, wenn der Oberst diesen Stab vier Tage lang in San Francisco spazierenführte.
»Jetzt kommt es darauf an«, sagte Hsun-ching, »einen Schlafplatz zu finden, an dem die Polizei uns nicht vermutet. Ich habe das Sutra inzwischen aufgespürt und werde es vielleicht schon am Montag erhalten.«
»Ich kenne einen Ort«, erwiderte der Oberst. »Komm mit.«

»Haben Sie reserviert?« fragte der Mann am Empfang des großen Hotels.
»Nein«, antwortete Hsun-ching. »Wir sind gerade erst in San Francisco eingetroffen. Aber Ihr Hotel ist sehr berühmt, sogar in China. Wir freuen uns schon … seit einer Ewigkeit darauf, hier zu wohnen!« Er hoffte den Mann durch diese Schmeichelei dazu zu bewegen, sie aufzunehmen. In China wird in den Hotels immer behauptet, sie seien voll belegt, weil die Angestellten keine Lust haben,

die Zimmer sauberzumachen. Es gibt nur einen Weg, ein Zimmer zu bekommen: Man braucht eine »Hintertür« oder muß die Angestellten am Empfang bestechen oder durch Schmeicheleien erweichen.
Der Mann musterte Hsun-ching mißtrauisch und sah dann zum Oberst, der in der Halle neben dem spiegelglatten Pool auf einem Sofa kauerte und den Kopf in die Hände stützte.
»Und wie wollen Sie bezahlen?« fragte der Mann.
»Wieviel kostet es?« fragte Hsun-ching zurück.
Als der Mann ihm den Preis nannte, öffnete Hsun-ching den Glaskrug mit dem Aufkleber »Schlagt Red«, kramte exakt den geforderten Preis hervor und legte das Geld auf den Tresen. »Ist das so richtig?« Der Hotelangestellte blickte auf das Geld und dann wieder zum Oberst. »Ist mit ihm alles in Ordnung?« fragte er.
»Ja, es geht ihm gut«, antwortete Hsun-ching und dachte schnell nach. »Er ist ein Künstler der Peking-Oper und hat gerade eine Vorstellung in Chinatown hinter sich – deshalb ist er sehr erschöpft. Er hat nicht mal Gelegenheit gehabt, sich umzuziehen. Hier – darf ich Ihnen eine Schachtel Zigaretten anbieten?«

Nachdem sie sich eingetragen hatten, führte Hsun-ching den Oberst zu den gläsernen Fahrstühlen. »Nein, nein«, sagte der Oberst, »in einem von denen kann ich nicht mitfahren.«
»Aber Oberst Sun, unser Zimmer ist im neunten Stock. Sie sollten wirklich keine Treppen steigen. Machen Sie einfach die Augen zu.«
Sie betraten den Fahrstuhl, und der Oberst ergriff das Geländer gleich neben der Tür. Der Fahrstuhl hatte sich kaum in Bewegung gesetzt, da machte er die Augen auf, stöhnte und preßte sich so fest wie möglich gegen die Tür. Der Fahrstuhl hielt im vierten Stock, und kaum ging die

Tür auf, torkelte der Oberst hinaus und stieß mit einer Gruppe japanischer Geschäftsleute zusammen.
Hsun-ching entschuldigte sich für den Oberst und half den Männern, die von der Wucht des Zusammenpralls zu Boden geschleudert worden waren, ihre Visitenkarten aufzuheben, die in dem ganzen Flur verstreut lagen. Es folgte eine lange Reihe von Verbeugungen und Gegenverbeugungen. Es hatte den Anschein, als wäre der Oberst direkt mit einem Untergebenen zusammengestoßen, der dann seinen unmittelbaren Vorgesetzten zu Fall gebracht hatte, der wiederum gestolpert war und den Geschäftsführer auf die Bretter geschickt hatte.
Als der Oberst und Hsun-ching wieder den Fahrstuhl bestiegen, wirkten die japanischen Geschäftsleute noch immer wie gelähmt; alle knickten fast in der Hüfte ein, und es schien, als wollte keiner von ihnen sich als erster aufrichten.
Schließlich erreichten der Oberst und Hsun-ching den neunten Stock und fanden ihr Zimmer. Hsun-ching half seinem Gefährten, die schwere Rüstung abzulegen, und brachte ihm aus dem Badezimmer ein Glas Wasser. Der Oberst saß auf der Bettkante, den Kopf in die Hände gestützt, und atmete schnell und stoßweise. Er nahm das Glas Wasser, doch als er es an die Lippen führte, schoß ihm ein stechender Schmerz durch den Kopf, und das Glas zersplitterte in seiner Hand. Hsun-ching, dem Hammas Gehirnentzündung einfiel, tränkte ein Handtuch mit kaltem Wasser und wickelte es dem Oberst um den Kopf. Das schien zu helfen, und nach ein paar Minuten konnte der Oberst sich hinlegen.
Als sein Atem normal war und er wieder sprechen konnte, verkündete er, er habe schrecklichen Hunger. Hsun-ching fuhr mit dem Fahrstuhl zu dem Restaurant in der Hotelhalle hinunter und bestellte drei Schüsseln Rindfleischsuppe. Als Hsun-ching sie übereinanderstapelte und zu

den Fahrstühlen tragen wollte, klärte ihn der Oberkellner steif darüber auf, daß er den Zimmerservice rufen müsse, wenn er Speisen auf sein Zimmer wünsche. Ein Kellner nahm Hsun-ching die Schüsseln ab und trug sie für ihn, woraufhin der Kellner als Trinkgeld eine angeknickte Zigarette erhielt. »Oh, verbindlichsten Dank«, sagte der Kellner mit eisiger Stimme.

Der Oberst saß mit ein paar Kissen im Rücken aufrecht im Bett und sah sich im Hausfernsehen einen Film an. Es war ein James-Bond-Streifen, und der Oberst konnte den Blick nicht vom Bildschirm losreißen.

»Dieser Mann ist sehr clever und stark«, flüsterte der Oberst ernst. »Sieh dir an, was er tut.«

Hsun-ching wollte gerade erklären, daß es nur ein Film sei, doch in diesem Augenblick erschien Bond auf dem Bildschirm, und der Oberst brachte seinen Gefährten mit einem gezischten »Pst!« zum Schweigen. Bond war soeben ohne Fallschirm aus einem Flugzeug gestoßen worden. Indem er immer wieder die Stellung seiner Arme und Beine korrigierte, war er jedoch in der Lage, wie ein Vogel auf einen Mann niederzustoßen, der einen Fallschirm hatte. Bond gelang es, dem Mann den Fallschirm zu entreißen und sich das Geschirr überzustreifen. Hsun-ching, der noch nie einen Film mit Stuntmen oder Spezialeffekten gesehen hatte, war ebenso verblüfft wie der Oberst. Beide waren unfähig, etwas zu essen, bevor der Film zu Ende war. Der Streifen schien auf den Oberst einen tiefen Eindruck gemacht zu haben. Vielleicht irrte er sich mit seiner Annahme, es gebe in der ganzen Welt keinen weiteren Menschen mit seinen Fähigkeiten. Ob wir wohl Freunde oder Feinde wären, fragte er sich, falls ich diesem Mann in der Bilderkiste einmal begegnete?

»Was können wir in dieser Kiste sonst noch sehen?« wollte der Oberst wissen. Hsun-ching fand das Hausprogramm und studierte es sorgfältig. »Der nächste Film heißt *Superman.*«

In jener Nacht schlief Hsun-ching erst sehr spät ein. Am nächsten Morgen wachte er mit Kopfschmerzen auf. Als er sich aufrichtete, machte das Zimmer einen Satz und stand plötzlich auf dem Kopf. Er hielt sich an der Bettkante fest und wartete, bis sich Wände und Möbel wieder an der richtigen Stelle befanden, doch als er sich gerade bereit fühlte aufzustehen, bemerkte er, daß das Bett seines Gefährten leer war. Er geriet einen Moment in Panik und sah dann, daß der Oberst in der Nähe des Fernsehgeräts auf dem Fußboden kniete. Seine Augen waren halb geschlossen, und er schien sich in einer Art Trance zu befinden.

»Oberst Sun«, sagte Hsun-ching sanft, »fühlen Sie sich wohl?«

»Ja«, antwortete der Oberst. Seine Stimme hörte sich viel besser an als am Abend zuvor.

»Woran denken Sie?«

»An nichts.«

Hsun-ching schlurfte ins Badezimmer. Er trank so viel Wasser, wie er nur schlucken konnte, und nahm dann ein heißes Bad. Er konnte fast nicht glauben, was für ein herrliches Gefühl es war, in einer makellos weißen Badewanne ganz in heißes Wasser einzutauchen und an eine makellos weiße Decke zu blicken. Und so viele flauschige Handtücher! Er war gewohnt, sich mit einem Lappen von der Größe eines Taschentuchs abzutrocknen. Er legte sich flach in die Wanne, so daß nur die Nase aus dem Wasser ragte, und entspannte alle Muskeln seines Körpers. Das Wasser schien alle Giftstoffe aus seinem Körper zu spülen, und schon bald begannen seine Gedanken zu Alison zu wandern.

Er fragte sich, was sie über ihn dachte. Hatte es ihr Spaß gemacht, mit ihm zusammen zu sein, oder fühlte sie sich einfach nur verpflichtet, ihm zu helfen? Immerhin war sie eine Künstlerin mit einer College-Ausbildung und einem Auto, während er ein Flüchtling war, ein Waisenkind aus einem rückständigen Land.

Um sich auf angenehmere Gedanken zu bringen, benutzte er beim Abtrocknen sämtliche Handtücher des Badezimmers. Ihm fiel auf, daß es direkt neben der Toilette auch ein Telefon im Bad gab. *Aiya,* dachte er, telefonieren die Fremden auch dabei? Würde der Teilnehmer am anderen Ende der Leitung das nicht merken? Aber dann fiel Hsun-ching wieder ein, daß Fremde in bestimmten Dingen sehr still und leise waren. Etwa wenn sie Suppe oder Nudeln aßen oder Tee tranken, schlürften sie nie. Vielleicht war es auch so, wenn sie auf die Toilette gingen?

Als er das Badezimmer verließ, fand er den Oberst in derselben Stellung vor wie vorhin, offenbar in tiefe Konzentration versunken. Hsun-ching wollte ihn nicht stören, war aber nicht sicher, wie lange der Oberst so würde sitzen können. Außerdem war es bald Zeit, das Zimmer frei zu machen.

»Oberst Sun – es tut mir leid, Sie zu stören.«

Die Augen des Obersts blieben halb geschlossen. »Was ist?«

Hsun-ching erklärte, sie hätten nicht mehr genug Bargeld, um noch eine Nacht in diesem fabelhaften Hotel zu bleiben. Sie müßten sich einen anderen Schlafplatz suchen. Der Oberst nickte und stand auf. Seine Kopfschmerzen hatten nachgelassen, doch er schien abwesend zu sein und sich wegen irgend etwas Sorgen zu machen.

»Ich bin sicher, daß dieser *Superman*-Film nicht wirklich war«, sagte Hsun-ching, der den Oberst damit aufzumuntern hoffte. »Niemand kann ohne Flügel fliegen.«

Der Oberst schien ihn zunächst nicht zu hören. Schließlich wandte er sich um und sah Hsun-ching ins Gesicht. »Ich kann nicht lange hierbleiben«, sagte er. Er reckte sich und blickte in den großen Spiegel über dem Schreibtisch. Noch nie hatte er ein so klares Bild von sich gesehen. Er bewegte den Kopf von links und rechts und öffnete dann den Mund, so daß er seine Zähne sehen konnte. Dann schloß er langsam den Mund, wandte sich vom Spiegel ab und setzte sich wieder aufs Bett.

»Ich will dir etwas erzählen«, sagte der Oberst leise. »Was mir gestern abend passiert ist, in dem Weinhaus und dann mit den Kopfschmerzen, ist mir schon früher passiert. Es geschah, als ich Indien war. Ich verstehe es nicht – vielleicht ist es das *feng shui* in fremden Ländern, oder es sind die Geister hier. Aber wenn ich weit weg von zu Hause bin und kämpfen muß, habe ich das Gefühl, als würde ich erblinden, und alles wird wie ein Traum. Mein Körper handelt aus eigenem Antrieb, und ... es fällt mir so leicht, gewöhnliche Männer zu töten. Hinterher kommen die Kopfschmerzen.«

Der Oberst wischte sich mit der Hand übers Gesicht. Hsun-ching bemerkte, daß er ein gerötetes Gesicht hatte und schwitzte.

Oberst Sun sprang plötzlich auf und betrachtete sich wieder im Spiegel. »Genügt es nicht, daß ich so aussehen muß?« sagte er mit allmählich verzweifelt klingender stimme. »Warum geschieht dies?«

Hsun-ching spürte, wie es ihm kalt den Rücken hinunterlief. Er erinnerte sich, daß der Buddha in *Reise in den Westen* einen goldenen Reif um den Kopf des Affenkönigs gelegt hatte, so daß der Mönch Hsüan-tsang immer dann, wenn der Affenkönig gewalttätig wurde, einen magischen Zauberspruch aufsagen konnte, der den goldenen Reif enger werden ließ, was Affe unerträgliche Kopfschmerzen verursachte und ihn so behinderte, daß er nicht mehr kämpfen konnte. Vielleicht war es nur ein Zufall, aber die Sache machte ihn nervös.

Der Oberst seufzte und wandte den Blick vom Spiegel ab.

»Ich möchte dir etwas erzählen, was dir vielleicht einmal von Nutzen sein wird. Du hast gefragt, woran ich in jenem Augenblick gerade gedacht hatte, und ich sagte: ›An nichts.‹ Du sollst nicht denken, daß ich damit deiner Frage aus dem Weg gehen wollte. Ich will versuchen, es dir zu erklären.
Als die Kopfschmerzen kamen, war mir, als würde mein Kopf mit einer stumpfen hölzernen Säge gespalten. Gestern abend hatte ich zum erstenmal seit vielen Jahren das Gefühl zu sterben, und das machte mir angst. Glaub mir, die Angst vor dem Tod lähmt einen Mann mehr als alles andere. Willst du das Geheimnis meiner Erfolge im Kampf erfahren? Es war nicht meine Stärke, die mich rettete. Es war die Tatsache, daß ich einen klaren Verstand besaß, einen Geist ohne Furcht. Und es war die Art Geisteszustand, bei der man sich in besseren Tagen sagt: ›Ich habe keine Angst vor dem Tod!‹ Ich meine, daß man selbst dann, wenn man von Feinden umgeben ist und den sicheren Tod vor Augen hat, einen klaren Verstand bewahrt! Wenn man wirklich klar bei Verstand ist, ist das wie bei einem blank polierten Spiegel. Nichts trübt das Bild, und die Bewegungen des Feindes werden offenbar, schon bevor sie begonnen haben. Es versetzt einen in die Lage, sie mit einem Schwertstreich zu durchschneiden, als wären sie Strohpuppen.«
Der Oberst bedeckte die Augen mit seiner Sonnenbrille.
»Wenn ich so dasitze, entferne ich die Angst aus meinem Kopf«, sagte er. »Ich hoffe, daß du dich nur an eins erinnerst, wenn wir uns verabschiedet haben, nämlich an dies: Alle Verwirrung und Unentschlossenheit sowie alles Leiden entspringen der Angst vor dem Tod. Befreie dich davon, und du wirst frei sein.«
Angst vor dem Tod war in diesem Moment für Hsun-ching ein zu großes Thema, über das er jetzt nicht nachdenken konnte. Überdies glaubte er, Leiden sei die Folge

eines unglücklichen Lebens und nicht der Angst vor dem Tod, und Glück sei hauptsächlich von Umständen abhängig, die man nicht steuern konnte, etwa wann und wo man geboren wurde, wer die Eltern waren und wen man kannte. Er war der Meinung, daß man gegen das Gefühl, unglücklich zu sein, wenig tun könne, es sei denn, daß man es vermied, das Gefühl noch zu verschlimmern, indem man etwas tat, was man später bedauern würde. Wenn etwa ein Mann, der bis zur Nase in Treibsand versunken war, auch nur die kleinste falsche Bewegung machte, würde er spüren, wie er noch tiefer einsank, und einen Augenblick unvorstellbarer Reue erleben, um dann qualvoll hinabzusinken und zu ersticken.

Hsun-ching zeigte dem Oberst das Kaugummipapier mit der Adresse des Dharma-Instituts, das Alison ihm gegeben hatte. »Ich weiß, wo sich das Sutra befindet«, erinnerte er den Oberst, »und wir können es am Montag bekommen. Dann begeben wir uns am Dienstag noch vor Tagesanbruch auf das Schiff. Das sind weniger als vier Tage! Wir sollten einfach versuchen, uns zu entspannen und die Zeit bis dahin zu genießen. Wenn wir keine Schwierigkeiten mehr bekommen, werden Sie auch keine Kopfschmerzen mehr haben. Die Frau, die ich im Museum kennengelernt habe, hat uns für heute Abend zu einer Party in das Haus eines Künstlers eingeladen. Wir können hingehen und Gemälde ansehen! Bitte machen Sie sich jetzt über nichts mehr Sorgen, Oberst Sun; wir haben unsere Aufgabe hier fast beendet.«

Unten in der Halle sahen sie zufällig zwei Sportler in auffallenden Trainingsanzügen, die sich gerade eintrugen. »Wir sollten uns solche Kleider besorgen«, sagte der Oberst. »Sie sehen weit bequemer aus als diese Anzüge aus Hong Kong.« In der Nähe fanden sie ein Sportgeschäft und kauften sich mit ihrem letzten Geld graue Adidas-Trainingsanzüge, Nike-Turnschuhe und goldfarbene

Footballjacken mit der Aufschrift SAN FRANCISCO FORTY-NINERS auf dem Rücken. Dann beschlossen sie, mit der Sonne als Kompaß den Rest der Stadt zu erkunden, bevor sie sich in Hafennähe einen Schlafplatz suchten.

Zunächst begaben sie sich nach Süden in das Mission-Viertel. Hsun-ching, der noch nie Spanisch gehört hatte, fragte sich, ob dies die unterdrückten Amerika-Chinesen waren, von denen er in China gehört hatte. Er versuchte, möglichst viele Menschen auf chinesisch anzusprechen, erhielt aber nur verwunderte Blicke zu Antwort. Der Oberst lachte über Hsun-chings Bemühungen. »Erkennst du denn nicht, daß dies keine Chinesen sind? Sie sind aus Indien – das sieht doch jeder!« Um seine Theorie zu beweisen, versuchte er einige von ihnen mit dem einzigen Satz auf Hindi zu begrüßen, den er von seiner Reise in den Süden noch kannte, doch auch ihm antwortete niemand. »Inder sind Fremden gegenüber sehr mißtrauisch«, erklärte er. »Jetzt fällt mir wieder ein, daß sie oft so tun, als würden sie einen nicht verstehen.«

Sie bogen in die Castro Street ein und folgten ihr in Richtung Market. Hier waren die Straßen voller Männer-Paare, von denen einige einander die Arme um die Hüften legten. Im heutigen China gilt es als akzeptabel, wenn befreundete Männer sich in der Öffentlichkeit an den Händen halten oder sehr eng nebeneinander hergehen, doch bei Männern und Frauen ist das nicht der Fall. Hsun-ching war froh zu sehen, daß diese Fremden so gute Freunde sein konnten. Der Oberst hingegen vermutete, sie seien in einem reichen Stadtviertel gelandet; wie er sich erinnerte, war homosexuelle Liebe im alten China unter Intellektuellen und bei den Reichen recht verbreitet gewesen. Sie sahen nur eins, was wirklich aus dem Rahmen zu fallen schien, nämlich einen Mann, der aus einer Bar herausstolzierte und nichts weiter anhatte als lederne Reithosen, die seine Hinterbacken völlig entblößt ließen, sowie

zwei goldene Ringe, die an seinen durchbohrten Brustwarzen hingen.
»Sehen Sie sich diesen Mann an«, flüsterte Hsun-ching. »Er hat sich Ringe durch die Brust gezogen!«
»Ja«, sagte der Oberst, »beachte ihn nicht. Ich habe so etwas schon mal gesehen – er ist ein Schamane. Sie fallen in Trance, und dann fahren Geister in sie, und anschließend stechen sie sich einfach Nadeln in den Körper, um zu beweisen, daß sie keinen Schmerz empfinden.«
Die beiden setzten ihren Weg in Richtung Westen fort, gingen einen steilen Hügel hinauf und beschlossen dann, sich wieder nach Norden zu wenden. Sie bogen rechts in die Ashbury Street ein und folgten ihr bis hinunter zur Haight Street, wo ein völlig anderes Viertel begann. Hier sahen die Leute sehr viel ärmer aus; ihre Kleidung war zerlumpt und geflickt, und viele von ihnen trugen Hemden, deren Farbe längst ausgewaschen und verblichen war und nur ein paar undefinierbare Flecken zurückgelassen hatte. Sie trugen ihr Haar lang und ungekämmt – sogar die Männer –, und einige, die sich offenkundig keine ordentlichen Schuhe leisten konnten, hatten nur Ledersandalen an. An den Straßenecken standen Gruppen von Müßiggängern herum, die sich unterhielten oder Musik machten.
»Hier leben also die Armen!« sagte der Oberst verächtlich. »Hier sind sie also, und das in dieser Traumnation, deren Menschen fliegen und eigene Feuerwagen fahren können, und sie sind sogar zu faul, sich das Haar richtig zu kämmen! Laß uns schnell von hier fortkommen; solche Gegenden können mit Läusen und Zecken verseucht sein.«
Sie gingen eilig die Ashbury hinunter, bis sie das Panhandle des Golden Gate Park erreichten. Hsun-ching dachte, daß viele der Wagen, die im Panhandle parkten, so aussahen, als wären sie lange Zeit nicht bewegt wor-

den. Er hatte recht; dies war ein beliebter Aufenthaltsort für Obdachlose, die sich zum Wohnen nur Autowracks leisten konnten. Wegen der Nähe zum Golden Gate Park und zur Haight war das Panhandle nicht nur tolerant, sondern bot zudem eine wundervolle Aussicht.

Sie kamen an einem verrosteten blaßroten Bus mit einem hölzernen Kamin vorbei, der durch das Dach ins Freie ragte. Der Kamin sah aus, als wäre er wie eine Art futuristischen industriellen Unkrauts aus dem Wagendach emporgewachsen. Dem Kamin entströmte kräuselnder Rauch, der nach Essen roch. Da Hsun-ching und der Oberst seit dem vorigen Abend nichts gegessen hatten, waren sie jetzt völlig ausgehungert. Außerdem hatten sie ihr letztes Geld für die neuen Kleidungsstücke ausgegeben, so daß sie entweder betteln oder Mülltonnen durchwühlen mußten, wenn sie etwas zu essen haben wollten. Sie näherten sich dem Bus und klopften an eine der Türen.

»Wer ist da?« fragte eine ängstliche Stimme.

»Wunderschönes Wetter heute, nicht wahr?« sagte Hsun-ching fröhlich.

Jemand lugte hinter einer schäbigen Gardine hervor.

»Was wollen Sie?« fragte die Stimme.

»Wir sind aus China!« verkündete Hsun-ching. »Wir haben kein Geld. Können Sie uns sagen, wo wir etwas zu essen bekommen können?«

»Gehen Sie zur Suppenküche«, riet die Stimme.

Der Oberst hielt es für unentschuldbar unhöflich, daß der Mann nicht einmal die Tür öffnete, um mit ihnen zu sprechen. Er trat an den Bus, packte die Schiebetür auf der Beifahrerseite und zog heftig daran. Die Tür wurde sofort aus den Scharnieren gerissen und gab den Blick auf einen überraschten Mann mit einem gewaltigen Bart frei, der gerade etwas auf einem kleinen Gasofen kochte. Das Innere des Busses war mit Kleidungsstücken, Papier und Schachteln übersät.

Der bärtige Mann erbleichte, und ihm sprangen fast die Augen aus dem Kopf. »Bitte entschuldigen Sie«, sagte Hsun-ching und zeigte auf den Oberst, »er hat nur versucht, die Tür zu öffnen. Er hatte nicht die Absicht, sie abzureißen. Wir sind aus China und haben nichts zu essen. Können Sie uns helfen?«

Der bärtige Mann ergriff eine Brechstange und hielt sie vor sich. »Lassen Sie die Hände von meinem Wagen«, rief er. Der Oberst war entrüstet, daß ein Mann mit ungepflegtem Haar und Bart ihn mit einer Waffe bedrohte, und stürmte in den Bus, wo er den völlig verängstigten Mann entwaffnete. Der Bärtige preßte sich gegen die Rückwand des Busses und schrie um Hilfe, doch der Oberst bog die Brechstange vor dessen Augen einfach zu einem Hufeisen zusammen. Dann warf er sie zu Boden. Der Mann starrte die verbogene Brechstange an, vergrub das Gesicht in den Händen und begann mit dem Oberkörper hin und her zu schwanken. »Es ist einfach nur ein schlechter Trip«, stöhnte er.

»Laß uns gehen«, sagte der Oberst zu Hsun-ching. »Ich bin fast sicher, daß es hier Läuse gibt.« Auf dem Weg nach draußen fiel ihm jedoch ein Omelett auf, das auf dem kleinen Ofen brutzelte. »Eier!« rief er aus. »Ich liebe Eier!« Er packte das gesamte Omelett mit den Fingern und verschlang es in einem Stück. »Frag ihn, ob er noch eins machen kann«, wies er Hsun-ching an.

Hsun-ching war der Meinung, daß es inzwischen wohl unmöglich sein dürfte, so etwas wie normale Beziehungen zu dem bärtigen Mann herzustellen, doch er wollte den Oberst nicht erzürnen. Er betrat den Bus und entdeckte den Mann, als dieser sich gerade unter einem Haufen Wäsche zu verstecken versuchte.

»Bitte haben Sie keine Angst«, sagte Hsun-ching sanft. »Die Sache mit der Tür tut Mr. Sun leid. Er ist aus China, und deshalb war er einfach wütend, weil Sie die Tür nicht aufmachen wollten, um mit uns zu sprechen. Es ist ein schreckliches Mißverständnis! Tut mir sehr leid! Ob Sie ihm bitte einfach nur noch ein paar Eier machen könnten? Dann wird er sehr glücklich sein, und wir könnten gute Freunde werden.«

»Wie hat er bloß diese Brechstange verbogen?« fragte der Mann unter seinem Wäschestapel.

Hsun-ching bestätigte, daß Mr. Sun sehr stark sei. Vielleicht gebe es hier irgendwelche schwere Arbeit zu tun, die Mr. Sun dann als Gegenleistung für das Essen erledigen könne?

Es fiel dem Oberst schwer, in dem Bus mit seinen zugezogenen Vorhängen etwas zu erkennen, und so nahm er seine Sonnenbrille ab und sah sich um. Der bärtige Mann streckte den Kopf heraus, um einen Blick zu riskieren, sah die strahlend gelben Augen des Obersts und machte sich beinahe naß, als der Oberst grinste und dabei seine scharfen Zähne entblößte.

»Aus seinen Augen kommen ja Farben!« jaulte der Mann auf.

»O ja«, bestätigte Hsun-ching, »Mr. Sun sieht sehr seltsam aus. Er ist tatsächlich ein seltsamer Mann. Er lebt sogar unter einem Wasserfall! Aber er ist wirklich sehr nett.«

»Heilige Scheiße!« stieß der bärtige Mann halb heulend, halb lachend aus. Sein Entsetzen schien sich allmählich in eine Art komischer Ekstase zu verwandeln.

»Könnten Sie ihm bitte noch ein paar Eier machen?« fragte Hsun-ching erneut.

»Eier! Er will Eier?« keuchte der Mann. Er zeigte auf die Kunststoffkühlbox neben dem Ofen und erklärte, er habe gerade die letzten Eier verbraucht – sie könnten selbst nachsehen. Der Oberst öffnete die Kühlbox, in der sich nur noch ein paar fast geschmolzene Eiswürfel befanden.

»Sieh dir das an«, sagte er zu Hsun-ching. »Er hat eine Winterkiste! Wo bekommt er bloß das Eis her?«

Hsun-ching übersetzte, und der bärtige Mann erklärte, nur drei Straßenblocks weiter gebe es einen Markt. Das machte den Oberst neugierig, und so fragte Hsun-ching den Mann, ob er sie hinführen wolle. Der Mann stimmte bereitwillig zu; er hätte alles getan, nur um sie loszuwerden.

Der Oberst sprang als erster aus dem Bus, stürzte aber augenblicklich wieder hinein. Da draußen seien Soldaten, warnte er Hsun-ching. »Es kann sein, daß sie wegen gestern abend nach uns suchen.«

Hsun-ching zog einen der Vorhänge zur Seite. Zwei Polizisten schlenderten auf dem Bürgersteig auf den Bus zu.

»Bitte«, flehte er den bärtigen Mann an, »da kommt die Polizei! Ich glaube, daß sie Mr. Sun suchen, aber wir haben nichts Unrechtes getan. Bitte erlauben Sie uns, uns hier zu verbergen!«

Hsun-ching und der Oberst rannten ans hintere Ende des Busses und versteckten sich, so gut es ging. Einen Moment lang spielte der bärtige Mann mit dem Gedanken, hinauszulaufen und um Hilfe zu bitten, doch dann fiel ihm ein, daß auch er mit der Polizei nicht gerade auf allerbestem Fuß stand. Obendrein war er high wie eine Rakete. Und als er die beiden so sah, wie sie sich vor der Polizei zu verbergen suchten, kam ihm außerdem der Gedanke, daß sie am Ende vielleicht doch gar nicht so schlecht waren.

Als die Polizisten um die Ecke bogen, sagte der bärtige Mann zu Hsun-ching und dem Oberst, die Luft sei rein. Der Oberst verneigte sich dankbar.

»Wie kommt es, daß die Polizei hinter euch her ist?« fragte der bärtige Mann und vergewisserte sich, daß er es nicht weit zur Tür hatte.

»Weil Mr. Sun gestern abend in einer Bar von ein paar ...« – Hsun-ching fiel das Wort für Seeleute nicht ein – »Soldaten von Schiffen angegriffen wurde. Er hat sich zwar

nur verteidigt, dabei aber ein paar von ihnen verletzt, so daß die Polizei ihn fangen will.«
Der mißtrauische Gesichtsausdruck des bärtigen Mannes wich offener Bewunderung. »Er hat in einer Bar ein paar Soldaten verprügelt?« fragte er atemlos. Hsun-ching nickte, und plötzlich strahlte der Bärtige über das ganze Gesicht. Er reckte begeistert einen Daumen in die Höhe und führte sie dann zum Markt, damit sie das Eis sehen konnten.
Unterwegs erklärte Hsun-ching dem bärtigen Mann – er hieß Manny –, er und Mr. Sun kämen aus China und seien nur für ein paar Tage zu Besuch. Sie wollten ein buddhistisches Sutra finden und dann sofort nach Hause fahren.
Das schien Manny jedoch nicht sonderlich zu beeindrukken; er blickte konzentriert auf den Bürgersteig. Als Hsunching ihn fragte, was für einen Job er habe, lachte Manny und antwortete, sein Job bestehe darin, sich auf den Beinen zu halten, was angesichts der Erdrotation und so weiter gar nicht so leicht sei. Er erklärte, die Erde drehe sich mit sehr hoher Geschwindigkeit um die eigene Achse, und manchmal könne man die Bewegung sogar fühlen. Wenn das passiere, müsse man sich ganz stark darauf konzentrieren, nicht herunterzufallen.
Es stellte sich heraus, daß der Markt ein riesiger Supermarkt war, wie ihn der Oberst und Hsun-ching noch nie gesehen hatten. Die riesige Kühltruhe faszinierte den Oberst über alle Maßen; wie verhinderten sie, daß all dieser Schnee in dem großen Regal schmolz? Hsun-ching glaubte nicht, daß sich so viel Obst an einem einzigen Ort befinden konnte. Er staunte, daß sich nur zehn oder zwölf Kunden im Laden aufhielten, die lässig umherschlenderten, als wären die Berge von frischem Gemüse nichts Besonderes! Auf den Märkten in China konnte man von Glück sagen, wenn man mehr fand als ein paar Stapel

saurer Orangen und vielleicht ein paar angestoßene, zornig aussehende kleine Äpfel, und selbst dann mußte man in dem strömenden Regen mit Hunderten von Menschen um das bißchen Obst kämpfen.

Da er Geburtstag hatte, beschloß Manny, über die Stränge zu schlagen. Er kaufte sich einen Kuchen und einige kleine Kerzen, dazu für den Oberst einen Liter Speiseeis und für Hsun-ching einen Beutel mit gemischtem Obst.

Als sie wieder im Bus waren, erklärte er seinen Gästen die Sitte des Geburtstagskuchens, zündete die Kerzen an und äußerte einen Wunsch. Er begann mit dem Wunsch nach einer waffenfreien Welt und einem Ende des Hungers in der Dritten Welt, doch da er Geburtstag hatte, besann er sich eines anderen und wünschte sich, eine gutgebaute junge Frau kennenzulernen, deren idealer Mann ein alternder, militanter Wehrdienstverweigerer war, der in einem Bus wohnte und eine Suppenküche betrieb.

Das Eis war für den Oberst zu kalt, so daß er Manny durch Hsun-ching bitten ließ, es für ihn zu kochen. Manny zögerte, lachte dann und sagte, warum nicht? Er gab ein paar Löffel davon in seine Bratpfanne und ließ das Eis zu einer dampfenden, milchigen Suppe schmelzen. Der Oberst verschlang sie bis auf den letzten Tropfen. Und Hsun-ching genoß das Obst, als wäre es das letzte, was er je zu essen bekommen würde. Als sie alle gesättigt waren, wandte sich der Oberst an Hsun-ching. Obwohl ihr Gastgeber arm und schmutzig sei, erklärte er, habe er sich als großzügiger Mann erwiesen. »Wir sollten uns dafür irgendwie erkenntlich zeigen. Warum laden wir ihn nicht ein, heute abend mit uns zu dieser Versammlung im Haus des Malers zu gehen? Künstlern gefällt es, wenn ein oder zwei arme Menschen in ihr Haus kommen, denn es läßt sie exzentrisch und vorurteilslos erscheinen. Das verleiht ihnen Ansehen bei ihren Künstlerfreunden. So werden wir sowohl dem Künstler als auch dem armen Mann einen Gefallen tun.«

Hsun-ching hielt das für eine großartige Idee, und Manny nahm begeistert an. Sie könnten mit dem Bus fahren, schlug er vor, denn dann hätten sie noch genügend Zeit, um durch das Arboretum zu schlendern, ein riesiges Gewächshaus im Golden Gate Park. Der Eintritt sei frei, und die beiden könnten sich kaum vorstellen, was für Blumen es dort gebe.

Tatsächlich jedoch beeindruckte das Arboretum weder Hsun-ching noch den Oberst so sehr wie der Supermarkt. Was kann man schon mit Blumen anfangen? Wie unpraktisch! Es bereitete ihnen aber Spaß zu sehen, wieviel Freude Manny jede einzelne Blume machte. Er starrte versonnen auf jede Blüte, als wäre sie die erste Blume auf Erden, und ging dann mit der gleichen frischen Begeisterung zur nächsten weiter. Hsung-ching wußte nicht, was er davon halten sollte, doch der Oberst war beeindruckt. Er sagte zu Hsun-ching: »Ich glaube, in diesem Mann steckt mehr, als wir zunächst vermutet haben. Er scheint kein Verrückter zu sein, denn immerhin kann er ohne Schwierigkeiten laufen und sprechen, und er betrachtet die Dinge sehr konzentriert. Ich glaube, daß dieser Mann als Soldat sehr erfolgreich wäre. Frag ihn, ob er je Soldat gewesen ist.«

Diese Frage löste eine heftige Reaktion aus. Teufel auch, nein, erwiderte Manny – er ein Soldat? »Was glaubt ihr wohl, warum ich jetzt in diesem Bus schlafen muß? Sie wollten, daß ich nach Vietnam gehe, aber ich sagte, nicht mit mir! Ich habe meinen Einberufungsbescheid verbrannt und war dafür fünf Jahre im Gefängnis. Und jetzt kommt das Schlimmste – drei Monate nach meiner Entlassung haben sie alle Wehrdienstverweigerer amnestiert! Ich hätte einfach nach Kanada gehen und dort die ganze

Zeit abwarten können! Laßt mich bloß nicht mehr daran denken.«
Manny glaubte, daß Hsun-ching und Mr. Sun als Rot-Chinesen ihn dafür bewundern würden, daß er nicht bereit gewesen war, gegen die Nordvietnamesen zu kämpfen. Doch als Hsun-ching übersetzte, Manny sei lieber ins Gefängnis gegangen, als in den Krieg zu ziehen, machte der Oberst ein gründlich angewidertes Gesicht. »Wenn ich mir vorstelle, daß ich gerade begonnen hatte, diesen Mann zu respektieren!« schnaubte er. »In China hätte man ihn auf der Stelle hingerichtet! Hat er denn keinerlei Selbstachtung? Niemand kämpft gern! Aber wie kann er mit dem Wissen weiterleben, daß er ein solcher Feigling ist?«
»Vielleicht ist er kein Feigling«, entgegnete Hsun-ching. »Er hat sich geweigert, in der Armee zu dienen, und ist dafür ins Gefängnis gegangen. Das bedeutet nicht, daß er ein Feigling ist.«
»Was denn sonst?« dröhnte der Oberst. »Er hat seinen Vorgesetzten den Gehorsam verweigert! Frag ihn, warum er nicht in die Armee wollte! Hör dir an, was für eine Entschuldigung er hat!«
In diesem Augenblick hatte Manny seine Nase tief in eine Tulpenblüte gesteckt. Nach Politik stand ihm nicht der Sinn, und so antwortete er einfach: »Weil ich ein Feigling bin. Das ist der Grund.« Dann ging er zu den Orchideen weiter.
Als Hsun-ching dies übersetzte, war der Oberst schokkiert.
»Du meinst, er hat es *zugegeben?* Er schämt sich nicht, sich vor uns hinzustellen und es laut zu sagen?«
»Ich vermute nein«, antwortete Hsun-ching.
Der Oberst war wie vom Donner gerührt. Kurze Zeit später machte sich ein verwirrtes Lächeln auf seinem Gesicht breit. »Nun gut, wenn es nach mir ginge, würde

ich ihn wegen Hochverrats köpfen lassen. Doch dann würde ich ein Bankett veranstalten und seinen Kopf auf den Ehrenplatz setzen! Ein Mann, der offen seine Meinung sagt, sollte irgendwie gefeiert werden.«

XIX

»Für mein Gefühl hat diese Serie eine Plastizität, die der *Verdammnis*-Serie fehlte«, bemerkte der Mann in dem übergroßen, zerknitterten Anzug.

»Ja, aber das ist nicht das Entscheidende«, entgegnete der Mann mit dem brillantenbesetzten Ohrring. »Es geht hier doch überhaupt nicht um das Medium. Die Verleugnung des Mediums – und zwar insgesamt – steht im Mittelpunkt, und dabei meine ich nicht nur die Kunst.«

Alison füllte ihre Gläser nach und ging dann in die Küche, um nachzusehen, ob noch genügend Nachschub da war. Sie war froh, daß die Vernissage ein solcher Erfolg war; mehr als fünfzig Leute waren gekommen, und dabei war es noch früh. Sky arbeitete so hart, fand aber nur an wenigen Dingen Freude. Es quälte ihn, daß die Menschen nicht mehr lasen, daß sie nicht mehr in Kunstmuseen gingen, daß ihnen die Umwelt gleichgültig war und daß das Weltall sich ausdehnte. Alle menschliche Erfindungsgabe und Schöpferkraft würde verloren sein, wenn der Sonne Helium, Stickstoff oder sonstwas ausginge, und die Erde wäre dann nichts weiter als ein kalter, dunkler Felsblock, der durch das Weltall raste, und trotzdem klammerten sich die Menschen weiterhin an bemitleidenswerten, optimistischen Ritualen fest wie etwa dem Einwickeln von Weihnachtsgeschenken, und dann sagten sie einander noch »Ich wünsche dir einen schönen Tag«. Sie wußte, daß er mit all diesen Dingen recht hatte, wäre aber dennoch froh, wenn er nicht alles so schwernehmen würde. Doch heute abend war er glücklich. Er stand abseits von den anderen, nippte an einem Glas Whiskey, starrte auf den Fußboden und tat, als würde er nicht auf das hören, was die anderen sagten. Sie wußte jedoch, daß er ganz Ohr war.

Sie überlegte, ob sie zu ihm hinübergehen und sich mit ihm unterhalten sollte, entschied sich dann aber dagegen. Er würde nur sagen, der Grund, weshalb er sich nicht unter die Leute mische, sei Alison und nicht das sich ausdehnende Weltall oder das Polystyrol. So war es immer. Wenn sie schlechte Laune hatte, war er aufmerksam und so nett zu ihr, wie man es sich nur wünschen konnte, doch immer wenn sie fröhlich aussah, beschuldigte er sie, ihn nicht zu lieben. Dabei liebte sie ihn, allerdings nicht so, wie er es wünschte. Als sie mit ihm zusammengezogen war, waren sie ein Liebespaar geworden, doch das hatte sich als Katastrophe erwiesen – jedenfalls für Alison. Es hatte den Anschein, als würde er sich nur in der Rolle ihres Erlösers oder Mentors wohl fühlen, und er ließ keine Gelegenheit aus, ihre Arbeit, ihre Herkunft aus dem Mittelwesten oder ihre Naivität zu kritisieren. Er hätte ein großartiger Ratgeber und Mentor sein können, war aber nur ein lausiger Liebhaber. Dennoch sah sie zu ihm auf und wünschte, von ihm ernst genommen zu werden. Außerdem hoffte sie, daß etwas von seinem Genie auf sie abfärbte. Dabei wußte sie, daß sie bald aus dem Studio ausziehen mußte. Er hatte eine Art, sie anzusehen, die ihr Schuldgefühle eingeben sollte, doch statt dessen bekam sie nur Lust, ihm eine Ohrfeige zu geben. Und im Lauf der Zeit schaute er sie immer öfter mit diesem Blick an.

Sie wollte ihm keine Chance geben, sie heute abend so anzublicken. Sie wollte ihn so sehen, wie sie ihn sich gern vorstellte: als den gequälten Künstler, von Bewunderern umgeben, dabei gleichzeitig irgendwie unnahbar.

Sie war so in Gedanken versunken, daß es dreimal an der Tür läutete, bevor sie es hörte. Sie bahnte sich ihren Weg durch eine Gruppe selbsternannter Kunstexperten, die gerade über ein Gemälde mit dem Titel *Sprachlos* diskutierten.

»Sie sind gekommen!« sagte sie, entzückt, Hsun-ching zu sehen.

»Ja! Und ich habe Freunde mitgebracht! Dies ist Mr. Sun. Er ist aus China mitgekommen, um mir bei der Suche nach dem Sutra zu helfen. Und dies ist Mr. Manny. Er ist unser neuer Freund! Er lebt in einem Wagen und hat uns zu essen gegeben.«

Alisons Lächeln erstarrte, als sie den Oberst mit Sonnenbrille und in seiner Forty-Niners-Jacke und dann noch Manny entdeckte, der hier mit seinem schmutzstarrenden, lederbesetzten Mantel, in Jeans mit weitem Schlag und Cowboystiefeln aufkreuzte, doch sie gab sich die größte Mühe, die Form zu wahren. »Bitte kommen Sie rein!« rief sie. Sie betete, daß Hsun-chings verwahrloste Begleiter nichts taten, was die Ausstellung von Skys Bildern verderben könnte.

Ohne die Gemälde auch nur eines Blicks zu würdigen, marschierten Manny und der Oberst direkt zu dem kalten

Büfett und begannen Leckereien in sich hineinzustopfen, doch als sie sich sattgegessen hatten, führte Hsun-ching sie durch die Ausstellung. Er übersetzte dem Oberst die Titel der Gemälde und erzählte Manny, wie er Alison kennengelernt hatte. Als Alison sich ihnen wieder anschloß, war sie erleichtert zu sehen, daß die beiden Fremden aufrichtiges Interesse an den Bildern zeigten. Manny starrte jedes Bild lange an, dachte laut über den Titel und dessen Bedeutung im Verhältnis zu dem Thema »Chaos in die Ordnung«. Die Bilder schienen alle zu atmen, wie er staunend feststellte.

Der Oberst blieb überzeugt, daß an Mannys Verhalten etwas Vitales und Vertrautes sei, und beobachtete dessen Reaktionen genau, um herauszufinden, was es war. Gelegentlich stieß er Manny gegen die Schultern, nur um zu sehen, wie er sich umdrehte. Er tat dies so mühelos wie ein Kind, um zu schauen, wer ihn berührt hatte, und sich dann genauso natürlich wieder dem Gemälde zuzuwenden. Sein Bewußtsein war fließend wie das eines Kriegers, wie der Oberst beobachtete. Er hätte Manny nur zu gern zu einem freundlichen Duell hinausgebeten, um zu sehen, ob er diesen fließenden Geisteszustand auch bei einem leichten Sparringskampf aufrechterhalten konnte, erinnerte sich dann aber an seine Kopfschmerzen vom letzen Abend und an Hsun-chings Bitte, nicht mehr zu kämpfen.

»Ist der Künstler hier?« fragte Hsun-ching Alison. »Wir würden ihm gern gratulieren.«

Alison brachte sie zu Sky, der bei seinem vierten Whiskey angelangt war und allmählich unsicher auf den Beinen wurde.

»Sky«, sagte sie, »dies ist der Bursche aus China, von dem ich dir erzählt habe. Und dies sind zwei seiner Freunde.«

Sky murrte etwas und nickte ihnen zu. »Die sind aber noch nicht fertig«, knurrte er und zeigte mit dem Kinn auf die Bilder. »Ich hätte noch warten sollen ...«

»Ganz und gar nicht«, unterbrach ihn Manny. »Du bist nicht ganz bei Trost, Kumpel. Hör mal gut zu: Ich habe fünf Jahre im Knast verbracht, nachdem ich meinen Einberufungsbescheid verbrannt hatte, und da hatte ich verdammt viel Zeit, über ein paar Dinge nachzudenken, und ich kann dir nur sagen, daß diese Bilder genau ausdrükken, was ich damals dachte.«
»Du warst fünf Jahre im Knast?« hakte Sky nach. In seinen Augen zeigte sich ein Anflug von Interesse.
»Fünf gottverdammte Jahre und zehn Tage, Mann.«
»Und was machst du heute?« fragte Sky.
»Heute? Was kann ich schon machen? Ich habe wegen dieses verfluchten Kriegs alles verloren! Ich wohne in einem ausgebrannten Bus im Panhandle! Ich betreibe eine Suppenküche für Drogensüchtige und Trunkenbolde und all die anderen Leute, die dieses Land aus der Bahn geworfen hat, das mache ich! Du solltest diese Bilder ins Weiße Haus schicken, Mann, oder die Leute, die ich jeden Tag sehe, herkommen lassen, damit sie sie anschauen können. Dieses Zeug spricht Leute wie mich an, Mann, das kannst du mir glauben. Kein Scheiß.«
»Hör zu – willst du einen Scotch?« fragte Sky.
»Mag ein Schwein Scheiße?« gab Manny zurück.
Sky führte Manny in die Küche, und das war das Letzte, was man für lange Zeit von den beiden sah. »Es ist genau, wie ich's dir gesagt habe. Künstler mögen arme Menschen. Das ist einfach so«, meinte der Oberst zu Hsun-ching gewandt.
Alison war überglücklich. Sie konnte Hsun-ching gar nicht genug dafür danken, daß er Manny mitgebracht hatte; sie hatte nie erlebt, daß Sky jemanden so schnell ins Herz schloß.
»Sie kommen auch aus China?« fragte sie den Oberst. Er verstand sie zwar nicht, verbeugte sich aber höflich. Hsun-ching erklärte, er spreche kein Englisch, erbot

sich aber zu dolmetschen, falls Alison ihn etwas fragen wolle.
»Nun, mal sehen«, sagte Alison und rieb sich nachdenklich das Kinn. »Okay, ich habe eine Frage. Mir fällt auf, daß alle Asiaten, die ich durch das Museum kennenlerne, viel jünger ausschauen als sie sind. Fragen Sie ihn also, wie alt er ist.«
Hsun-ching erstarrte und nickte dann langsam. Er wandte sich zu dem Oberst. »Oberst Sun – sie würde gern wissen ... wie ihr Heimatdorf heißt.«
»Ich erinnere mich nicht. Das ist schon lange her. Es war aber in der Nähe eines riesigen Salzwassersees. Und viele Mongolen lebten dort. Ich vermute also, daß es irgendwo im Westen Chinas war.«
»Mr. Sun sagt, er sei sich nicht sicher, vermutet aber etwa sechzig.«
»Wirklich! Das ist unglaublich! Auf mich wirkt er wie ein Mann in den Vierzigern!«
»Ja, auf mich auch. Nicht einmal ich glaube ihm, wenn er sagt, wie alt er ist.«
Alison entschuldigte sich. Sie wollte nach den anderen Gästen sehen. Als sie zurückkam, hatte sie eine elegante, gutgekleidete ältere Frau mit perfekt frisiertem weißem Haar bei sich, die eine Kette aus seltenen schwarzen Perlen trug.
»Hsun-ching, ich möchte Sie jemandem vorstellen. Dies ist Agnes Theriault. Sie arbeitet im Museum, und ich habe ihr ein wenig von Ihnen erzählt. Sie ist schon mal auf dem chinesischen Festland gewesen – Sie wurden doch damals von der chinesischen Regierung eingeladen, nicht wahr, Agnes?«
»Ja«, antwortete Agnes und reichte Hsun-ching die Hand. Sie ließ sie locker vom Handgelenk baumeln, so wie ein Hund eine wunde Pfote vorstreckt. Hsun-ching schüttelte sie sanft, wobei er das Gefühl hatte, als sei die Hand völlig

unkörperlich, mit Ausnahme der Ringe an ihren Fingern mit Edelsteinen, die so groß waren wie asiatische Küchenschaben. »Allerdings wollten die Chinesen nicht mich kennenlernen, sondern meinen Mann. Er ist Kunsthistoriker. Es war eine Gruppenreise für Akademiker – können Sie sich das bildlich vorstellen? Alle diese zerstreuten Professoren, die überall ihre Pässe verlieren und ihr Gepäck vergessen. Das war vielleicht ein Fiasko! Aus diesem Grund haben sie uns Ehefrauen und Ehemänner mittrotten lassen; jemand mußte doch daran denken, ein paar Sachen im Freundschaftsladen zu kaufen, habe ich recht? Nun erzählen Sie mal, was halten Sie von Amerika, soweit Sie es kennengelernt haben?«

Hsun-ching sah Alison nicht direkt an, betrachtete sie bei seiner Antwort aber aus dem Augenwinkel.

»Es ist sehr groß und attraktiv. Beispielsweise Ihre Stadt. Die Gebäude sind sauber und in schönen Farben gestrichen, und die Straßen sind sehr breit, doch mit nur wenigen Menschen. Und dann noch das Obst. Ich habe noch nie so große Früchte gesehen. Und was halten Sie von China?« fragte er, obwohl er die Antwort schon kannte; sie mußte es gehaßt haben. Eine reiche, kultivierte Frau wie sie – was hätte sie sonst denken können?

Ein Lächeln huschte über Agnes' Gesicht, und sie blickte verträumt zu den Heizungsrohren hinauf. »Es war wirklich *anregend,* das muß ich sagen«, antwortete sie. »Die Menschen dort sind so unverdorben! Sie haben eine Reinheit an sich, die einfach – ich weiß nicht, wie ich es beschreiben soll! Wissen Sie, was passierte? Als wir in Beijing aus dem Zug stiegen, hatten wir schon den halben Bahnsteig hinter uns, als ein Zugschaffner – der *netteste* Mann, den Sie sich denken können – völlig außer Atem hinter uns hergerannt kam! Ein Mitglied unserer Gruppe hatte im Zug einen billigen Teebecher aus Metall zurückgelassen, und der Schaffner rannte den ganzen Weg hinter uns her, um ihn uns zurückzugeben! Wo sonst auf der Welt würden Menschen so etwas tun? Es gibt dort so ein starkes Gemeinschaftsgefühl. Ich finde es einfach *wundervoll.*«

Hsun-ching war unerfindlich, weshalb das Verhalten des Zugschaffners die Frau so beeindruckt hatte. Wenn seine Vorgesetzten erfahren hätten, daß er einem Ausländer erlaubt hatte, etwas in einem chinesischen Zug zu verlieren, hätte man ihn vermutlich gezwungen, ein Jahr lang Toiletten zu reinigen. Natürlich war er völlig atemlos gewesen; er hatte furchtbare Angst gehabt!

»Und ich kann Ihnen gar nicht sagen, wie erfrischend es war zu sehen, wie sich Menschen aus allen Bevölkerungsschichten als gleichberechtigt behandeln«, fuhr Agnes fort. »An einer anderen Bahnstation sah ich einen älteren Mann in der Uniform eines Armeeoffiziers auf dem Bahnsteig hocken und diese kleinen Sonnenblumenkerne essen, die in China ja wohl jeder ißt. Daneben stand eine Gruppe von Bauern, die das gleiche aßen! Das war ganz reizend! Können Sie sich etwas Ähnliches in diesem Land vorstellen? Ein Fünfsternegeneral, der neben Mitgliedern einer gesellschaftlichen Randgruppe hockt und kleine Samenkörner ißt? Das würde hier nie passieren, das kann ich Ihnen versichern.«

»Aber die Menschen in China sind nicht alle gleich!« protestierte Hsun-ching. »Der Armeemann sitzt auf der Erde, weil es auf den Bahnsteigen weder Stühle noch Bänke gibt! Wenn er aber erst mal im Zug ist, wird er einen Sitzplatz haben, während die Bauern stehen müssen. Er wird auch besseres Essen bekommen und kann jederzeit mit der Bahn fahren, wann immer er will, und diesen Bauern wird er keinerlei Beachtung schenken.«

Agnes hob die Augenbrauen und zuckte mit den Schultern. Während der ganzen zwei Wochen in China, beharrte sie, habe sie nie erlebt, daß jemand diskriminiert wor-

den sei, oder auch nur eine einzige Klage über die Regierung gehört. Alles, was sie gehört habe, erzählte sie Hsun-ching, seien hingerissene Berichte über das neue China gewesen, über den Vorsitzenden Mao und seine Große Proletarische Kulturrevolution, und das nicht nur von den Reiseleitern, sondern auch von den Akademikern, mit denen man sie bekannt gemacht habe. Und außerdem seien sämtliche Ausgaben der Zeitschrift *China Reconstructs*, die sie nach ihrem Besuch abonniert habe, voller optimistischer Nachrichten gewesen. »Obwohl«, wie sie zugab, »mein Mann tatsächlich dachte, daß man uns manchmal mit Propaganda fütterte.«
»Nein, nicht mit Propaganda! Sie haben Ihnen Lügen aufgetischt!« beharrte Hsun-ching, was Agnes in einige Verwirrung stürzte.
»Wovon redet die alte Frau?« wollte der Oberst wissen. Ihm war aufgefallen, daß die Unterhaltung lebhaft geworden war. Hsun-ching gab sich Mühe, das Gespräch zusammenzufassen, woraufhin der Oberst vor Lachen laut herausplatzte. »Wie konnte sie etwas so Lächerliches sagen? Ist der Bauer dem Kaiser gleichgestellt? Der Sohn dem Vater oder die Frau dem Mann? Es gibt Naturgesetze, welche die Beziehungen von Menschen beherrschen, und wenn diese Gesetze verletzt würden, nun ja, dann würde die Welt sich in Unordnung auflösen! Weiß sie das nicht? Frag sie«, verlangte er.
»Mr. Sun würde gern wissen, was Sie von den Gemälden halten«, fragte Hsun-ching höflich.
»Nun, sagte Agnes, senkte die Stimme und legte eine Hand an den Mundwinkel, um vertraulich zu sprechen, »ich fürchte, das ist etwas zu hoch für mich.« Sie lächelte Hsun-ching und den Oberst an und blinzelte spitzbübisch. Hsun-ching erklärte dem Oberst, sie stimme völlig mit ihm überein, und dieses Blinzeln bedeute bei Fremden Zustimmung. Der Oberst nickte voller Bewunderung; an

diesem Tag zeigte schon zum zweitenmal ein Fremder Demut und Charakter, indem er einen Fehler zugab, ohne zu streiten und ohne sichtbare Verärgerung.
»Was meinen Sie damit: zu hoch für Sie?« fragte Alison. »An dem, was Sky macht, ist doch nichts zu hoch! Wie können Sie so etwas sagen, wenn Sie gleichzeitig diese esoterische chinesische Kalligraphie im Museum so sehr schätzen?«
»Ich nehme an, ich habe den falschen Ausdruck verwendet«, entgegnete Agnes. »Der Sinn jedes Bildes ist klar, aber offen gestanden ... Es zieht mich einfach nicht an. Wenn ich ein Kunstwerk genießen soll, muß es mich schon durch sein bloßes Erscheinungsbild erreichen und packen. Obwohl ich weder Chinesisch noch Japanisch lesen kann, packt mich die Kalligraphie, weil ihre Schönheit so offenkundig ist. Skys Bilder sind jedoch meist ein wenig zu ...«
»Zu häßlich!« schlug Hsun-ching vor. Agnes zog in gespielter Entrüstung die Brauen hoch, doch ihre Augen sagten ja, das war genau das Wort, das ihr auf der Zunge gelegen hatte.
»Ich kann Ihnen schöne Bilder zeigen«, meinte Hsun-ching.
»Tatsächlich? Sind Sie Künstler?« fragte sie.
»Nein. Aber sie ist eine Künstlerin«, antwortete er und zeigte auf Alison. »Ich habe ihre Gemälde gesehen. Sie sind im Hinterzimmer. Mir gefallen sie sehr.«
Agnes schien aufrichtig überrascht zu erfahren, daß Alison eine Künstlerin war. Alison hatte es offenbar mit Erfolg geschafft, ihre Berufung für sich zu behalten. Sie versprach Agnes, einige Bilder mal ins Museum mitzubringen, dann entschuldigte sie sich. Es läutete an der Tür.
Hsun-ching wandte sich Agnes zu. »Was Sie gesagt haben, gefällt mir. Ich bin auch der Meinung, daß ein Gemälde schön sein muß.«

»Na ja, ich fürchte, Sie und ich sind das, was wir altmodisch nennen«, erwiderte Agnes lachend. »Alison erwähnte, Sie seien hier, um ein buddhistisches Sutra zu finden. Ist das richtig? Sie müssen wissen, daß ich durch das Museum im letzten Jahr ein paar Zen-Stunden genommen habe. Wir hatten einen echten japanischen Zen-Meister hier, der uns unterrichten und mit allem vertraut machen sollte. Wir lernten zu meditieren – der *roshi* wies uns an, sehr langsam unsere Atemzüge zu zählen, bis zehn, ohne dabei unsere Konzentration zu verlieren. Es war so gut wie unmöglich! Mir gingen immer wieder die albernsten Dinge durch den Kopf. Am Ende brach ich den Kursus ab, weil ich nicht mit gekreuzten Beinen dasitzen konnte. Mir schliefen immer wieder die Füße ein, und anschließend fiel es mir schwer, nach Hause zu fahren. Aber es war trotzdem sehr interessant... Sind Sie Buddhist?«

Hsun-ching antwortete, er sei als Buddhist erzogen worden, habe inzwischen aber das Interesse an Religion verloren.

»Das ist vielleicht auch besser so«, sagte Agnes. »Ich halte Religion sowieso für gequirlten Unsinn. Ich bin der Meinung, daß wir alle nichts als biologische Zufälle sind, ein gespaltenes Gen hier, ein mutiertes Chromosom da. Wir können allenfalls darauf hoffen, einigermaßen gesund zu bleiben und einander nicht zu sehr in die Quere zu kommen. Und was ist mit Mr. Sun? Ist er religiös?«

Das moderne chinesische Wort für Religion ist *tsung chiao*, was wörtlich »Lehren der Vorfahren« bedeutet, und als Hsun-ching dem Oberst die Frage stellte, zog dieser die Augenbrauen hoch. Natürlich, erwiderte er. Wer könne so dumm sein, das Wissen der Vergangenheit zu ignorieren? »Wenn ich beispielsweise die Strategien Sun-tzus nicht gekannt hätte, wäre ich schon viele Male auf dem Schlachtfeld gestorben! Und wenn ich nicht das Glück gehabt hätte, bei großen Meistern die Kriegskunst zu studieren, wie hätte ich dann lernen können, meinen Geist freizusetzen und wie Wasser um meine Feinde fließen zu lassen? Diese Frau ist doch auch schon recht alt; sie respektiert also wohl, was uns seit alters überliefert worden ist?«

»Aber sie will wissen, ob Sie an irgendwelche Götter glauben.«

»Götter? *Aiya,* das ist Aberglaube. Wenn es Götter gäbe, wären sie auf der Erde und würden uns zwingen, ihnen die schmutzige Wäsche zu waschen.«

»Aber Oberst Sun, Sie haben mir doch mal gesagt, daß Sie an Geister glauben, oder etwa nicht?«

»Natürlich! Wenn man stirbt, muß etwas mit dem Geist geschehen! Das liegt doch auf der Hand.«

Hsun-ching verstummte, um erst einmal über all das nachzudenken, und wandte sich dann an Agnes. »Mr. Sun ist ein sehr ungewöhnlicher Mann. Sein Geist ist voll alter chinesischer Vorstellungen. Er glaubt an eine Menge von Dingen, vor allem aber, denke ich, glaubt er an die Pflicht.«

»Die Pflicht? Was meinen Sie damit?«

»Ich meine, wenn er sagt, er werde etwas für einen tun, dann tut er es auch, egal, was passiert. Das macht ihn sehr stark. Etwa so wie einen Ihrer Ritter von der Tafelrunde.«

»Das nenne ich romantisch!« sagte Agnes. »Ob der Ritter wohl noch etwas Wein mag? Was meinen Sie? Wie ich sehe, ist sein Glas leer.«

Alle drei begaben sich zu dem Tisch mit Erfrischungen, den Alison in der Nähe der Tür zu ihrem Zimmer gedeckt hatte. Hsun-ching, dem nicht bewußt war, daß es im Westen als unhöflich gilt, ohne Erlaubnis ein fremdes Zimmer zu betreten, ging einfach hinein, nahm das Porträt, das er so bewundert hatte, von der Wand und brachte es Agnes.

»Sehen Sie?« sagte er. »Das hier ist viel besser!«

Agnes hatte keine Zeit, etwas zu erwidern. Alison rannte vom gegenüberliegenden Ende des Studios herbei und brachte das Bild eilig in ihr Zimmer zurück. Sie war krebsrot im Gesicht und zu durcheinander, um Hsun-ching etwas zu sagen, doch ihr vorgeschobener Unterkiefer verriet ihren Ärger. Hsun-ching war geknickt; er hatte gedacht, sie würde sich freuen. Agnes entschuldigte sich. Es sei schon spät, sagte sie, und sie müsse nach Hause. Sie verabschiedete sich von dem Oberst und dann von Hsun-ching. »Unter uns, Sie haben völlig recht«, flüsterte sie ihm zu. Dann bat sie Alison, sie zu ihrem Wagen zu bringen.

Als Alison zurückkam, ging Hsun-ching mit gesenktem Kopf zu ihr und entschuldigte sich wortreich. Sie unterbrach ihn mitten im Satz. »Ich muß zugeben, daß ich sehr böse auf Sie war«, sagte sie. »Ich weiß zwar nicht, wie es in China ist, aber hier können Sie so etwas nicht tun, ohne erst um Erlaubnis zu fragen.« Sie sah sich im Raum um, ob Sky irgendwo in der Nähe war, und fügte dann hinzu: »Es hat aber den Anschein, als wäre Agnes' Kunstgeschmack genauso seicht wie Ihrer. Sie will das Bild kaufen. Deshalb darf ich Ihnen wohl nicht mehr allzu böse sein.«

Um den Verkauf des Bildes zu feiern, sagte sie, wolle sie Hsun-ching und den Oberst am nächsten Tag zu einem Ausflug einladen, falls sie Zeit hätten. Als Hsun-ching fragte, wohin es gehe, antwortete sie, das wolle Sie nicht verraten. Es solle eine Überraschung sein, und da Hsun-ching der chinesische Tom Sawyer und Mr. Sun ein moderner Ritter sei, wie Agnes ihr erzählt habe, sollten sie sich nicht vor einem kleinen Abenteuer fürchten.

XX

Das erste, was Hsun-ching spürte, war ein stechendes, heißes Gefühl auf Gesicht und Brust. Allmählich wurde ihm bewußt, daß die Sonne schien. Er hatte keine Vorstellung, wo er sich befand, und in dem verträumten Zustand zwischen Schlafen und Wachen beschloß er abzuwarten, wie lange er es aushalten konnte, ohne sich darüber klarzuwerden. Schließlich schlug er die Augen auf. Einen Moment lang hielt sich seine köstliche Verwirrung noch, und selbst die Decken, die Bettwäsche und die Sonne, die durch die Vorhänge schien, ergaben für ihn keinerlei Sinn. Doch dann rückten die ihn umgebenden Bilder wieder an ihren gewohnten Platz, als wären es Metallspäne, die von einem Magneten angezogen werden, und er erinnerte sich mit einem Anflug von Besorgnis, daß er

sich zusammen mit Manny und dem Oberst in dem verdreckten Kombi befand.
Was tue ich hier? fragte er sich. Was wird mit mir passieren? Was ist, wenn die Polizei mich und den Oberst hier findet und uns ins Gefängnis wirft? Was ist, wenn ich das Sutra bekomme und mit Kapitän Wong zurückfahre, nur um in Hong Kong festgenommen zu werden? Urplötzlich ging ihm die Absurdität seiner Reise auf, als hätte er einen Schlag ins Gesicht erhalten. All das für ein wertloses Buch? Warum hatte Wei-ching nicht schon längst begriffen, daß die Beschäftigung mit religiösen Büchern reine Zeitverschwendung ist? Immerhin hatte er in seinem Leben schon Tausende davon gelesen, vielleicht sogar Zehntausende, und was hatte er davon gehabt? Wie sollte da ein weiteres Buch irgendeinen Unterschied machen? Er fragte sich, was er tun würde, wenn er das Sutra auf der Stelle vergessen und tun könnte, was ihm beliebte. Würde er bleiben, wie Alison vorgeschlagen hatte? Was wollte er eigentlich? Diese Gedanken schossen ihm immer wieder durch den Kopf, bis er vor Sorge ganz krank war. Schließlich richtete er sich auf, und allmählich wurde er wieder klar im Kopf. Er erinnerte sich, daß Alison ihnen heute ein kleines Abenteuer bieten wollte, und das munterte ihn auf.
Als Alison kam, fand sie Hsun-ching und den Oberst neben dem Bus auf dem Bürgersteig hockend vor. Hsun-ching entschuldigte sich für Manny. Nach dem Whiskey und einem anderen Stoff, den er, Hsun-ching, nicht aussprechen könne, fühle Manny sich nicht wohl und habe beschlossen, den Tag im Wagen zu verbringen. Der Oberst fand es merkwürdig, daß Manny so plötzlich seine ungewöhnliche Konzentration verloren zu haben schien. Nach seiner Erfahrung verloren Soldaten, die eine ähnliche Konzentrationsfähigkeit erlangt hatten, sie niemals, nicht einmal, wenn sie betrunken waren oder Schmerzen

hatten. Er hatte sogar von einem japanischen Samurai gehört, der an dem Tag, an dem er an Magenkrebs starb, das folgende Gedicht geschrieben hatte:

> Ich presse den Leib zusammen
> gegen den Schmerz –
> das Krächzen einer Krähe
> am frühen Morgen.

Was für ein großartiger Tod, dachte der Oberst.

Alison bemerkte, daß Hsun-ching und der Oberst wieder ihre Forty-Niners-Jacken trugen.

»Wollt ihr beiden Football spielen?« fragte sie, als sie in den Wagen stieg. Hsun-ching gestand, er habe keine Ahnung, was das Emblem auf ihren Jacken bedeute. »Mr. Sun bestand darauf, sie zu kaufen«, erklärte er, »denn sie haben die Farben Gold und Rot, die Farben der Verbotenen Stadt.«

Der Oberst, der auf dem Rücksitz saß, beugte sich vor und fragte nach dem Kunststoff-Godzilla am Armaturenbrett. »Warum hat sie die tote Eidechse da angeklebt?« wollte er wissen.

Hsun-ching übersetzte Alison die Frage, die ihnen den berühmten Film schilderte, aber dann fiel es ihr schwer, die Bedeutung von »Rückbesinnung« und »Kitsch« zu erklären.

»Ich glaube, sie meint folgendes«, sagte Hsun-ching auf chinesisch, als der Wagen anfuhr. »Da Amerikaner schöne und moderne Dinge haben können, wann immer sie wollen, macht es ihnen Spaß, alte und häßliche Dinge zu kaufen, weil sie sie zum Lachen bringen und sie glücklich machen.«

Der Oberst nickte, dachte aber im stillen, daß bei der Übersetzung etwas von dieser Idee verlorengegangen sein mußte, denn für ihn war es undenkbar, daß ein

Mensch, der seine fünf Sinne beisammen hatte, einen häßlichen Gegenstand einem schönen vorziehen konnte.
»Was macht Mr. Sun in China?« fragte Alison.
»Oh ... er war Soldat. Aber jetzt ist er pensioniert.«
Alison warf Oberst Sun im Rückspiegel einen Blick zu. Sie erinnerte sich, daß er etwa sechzig Jahre alt sein sollte, doch es fiel ihr immer noch schwer, das zu glauben.
»Sagen Sie ihm, er soll mal kurz die Sonnenbrille abnehmen«, bat sie.
Hsun-ching reichte die Bitte an den Oberst weiter, der kurz zögerte, dann die Brille abnahm und Alison im Rückspiegel ansah.
Seine Augen erinnerten sie an die knallgelben Murmeln, mit denen sie als Kind gespielt hatte. Ihre Farbe war so intensiv, daß sie von innen her zu glühen schienen, als wären sie beleuchtet. Sie mußte sich zwingen, die Straße im Auge zu behalten, um ihren Blick von seinem Starren zu lösen.
Der Oberst wollte wissen, wohin sie fuhren.
»Also«, antwortete Alison, »ich habe Ihnen gesagt, daß ich Ihnen etwas zeigen wollte, was Sie meiner Meinung nach in China nicht sehen können. Sind Sie je in einem Aquarium gewesen?«
Hsun-ching sagte, er wisse nicht, was ein Aquarium sei.
Alison erklärte es kurz und meinte dann: »Doch mehr will ich Ihnen nicht verraten, denn es soll eine Überraschung sein.«
Hsun-ching wandte sich um und sah den Oberst an. »Es hört sich an, als würden wir zu einer Art Fischmarkt fahren.«
Oberst Sun nickte ohne große Begeisterung; er haßte Fisch.

Als er die Schlange von Menschen sah, die am Eingang des Peninsula Marine Park nach Eintrittskarten anstan-

den, lächelte Hsun-ching. »In China existiert ein Gerücht über Amerika, das nicht den Tatsachen entspricht, wie ich sehe.«
»Und was für ein Gerücht ist das?« fragte Alison.
»In China sagen die Leute, in Amerika gebe es so viel zu essen, daß man sich nie anstellen muß, um etwas zu kaufen. Es gibt da eine Geschichte, Kommunismus, Kapitalismus und Sozialismus hätten mal beschlossen, gemeinsam essen zu gehen. Kommunismus und Kapitalismus waren rechtzeitig da, aber der Sozialismus kam zu spät. Er sagte: ›Tut mir leid, daß ich mich verspätet habe, aber ich mußte mich in einer Schlange anstellen, um eine Wurst zu kaufen.› Der Kommunismus sagte: ›Was ist eine Wurst?‹, und der Kapitalismus sagte: ›Was ist eine Schlange?‹«
Alison lachte. »Aber hier stehen die Menschen nicht nach etwas zu essen an, sondern nach Eintrittskarten.«
»Oh.«
»Wovon redet die eigentlich?« fragte der Oberst.
»Anscheinend muß man Eintrittskarten kaufen, um nur *in* den Markt hineinzukommen.«
»Dann müssen sie da ziemlich teuren Fisch haben«, bemerkte der Oberst.
Alison führte sie in das Hauptgebäude. Zunächst konnten sie nichts erkennen; der Raum war pechschwarz, und Geräusche wurden durch die Schalldämmung an der Decke gemindert. Als ihre Augen sich jedoch an die Dunkelheit gewöhnt hatten, tauchten um sie herum schwache Farbtupfer auf. Nach und nach vermochten sie zu erkennen, daß sie in einem Korridor mit langen Fensterreihen an jeder Seite standen. Durch die Fenster konnten sie tropische Fische sehen, riesige Hummer, Seepferdchen, Muränen und Tintenfische. Alle Seetiere befanden sich unter Wasser und wurden von winzigen Scheinwerfern angestrahlt.

»Kommen Sie, sehen Sie sich das an!« sagte Alison und zeigte auf eines der Becken. Es enthielt einen Fisch von fast rechteckiger Gestalt. »Ich würde gern wissen«, meinte sie, »warum es einen Fisch wie den hier gibt. Er kann nicht sehr gut schwimmen, er ist häßlich wie die Sünde und nicht einmal giftig. Warum ist er wohl so geformt? Was meinen Sie?«
Hsun-ching dachte kurz nach. »Vielleicht ist er zerbrochen.«
Ein Stück weiter in der Halle war der Oberst auf ein besonderes Exponat aufmerksam geworden. Die winzigen Fische hinter der Glasscheibe hatten eine unauffällige Färbung und waren fast unsichtbar, doch wenn man neben der Glasscheibe auf einen Knopf drückte, ging das Licht im Becken aus, und die Fische glühten mit ihrem eigenen, seltsamen, chemischen Licht.
Die haben winzige Flammen in sich! dachte der Oberst. Während er darüber nachgrübelte, wie bequem es doch war, Fische zu haben, die sich selbst kochten, begaben sich Alison und Hsun-ching in den nächsten Raum, in dem sich eine Gruppe rundlicher Seehunde in ihrem Becken tummelte. Von Zeit zu Zeit tauchte einer von ihnen in der Nähe der Aussichtsplattform im Freien auf, wo sich eine Gruppe von Kindern über das Geländer beugte, um die Tiere zu beobachten. Dann spritzte der Seehund die kreischenden Kinder mit einem schnellen Schlag seiner Schwanzflosse naß.
Es war für Hsun-ching so etwas wie eine Offenbarung, daß Tiere – sogar Meerestiere – Dinge zum Spaß machten. Die einzigen Tiere, mit denen er in China in Berührung gekommen war, wurden nur aufgezogen, um zu arbeiten oder gegessen zu werden, und die waren ihm alle ziemlich unglücklich vorgekommen.
Diese Tiere hatten jedoch noch etwas Interessantes an sich, nämlich daß viele von ihnen Hsun-ching an Men-

schen erinnerten. Ein großer Seehund, der in der Sonne döste, sah besonders menschlich aus. Hsun-ching konnte ihn sich vorstellen, wie er mit einer Mao-Mütze auf dem Kopf in einem Büro saß und vor einer Tasse Tee und einem Stapel Zeitungen seinen Büroschlaf hielt, wie die Kader, die er in Hunan gesehen hatte, und bei diesem Gedanken mußte er laut auflachen.

»Der da ist Parteimitglied!«

In diesem Moment glitt ein kleiner Otter ins Wasser und begann einen der Seehunde zu jagen. Es sah aus, als würde ein kleiner Junge versuchen, mit einem älteren Bruder zu spielen, und der Anblick erinnerte Hsun-ching an Hamma.

Inzwischen hatte der Oberst sie eingeholt, und Alison führte sie ins Freie.

»Wir kommen gerade rechtzeitig zur Mittagsvorstellung«, sagte sie.

»Was für eine Vorstellung?« wollte Hsun-ching wissen.

»Das ist die Überraschung.«

Sie betraten ein großes Freiluftstadion mit einem Pool in der Mitte und setzten sich in die erste Reihe der offenen Zuschauertribüne.

»Ich hoffe, Ihnen und Ihrem Freund macht es nichts aus, naß zu werden«, sagte Alison.

Ein athletisch gebauter junger Mann mit ausgebleichtem blondem Haar und einem drahtlosen Mikrophon betrat ein Sprungbrett an einem Ende des Beckens und hieß die Zuschauer im Peninsula Marine Park willkommen. Er sei aber nicht sicher, ob der Star der Vorstellung sich heute zeigen werde, verkündete er. »Sie hat sich irgendwo unter der Tribüne versteckt, und wir haben es nicht geschafft, sie herauszulocken. Aber das ist schon in Ordnung, denn sie sieht sowieso nicht besonders aus …«

In diesem Moment schoß ein fünf Meter langer und dreitausend Pfund schwerer Schwertwal direkt aus dem Was-

ser, richtete sich auf dem Gipfelpunkt des Sprungs kerzengerade auf und streckte dem Ansager seine rosafarbene Zunge heraus. Dann stürzte er mit dem wohl mächtigsten Bauchklatscher der Natur waagerecht aufs Wasser und spritzte den Ansager und einen großen Teil des Publikums naß.
Hsun-ching kreischte vor Entzücken und unter dem Schock des kühlen Wassers ebenso wie Alison. Der Oberst jedoch ließ keinen Laut hören und zeigte keinerlei Regung; er saß nur da, während Wassertropfen von seinen Augenbrauen und dem Backenbart herunterrannen. Sein Unterkiefer war ihm heruntergeklappt, als er das mächtige Tier ungläubig anstarrte. In den mehr als zweitausend Jahren eines ereignisreichen Lebens hatte er nichts gesehen oder auch nur gehört, was sich mit dem Anblick dieses gewaltigen Seeungeheurs vergleichen ließ. Er fühlte sich ohne seinen eisernen Stab schrecklich verwundbar, aber da hier überall Frauen und Kinder saßen, welche die Darbietung zu genießen schienen, zwang er sich, sitzen zu bleiben.
Als nächstes warf der Ansager einen Strandball in das Becken, den der Wal auf der Nasenspitze balancierte und zurückwarf. Und schließlich – Hsun-ching traute seinen Augen kaum – legte der junge Mann das Mikrophon beiseite und sprang zu der Bestie ins Wasser. Er verschwand unter Wasser, und ein paar Sekunden lang dachte der Oberst, das Untier habe ihn gefressen. Doch dann schoß der tollkühne junge Mann aus dem Wasser, rittlings auf dem Rücken des Wals sitzend. Er ritt eine ganze Runde um das Becken herum, winkte der Menge zu und lächelte, als wäre es das Selbstverständlichste von der Welt.
Hsun-ching hatte sich in seinem ganzen Leben noch nicht so großartig amüsiert. Er schrie und jubelte, ausgelassen wie ein Kind, und klatschte in die Hände. Zum Finale

verschwanden Mann und Wal unter Wasser. Zwanzig Sekunden verstrichen, dann dreißig. Der Oberst hielt den Atem an. Er stellte sich vor, daß das Seeungeheuer den tapferen Mann unter Wasser zwischen seinen schrecklichen Kiefern festhielt und ihn in Stücke riß, als wäre er eine geröstete Taube. Doch urplötzlich schoß der Wal kerzengerade aus dem Wasser wie eine Rakete. Diesmal kauerte der braungebrannte Held auf der Schnauze des Tiers, und als das Ungeheuer gerade den Gipfelpunkt seines Sprungs erreicht hatte, krümmte sich der junge Mann und folgte dem Wal mit einem perfekten Schwalbensprung ins Wasser. Der Oberst war überwältigt. Er ballte die rechte Faust und legte sie in die offene linke Hand, rannte zum Rand des Beckens hinunter, kniete nieder und würdigte den jungen Mann mit einem Kriegersalut.

»*Ch'iao ye!*« rief er auf chinesisch. »Unvergleichlich!«

Dann drehte er sich zu Hsun-ching um. Sein Gesicht glühte vor Erregung. »Hast du je so etwas gesehen? Ein phantastischer Fisch! Ein großartiger Fisch!« rief er aus und verneigte sich vor dem Wal.

Zum Lunch aßen sie Hot dogs.

»Hm«, sagte der Oberst nach dem ersten Bissen. »Das scheint mir aber nicht nach Hundefleisch zu schmecken. Es schmeckt eher wie Schwein.« Er war verdutzt. Er hatte darauf bestanden, den Waltrainer kennenzulernen. Er war davon ausgegangen, daß dieser eine innere Kraft ausstrahlte, wie sie der Oberst bei anderen seit vielen Jahrhunderten nicht mehr gespürt hatte, und sogar gedacht, in dem Mann mit den blauen Augen vielleicht so etwas wie eine verwandte Seele zu finden. Seitdem er China verlassen und gesehen hatte, wie drastisch sich die Welt im Verlauf des letzten Jahrhunderts verändert hatte – besonders nachdem er den James-Bond-Film gesehen hatte –, beschäftigte ihn die Frage: Würden die Männer und Frauen, die er in dieser neuen Welt vorfand, so ungewöhnlich sein, daß sie ihn als gewöhnlichen Menschen erscheinen lassen würden? Wenn ja: Würde es ihm möglich sein, in dieser Welt einen Platz für sich zu finden und zum erstenmal überhaupt so etwas wie wirkliche Gemeinschaft?

Er hatte den Trainer fixiert und seinen Geist auf ihn gelenkt, hatte sich mit seinem Willen ganz auf ihn konzentriert, um nach Kriegerart mit ihm zu kommunizieren. Doch statt auf die Stärke des Obersts zu antworten, griff sich der junge Mann mit beiden Händen an die Kehle, wurde blau im Gesicht und fiel hustend zu Boden. Der Oberst fühlte den Jungen wie ein von Termiten zerfressenes Haus zusammenbrechen; die Seele dieses jungen Mannes hatte keinen festen Grund! Wie er das riesige Seeungeheuer beherrschen konnte, blieb dem Oberst ein Rätsel. Schließlich erlöste er den jungen Mann von seinem Blick und ging kopfschüttelnd davon.

Als sie ihre Hot dogs aufgegessen hatten, ging Alison mit ihnen zur Wasserrutsche, einer gewaltigen Konstruktion aus Stahl und Fiberglas, die immer wieder neue Wenden und Kehren beschrieb, bis sie ihre Benutzer fast senkrecht ins Wasser fallen ließ. Sie endete in einem seichten Becken, aus dem gerade eine Gruppe aufgeregter Kinder an Land zurücktorkelte.

Alison bestand darauf, daß auch sie einmal rutschten, obwohl weder der Oberst noch Hsun-ching sonderliche Begeisterung zeigten.

»Es wäre ein ungeheurer Gesichtsverlust, wenn ich beim Sturz von einem riesigen fremden Spielzeug sterben würde«, sagte der Oberst.

»Es sieht zu gefährlich aus«, fiel Hsun-ching ein.

»Es ist überhaupt nicht gefährlich«, versicherte Alison, »und da Sie sowieso klatschnaß sind, haben Sie nichts zu verlieren! Kommen Sie schon – ich gehe vor und zeige es Ihnen.«

Sie schälte sich aus ihrem Sweatshirt und ihren Jeans; darunter trug sie einen lavendelfarbenen Badeanzug. Ihr Anblick machte auf Hsun-ching einen derart tiefen Eindruck, daß er seinen Entschluß bezüglich der Rutschpartie revidierte. Wenn er nicht mitmachte, sagte er sich, würde sie sich vielleicht wieder anziehen. Er zog sich Jacke und Hemd aus und rollte seine Trainingshosen auf. Resigniert entkleidete sich auch der Oberst.

Sie mußten einen Fahrstuhl nehmen, um nach oben zu kommen. Dort gab ein junger Bademeister jedem von ihnen eine rechteckige Kunststoffplatte zum Sitzen, und anschließend stellten sie sich hinter einer Gruppe lärmender Kinder an.

Einige der Kinder rutschten mit den Füßen voran nach unten, andere stürzten sich kopfüber hinab, und wieder andere sausten Seite an Seite los. Als die Kinder alle unterwegs waren, sagte Alison: »Am besten setzt man sich mit den Füßen nach unten auf die Kunststoffplatte und legt sich dann flach hin. So kann man bremsen, wenn man Arme und Beine ausstreckt.« Sie legte die Hand an die Stirn, salutierte und stieß sich dann ab. Im Handumdrehen war sie in einer scharfen Kurve verschwunden. Hsun-ching und der Oberst sahen sich an.

»Ich gehe als erster«, sagte Oberst Sun tapfer. Er setzte sich auf die kleine Kunststoffplatte und stieß sich ab.

Es war eine Rutschpartie in den Wahnsinn. Er klammerte sich an das blaue Geländer, um die Geschwindigkeit unter Kontrolle zu bringen, doch vergeblich. All seine Kraft und sein ganzes Draufgängertum wurden durch die alberne kleine Kunststoffplatte und das fließende Wasser zunichte gemacht. Instinktiv rollte er sich zu einem Ball zusammen, was seine Geschwindigkeit nur noch steigerte. So stürzte er hilflos durch eine anscheinend endlose Reihe von Kurven und Kehren. Als er sich endlich langsamer werden fühlte, machte er die Augen auf – gerade noch rechtzeitig, um vor dem endgültigen Absturz den Rand der Rutsche zu sehen. Da war es mit seiner Selbstbeherrschung vorbei, und er ließ einen markerschütternden Schrei hören, bis die Rutsche allmählich waagerecht wurde und ihn so sanft, wie man sich nur denken kann, in das flache Becken ausspie, wo er direkt neben Alison landete. Er versuchte zu stehen, doch seine Beine waren zu schwach, so daß er stolperte. Er sah sich um, um sich zu orientieren, und entdeckte eine Alison, die sich vor Lachen krümmte. Die lärmenden Kinder, die vor ihnen gewesen waren, standen lachend da und zeigten mit dem Finger auf ihn.

Von der Adrenalinausschüttung noch ganz zittrig, ging dem Oberst allmählich auf, daß der Sinn der Rutschpartie darin bestand, einem Angst einzujagen. Seine erste Reaktion war ein Gefühl des Zorns. Doch als ein kleiner Junge direkt hinter ihm vor Entzücken kreischend den Wasserfall hinunterflog, schämte er sich seiner mangelnden Selbstbeherrschung.

Hsun-ching stand noch immer am oberen Ende der Rutsche und ließ alle Kinder und andere Leute vor. Jetzt, da er so hoch oben stand und auf all dieses strömende Wasser hinunterblickte, hatte er das Gefühl, als wären seine Beine und die Brust mit Blei gefüllt. Die Rutsche erinnerte ihn an den Wasserfall in Yunnan. Er schloß die Augen und versuchte an etwas Angenehmes zu denken, um sich ein wenig aufzulockern, aber es funktionierte nicht. Er wußte, daß er diese Rutschpartie nicht schaffen würde.

Der Bademeister erkundigte sich, ob alles in Ordnung sei, und Hsun-ching fragte ihn, ob es eine andere Möglichkeit gebe, wieder auf die Erde zu kommen. Der Bademeister führte ihn zu einer Treppe, die wie eine Feuerleiter aussah. Hsun-ching stieg mit beiden Händen am Geländer

hinunter, als wäre er ein Bergsteiger, der sich gerade an einer steilen Felswand abseilt. Als er unten ankam, wartete Alison schon auf ihn.
»Es tut mir leid«, sagte Hsun-ching verlegen. »Ich … ich habe Angst vor Wasser.«
Alison erwiderte, er solle sich deswegen keine Gedanken machen, und entschuldigte sich, weil sie ihn zu der Rutschpartie gedrängt hatte. Hsun-ching sah sich um, konnte den Oberst aber nirgends entdecken.
»Wo ist Mr. Sun?«
Alison grinste. »Er ist im Fahrstuhl. Ich glaube, er will es noch einmal probieren.« Sie setzte sich mit Hsun-ching auf eine Bank, von der aus sie den Wasserfall sehen konnten, und warteten auf das Erscheinen des Obersts. Sie lehnte sich zurück und neigte das Gesicht der heißen Sonne zu. Winzige goldene Farbtupfer in ihrem Make-up glitzerten auf ihrem nassen Gesicht und ließen sie wie eine zum Leben erwachte Marmorstatue aussehen.
»Wie alt sind Sie?« fragte Hsun-ching sie schließlich.
»Vierundzwanzig. Und Sie?«
»Fast einundzwanzig. Sie scheinen aber älter zu sein als vierundzwanzig.«
»Warum?« fragte sie lächelnd.
»Weil Sie so … *unabhängig* sind«, sagte er. Er erinnerte sich an dieses Wort aus der Ansprache von Gettysburg, die er in einem der englischen Bücher, welche Wei-ching ihm in Kun-ming gekauft hatte, gefunden und auswendig gelernt hatte.
»Wie kommen Sie darauf, daß ich so unabhängig bin?« fragte sie ein wenig argwöhnisch. Nach ihrer Erfahrung war unter »unabhängig« soviel wie »gut« zu verstehen, wenn Männer den Begriff auf Länder der Dritten Welt, auf Filmgesellschaften und Wahlkomitees anwandten, daß es bei Frauen aber so etwas wie »störrisch« bedeutete.
»Weil Sie sich selbst einen Beruf ausgesucht haben, eige-

nes Geld verdienen, weil Sie entscheiden, in welcher Stadt Sie leben wollen, und sich sogar Ihr eigenes Auto aussuchen können.«
Seine Antwort wirkte auf Alison ernüchtern. Unabhängigkeit war eine Eigenschaft, die sie selbst nicht zu besitzen glaubte. Sie machte sich noch immer Sorgen um das, was Menschen über sie, ihre Kunst und ihre Erscheinung dachten. Manchmal war sie sich nicht sicher, ob sie bestimmte Dinge tat, um sich selbst oder um anderen zu gefallen, damit diese sie gern hatten. Doch für diesen jungen Mann aus China schien Unabhängigkeit zu bedeuten, daß man fähig war, sich einen Gebrauchtwagen zu kaufen, wenn man es wollte.
»Nun, ich würde sagen, daß auch Sie ganz schön unabhängig sind«, entgegnete sie. »Immerhin dürfte es nicht viele Menschen geben, die ohne Paß um die ganze Welt reisen.«
»Aber das war im Grunde gar nicht meine eigene Entscheidung«, sagte Hsun-ching.
»Was meinen Sie damit? Es hat Sie doch keiner dazu gezwungen, oder?«
»Nein, aber ich habe es getan, weil ich es tun mußte. Es ist der einzige Dienst, den ich meinem Vater erweisen kann, und so ... Ich hatte das Gefühl, es tun zu müssen. Sie sind unabhängig, weil Sie für sich entscheiden können.«
»Ich komme da nicht mehr ganz mit«, sagte sie. »Hier sind Sie, in Amerika! Wenn Sie wollen, können Sie hier ein völlig neues Leben anfangen!«
»Aber«, gestand Hsun-ching, »ich weiß nicht, was ich will.«
Ein lautes Kreischen vom Wasserfall her unterbrach sie. Sie blickten gerade noch rechtzeitig auf, um zu sehen, wie der Oberst in das Planschbecken stürzte, diesmal mit hocherhobenen Armen und gespreizten Beinen. Er landete mit einem lauten Klatschen im Wasser und hüpfte vor Stolz glühend aus dem Becken.

»*Wu hu ai tsai!*« rief er auf chinesisch. »Jetzt beherrsche ich es fast!«
Als er erneut zum Fahrstuhl rannte, wandte sich Alison wieder an Hsun-ching. »Um die Wahrheit zu sagen, weiß auch ich nicht, was ich will. Die meiste Zeit habe ich gedacht, ich wollte einfach nur meinen Eltern gefallen. Doch das funktionierte nicht. Als ich alt genug war, mir selbst meine Kleider auszusuchen, wußte ich, daß es nicht gut möglich war, das zu tragen, was meine Eltern an mir sehen wollten, und so weiter, und so weiter.«
Sie zog die Knie bis unters Kinn und schlang die Arme um die Schienbeine. An ihrer rechten Fußfessel glitzerte ein schmales Kettchen, und an ihren Zehennägeln glänzte knallroter Nagellack. Selbst ihre rosafarbenen Fingernägel, die etwa so groß waren wie ein Reiskorn, sahen aus, als wären sie mit einem Tropfen frischen Bluts betupft worden. Hsun-ching malte sich aus, wie klein der Pinsel gewesen sein und wie sorgfältig sie gemalt haben mußte, um diese winzigen Fingernägel zu verbergen, und sein Herz erfüllte sich mit Sehnsucht nach ihr.
»Ich habe keine Lust, so ein stinknormales Leben zu führen«, sagte sie abrupt. »Plastikhüllen auf den Möbeln, Familienfotos mit Weichzeichner, Fünf-Minuten-Terrinen zum Lunch, damit ich im Fernsehen rechtzeitig *Die Stunde der Hausfrau* sehen kann! Das alles sagt Ihnen gar nichts, aber ich kann Ihnen versichern, daß ich ein Leben in totaler Langeweile beschreibe. Trotz all der Bibliotheken und Museen und Zoos, die es in Ohio gibt, bleiben meine Eltern lieber zu Hause und sehen sich im Fernsehen Quiz-Sendungen an, in denen andere Leute Preise gewinnen! Das nenne ich ein ganzes Leben vergeuden, und so ist es auch. Ich würde alles tun, um zu verhindern, daß mir das gleiche passiert.«
Hsun-ching wunderte sich, daß sich jemand in Dingen, die in seinen Augen bloß subtile Unterschiede in der

Lebensführung betrafen, so leidenschaftlich äußern konnte. Ob jemand nun in die Bibliothek ging oder vor dem Fernseher saß, ob er sich langweilte oder hochgestimmt war – Hsun-ching war der Meinung, daß es darauf nicht so sehr ankam, solange man eine Wahl hatte. Das war der Luxus, von dem er träumte. Dennoch respektierte er sie dafür. Er wußte, daß in China viele Menschen Alison für verwöhnt und undankbar halten würden, doch das tat er nicht. Würde sie zu Hause bei ihren Eltern sitzen und Trübsal blasen, würde auch er sie für verzogen halten, aber sie arbeitete hart und versuchte ihre Träume aus eigener Kraft zu verwirklichen. Wie viele junge Leute in China taten das? Die meisten von ihnen lagen ihren Eltern bis dreißig auf der Tasche, und dann taten sie, was ihre Arbeitseinheit ihnen befahl, und lebten, wo man ihnen eine Wohnung zuwies. Wenn sie litten, litten sie schweigend. Er hielt Alison für tapfer und wünschte, er wäre ihr ähnlicher.

»Und wie steht es mit Ihnen?« fragte sie. »Sind Sie mit Ihrem Leben glücklich, so wie es ist?«

Jetzt mußte Hsun-ching lachen. Natürlich war er mit seinem jetzigen Leben nicht zufrieden, wie denn auch? Sein Leben, erklärte er, sei bis jetzt schrecklich gewesen und werde es vermutlich auch bleiben. Aber er habe seine Tagträume.

»Wie sehen die aus?« fragte sie.

»Es ist sehr einfach: In meinem Traum habe ich eine Familie und ein paar Freunde, und die können alle an einem Ort zusammenbleiben. Von außenstehenden Menschen widerfährt uns nichts Böses. Wir können Tag für Tag unser Leben genießen und brauchen uns nicht einsam zu fühlen. Außerdem haben wir genug zu essen. Dann wäre ich glücklich.«

»Und was tun Sie dafür?« wollte Alison wissen.

»Was soll ich dafür tun?«

»Nun ja, was werden Sie unternehmen, damit es so kommt?«
Hsun-ching lächelte in sich hinein. Die Erfüllung eines solchen Wunsches war in China von Dingen abhängig, von denen die meisten seiner Kontrolle entzogen waren. Doch das sagte er Alison nicht. Sie sollte wissen, daß auch er tiefe Gefühle haben konnte. So stellte er sich im Augenblick vor, in einem eigenen Haus in Amerika zu leben und einen Job zu haben, den er sich ausgesucht hatte, etwa Gärtner eines reichen Mannes zu sein.
»Ich werde überall suchen, vielleicht sogar in der ganzen Welt, bis ich das Mädchen finde, das meine Frau sein wird. Dann werden wir eine Familie gründen, und ich werde hart arbeiten, damit alle immer genug zu essen haben, und sie werden immer bei mir leben und glücklich sein und mir Gesellschaft leisten, auch wenn ich alt bin.«

Als Alison sie an jenem Abend vor dem purpurroten Bus absetzte, wünschte sie ihnen eine sichere Rückkehr nach China. Noch einmal schrieb sie ihre Adresse auf die Rückseite eines Kaugummipapiers, diesmal mit der Postleitzahl, und gab sie Hsun-ching. »Werden Sie mir schreiben, wenn Sie wieder zu Hause sind? Es wäre schön zu wissen, daß Sie gut angekommen sind, und außerdem hätte ich dann eine rotchinesische Briefmarke für meine Sammlung.«
Er versprach, ihr zu schreiben. Dann fuhr sie los, aber Hsun-ching rannte hinter dem Wagen her und schrie, sie solle anhalten. Er wartete, bis sie die Scheibe herunterkurbelte. »Fast hätte ich es vergessen.«
»Was denn?« fragte sie.
»Ich wollte es Ihnen noch sagen. Von allem, was ich hier gesehen habe, waren Sie mir in Amerika das Liebste.«
Alison lachte und stellte den Motor ab. Sie stieg aus dem Wagen und umarmte Hsun-ching. Er hatte noch nie eine

Frau in den Armen gehalten; er war unbeschreiblich glücklich, und obwohl er sie kaum berührte, so, als wäre ihr Körper eine Rauchwolke, fragte er sich, ob sie spürte, daß er sich an sie klammerte, als ginge es um sein Leben. Dann gab sie ihm einen Gutenachtkuß, der so leicht hingehaucht war, daß er meinte, er hätte es auch träumen können.

Noch lange nachdem ihr Wagen verschwunden war, blieb Hsun-ching an derselben Stelle stehen. Er versuchte, die Empfindung, ihre wundervollen Arme um den Hals zu spüren und daß ihre Lippen die seinen berührten, festzuhalten. Er hatte sich in Alison verliebt, wußte aber, daß er sie vermutlich nie wiedersehen würde. Es war, als wäre sein Wunsch in Erfüllung gegangen – wenn auch nur für wenige Augenblicke –, doch wie immer konnte er ihn nicht festhalten.

Manny schlief, als Hsun-ching und der Oberst an die Tür des Busses klopften. Er stand auf, öffnete ihnen, sah auf die Uhr und ließ sich dann auf die Matratze fallen. »Ich komme schon wieder zu spät zur Arbeit«, stöhnte er. »Scheiß drauf. Dann gehe ich eben nicht«, beschloß er und bedeckte seinen Kopf mit einer Handvoll schmutziger Wäsche. Aber der Oberst machte seine Hoffnungen zunichte, erneut einschlafen zu können.

»Was für ein großartiger Park!« schwärmte er. »Gibt es denn keine Grenze für das, was Amerikaner tun können? Man stelle sich vor, ein solches Seeungeheuer! Undenkbar! Dann einen riesigen Wasserfall zu bauen, nicht bloß, um ihn anzusehen, sondern drin zu sitzen! Und all das nur zum Vergnügen!« Er schnalzte nachdenklich mit der Zunge. »Es mögen zwar Ausländer sein, aber China könnte trotzdem von diesen Leuten lernen, denke ich.«

Er gab Hsun-ching einen Stoß, zu dem kein Wort von dem durchgedrungen war, was er gesagt hatte. Der Oberst wollte wissen, ob Manny das Rätsel erklären könne, wie ein junger Mann mit schwach entwickeltem Willen ein so gigantisches Tier zu beherrschen vermöge.

Als Hsun-ching Manny schilderte, was sie im Park gesehen hatten und wie beeindruckt der Oberst gewesen war, machte Manny ein angewidertes Gesicht. »Ach, das hat ihm gefallen? Ich wette, daß er dann auch Disneyland lieben würde, was? Hör mal zu – sag ihm, daß es gerade diese Scheiße ist, die mit diesem Land nicht stimmt! Überall in der Welt verhungern Menschen, während wir Kernwaffen bauen, die groß genug sind, einen ganzen Staat auszuradieren; wir haben Krebs, wir lassen zu, daß die Menschen sich gegenseitig umbringen, und was tun wir? Bauen eine millionenteure Wasserrutsche für Erwachsene! Großartig! So kann jeder leicht vergessen, was wir diesem Planeten antun, aber was soll's. Ich kann euch Jungs einfach nicht begreifen – ihr seid doch aus China, um Gottes willen, wie könnt ihr auf solchen Unsinn reinfallen? Schon bald wird das ganze Land ein großes Disneyland sein! Falsche Bäume, falsche Berge, falsche Kunststoffvögel, mit Schnäbeln an Scharnieren, die durch kleine Lautsprecher im Kopf singen, aber die echten Tiere werden dann verschwunden sein, zermahlen und getrocknet, so daß man daraus Alligatortaschen machen kann, oder sie schwimmen mit blonden Typen auf dem Rücken in Bassins herum! Und ich habe immer gedacht, ihr in China würdet versuchen, gerade diese Dinge abzuschaffen.«

Hsung-ching sagte zu dem Oerst: »Manny haßt diesen Park. Er hält ihn für Zeitverschwendung. Er meint, die Amerikaner sollten ihre Zeit und ihr Geld dafür verwenden, Kriege unmöglich zu machen, armen Menschen zu helfen und ähnliche Dinge.«

Der Oberst nahm seine Sonnenbrille ab und starrte Manny an. »Wie kann er behaupten, daß der Fischdompteur Zeit verschwendet? Der Fischdompteur hat etwas Großartiges geleistet, während dieser Mann den ganzen Tag in seinem eigenen Müll herumliegt und nichts tut! Wie typisch für einen heruntergekommenen Mann. Er gerät durch seine eigene Faulheit in Armut und ärgert sich dann, wenn hart arbeitende Menschen etwas Unterhaltung wollen. Wir sollten sofort von hier verschwinden. Ich bin sicher, daß ich letzte Nacht von Läusen gebissen wurde.«

»Was sagt er?« fragte Manny, der auf dem Wagenboden nach seiner Aspirin-Flasche tastete. Er fand sie, stopfte sich drei Tabletten in den Mund und versuchte, sie ohne Wasser zu schlucken. Sein Mund war jedoch so trocken, daß er sie nicht herunterbekam. Er öffnete eine Dose mit warmem Bier und spülte sie damit herunter.

»Der Park hat Mr. Sun gefallen«, faßte Hsun-ching zusammen. »Ach, tatsächlich?« Manny lachte sarkastisch. »Ich will dir mal was sagen. Ich möchte euch zum Essen einladen.«

»Zum Essen?« Bei Manny hörte sich diese Einladung wie eine Herausforderung an, so daß Hsun-ching unsicher war, wie er reagieren sollte.

»Ja, zum Essen – in der Suppenküche. Geht auf meine Rechnung. Das wird euch die Augen öffnen.«

Hsun-ching dankte ihm für die Einladung, lehnte aber ab. Er sei zu unruhig zum Essen.

»Was ist mit Sun?« fragte Manny und zog sich noch im Liegen seine Jeans an. »Er braucht kein Englisch zu verstehen, um sich ein Bild zu machen.«

Mannys Job bestand darin, bei der Zubereitung der Mahlzeiten in der Downtown Soup Kitchen zu helfen, die in dem riesigen, unausgebauten Keller einer Kirche untergebracht war. Manny gab dem Oberst einen Pappteller und eine Tasse und stellte sich mit ihm in die Schlange, bis der Oberst etwas zu essen bekam. Dann brachte er ihn zu einem langen Klapptisch und setzte ihn neben einen älteren Asiaten. »Ich wünsche guten Appetit.« Für den Oberst sah der Keller wie eine Opiumhöhle aus: alte Männer, die sich schlurfend vorwärtsschleppten und ins Leere starrten, eine erschöpft aussehende Frau mit drei zerlumpten kleinen Kindern, junge Männer mit blutunterlaufenen Augen, verwüsteten Gesichtern und verfilztem Haar, die über Kaffeetassen aus Kunststoff hockten, sich gegenseitig zunickten und kaum sprachen.

Der Oberst wandte sich an den neben ihm sitzenden alten Mann. Dieser führte jeden Löffel Gemüsesuppe so behutsam zum Mund, als brauchte er seine ganze Konzentration, um seine zitternde Hand auf Kurs zu halten.

»Sie sind doch Chinese?« fragte der Oberst.

»Mm«, machte der alte Mann.

»Was tun Sie an einem solchen Ort?« schnaubte der Oberst. »Sie sind Chinese! Haben Sie denn gar kein Schamgefühl!«

Der alte Mann schien kurz innezuhalten, blickte aber nicht von seiner Suppenschüssel auf. Der Oberst packte ihn grob am Kragen seines schmutzigen Pullovers. »Das Opium hat unser Land fast zerstört! Das weiß jeder! Sie machen China mit Ihrer Schwäche Schande!«

Der alte Mann wandte sich langsam um und starrte den Oberst mit Augen an, die vom grauen Star getrübt waren. »Wovon zum Teufel reden Sie eigentlich? Hier gibt's kein Opium«, knurrte er in einem schweren Toisan-Dialekt. Seine Stimme war vom Zigarettenrauchen ganz rauh, doch was er sagte, war klar und verständlich. So spricht kein Opiumsüchtiger, wie der Oberst erkannte. Er ließ den Kragen des Mannes los. »Was tun Sie denn hier mit all diesen fremden Betrunkenen?«

»Das gleiche, was Sie hier tun – etwas essen! Warum kümmern Sie sich nicht um Ihre eigenen verdammten Angelegenheiten!«

»Man hat mich hierher eingeladen«, erklärte der Oberst hochmütig.
»Ach ja, wer denn? Ein Sozialarbeiter? *Hou sau*«, fauchte der alte Mann und wandte sich dann wieder seiner Suppe zu. Der leicht verwirrte Oberst beobachtete, wie ein Mädchen, das nicht älter als fünfzehn sein konnte, sich mit seiner erschöpft aussehenden Mutter an einen Tisch in der Nähe setzte. Das Mädchen war hellwach und lebhaft, als es den Kindern irgendeinen Scherz erzählte. Der Oberst wußte nicht, was er davon halten sollte; nur einige der Menschen hier sahen wie Trunkenbolde aus, und tatsächlich schien niemand etwas anderes als Wasser oder diesen dunklen, bitter schmeckenden Tee zu trinken, so daß dies kein Weinhaus sein konnte. Das, was allen gemeinsam zu sein schien, waren der Appetit und die schäbige Kleidung.
»Was ist das für ein Ort?« fragte er seinen Nachbarn. »Eine Art Unterschlupf für Verbrecher?«
Der alte Mdann ließ seinen Löffel klirrend auf die Tischplatte fallen. Er wandte sich zornig zu dem Oberst um und knurrte: »Sind Sie wirklich so dämlich, oder tun Sie nur so? Dies ist ein Ort, an dem Menschen ohne Geld etwas Warmes zu essen bekommen können! Das würde selbst ein Kind erkennen. Halten Sie jetzt den Mund und essen Sie.«
Der Oberst war nicht gewohnt, daß man ihn so anfuhr, wurde aber nicht zornig. Dieser alte Mann interessierte ihn; Menschen, die auf die Wohlfahrt angewiesen sind, werden in Gegenwart selbständiger Männer meist kleiner und kriechen vor ihnen, aber dieser alte Herr schien sich nicht nur nicht zu schämen, sondern war zudem noch entrüstet.
»Na schön«, sagte der Oberst liebenswürdig. »Ich entschuldige mich für meine Unhöflichkeit. Ich bin erst vor zwei Tagen in diesem Land angekommen, so daß mir alles noch sehr fremd ist.«

»Woher sind Sie gekommen?« fragte der alte Mann kurz.
»Aus China.«
Der alte Mann schüttelte angewidert den Kopf. »Kein Wunder, daß Sie von nichts einen blassen Schimmer haben«, grollte er, nahm seine Schüssel und wollte gehen.
Der Oberst hielt ihn zurück. »Was soll das heißen?«
»Der Kommunismus hat unser Land getötet«, sagte der alte Mann und zeigte mit einem zitternden Finger vorwurfsvoll auf den Oberst. »Nehmen wir doch dich! Stolz wie ein Gockel, und macht sich über einen alten Mann lustig! Ihr seid alle gleich! Ihr kommt aus China bei uns angekrochen und bettelt uns Übersee-Chinesen an, wir sollen euch raushelfen, und wenn ihr hier seid, was tut ihr dann? Nichts, rein gar nichts! Ihr seid alle zu faul zum Arbeiten! Ihr wißt gar nicht, was Arbeit heißt! Ihr könnt nur eins, euch beklagen! Und in Null Komma nichts nehmt ihr die schlimmsten Unsitten eures neuen Landes an – sieh dich doch nur selbst an. Sieh dir diese dämliche Sonnenbrille an – Ganoven tragen so was! Und deine Jacke! Du siehst aus wie ein ausländischer Gangster!«
Der Oberst stand langsam auf und nahm die Sonnenbrille ab. Dann zog er auch die Jacke aus und enthüllte seine antike Rüstung. Der alte Mann blinzelte. Als er in die gelben Augen des Fremden blickte, fühlte er ein Prickeln in der Brust, und sein Herz begann wild zu pochen.
»Du machst deinem Land mit solchem Gerede Schande«, sagte der Oberst leise. Er legte die Hände auf den Tisch und beugte sich zu dem alten Mann vor, der unter seinem Blick zu schrumpfen schien. »Und jetzt sag mir, alter Mann: Du beschuldigst mich, ich hätte von Arbeit keine Ahnung, aber du selbst sitzt hier in einer Bettlerkneipe und ißt das Essen anderer Menschen! Wer bist du denn? Woher nimmst du das Recht, andere der Faulheit zu bezichtigen?«
Der alte Mann war verängstigt, jedoch kein Schwächling.

Er richtete sich zu voller Größe auf und erwiderte den Blick des Obersts. »Ich habe mein ganzes Leben lang gearbeitet, härter, als du dir vorstellen kannst, und jetzt habe ich nichts. Ich habe keine andere Wahl, als zum Essen hierherzukommen.«

Der Oberst war beeindruckt. Sogar der tapfere junge Monsterdompteur war unter seinem Blick ganz klein geworden, aber dieser gebrechliche alte Mann brachte die Willenskraft auf, sich ihm zu widersetzen. Er war wirklich ein Mann von Charakter. »Warum ißt du nicht zu Hause? Was ist mit dir passiert?«

»Ich habe kein Zuhause!« gab der alte Mann zornig zurück. »Es wurde abgerissen! Und jetzt, wo ich langsam erblinde, kann ich nicht mehr arbeiten.«

»Was ist mit deiner Familie? Warum kümmert sich die nicht um dich?«

»Familie? Welche Familie? Ich habe keine. Es war nicht erlaubt.«

Langsam erzählte er dem Oberst seine Geschichte. Sein Name war Wong Shek-kin, und er war 1896 in dem Dorf Toisan in der Provinz Kwangtung geboren. Er hatte 1920 geheiratet. Kurz darauf bot sich ihm eine seltene Gelegenheit. Ein entferner Verwandter, der in Amerika lebte, kehrte mit der traurigen Nachricht, daß sein junger Neffe, der in Amerika geboren worden und amerikanischer Staatsbürger war, an Grippe gestorben sei, in das Dorf zurück. Er bot an, Shek-kin, der sich als sein Neffe ausgeben solle, nach Amerika mitzunehmen. Das hörte sich schaurig an, war für Chinesen damals aber eine der wenigen Möglichkeiten, nach Amerika zu gelangen. Shek-kin kam zu dem Schluß, daß es eine goldene Gelegenheit war, in »Goldener Berg« ein Vermögen zu machen und der Hungersnot und dem Bürgerkrieg in China zu entrinnen. Er nahm sich vor, seine Frau nachzuholen, sobald er sicheren Boden unter den Füßen hatte.

Seine Pläne schlugen jedoch fehl. Die einzige Arbeit, die er finden konnte, war eine Stellung als Koch in Chinatown, für die er einen lächerlichen Lohn erhielt. Trotzdem schickte er jeden Penny seiner Ersparnisse an seine Frau, damit sie sich, sobald er ihre Überfahrt ermöglicht hatte, eine Fahrkarte für einen Dampfer kaufen konnte. 1921 verabschiedete der Kongreß jedoch ein Einwanderungsgesetz, um »unerwünschte Elemente« von der Staatsbürgerschaft auszuschließen. Dazu gehörten auch im Ausland geborene Frauen, selbst wenn ihre Ehemänner schon amerikanische Staatsbürger waren. Doch Shek-kin gab die Hoffnung nicht auf, und nach drei Jahren hatte er genug gespart, um einen Anwalt zu bezahlen, der seinen Fall prüfen sollte. Nachdem er Shek-kins ganzes Geld genommen hatte, verkündete der Anwalt bedauernd, der Kongreß habe soeben ein weiteres Einwanderungsgesetz verabschiedet, das es »Ausländern, denen die Staatsbürgerschaft nicht gewährt werden könne« – womit hauptsächlich Asiaten gemeint waren – unmöglich mache, die Vereinigten Staaten auch nur zu besuchen. Danach war alle Hoffnung verloren. Doch Shek-kin schickte auch weiterhin den größten Teil seiner Ersparnisse an seine Frau und andere Dorfbewohner in China, solange er in Lohn und Brot stand.
Shek-kin war kein Einzelfall. In den zwanziger Jahren betrug das Verhältnis von Männern und Frauen bei den Amerika-Chinesen fünfundzwanzig zu eins. Tausende und aber Tausende einsamer Männer wie er schufteten sich in den Küchen und Ausbeuterbetrieben von Chinatown zu Tode, ohne jede Möglichkeit, zu heiraten oder ihre Frauen nachkommen zu lassen. Es wäre Selbstmord gewesen, während des Kriegs mit Japan nach China zurückzukehren, und als die Kommunisten an die Macht kamen, erfuhr Shek-kin, daß viele Bewohner seines Dorfs getötet oder eingesperrt worden waren, weil sie Ver-

wandte im Ausland hatten. Seine Frau flehte ihn an, in Amerika zu bleiben, denn dort sei er sicher. Sie starb 1974, etwa um die Zeit, zu der Shek-kin wegen seiner allmählichen Erblindung mit der Arbeit aufhören mußte.

Er hatte fast keine Ersparnisse, da er den größten Teil seines Geldes nach Hause geschickt hatte, und keine Pension. Mit der Arbeit an einem Zeitungsstand in Chinatown konnte er ein paar Dollar pro Tag verdienen, genug für ein billiges Zimmer im International Hotel, in dem viele ältere Asiaten wie er ihre letzten Lebensjahre verbrachten. Im August 1977 tauchten mitten in der Nacht gemietete Schläger auf und warfen alle Bewohner des Hotels auf die Straße, damit es abgerissen werden konnte, um einem Bürogebäude Platz zu machen. Die Eigentümer des Grundstücks waren jedoch unschlüssig, was für ein Gebäude sie errichten sollten, so daß das Land unbebaut blieb, während viele ehemalige Mieter des Hotels auf der Straße schlafen mußten.

Nachdem Wong Shek-kin dem Oberst diese Geschichte erzählt hatte, nahm er seine Suppenschüssel und stellte sie auf die Küchentheke. Dann schlurfte er die Treppe hinauf und verließ den Keller der Kirche. Später am Abend, als er sich in dem beheizten Eingang eines Gebäudes in der Innenstadt zum Schlafen zusammengerollt hatte, entdeckte er einen harten Klumpen in der Tasche. Zunächst dachte er, es wäre ein Stein, doch bei näherem Hinsehen erkannte er, daß es ein stumpf gewordener Goldbarren war, der das kaiserliche Siegel des Schatzamts der Sung trug.

Als Manny und der Oberst zum Bus zurückkehrten, war Hsun-ching noch immer wach. Manny war begierig zu erfahren, was der Oberst dachte, nachdem er all diese armen Menschen gesehen hatte, die von der Gesellschaft wie Müll weggeworfen worden waren. Der Oberst wollte

jedoch nicht darüber sprechen. Er wollte wissen, wieviel Manny als Lohn dafür erhielt, daß er die Armen speiste.
»Lohn?« sagte Manny. »Dafür bekomme ich keinen Lohn. Ich kriege nur was zu essen, das ist alles.«
Wie könne er da überleben? fragte der Oberst. Indem er Marihuana verkaufe, erwiderte Manny. Er zündete einen Joint an und bot ihn Hsun-ching und dem Oberst an. Der Oberst erkannte den Geruch von seiner Zeit in Indien wieder. »Das ist eine Art Opium, was er da raucht«, belehrte er Hsun-ching. »Laß die Finger davon. Es macht dich benommen und verwirrt.«
So rauchte Manny allein. »Hör zu, Kumpel«, sagte er zu Hsun-ching, »ich will, daß dein Freund folgendes weiß: Als ich meinen Einberufungsbescheid verbrannte, habe ich mein Leben weggeworfen. Ich ging ins Gefängnis und kann jetzt keinen Job finden, und ich hasse es, in diesem dämlichen Bus zu leben. Trotzdem bereue ich nichts, denn immerhin habe ich niemanden getötet. Dein Freund mag mich für einen Pot rauchenden Penner halten, doch er mußte nicht alles wegwerfen, um richtig handeln zu können. Was er denkt, ist mir egal. Sag ihm das.«
Hsun-ching gab das Wesentliche von Mannys Ansprache wieder, und der Oberst grinste. »Er ist jetzt betrunken. Wir wollen ihn nicht aufregen. Sag ihm, daß ich ihn bewundere, weil er diesen unglücklichen Menschen hilft.«
Das schien Manny zu gefallen, und er rauchte friedlich, bis er einschlief. Der Oberst sagte zu Hsun-ching: »Es hat sich für mich gelohnt, mit dir auf diese Reise zu gehen. Ich habe an Wissen gewonnen. Dieser Mann« – er zeigte auf den schnarchenden Manny, dessen Bart durch den Rand seines Schlafsacks hochgebogen wurde, so daß er sein Gesicht bedeckte – »ist kein Feigling, wie er gestern gesagt hat. Ich habe mich geirrt. Er ist loyal zu Menschen, die arm sind wie er selbst, und ich neige jetzt zu der Ansicht, daß es tapfer von ihm war, die Armee so herauszufordern, wie

er es getan hat, obwohl er damit Hochverrat beging. Wie er sagte, hat er sich selbst geopfert, um das zu tun, was er für richtig hielt. Bedauerlicherweise hat er dafür einen Preis gezahlt. Sieh ihn dir jetzt an – ist es nicht traurig? Er wird sich vermutlich nie erholen. Opium, Wein und Selbstmitleid werden seinen Mut aushöhlen, und eines Tages wird er nur noch so sein wie die Menschen, denen er zu helfen versucht. Wie traurig.«

Der Oberst betrachtete Manny eine Weile schweigend und fuhr dann fort: »Ich habe von diesem Land genug gesehen. Wir müssen morgen früh als erstes das Sutra finden und uns noch vor dem Abend zum Hafen begeben. Ich möchte die ganze Nacht in der Nähe des Kais bleiben, damit wir das Schiff am nächsten Morgen um keinen Preis verpassen. Es gibt hier wunderbare Dinge zu sehen, aber auch viel Schreckliches. Ich könnte hier nicht leben. Ich bin heute abend einem Mann begegnet, der einen eisernen Willen und ein reines Herz hatte; wahrlich ein Charakter. Doch er wurde besiegt! Zugrunde gerichtet durch dumme Ideen, die von dummen Menschen durchgesetzt wurden! Seine Hingabe an seine Frau und sein Heimatdorf wären in jedem zivilisierten Land anerkannt und belohnt worden, doch hier hat man ihn sein Leben lang gequält. Er wurde mitten in der Nacht aus seiner Wohnung geholt und auf die Straße gesetzt, damit der Hauswirt das Haus abreißen konnte. Kannst du dir eine solche Gemeinheit vorstellen? Die Menschen hier mögen zwar fähig sein, ihre Leute auf riesigen Flammenpfeilen durch den Himmel zu schikken, wilde Tiere aus den vier Ozeanen zu zähmen und ihre eigenen Armeen herauszufordern, um ihren persönlichen Glauben zu verteidigen, doch sie erkennen nicht die wichtigste menschliche Eigenschaft von allen, die eine, die uns im Angesicht des unvermeidlichen Todes am meisten bedeutet: Würde.«

»Aber, Oberst Sun, diese Eigenschaft wird in China auch nicht honoriert. Zumindest nicht heutzutage.«
Der Oberst seufzte und hockte sich neben den warmen Ofen. »Vielleicht hast du recht«, sagte er, »doch dort bekomme ich wenigstens keine Kopfschmerzen.«

XXI

»Dieses Getränk ist zu süß«, beschwerte sich der Oberst, nachdem er Mirandas Kräutertee probiert hatte. »Das ist was für Kolibris, aber nichts für Männer.«

Hsun-ching gab seine Zustimmung durch ein stummes Kopfnicken zu erkennen und wartete besorgt darauf, daß Miranda endlich das Lachende Sutra holte. Bis jetzt war alles gutgegangen; es hatte nur einen peinlichen Zwischenfall gegeben, als Miranda sie durch die Halle führte und der Oberst an dem Springbrunnen vorbeikam. Um ein Haar hätte er es nicht mehr rechtzeitigt geschafft, die Toilette zu erreichen.

Miranda setzte sich auf ihr kleines Kissen, neigte den Kopf zur Seite und blinzelte mitfühlend. »Ich bedaure es *wirklich* sehr, doch leider war ich *total* ahnungslos, als ich Ihnen sagte, Mahavishnu werde

heute mehr Zeit haben. Ich hatte vollkommen vergessen, daß er heute Besuch bekommt.«
»Kann ich trotzdem das Sutra sehen?« fragte Hsun-ching hoffnungsvoll.
Miranda zuckte kaum merklich zusammen und lächelte dann. »Nun, ich habe ihn gefragt, aber Sie müssen verstehen, daß es nicht ganz leicht ist, weil es zusammen mit lauter anderem Zeug im Keller ist, und nur Mahavishnu weiß wirklich, was da unten wo liegt. Es hörte sich an, als würde er Tage brauchen, um es zu finden. Und die Zeit hat er einfach nicht.«
Hsun-ching erbleichte. Der Oberst bemerkte es und fragte, was los sei. Als Hsun-ching erwiderte, es habe den Anschein, als würde der Ober-Mönch des Tempels ihre Bitte nach dem Sutra ablehnen, reckte der Oberst das Kinn vor. »Wir müssen diese Frau gefangennehmen und das Sutra als Lösegeld verlangen«, verkündete er.
Hsun-ching unterdrückte einen Anflug von Panik. Er hatte keine Lust, sich in altmodische militärische Aktionen des Obersts hineinziehen zu lassen, und außerdem, erinnerte er diesen, werde jemand die Polizei holen, und dann würden sie das Schiff nach Hause bestimmt verpassen. Der Oberst hielt daran fest, daß es nicht schwer sein könne, einem Haufen blaßhäutiger Schwächlinge eine staubige Schriftrolle zu stehlen, denn immerhin sei es ihm gelungen, die Privatarmee Shih-huang Tis zu überlisten und mit der Rüstung des Kaisers davonzuspazieren. Er wolle diese Sutra-Geschichte so schnell wie möglich hinter sich bringen; seine Kopfschmerzen würden ständig schlimmer.
Hsun-ching flehte Miranda an. »Wir haben dafür die Reise von China auf uns genommen! Kann Ihr Anführer nicht einfach mit uns reden? Sie haben es versprochen! Sagen Sie ihm, daß wir in Gold bezahlen können!«
Miranda bedauerte und erklärte, wenn Mahavishnu sich

einmal festgelegt habe, gebe es kaum noch Raum für Diskussionen. In diesem Moment fuhr draußen die Limousine vor, die Hsun-ching schon vor drei Tagen im Institut gesehen hatte. Miranda wirkte beunruhigt. »Entschuldigen Sie mich«, sagte sie. »Bin in einer Minute wieder da.« Hsun-ching und der Oberst sahen von der Tür aus zu, wie zwei asketisch schlanke Männer den Korridor hinuntergingen, um den neuen Besucher zu begrüßen. Der kleinere der beiden Männer hatte einen straffen, glänzenden Teint und dünnes schwarzes, glatt zurückgekämmtes Haar. Er hatte weder Augenbrauen noch Wimpern, offenbar die Folge einer Verbrennung, was seinen dunklen Augen einen entnervend starren und leeren Ausdruck verlieh. Beim Gehen zeigten seine Schultern keinerlei Bewegung, als hätte er einen steifen Hals, als wollte er unnötigen Schmerz vermeiden.

Der zweite Mann war elegant, weißhaarig und braungebrannt und schien mit sich und der Welt vollkommen im reinen zu sein. Er war exquisit gekleidet, trug weiche Lederschuhe ohne Socken, weiße Baumwollhosen, ein hellbraunes Hemd mit rundem Halsausschnitt und ein seidenes Sportjackett in der Farbe des Ozeans. Als die Tür der Limousine aufging, preßte der weißhaarige Bursche die Handflächen aneinander und neigte den Kopf. »*Namaste.*«

Der Besucher stieg aus der Limousine aus und erwiderte den Gruß. Es überraschte Hsun-ching zu sehen, daß er klein war und ungepflegtes Haar hatte. Er trug Blue jeans und ein zerknittertes graues Sweatshirt. Nur seine Selbstsicherheit verriet, daß er ein wichtiger Mann war.

Hsun-ching beschloß, einen Vorstoß zu wagen. »Mr. Corman?« rief er.

Der weißhaarige Mann drehte sich noch immer lächelnd um. Der schwarzhaarige Mann erstarrte und trat behutsam zur Seite und ein wenig vor den weißhaarigen Mann, als wollte er ihn notfalls abschirmen.

»Ich bin aus China hergekommen, um Sie zu treffen!« rief Hsun-ching aus. »Bitte, ich muß mit Ihnen sprechen!«
Corman wechselte einen schnellen Blick mit dem schwarzhaarigen Mann. »Weshalb wollen Sie mich sprechen?« fragte er ruhig.
»Sie haben ein buddhistisches Sutra – es war früher im Museum. Ich bin aus China hergekommen, um es zu sehen! Bitte – dann fahre ich zurück nach China! Das ist mein einziger Wunsch!«
Corman bedauerte sehr, erklärte aber, das Dharma-Institut sei eine Organisation für spirituelle Forschungsarbeit und kein Antiquitätengeschäft. Er glaube, es Miranda deutlich gesagt zu haben. Der Besucher unterbrach ihn.
»He, wenn dieser Bursche sogar aus China hergekommen ist, um ein Sutra zu sehen, dann sollte er es zu sehen bekommen, meinen Sie nicht auch? Das ist die längste Pilgerfahrt, von der ich je gehört habe.«
Mahavishnu Bob Corman lächelte schmallippig. »Wir werden es gewiß so einrichten, daß er das Sutra sehen kann. Doch dafür brauchen wir Zeit«, sagte er zu Hsun-ching. »Wir sind heute nicht auf einen Besuch vorbereitet.«
Hsun-ching ging auf ihn zu und versuchte zu erklären, warum er es so eilig hatte. Sofort trat der schwarzhaarige Mann zwischen ihn und Corman, eine deutliche Warnung an Hsun-ching, nicht näherzukommen. Doch genauso schnell trat der Oberst zwischen Hsun-ching und den schwarzhaarigen Mann.
»Verzeihen Sie«, sagte der Besucher und musterte den Oberst. »Sind Sie Tibeter?« Die buddhistische Sekte, der er sich momentan zugehörig fühlte, hatte ihr geistliches Zentrum in Tibet, und er versuchte schon seit Monaten, einen echten heiligen Mann aus Tibet aufzutreiben, den er in den Westen locken konnte. Obwohl er noch nie einem echten tibetischen Mönch begegnet war, hatte er gehört,

diese hätten ein etwas wildes Aussehen und seien noch nicht von der »Zivilisation« verdorben. Oberst Sun mit seinem behaarten Gesicht, seinen langen Fingernägeln und seiner seltsamen Rüstung paßte recht gut zu dieser Beschreibung.

Bevor Hsun-ching im Namen des Obersts antworten konnte, sagte der Besucher: *»Ku-sho-ku-su de-pa yo-pe?«*

Oberst Sun wirkte überrascht. *»La au-tse yo. Ku-sho ku-su de-pa yo-pe?«* erwiderte er.

»Bedauere, das ist der einzige Satz, den ich kenne!« stieß der Besucher hervor. »He, Mahavishnu, dies ist ein Tibeter!« Er preßte die Handflächen aneinander und neigte den Kopf. Der Oberst sah verwirrt aus.

»Wie kommt es, daß dieser Ausländer Tibetisch spricht!« fragte der Oberst Hsun-ching.

»Ich weiß nicht. Wie kommt es, daß Sie Tibetisch sprechen?«

»Ich kann es nicht«, antwortete der Oberst, »ich kenne nur diesen einen Satz. Damit begrüßen sich Tibeter, wenn sie sich begegnen.«

»Warum haben Sie nicht gesagt, daß Sie aus Tibet sind?« fragte der Mahavishnu. »Ich bin ein großer Bewunderer des Dalai-Lama. Ich bin ihm in Indien sogar einmal begegnet. Er ist ein sehr heiliger Mann.«

Hsun-ching wußte nicht, was er von all dem halten sollte, kam jedoch zu dem Schluß, daß er als Chinese bei weitem nicht so große Chancen hatte, zu dem Sutra zu gelangen, wie als Tibeter.

»Darf ich Ihnen Tee anbieten? Kommen Sie doch mit in mein Büro«, sagte Corman und zeigte auf die Treppe. »Darf ich bekannt machen? Dies ist Jeremy Thorp.« Er deutete auf den Besucher. »Er ist ein amerikanischer Filmstar und auch mein Schüler und praktiziert den tibetischen Buddhismus jetzt schon seit mehreren Monaten.«

Thorp verbeugte sich erneut, und diesmal erwiderte

Hsun-ching den Gruß. Dann wies der Mahavishnu auf den schwarzhaarigen Mann. »Dies ist Vajrapani. Er ist ebenfalls mein Schüler und Chef-Assistent hier im Institut.« Vajrapani nickte leicht, schien sich aber unbehaglich zu fühlen. »Und würden Sie uns jetzt vielleicht sagen, wer Sie sind?« fragte Corman Hsun-ching.

»Ich bin Hsun-ching, und dies ist Mr. Sun«, antwortete er. Corman lächelte, doch seine Augen verengten sich leicht. »Aber das hört sich an, als wären es chinesische Namen und keine tibetischen«, bemerkte er.

»Ch-Ch-China beherrscht 'Tibet« sagte Hsun-ching und begann zu stottern, »und deshalb müssen wir in der SchuleChinesisch lernen. Wir müssen auch chinesische N-N-Namen tragen.«

»Das muß aufhören«, sagte Thorp angewidert. »Tibet sollte ein unabhängiger Staat sein! Es ist lächerlich, daß der Dalai-Lama im Exil lebt. Er gehört nach Lhasa.«

»Dies ist ein spirituelles Zentrum«, erinnerte Corman sie sanft. »Politische und materielle Sorgen lassen wir draußen vor der Tür.« Er führte sie in sein schlichtes, höhlenartiges Büro und zeigte auf die Reihen kleiner schwarzer Kissen vor seinem Schreibtisch. »Bitte nehmen Sie Platz. Ich habe dieses Institut 1966 gegründet«, erklärte er Hsunching. Danach machte er eine Pause und gab Miranda ein Zeichen. Diese fuhr zusammen, als wäre sie aus einem Tagtraum erwacht, und eilte hinaus, um mehr Tee zu holen. »Das war ein schreckliches Jahr für Amerika«, fuhr Corman fort. »Das ganze Land wurde von Gewalt und Verwirrung erschüttert. Vielleicht war es so etwas wie die Kulturrevolution in China.«

Hsun-ching erschauerte bei der Erwähnung dieser Ereignisse; die englischen Wörter schienen den schrecklichen Vorkommnissen neues Leben zu geben. Jetzt hörte er zum erstenmal, daß auch die Vereinigten Staaten eine ähnlich entsetzliche Zeit durchlitten hatten.

»Es war jedoch unvermeidlich«, sagte Corman weiter. »Die westliche Zivilisation war an einem kritischen Punkt angelangt. Wir folgten dem Pfad des Materialismus, und der hat uns in eine Sackgasse geführt.« Er machte wiederum eine Pause und entnahm der schwarzen Vase auf seinem schwarzen Schreibtisch behutsam eine pfirsichfarbene Rose. Er sah sie dankbar an, roch an ihr und stellte sie wieder in die Vase, als schenkte er ihr damit die Freiheit. »Wußten Sie, daß man den Duft einer Rose nicht mehr spürt, wenn man länger als fünf Minuten an ihr riecht?« fragte er. »Genau dahin hat uns die westliche Zivilisation geführt. Wir griffen begierig nach der materiellen Welt, klammerten uns an unseren mechanistischen Theorien vom Leben fest, an unserer vergeblichen Hoffnung, körperliches Wohlbefinden, Reichtum und Lebensversicherung würden uns inneren Frieden bescheren – und wissen Sie, was passierte?«
Er lächelte Hsun-ching sanft an, doch seine Augen brannten vor missionarischem Eifer.
»Was passierte?« fragte Hsun-ching.
»Wir konnten das Leben nicht mehr fühlen! Wir wurden unempfänglich dafür! Dann wurden wir desperat und versuchten aus dem Leben einen Sinn und Vergnügen herauszuquetschen. Wir brauchten größere Häuser, mehr Sex, längeren Urlaub und stärkere Drogen, um uns lebendig zu fühlen! Und je verzweifelter wir nach dem Leben schnappten, um so mehr glitt es uns durch die Finger.«
»Wir befanden uns auf Kollisionskurs mit uns selbst«, fügte Jeremy Thorp feierlich hinzu.
»In den sechziger Jahren«, fuhr Corman fort, »spürte die jüngere Generation dieses Dilemma und kehrte den Wertvorstellungen der westlichen Zivilisation den Rücken. Doch die jungen Leute wußten nicht, womit sie diese Wertvorstellungen ersetzen sollten! Sie spürten ein Bedürfnis nach einem spirituellen Leben, hatten aber weder

die Disziplin noch das Wissen, zwischen dem zu unterscheiden, was geistig ist, und dem bloß Sinnlichen. Das hat zur Folge, daß junge Leute sich heute wieder mit Macht auf den Materialismus stürzen. Ich sage voraus, daß wir es in den achtziger Jahren mit einer ganzen Generation von Hedonisten und Zynikern zu tun haben werden.«

Miranda kam mit einer Obstschale und einem Tablett zurück. Sie reichte jedem von ihnen eine Tasse und einen Teebeutel. Hsun-ching blickte unsicher auf den kleinen Papierbeutel.

»Das ist Tee!« sagte Corman. »Stecken Sie ihn einfach in die Tasse, und ich gieße etwas Wasser darüber.«

Hsun-ching schnupperte an dem Beutel und entschuldigte sich dann für seine Unwissenheit. Er riß den Beutel auf und schüttete die Blätter in die Tasse.

Während Corman den anderen eingoß, flüsterte der Oberst Hsun-ching zu: »Dieser Mann ist der Abt seines Tempels und gießt trotzdem zwei Fremden Teewasser ein. Es gibt ein Sprichwort: ›Wenn ein General die wunden Füße seiner einfachen Kundschafter massiert, ist er entweder brillant oder ein Dummkopf, aber auf jeden Fall gefährlich.‹ Etwas kommt mir an diesem Mann seltsam vor; er wirkt nicht wie ein richtiger Priester. Und sein Assistent, der ohne Augenbrauen, mit dem scheint auch etwas nicht zu stimmen. Ich habe ein ungutes Gefühl an diesem Ort.«

Corman nahm seine kurzgefaßte Geschichte des Dharma-Instituts wieder auf. »Ich habe den größten Teil meines Lebens der Aufgabe gewidmet, die – wie soll ich es ausdrücken? – Kluft zwischen der materiellen und der spirituellen Welt zu überbrücken. Doch in den sechziger Jahren erkannte ich, daß dies nicht mehr ein persönliches Streben bleiben konnte. So gründete ich das Dharma-Institut, einen Ort, an dem sich spirituell fortgeschrittene

Männer und Frauen begegnen und zusammenarbeiten können. Wir errichten eine neue geistige Grundlage für die westliche Zivilisation, wobei wir der asiatischen Philosophie soviel entnehmen, wie wir können, und es dann auf das westliche Leben anwenden.«
»Tibet ist dabei aber der Schlüssel«, warf Jeremy Thorp ein und nickte Hsun-ching verschwörerisch zu.
Corman lächelte steif. »Jeremy ist überzeugt, daß der tibetische Buddhismus die fortgeschrittenste aller spirituellen Traditionen darstellt. Sein Wunsch ist es, einen tibetischen Lama ins Institut einzuladen. Vielleicht können Sie uns helfen.«
Hinter Corman gaben blitzblank geputzte Glasschiebetüren einen atemberaubenden Blick auf den Pazifik frei, dessen Wasser sonnenüberflutet war und sich dramatisch dem Horizont zuneigte. Nur eine einzige knorrige Kiefer störte den Ausblick auf Himmel und Wasser. Die Szenerie hatte auf Hsun-ching eine tief beruhigende Wirkung. Seine Suche war jetzt fast vorüber, erkannte er; bald würde er nach Hause fahren. Dann riß ihn eine Bewegung in seinem Blickfeld abrupt aus seiner Träumerei.
Er sah sich um. Miranda und Corman saßen mit gekreuzten Beinen und kerzengerade auf den Kissen, in der Position, welche Buddhisten den vollen Lotossitz nennen. Nur jahrelange Übung ließ diese Haltung natürlich erscheinen, und die Leichtigkeit, mit der jemand so sitzt, ist ein einigermaßen verläßlicher Maßstab dafür, wie sehr sich jemand in die Meditation versenken kann.
Der Oberst hatte seine gewohnte, halb kniende Position eingenommen. Er saß auf seiner linken Wade und hatte die Arme über dem erhobenen rechten Knie gekreuzt. So könne man, wie er Hsun-ching einmal erklärt hatte, sowohl entspannen als auch bereit sein, jederzeit nach vorne zu springen, falls nötig. Er habe sich an diese Sitzweise gewöhnt, als er als junger Soldat wichtige Generäle oft zu

Banketten habe begleiten müsen. Solche Männer seien bei festlichen Gelegenheiten besonders durch Mordversuche gefährdet.

Vajrapani hatte im Lotossitz dagesessen, kniete jetzt aber wie der Oberst. Er starrte auf den Fußboden, doch es war offenkundig, daß er seine Aufmerksamkeit stark auf Oberst Sun konzentrierte.

Unterdessen hatte Mahavishnu Bob Corman seine Ansprache beendet. »Wir können uns glücklich schätzen, großzügige Wohltäter wie Jeremy zu haben; eine Umgebung wie diese macht unsere Arbeit viel leichter.«

Thorp wandte sich an Hsun-ching. »In einer Wohnung in der Stadt kann man kein *satori* erreichen. Sie Tibeter wissen das besser als jeder andere. Deshalb leben Sie auch in den höchsten Bergen der Welt, nicht wahr?«

»*Satori?*« fragte Hsun-ching.

»Sie wissen nicht, was *satori* ist?«

»*Satori* ist die japanische Aussprache eines chinesischen Schriftzeichens«, erklärte Corman. »Ich bin nicht sicher, wie man es auf chinesisch ausspricht, aber geschrieben wird es so.«

Er hob einen Finger in die Luft und zeichnete ein unsichtbares Schriftzeichen. Hsun-ching erkannte es sofort. »Oh – wir sagen *wu*. Das bedeutet ... ich kenne das englische Wort nicht, aber es ist so etwas wie ›aufwachen‹.«

»Genau«, sagte Corman. »Das englische Wort ist ›Erleuchtung‹. Das plötzliche Erwachen des Geistes, der Moment, in dem das rationale Denken dem intuitiven Verstehen weicht, die Erlösung von dem endlosen Karma-Zyklus von Geburt und Tod! Mit anderen Worten« – er ließ die Hand behutsam über die polierte Platte seines Schreibtischs gleiten: »Unsterblichkeit.«

Hsun-ching kannte das Wort; es war eins der ersten englischen Wörter, die Wei-ching ihn gelehrt hatte. Immerhin hatte Wei-ching den größten Teil seines Lebens damit verbracht, herauszufinden, was Unsterblichkeit wirklich bedeutet. Er hatte auch den größten Teil seines Lebens daran geglaubt, daß das Lachende Sutra, das Corman irgendwo in diesem Gebäude untergebracht hatte, die Antwort enthielt.

»Glauben Sie an Unsterblichkeit?« fragte Hsun-ching Corman. Der Mahavishnu strich mit seiner offenen Hand weiter über die Tischplatte, als wäre sie eine riesige Rosenkranzperle.

»Ja, das tue ich. Genau darum geht es … bei unserer Arbeit.«

Plötzlich hob Corman die Hand von der Tischplatte. Das war nur eine winzige Geste, doch Hsun-ching spürte es im Magen, als wäre ein elektrischer Stromkreis unterbrochen worden. »Aber wie sieht es bei Ihnen aus?« fragte Corman. »Erzählen Sie uns mehr über sich! Sie sagen, Sie seien aus Tibet hergekommen, um sich ein Sutra in unserer Sammlung anzusehen. Darf ich Sie fragen, warum?«

Hsun-ching dachte einen Augenblick nach. »Da Sie chinesische Schriftzeichen kennen, möchte ich Ihnen etwas zeigen.« Er zeichnete zwei unsichtbare Schriftzeichen in die Luft. Corman legte vor Konzentration die Stirn in Falten und zeichnete die Linien dann nach.

»Nach einer Schrift suchen«, sagte er.

»Ja«, erwiderte Hsun-ching. »Auf chinesisch werden diese Schriftzeichen ›hsun‹ und ›ching‹ ausgesprochen. Das sind die Schriftzeichen meines Namens. Und jetzt zeige ich Ihnen noch zwei.«

Er malte zwei weitere unsichtbare Schriftzeichen in die Luft. Corman konzentrierte sich erneut und schüttelte dann den Kopf. »Das zweite Zeichen heißt wieder ›Schrift‹, aber das erste erkenne ich nicht.«

»Das erste wird ›wei‹ ausgesprochen«, sagte Hsun-ching. »Es bedeutet ›beschützen‹. Das ist der Name meines … Vaters, ›Beschützer der Schriften‹. Er glaubt, er müsse buddhistische Sutras schützen, da sie sonst alle verlorengingen. Er hat sie fast alle gesammelt und Kopien davon gemacht. Es gibt aber ein Sutra, das er nicht finden kann. Aus diesem Grund hat er mich Hsun-ching genannt; er wollte, daß ich es suche.«

»Und welches Sutra ist das?« fragte Corman.

»Es heißt das Lachende Sutra. Hsüan-tsang, ein Mönch aus der Zeit der T'ang-Dynastie, brachte es zusammen mit vielen anderen Sutras vor mehr als tausend Jahren von Indien nach China. Er bewahrte sie in einer Höhle in der Provinz Kansu auf.«

»Oh!«

»Ja. Als Wei-ching dorthin reist, um sie zu sehen, berichteten die Menschen, die da lebten, Ausländer hätten den größten Teil von ihnen gestohlen. Sie sagten, eins davon heiße das Lachende Sutra, und in ihm gehe es um Unsterblichkeit. Dieses Sutra sei verschwunden, nachdem John Volland die Höhlen besucht habe.«

Corman bewegte sich unruhig auf seinem Kissen. »Ja, ich erinnere mich, daß John von den Höhlen in Tun-huang gesprochen hat. Aber er hat dort keine Sutras *gestohlen*«, sagte er, stellte seine Teetasse hin und beugte sich vor. »Er hat sie gekauft. Offen gestanden habe ich es allmählich satt, daß sich die chinesische Regierung immer wieder beklagt, Leute aus dem Westen hätten ihre Kunstschätze *gestohlen*. Wenn Volland nicht so viele Kunstschätze gekauft und in der ganzen Welt in guten Museen untergebracht hätte, wäre das meiste davon während der Kulturrevolution zerstört worden. Ist es nicht so?«

»Die Frage ist für mich nicht so wichtig«, entgegnete Hsun-ching schnell. Er wollte Corman nicht erzürnen, nicht jetzt, da er so kurz vor dem Ziel stand. »Ich möchte nur eins: Ihnen dieses Sutra abkaufen und es meinem Vater bringen. Ich werde Ihnen mehr dafür bezahlen, als es wert ist.«

Dieses Angebot traf Corman unvorbereitet; er sah Hsun-ching ein paar Sekunden mißtrauisch an. »Und an wieviel hatten Sie gedacht?«
»Sie nennen mir einen Preis. Wenn ich genug Geld habe, werde ich es Ihnen geben.«
Jeremy Thorp, dessen Rücken jetzt stark schmerzte, krümmte sich auf seinem Kissen und sagte: »Ich möchte nicht unterbrechen oder dazwischenreden, aber ist es üblich, um heilige Bücher zu feilschen?«
Der Mahavishnu wollte offenbar vermeiden, Jeremy Thorp zu beunruhigen. »O nein, verstehen Sie mich bitte nicht falsch«, beeilte er sich zu erklären. »Das Wissen dieses Sutra gehört allen.« Er stand auf und bürstete die Vorderseite seiner makellosen blauen Jacke ab. »Warum gehen wir nicht ins Nebenzimmer, wo wir unsere Bibliothek haben, und sehen uns erst mal etwas an?«
Er führte sie durch den weitläufigen Raum in ein kleineres, aber ebenso schönes Zimmer. Wie Cormans Büro hatte die Bibliothek Glasschiebetüren, die auf einen Balkon hinausführten, schwarze Kissen auf dem Fußboden und mitten im Raum einen einzelnen Teakschreibtisch. Die Wände waren jedoch vom Fußboden bis zur Decke mit koreanischen Wandschränken aus Holz und dunklen Bücherregalen aus Ebenholz bedeckt. Corman blätterte in einem Katalog auf einem der Regale, zog sich ein paar Seidenhandschuhe an und öffnete dann einen der Wandschränke. Er entnahm ihm eine lange, schmale Schachtel und trug sie zum Schreibtisch hinüber. Dann setzte er sich mit dem Rücken zum Meer hin.
»Warum setzen Sie sich nicht?« schlug Corman vor. Hsun-ching und Jeremy Thorp setzten sich ihm gegenüber an den Schreibtisch, aber Vajrapani und der Oberst blieben stehen. Der Mahavishnu öffnete die Schachtel und entnahm ihr einen langen Stoffbeutel. Er knotete ihn auf und zog behutsam eine seidene Schriftrolle heraus, die

vor Alter schon ganz braun geworden war und an den Rändern abbröckelte. Er legte sie so hin, daß Hsun-ching sie lesen konnte, und entrollte langsam etwa sechzig Zentimeter davon. Zu Hsun-chings Bestürzung war es nicht das Lachende Sutra; was immer es war, war es weder in Sanskrit noch Chinesisch geschrieben.
»Was ist das?« fragte Hsun-ching nervös.
»Das wollte ich Sie gerade fragen«, erwiderte Corman und warf Vajrapani einen Blick zu. »Es ist Tibetisch. Ich hatte gehofft, Sie könnten es mir übersetzen.«
Hsung-ching erkannte, daß er in der Klemme saß. Er fragte den Oberst, ob dieser eine Ahnung habe, was die Rolle enthalte, aber der Oberst schüttelte den Kopf. »Ich habe es dir schon gesagt, ich habe nie lesen gelernt, schon gar nicht eine von Wilden gesproche Sprache. Erfinde doch was – diese Fremden werden sowieso nichts merken.«
Hsun-ching biß sich auf die Lippe und versuchte sich den Anschein zu geben, als konzentrierte er sich auf den Text. »Dies ist ein Buch über Buddha«, begann er und ließ die Finger über die Schriftzeichen wandern, als läse er sie. »Es beginnt mit seinem Leben als Fürst.«
Ohne ein Wort rollte Corman die Rolle zusammen und legte sie in die Schachtel. »Falsch«, sagte er. »Dies ist das *Tibetische Buch der Toten*. Jeder Tibeter würde es erkennen. Und ich will Ihnen verraten, warum ich das Gefühl hatte, Sie würden es nicht erkennen«, sagte er als Erklärung für Jeremy Thorp. »Kein echter Tibeter würde Geld für ein Sutra anbieten. Niemals.«
Hsun-ching machte den Mund auf, um zu erklären, warum er gelogen hatte, doch er brachte keinen Laut hervor. Die Worte blieben ihm in der Kehle stecken; es sah aus, als würde er ersticken.
Vajrapani hatte eine Hand drohend in seine Cordjacke gesteckt; mit der anderen packte er Hsun-ching am Kragen und schob ihn auf den Oberst zu.

»Wie genau steht es um uns?« fragte der Oberst Hsun-ching. Seine Stimme klang entspannt, fast schläfrig, doch sein Körper war gespannt wie eine Sprungfeder. Hsun-ching konnte nicht antworten, gestikulierte aber mit den Händen, der Oberst solle nichts unternehmen. Der Oberst blieb, wo er war, setzte jedoch seine Sonnenbrille ab und fixierte Vajrapani mit seinen flammenden gelben Augen. Seine Oberlippe zuckte, und dann zog er sie zu einem höhnischen Grinsen hoch, das seine Wolfszähne entblößte.

»Huh!« keuchte Jeremy Thorp. Das Gesicht des Mahavishnu wurde blaß, und Vajrapani schien in Panik zu geraten. Miranda keuchte und fiel ohnmächtig von ihrem Kissen zu Boden.

Es folgte ein langes, gespanntes Schweigen. Schließlich zeigte Corman vielsagend auf Hsun-ching. »Sie und Ihr Freund werden jetzt gehen und nicht wieder zurückkommen! Ich bin ein nachsichtiger Mann, mag aber keine Lügner, und beim nächstenmal würde ich nicht so milde sein! So, Vajrapani – würde es Ihnen etwas ausmachen, die beiden zur Tür zu bringen?«

»Wenn ich nicht g-g-gelogen und uns als Tibeter ausgegeben hätte, wäre das nicht passiert«, fluchte Hsun-ching. Er und der Oberst waren auf einem steilen Pfad zum Meer hinuntergegangen. Der Oberst durchsuchte den Strand nach glatten runden Steinen. Als er einen fand, der etwa so groß war wie ein großes Ei, steckte er ihn sorgfältig in eine der vielen Taschen seiner Rüstung.

»Die Lüge hat uns in das Büro des Priesters gebracht«, entgegnete der Oberst. »Damit hatte sie ihren Zweck erfüllt. Doch durch dein Zögern in diesem Augenblick und weil du mir nicht erlaubtest zu handeln, als die Gelegenheit sich bot, hast du vielleicht jede Chance vertan, mit dem Sutra nach China zurückzukehren.«

»Was hätten wir denn t-t-tun können?« keuchte Hsun-ching.
»Es wäre einfach gewesen. Die einzige Gefahr für uns war der Leibwächter ohne Augenbrauen. Wenn ich diese Gefahr aus dem Weg geräumt hätte, wäre der Priester in Angst geraten und hätte uns das Sutra gegeben. Dann wären wir entkommen.«
»A-aber ich habe es Ihnen doch gesagt! Ich will nicht, daß jemand verletzt wird! So ein altes Buch ist es nicht wert!«
Der Oberst seufzte. »Wie du meinst. Aber du wirst schon sehen, wie sehr du dich irrst, denn nun werden der Priester und sein Leibwächter mehr auf der Hut sein. Jetzt sind sie gewarnt und werden auf uns warten. Es wird sehr gefährlich sein, dort wieder hineinzukommen, und wahrscheinlich wird nicht nur der Leibwächter verletzt werden.«
»Kein Mensch wird verletzt werden«, sagte Hsun-ching geheimnisvoll.
»Oh, aber ich halte es für unvermeidlich! Es gibt jetzt nur eine Möglichkeit, das Sutra zu bekommen: Wir müssen in den Tempel einbrechen. Ich denke, daß wir an der Fassade hinaufklettern und durch das Dach ins Haus gelangen können. Ich habe da oben ein Fenster gesehen. Und da der Leibwächter uns zweifellos entdecken wird, muß ich einen dieser Steine gegen ihn einsetzen, denn sonst hat er Zeit, die Waffe aus der Jacke zu ziehen, und dann wäre es aus mit uns. Während wir noch beschäftigt sind, hat der Priester vielleicht Zeit, die Polizei zu rufen, so daß wir uns möglicherweise auch mit denen auseinandersetzen müssen. So wird es jedenfalls viel schwieriger sein. Wenn du die Dinge beachtet hättest, die ich dir in diesen letzten Wochen erzählt habe, wärst du nicht gerade in diesem Moment schwach geworden. Aber du hast nicht zugehört, und jetzt wirst du selbst erleben, was für schreckliche Konsequenzen Unentschlossenheit haben kann!«

Der Oberst hob noch einige weitere Steine auf. »Ich bin bereit«, verkündete er. Doch Hsun-ching blickte auf das Wasser hinaus und schien ihn nicht zu hören.
»Was ist mit dir los?« rief der Oberst. Er packte Hsun-ching an den Schultern und schüttelte ihn, als wollte er ihn aufwecken. »Dies ist der kritische Moment deiner Reise! Du darfst jetzt nicht versagen! Nimm dich zusammen, und bereite dich auf deinen Kampf vor! Sonst wirst du uns beide umbringen.«
Hsun-ching schloß für einen Moment die Augen. »Oberst Sun. Bitte verzeihen Sie mir. Ich werde das Sutra nicht holen.«
»Was?«
»Ich möchte nicht getötet werden. Ich möchte auch nicht, daß Sie getötet werden.«
Der Oberst war wie vom Donner gerührt. »Du meinst, daß du es nach alldem, nachdem du schon so weit gekommen bist, wagen würdest, mit leeren Händen zurückzukehren?«
Hsun-ching schüttelte langsam den Kopf. »Nein. Ich gehe nicht zurück. Ich bleibe hier.«

XXII

»Du gehst nicht zurück?« fragte der Oberst. »Du gehst nicht wohin zurück?«

»Nach China. Ich werde nicht dorthin zurückkehren. Ich möchte hierbleiben«, erwiderte Hsun-ching. Er brachte es nicht über sich, den Oberst anzusehen.

Soweit Hsun-ching sich zurückerinnern konnte, geriet der Oberst jetzt zum erstenmal aus der Fassung. »Mit welcher Begründung willst du nicht zurückkehren?«

Hsun-ching fuhr sich mit den Fingern durchs Haar und mied den Blick des Obersts. »Warum sollte ich zurückgehen!« stieß er hervor. »Ich habe noch nie etwas genießen dürfen, ohne daß man es mir weggenommen hätte! Mein ganzes Leben ist in diesem Land Elend und Not gewesen, genauso wie das von Wei-ching! Warum sollte ich zu diesem Leben zurückkehren? Jetzt habe ich die Chance, ein neues Leben zu beginnen – abwechslungshalber mein eigenes Leben! Ich bin zwanzig Jahre alt. Habe ich das denn nicht verdient?«

»Dein eigenes Leben?« fragte der Oberst. »Ist dein Leben bisher etwa nicht deins gewesen? Wer hat es denn bis jetzt besessen?«

»*Ai*, das ist es nicht, was ich meine ... kein Mensch hat mein Leben besessen, doch andere Menschen haben darüber verfügt. Irgend jemand hat mich zur Waise gemacht, dann hat mich ein anderer in eine wahnsinnige ›Revolution‹ hineingezogen, und dann hat mich wieder ein anderer für zehn Jahre aufs Land geschickt, und jetzt soll ich den ganzen Weg zurückgehen und zu diesem Alptraum zurückkehren, nur um dem armen Wei-ching zu sagen, daß ich sein Buch nicht habe beschaffen können? Ist das ...«

»Du kannst es beschaffen!« unterbrach ihn der Oberst. »Ich habe alle Werkzeuge beisammen, die wir dazu brauchen.«

Hsun-ching wandte sich ab und rang vor Verzweiflung die Hände. »Selbst wenn ich das Sutra beschaffen könnte, würde ich nicht zurückkehren! Das Buch ist wertlos, Wei-ching liegt im Sterben, und ich kann ihn ebensowenig gesund machen wie irgendeine mystische Zauberformel. Das wissen Sie genausogut wie ich.«

»Das war dir aber auch schon klar, bevor du China verlassen hast«, entgegnete der Oberst. »Der Wert des Buchs hatte nie etwas damit zu tun.«

Hsun-ching fuhr herum und sah dem Oberst diesmal offen in die Augen. »Ich liebe ihn wie einen Vater – das wissen Sie! Er ist der einzige Vater, den ich je gekannt habe! Aber glauben Sie nicht auch, daß er es gern sähe, wenn ich hierbliebe?«

Oberst Sun antwortete nicht. Er starrte Hsun-ching nur gelassen an.

»Nun, meinen Sie nicht auch?« flehte Hsun-ching. »Ich habe die Chance, hier glücklich zu werden – glauben Sie nicht auch, daß Wei-ching diese Entscheidung billigen würde?«
»Wenn du ihn fragtest, würde er dir sicher raten zu bleiben, ja.«
»Warum starren Sie mich dann so an – als wäre ich dabei, etwas Furchtbares zu tun?«
»Weil du versprochen hast, das Sutra zu beschaffen und es ihm zu bringen.«
»Na schön, ich habe es versprochen – aber vielleicht war es ein törichtes Versprechen!«
Der Oberst schüttelte den Kopf. »Darauf kommt es nicht an. Wenn man ein Versprechen macht, muß man es halten, wie töricht es auch erscheinen mag.«
»Aber das ist so dumm!« rief Hsun-ching plötzlich aus. »Es ist stur, altmodisch und dumm, so etwas zu sagen! Warum sollte man etwas tun, wenn einem klar ist, daß es nicht die beste Lösung ist?«
»Weil es das ist, was ein loyaler Mann zu tun hat«, erwiderte der Oberst geduldig.
»Ein *loyaler* Mann? Was passierte, als diese drei loyalen Männer, von denen Sie mir erzählt haben, in einem Pfirsichgarten einen Eid schworen? Eine Dynastie stürzte, und in den anschließenden Kriegen starben Hunderttausende von Menschen! Es war eine Katastrophe! Wie können Sie mir dann jetzt sagen, daß Loyalität so kostbar sei?«
Der Oberst verfiel in ein langes Schweigen. Es hatte den Anschein, als konnte oder wollte er die Frage nicht beantworten. Dann richtete er sich auf, sah Hsun-ching an und sagte leise: »Vielleicht liegt es daran, daß Loyalität die einzige Form von Schönheit ist, die ein Mann wie ich sich erhoffen kann.«
Als Hsun-ching nicht antwortete, nickte der Oberst und

blickte dann aufs Meer hinunter. »Deine Entscheidung steht also fest?«
»Ja.«
»Dann hat es keinen Sinn, daß ich noch länger hierbleibe. Ich muß so schnell wie möglich zum Hafen zurück.« Er verabschiedete sich von Hsun-ching mit einem militärischen Gruß, wie er in seiner Jugend üblich gewesen war. »Ich wünsche dir auf dieser Seite der Welt mehr Glück, als du auf der anderen Seite gehabt hast.« Damit drehte er sich um und begann nach Norden zu gehen, auf die Bucht zu.
»Oberst Sun«, sagte Hsun-ching, »bitte seien Sie mir nicht böse.«
Der Oberst drehte sich zu Hsun-ching um. »Ich bin dir nicht böse«, erwiderte er. »Es gibt aber nur einen Grund, weshalb ich hier bin und nicht näher am Schiff: Ich bin davon ausgegangen, daß du das Sutra um jeden Preis haben wolltest. Und ich hatte versprochen, dir zu helfen. Da du deine Pläne geändert hast, ist es für uns an der Zeit, Lebewohl zu sagen.«
»Aber, Oberst Sun, warum bleiben Sie nicht mit mir hier? Hier könnte sich auch für Sie alles ändern; es gibt eine Million Dinge, die Sie hier tun könnten, statt allein herumzusitzen ...«
»Ich sitze lieber allein herum«, unterbrach ihn der Oberst, »als von Häßlichkeit umgeben zu sein. Nach allem, was ich gesehen habe, besitzt dieses Land keine Seele. Es hat nur eine Fassade.«
Hsun-ching begann neben ihm auf die Stadt zuzugehen. Ohne stehenzubleiben oder sich umzudrehen, lachte der Oberst und sagte: »Wir sind inzwischen alte Freunde, du mußt mir keine Höflichkeit entgegenbringen. Du hast mich jetzt schon weit genug gebracht.«
Hsun-ching ließ den Kopf hängen. »Ich danke Ihnen für alles, was Sie für mich getan haben.«

»Du brauchst dich nicht zu bedanken. Lebwohl, Hsun-ching.«

Als der Oberst allmählich aus seinem Blickfeld verschwand, wurde Hsun-ching bewußt, daß der Oberst ihn jetzt zum erstenmal mit seinem Namen angeredet hatte. Hsun-ching ging wieder zum Meer hinunter, legte sich am Strand in den Sand und begann nachzudenken. Er stellte sich vor, wie er nach China zurückkehrte und Wei-ching auf seiner armseligen Pritsche liegend vorfände, der nach Atem rang und dem er dann eröffnen müßte: »Ich habe das Sutra zwar gefunden, vermochte es aber nicht an mich zu bringen.« Er konnte sehen, wie sich ein ungläubiger Ausdruck auf dem Gesicht des alten Mannes ausbreitete und dann zu bitterer Enttäuschung und Verzweiflung wurde. Er versuchte sich vorzustellen, in China mit irgendeiner Frau verheiratet zu sein, in einem Dorf zu leben, in dem er Kohl anbaute und Kinder großzöge, die genauso arm wären wie er selbst, und wie er allmählich alt würde, ohne daß jemand wüßte, was er bei seiner Reise in den Westen gesehen und getan hatte.

Dann stellte er sich vor, man hätte ihn bei dem Versuch, wieder nach China zu kommen, an der Grenze abgefangen, so daß er nicht einmal mehr zu Wei-ching gelangen könnte. Er vermutete, weitere zehn Jahre in einem Arbeitslager verbringen zu müssen, diesmal vielleicht in den Wüsten der Provinz Ch'ing Hai oder in den eisigen Wäldern der Mandschurei.

Diese Bilder gingen ihm immer und immer wieder durch den Kopf, Stunde um Stunde, bis er das Gefühl hatte, jeden Menschen auf der Welt überzeugen zu können, daß es für ihn gerechtfertigt war, in Amerika zu bleiben. Dann hatte er einen letzten Tagtraum: Er stellte sich vor, Wei-ching läge während der gesamten Kulturrevolution in seiner feuchten Hütte und frage sich die ganze Zeit, ob der Junge, den er aufgezogen hatte, noch am Leben oder

schon tot sei. Er habe bereits jetzt zehn Jahre warten müssen; wie um alles in der Welt konnte Hsun-ching ihn für den Rest seines Lebens warten lassen?
Hsun-ching stand nicht gleich auf. Er schloß die Augen und lauschte eine Zeitlang dem Rauschen des Meers. Es erinnerte ihn an ein Kapitel des *Tao te ching*, eines taoistischen Klassikers, den Wei-ching ihn hatte lesen lassen; in ihm wird erklärt, wie Wasser – obwohl es weich ist – auf Dauer selbst Stein aushöhlt. Mit diesem Kapitel hatte Hsun-ching schon immer seine Schwierigkeiten gehabt. Die Taoisten behaupten, die Wirkung des Wassers sei darauf zurückzuführen, daß eine nachgiebige Natur wirklich stärker sei als eine, die zum Widerstand neige. Doch Hsun-ching hatte argumentiert, daß alles, was Millionen von Jahren gegen Felsblöcke anstürme, den Stein abnutzen werde. Wenn man harte Gegenstände gegen Fels werfe, werde dieser noch schneller abgenutzt. Für Hsun-ching hätte der wahre Sinn dieses Kapitels sein sollen, daß unendliche Geduld und nicht eine nachgiebige Natur selbst einem Schwächling erlaubt, sich des Erfolgs zu erfreuen. Und das Meer ist geduldig, daran war nicht zu zweifeln. Sich vorzustellen, wie viele Wellen seit Erschaffung der Erde hier an den Strand gespült worden waren!
Hsun-ching richtete sich urplötzlich auf. Manchmal machen sich Ideen auf die seltsamste Weise bemerkbar; hier saß er und dachte über das Meer nach, und mit einemmal wußte er, wie er an das Sutra herankommen konnte, ohne jemandem weh zu tun, dazu noch rechtzeitig, um Wongs Schiff nach Hong Kong zu erreichen.

Hsun-ching wartete bis zum späten Nachmittag am Strand und folgte dann dem Pfad zurück zum Institut. Er ging schnell, um möglichst nicht gesehen zu werden, passierte das hölzerne Tor am Eingang und betrat das

Gebäude durch die Vordertür. Statt den Korridor zum Empfangszimmer hinunterzugehen, wandte er sich diesmal an dem Springbrunnen nach rechts und verschwand schnell in die Herrentoilette. Er betrat eine der Kabinen, versperrte die Tür, stellte sich dann auf den Toilettensitz, damit niemand seine Füße sehen konnte, und wartete, entschlossen, so geduldig zu sein wie das Meer.

Wie sich zeigte, leitete der Mahavishnu an jenem Abend ein Seminar in Kundalini-Erweckung, so daß bis fast zehn Uhr immer wieder jemand in der Toilette erschien. Jedesmal, wenn jemand links oder rechts von Hsun-ching eine Kabine benutzte, hielt er den Atem an und hoffte, niemand könne das Pochen seines Herzens hören. Als die beiden anderen Kabinen einmal besetzt waren, fiel einem Mann auf, daß unter der mittleren Kabinentür keine Füße zu sehen waren, und so klopfte er an, um zu erkunden, ob jemand drin war. Nachdem keine Antwort kam, faßte er an die Tür. Als er sie verschlossen fand, stellte er sich auf die Zehenspitzen und langte mit dem Arm über die Tür, um sie von innen zu öffnen. Seine Finger reichten fast bis an das Schloß heran, doch dann betätigte jemand nebenan die Spülung, woraufhin der Arm wieder über der Tür verschwand.

Gegen elf Uhr hörte Hsun-ching wie schon so oft an diesem Abend die Vordertür zugehen. Diesmal ließ jedoch eine Reihe klirrender Laute erkennen, daß sie abgeschlossen wurde. Hsun-ching wartete noch zehn weitere Minuten, um sicherzugehen, stieg vom Toilettensitz und stahl sich aus der Herrentoilette. Er ging auf Zehenspitzen den Korridor hinunter und hatte gerade den Empfangsraum erreicht, als er im ersten Stock ein lautes, dumpfes Geräusch hörte, dem Schritte auf der Vordertreppe folgten, dort, wo sich die Toiletten befanden. Jemand kam die Treppe herunter. Hsun-ching legte die Hand auf den Mund, um ein Keuchen zu unterdrücken, und suchte verzweifelt nach einem Versteck. Er fühlte sich wie ein Wassertropfen, der auf einer heißen Herdplatte herumtanzt. Als die Schritte um die Ecke kamen und im Korridor zu hören waren, schaffte er es, sich unter den Empfangstisch des Pförtners zu quetschen.

Die Schritte verschwanden allmählich im Korridor, wurden im Empfangsraum noch leiser, und dann vernahm Hsun-ching, wie jemand eine weitere Treppe hinunterging. Einige Minuten später kamen schlurfende Geräusche aus dem Raum unter ihm. Es hörte sich an, als würde jemand die Bücher in den Regalen umräumen. Da arbeitet jemand aber spät, dachte Hsun-ching düster. Was soll ich jetzt tun?

Er wartete fast eine halbe Stunde und lauschte, wie derjenige, der da unten war, mit dem Umräumen der Bücher aufhörte, um sich dem Umstellen der Möbel zu widmen. Den lauten Geräuschen war anzuhören, daß da jemand ganze Arbeit leisten wollte. Schließlich jedoch trat Stille ein. Hatte derjenige, der sich da unten aufhielt, wer immer er war, sich entschlossen, hier die Nacht zu verbringen, oder gab es noch eine Kellertür? Hsun-ching wurde bewußt, daß ihm keine Zeit mehr blieb. Selbst wenn er jetzt gleich das Sutra fände, würde er es nicht rechtzeitig zu Wongs Schiff schaffen. Er konnte nicht länger warten.

Er kroch zum oberen Ende der Kellertreppe, hielt dann inne und legte die Hände an die Ohren, um besser zu hören, doch im Keller war alles still. Er spürte, wie sich seine langen Ohrläppchen an die Daumen schmiegten, und erinnerte sich, daß Wei-ching ihm gesagt hatte, sie seien so etwas wie Glückszeichen. Er zupfte an ihnen und drängte sie im stillen, ihm nur dieses eine Mal Glück zu bringen, besonders, da sie ihn zuvor schon so oft im Stich gelassen hatten. Dann zog er die Schuhe aus und ging langsam die Treppe hinunter. Im Keller brannte Licht. Als Hsun-ching am Fuß der Treppe angelangt war, erkannte er, daß er sich in einem riesigen Lagerraum befand. Schachteln und Holzkisten lagen in totaler Unordnung durcheinander, und auf dem Fußboden war ein Gewirr von Statuen, Gemälden, Weihrauchgefäßen und Schriftrollen verstreut. Hsun-ching fragte sich, wie jemand in diesem Durcheinander finden konnte, wonach er suchte, als ein großer Gegenstand um Haaresbreite an seinem Kopf vorbeizischte. Er bewegte sich mit solcher Geschwindigkeit, daß der folgende Luftzug ihn mit der Wucht einer Ohrfeige ins Gesicht klatschte. Das Geschoß traf eine buddhistische Statue aus Sandstein wie eine Kanonenkugel, und die Statue verschwand in einer Explosion aus Sand und Pulver. Hsun-ching war unfähig, sich zu bewegen oder auch nur zu atmen, und konnte bloß in die Richtung sehen, aus der das Projektil gekommen war, und auf den nächsten, tödlichen Schuß warten. Dann sah er etwas Gelbes aufblitzen, und hinter einer Holzkiste tauchte der Kopf des Obersts auf.

»Hsun-ching!« rief der Oberst.

Hsun-chings Knie gaben nach, aber er schaffte es, sich auf den Beinen zu halten. Der Oberst sprang hinter der Holzkiste hervor, lief zu der zertrümmerten Statue hinüber und schüttelte den Kopf.,

»Ich bin noch nie ein sehr zuverlässiger Schütze gewesen«, sagte er leise und lächelte Hsun-ching an. »Aber dieser Stab ist eine gute Sache, nicht wahr? Wenn ich dich allerdings getroffen hätte, hätte ich es tief bereut. Ich bin froh, daß du am Leben bist.«

»W-was t-tun Sie hier?« stammelte Hsun-ching.

Der Oberst sah fast verlegen aus. Er verzog das Gesicht und brummte: »Ich wollte ohnehin wieder nach China. Da habe ich mir gesagt, es kann doch nicht schwierig sein, für einen alten Mann eine kleine Papierrolle zu beschaffen.«

»Sie haben sie also gefunden?« fragte Hsun-ching ängstlich.

Der Oberst sah zu Boden und schwieg. Hsun-ching ließ den Blick umherwandern und bemerkte, daß sämtliche Holzkisten ebenso wie die Schriftrollen mit chinesischen Schriftzeichen versehen waren. Der Oberst konnte nicht lesen! Er hatte sein Leben aufs Spiel gesetzt, um zu diesem Gebäude zurückzukehren, aber ohne überhaupt wissen zu können, welches das richtige Sutra war. Dennoch hatte er es versucht.
Scham trieb Hsun-ching dazu zu vollenden, was der Oberst begonnen hatte. Er wühlte wie ein Verrückter in den Holzkisten herum, bis er eine mit der Aufschrift »Volland« entdeckte.
Mit Hilfe des Obersts riß er die Kiste auseinander, worauf hundert oder mehr Schriftrollen auf den Fußboden kullerten. Hsun-ching hatte das Gefühl, als wäre im Innern seines Schädels ein Lichtschalter betätigt worden, denn plötzlich wurde sein Gehirn von Licht durchflutet. Er untersuchte die Inschriften auf der Außenseite der Schriftrollen, die in einer schwer entzifferbaren Handschrift geschrieben waren. Sutra des Gütigen Willens, Sutra der Huldigung an Bhutatathata, das Mahprajnaparamita-Sutra, Sutra des Westlichen Himmels, Sutra der Kostbaren Himmelsmacht und Sutra des Rechten Gebots. Schließlich fand er es: das Lachende Sutra. Hsun-ching steckte es in die Jackentasche, und dann gingen die beiden ohne ein Wort im Gleichschritt wie eine Person die Treppe hinauf und verließen den Keller.
Hsun-ching meinte, sie würden durch das Dach entkommen, auf dem Weg, auf dem der Oberst offenbar eingedrungen war, doch dieser schüttelte den Kopf. Er zeigte lächelnd auf die vordere Eingangstür. Es war höchst seltsam: Das Gefühl von Licht im Gehirn vermittelte Hsun-ching auch das unheimliche Gefühl, daß der Oberst ohne Wort mit ihm kommunizieren konnte. Er begriff sofort, daß es für einen Mann wie den Oberst nur möglich war,

das Haus durch die Vordertür zu verlassen. Wie unwürdig und unritterlich, es erneut übers Dach zu versuchen! Wenn der Mahavishnu am nächsten Morgen wieder auftauchte, würde ihm zumindest der kleine Trost bleiben, von tapferen Männern und nicht von feigen Dieben beraubt worden zu sein.

Bedauerlicherweise hatte das alte chinesische Rittertum seine ruhmreichen Traditionen einige Zeit vor der Erfindung der Alarmanlage entwickelt. Als der Oberst und Hsun-ching die Tür Arm in Arm öffneten, erschütterte ein durchdringender Heulton ihre Euphorie. Der Oberst, der nichts von Elektronik wußte, rannte wieder ins Haus, um den versteckten Wachposten zu suchen, und verbrachte einige kostbare Augenblicke damit, die Empfangshalle auseinanderzunehmen und den Feigling aufzufordern, sich zu stellen und seinen Tempel zu verteidigen, statt sich zu verstecken und zu kreischen wie eine läufige Katze.

Schließlich packte Hsun-ching den Oberst an der Rüstung und schleifte ihn hinaus. Sie rannten durch das Tor und hofften, die Stadt zu erreichen, bevor die Polizei kam. Doch es war schon zu spät; das Alarmsystem des Instituts war mit einem Sicherheitsdienst verbunden, welcher sofort einen Wagen losschickte, der jetzt schon mit durchdrehenden Reifen die kiesbelegte Auffahrt hinauffuhr.

Hsun-ching und der Oberst machten kehrt und rannten auf den Pfad zu, der zu den Felsen hinunterführte. Hsun-ching verschwand über den Felsrand, bevor der Wagen das hölzerne Tor durchfahren hatte, aber der Oberst zögerte absichtlich, bis die Scheinwerfer des Wagens ihn eine volle Sekunde lang anstrahlten, ehe er hinter Hsun-ching herstürzte. Er wollte, daß die Wachen glaubten, nur ein Mann habe das Institut ausgeraubt. Falls nötig, konnte er sie in eine Verfolgungsjagd verwickeln, während Hsun-ching sich aus dem Staub machte.

Hsun-ching und der Oberst waren dankbar für den

Mondschein, denn ohne ihn wären sie mit Sicherheit gestolpert und auf die tiefer liegenden Felsen gestürzt. Als sie den Strand erreichten, wandten sie sich nach Süden und rannten dahin, wo die Felsen flacher wurden; dort würden sie leichter unbemerkt in die Stadt kommen können als oben im Norden, wo die Felsen noch steiler wurden. Unglücklicherweise hatte der Strandabschnitt im Süden auch einen Zugang von der Straße her, was sich ein Polizeiwagen jetzt zunutze machte, der mit aufheulendem Motor auf dem Sand dahinraste und mit seinen Scheinwerfern die Küste ausleuchtete. Hsun-ching und der Oberst schafften es gerade noch, hinter eine flache Düne zu springen, bevor die Scheinwerfer sie erfaßten. Hinter ihnen hörten sie den Sicherheitsmann von der Felsspitze her etwas zur Polizei hinunterrufen.
»Wir sitzen in der Falle«, flüsterte Hsun-ching.
Der Oberst brachte ihn mit einem »Pst!« zum Schweigen und reckte vorsichtig den Kopf, um die Lage zu sondieren. Sie befanden sich in einer flachen Düne etwa achtzehn Meter von der Wasserlinie und vielleicht fünfundfünfzig Meter vom Fuß des Felsens entfernt. Der Polizeiwagen hatte ungefähr hundertachtzig Meter südlich von ihnen angehalten. Der Sicherheitsmann oben auf dem Felsen blieb an Ort und Stelle stehen; er wollte offenbar den unangenehmen Teil der Arbeit, den Verbrecher zu fangen, der Polizei überlassen.
»Hör mir genau zu«, flüsterte der Oberst. »Ich werde den Strand hinuntergehen und direkt auf die Soldaten zulaufen. Sie werden ihre Scheinwerfer auf mich richten. Wenn sie das tun, kriechst du auf allen vieren auf den Felsen zu. Dann halte dich dicht am Felsen und lauf nach Norden! Du kannst dich irgendwo in den Felsen vestecken, bis sie verschwinden.«
»Aber was ist mit Ihnen? Was werden Sie tun?«
»Ich werde auf andere Weise entkommen! Immerhin habe

ich es mal geschafft, Shih Huang Tis Wachen zu überlisten, weißt du noch? Das hier wird mir leichtfallen. Und um dich werden sie sich gar nicht kümmern, denn sie wissen ja nicht, daß wir zu zweit sind. Der Wachposten da oben hat nur einen von uns über den Felsrand verschwinden sehen.«

»Aber Sie haben Ihren Stab nicht! fiel Hsun-ching wieder ein. Doch der Oberst tat diese Befürchtung mit einer Handbewegung ab und stand auf. Die Polizisten sahen sein Profil vor der Wasserfläche und strahlten ihn mit ihrem drehbaren Scheinwerfer an. Der Oberst begann langsam auf sie zuzugehen, lenkte die Schritte aber dann immer mehr auf das Wasser zu.

Hsun-ching war überzeugt, daß dieser Plan nur in einer Katastrophe enden konnte, folgte jedoch den Anweisungen des Obersts und begann wie ein Rekrut auf die Felsen zuzurobben. Es kam ihm wie eine Ewigkeit vor, bis er sich endlich in eine kleine Einbuchtung im Felsen schmiegen konnte, in der ihn der Wachposten dort oben kaum sehen würde. Dann zögerte er; er mußte sich vergewissern, ob der Oberst mit der Situation fertig wurde. Hsun-ching streckte den Kopf heraus und blickte zum Strand hinunter. In dem grellen Lichtschein des Suchscheinwerfers der Polizei stand der Oberst jetzt mit den Füßen im Wasser und blickte die beiden Polizeibeamten an. Diese befahlen ihm, die Hände über den Kopf zu nehmen, doch er verstand sie natürlich nicht – und auch wenn er es vermocht hätte, hätte er ihnen nicht gehorcht, wie Hsun-ching wußte. Er stand da wie ein ausgekochter Schauspieler und zwang alle, die ihn ansahen, jetzt zu höchster Aufmerksamkeit, denn die Vorstellung seines Lebens sollte in Kürze beginnen. Er holte den letzten seiner Steine heraus, trat mit dem linken Bein vor und zielte mit der linken Hand. Er wirkte wie ein Bogenschütze im Augenblick der höchsten Anspannnung und wartete geduldig auf den richti-

gen Moment, um den Stein zu schleudern. Dann schwang sein rechter Arm vor, und der Felsbrocken traf den Suchscheinwerfer mit einem ohrenbetäubenden Knall.
Der Oberst stand plötzlich im Dunkeln, aber im Mondlicht sah Hsun-ching ihn vorwärtsstürmen und hörte einen markerschütternden Schlachtruf. Kurz darauf gab es einen weiteren Knall und einen grell aufzuckenden Lichtschein, und für einen Moment war Hsun-ching geblendet. Als seine Augen sich wieder an die Dunkelheit gewöhnt hatten, sah er den Oberst auf dem Rücken liegen und sich verzweifelt bemühen, auf die Beine zu kommen. Zum erstenmal in seinem Leben war Hsun-chings Stottern ein Segen. Sein Mund öffnete sich, und sein Brustkorb hob und senkte sich, aber er brachte keinen Laut hervor. Unterdessen gingen die Schattengestalten der Polizeibeamten vorsichtig auf den gestürzten Mann zu. Der Oberst, der genau spürte, daß dies ein entscheidender Moment war, kam mit letzter Kraft wieder auf die Beine. Mit einem verzweifelten Schrei fuhr er herum und stürzte sich ins Meer. Er stürmte durch das Wasser, bis es ihm bis zur Hüfte reichte, ließ sich dann ins Wasser fallen und ruderte wie wild mit Armen und Beinen herum, um möglichst weit aufs offene Meer zu kommen. Die Polizisten standen sichtlich ungläubig am Strand. Minute für Minute wartete Hsun-ching darauf, daß die Kraft des Obersts nachließ und die Wellen seinen Leichnam der Polizei in die Arme spülten. Doch der Oberst schwamm im Mondschein immer weiter und weiter hinaus, bis er eine Strömung erreichte, die ihn aufs offene Meer zu ziehen begann. Dann wurden seine Armbewegungen immer langsamer und hörten schließlich ganz auf. Ein paar Minuten lang konnte Hsun-ching den Kopf des Obersts in den Wellen auf- und abtauchen sehen, während er immer weiter hinaustrieb; und dann verschwand er völlig, ohne einen Laut.

Verzweiflung war Hsun-ching nicht unbekannt. Er wußte, was es heißt, von namenlosem Entsetzen gepackt zu werden; es hätte ihn um ein Haar fürs Leben stumm gemacht. Er wartete darauf, daß der Wahnsinn sich einstellte, und ließ sich ihm entgegentreiben. Doch plötzlich war es wieder da, dieses unwiderstehliche Gefühl von Licht, das ihm durch den Kopf schoß und die Welt um ihn herum in ein unheimliches, pulsierendes Glühen tauchte. Hsun-ching schoß der Gedanke durch den Kopf, daß er vielleicht tatsächlich verrückt wurde, doch das Gefühl blieb dennoch bestehen.

Er beschloß, gar nicht erst den Versuch zu machen, die Stadt zu durchqueren, sondern lieber um die ganze Halbinsel herum zum Hafen zu laufen. Er rannte, bis ihm das Herz im Hals pochte, bis er glaubte, seine Rippen würden zerspringen und seine Lungen bersten wie Luftballons, die man zu stark aufgeblasen hat. Doch sein Geist war klar wie ein hellerleuchteter Spiegel, und kein Gedanke lenkte ihn ab. Er war nur sein Schmerz, seine Beine, der Sand, die Felsen, dann die Piers, die Schiffe und kurz darauf die Bay Bridge.

Als er Blut in der Kehle schmeckte, folgte er dem Drahtzaun, der die Piers umgab, bis er Pier sechsundzwanzig erreichte. Das Tor war verschlossen. Hsun-ching konnte Wongs Schiff sehen; zwei Schlepper hatten an ihm festgemacht, und alle Lichter brannten – es bewegte sich schon! Hsun-ching empfand keine Panik. Er begann das Tor zu überklettern, aber der Stacheldraht am oberen Ende brachte ihm an beiden Händen tiefe, klaffende Wunden bei. Der Schmerz machte ihm nicht das geringste aus, doch er erkannte, daß er es einfach nicht schaffen würde, auf die andere Seite zu kommen. Wenn er sich noch mehr bemühte, würde er sich hoffnungslos in dem Stacheldraht verfangen.

Er schlug mit den Fäusten gegen das Tor und rief, man

solle es öffnen. Doch die Hafenarbeiter hatten die dicken Leinen schon losgemacht und waren wieder in das Gebäude zurückgekehrt, wo sie ihn durch den Lärm der Schlepper hindurch nicht hören konnten. Hsun-ching sah zu, wie das riesige Schiff langsam von der Pier ablegte und das Licht immer schwächer wurde.

Dann flammte hinter ihm ein anderer Lichtschein auf. Er fuhr herum und sah, daß es ein Lichtstrahl war, der sich auf ihn zubewegte. Das muß die Polizei sein, dachte er. Sie haben gewußt, daß ich hierherkommen würde. Als sie nur noch wenige Meter von ihm entfernt waren, ging die Tür des Wagens auf, und eine einzelne Person stieg aus. Sie trug ein Bild.

»Gott, und ich dachte schon, ich würde zu spät kommen!« rief Alison. »Ich weiß noch, daß Sie sagten, das Schiff würde um vier ablegen, und so bin ich schon um halb vier hiergewesen. Doch es war niemand da, und ich konnte auch nicht durch das Tor, so daß ich auf und ab gefahren bin, um für alle Fälle nach Ihnen Ausschau zu halten. Hier«, sagte sie und überreichte Hsun-ching das Porträt der Frau in Rot. »Ich kann Agnes auch ein anderes Bild verkaufen. Ich will, daß Sie es bekommen.«

Dann bemerkte sie das Blut an seinen Händen und Unterarmen und den wilden Blick seiner Augen.

»Ich habe das Schiff verpaßt«, war alles, was Hsun-ching hervorbringen konnte. »Ich habe das Sutra, aber das Schiff habe ich verpaßt.« Er öffnete seine Jacke und sah auf das zerbröckelnde Sutra. Sein Brustkorb arbeitete immer noch schwer.

»Kommen Sie schon!« rief Alison und zog Hsun-ching zu ihrem Wagen. »Steigen Sie schnell ein!«

Er war völlig durcheinander und zögerte. Alisons Auftauchen war ein Wunder, aber was konnte sie jetzt noch ausrichten? Sie packte seine Jacke und zerrte, und als er sich umdrehte und sie ansah, geschah etwas Wunderba-

res. Auch diesmal wieder verstand er urplötzlich, als hätte sie gesprochen und es ihm erklärt. Er sprang auf den Beifahrersitz, Alison legte den Rückwärtsgang ein und fuhr mit kreischenden Reifen los. Dann hielt sie den Wagen an, holte tief Luft und trat das Gaspedal durch.
»Sie sind der weibliche Tom Sawyer«, jubelte er, als sie mit einem Ruck in den Vorwärtsgang schaltete.
Das Kettenschloß zerbrach nicht, als Alisons Wagen gegen das Tor prallte, aber die Türen wurden so weit verbogen, daß jemand hindurchzukriechen vermochte. Sie hatte gehofft, Hsun-ching bis zum Ende der Pier fahren zu können, doch sie mußten den Wagen jetzt stehenlassen und losrennen. Es blieb nicht einmal Zeit, ein letztes Lebewohl zu rufen. Hsun-ching rannte mit der Kraft des letzten Adrenalinstoßes los. Er sprang über den Rand der Pier, segelte durch die Luft und traf einen der riesigen Flugzeugreifen, die als Fender an der Seite eines der Schlepper befestigt waren. Er krallte sich daran fest, denn jetzt ging es um sein Leben, doch seine Hände waren vor Blut schlüpfrig, und seine Beine hingen im Wasser, und er spürte, wie er allmählich hinunterglitt. Er dachte keinen Augenblick daran, was mit ihm geschehen würde, wenn er seinen Griff um den Reifen verlöre; er dachte nur an das Sutra. Es durfte nicht naß werden! Eine wilde Entschlossenheit stieg in ihm empor, und er vergrub die Zähne in den Reifen und biß so fest zu, daß ein Backenzahn krachend zerbröckelte. Das war alles, was er tun konnte. Dann spürte er, wie eine Hand ihn am Handgelenk packte, als wäre sie ein Schraubstock. Doch erst als eine zweite kräftige Hand ihm auf den Schädel schlug und ein Mann ihm befahl, er solle seinen verdammten Mund aufmachen, ließ er den Unterkiefer herunterklappen.
Er ignorierten den verblüfften Seemann und drehte sich zur Pier um. Da war Alison, umgeben von einer Gruppe brüllender Männer. Sie schenkte ihnen jedoch keine Be-

achtung; sie stand in einem schwachen Lichtkreis einfach nur mit ihrem Gemälde da und sah zu, wie die Schlepper mit Kapitän Wongs Schiff in die Bucht hinausglitten. Hsun-ching und Alison winkten einander stumm zu, und Hsun-ching wünschte sich mehr als alles andere auf der Welt, er hätte das Bild mitnehmen können.

XXIII

Hsun-ching näherte sich der kugelsicheren Glasscheibe und sprach durch ein winziges Metallgitter zu einer streng aussehenden Frau, die hinter einem Schreibtisch saß und eine Hong Konger Zeitung las. »Ich bin ein Flüchtling aus China«, sagte er müde. »Ich bin vor einiger Zeit von dort geflohen, doch jetzt gebe ich auf. Ich möchte nach China zurückgeschickt werden. Ich werde jede Strafe akzeptieren, mit der mich die Partei belegt. Mein einziger Wunsch ist, daß man diese Schriftrolle, die ich aus der Bibliothek eines alten Mannes in China gestohlen habe, zurückgibt.«

Die Grenzbeamtin machte sich nicht mal die Mühe, von ihrer Zeitung aufzublicken. Sie zeigte nur auf das Schild im Fenster:

MITTAGSPAUSE. BIS 1.30 UHR GESCHLOSSEN.

Hsun-ching ließ ein freudloses Lachen hören. Er klopfte gegen die Scheibe und brüllte: »Ich bin kein Tourist! Ich bin ein illegaler Einwanderer aus China! Ich habe illegal die Grenze überquert, aber jetzt stelle ich mich freiwillig! Können Sie mich nicht hören!«
Die Frau warf ihm hinter ihrer dicken, kunststoffgeränderten Brille einen wütenden Blick zu. »Können Sie nicht lesen?« keifte sie. »Es ist Mittagszeit! Ich habe jetzt frei! Kommen Sie später wieder!« Dann wandte sie sich erneut ihrer Zeitung zu, und Hsun-ching blieb keine Wahl. Er konnte nur darüber nachdenken, wie sehr er die Laute des kantonesischen Dialekts haßte, sich auf einen kleinen Holzstuhl setzen und warten.
Um 1.30 Uhr trat Hsun-ching wieder an das Fenster, hinter dem die Frau noch immer las. »Es ist 1.30 Uhr«, sagte Hsun-ching leise. Die Frau beachtete ihn nicht. Hsun-ching schlug mit aller Kraft gegen die Glasscheibe. »Sind Sie taub, Sie dämliche Partei-Schabracke? Ich habe gesagt, ich stelle mich! Ich bin vermutlich der einzige Mann auf der Welt, der *nach* China überzulaufen versucht, und Sie sind zu sehr mit Ihrer verfluchten Zeitung beschäftigt, um rauszukommen und mich festzunehmen!« Das schien die Frau aufzuschrecken, denn sie verschwand in einem Nebenzimmer. Hsun-ching schlug mit der Faust weiterhin gegen die Glasscheibe, bis drei grimmig aussehende Männer in grauen Mao-Anzügen ihn an den Armen ergriffen und durch eine schwer verriegelte Tür in die Büroräume des Konsulats führten.

In seinem schriftlichen Geständnis, das nach Anhörung seiner mündlichen Einlassung von mehreren Konsulatsbeamten für ihn aufgesetzt worden war, gab Hsun-ching folgendes zu: »Verrat des Vertrauens der Partei, der Parteiführung und der breiten Massen durch Verlassen des sozialistischen Vaterlands. Hinwendung zu der vergifteten bürgerlich-liberalen Ideologie. Kapitalistische Phantasien auf Kosten der Arbeiter, Bauern und Soldaten des Neuen China. Übertretung der Parteigesetze durch Überquerung von Provinz- und nationalen Grenzen ohne die erforderlichen Papiere oder Genehmigung. Bahnfahrt nach Hong Kong ohne Fahrkarte«, und ferner in einem besonderen Abschnitt, den die Frau mit den dicken Brillengläsern durchgesetzt hatte, »Versuch, eine Funktionärin der Kommunistischen Partei Chinas in der dienstfreien Zeit zur Arbeit zu zwingen, sowie Bedrohung dieser Funktionärin mit unflätigen Flüchen und physischer Gewalt, als sie dies höflich verweigerte«. Um Mr. Yin, Mr. T'ang und Kapitän Wong zu schützen, behauptete Hsun-ching, vor sechs Monaten aus China geflüchtet zu sein und seitdem auf der Straße gelebt zu haben.

Nachdem er das Dokument unterschrieben hatte, beschlagnahmten die Beamten das Sutra, und Hsun-ching wurde mit Handschellen an einen Parteifunktionär gefesselt und mit der Bahn nach Kanton gebracht. Dort saß er zwölf Wochen in einer Strafanstalt, in der ihm niemand sagte, was man mit ihm vorhatte oder was mit dem Lachenden Sutra geschehen war. Die Zeit verging für Hsun-ching weder langsam noch schnell. Der Tod des Obersts war ihm bewußt geworden, seitdem er an Bord von Wongs Schiff gegangen war, und während der Überfahrt hatten ihn Schuldgefühle und Reue so sehr gequält, daß er bei der Ankunft in Hong Kong zu erschöpft war, um sich noch über die eigene Zukunft Gedanken zu machen. Wenn sie gesagt hätten, sie wollten ihn an die Wand stellen und als sozialistischen Deserteur erschießen, hätte er sein Schicksal ergeben auf sich genommen. Er wollte seine Aufgabe noch immer zu Ende führen und Wei-ching das Sutra bringen, doch das war ein mechanischer Wunsch, der eher der Eigendynamik seines Vorhabens entsprang als einer klaren Absicht.

Eines Tages fand er sich ohne jede Vorwarnung oder Erklärung im Büro für Öffentliche Sicherheit der Provinz Guangzhou wieder, wo er in einem von einer nackten Glühbirne erleuchteten Raum an einem Tisch saß und fünf Männer anstarrte, die ihm gegenüber Platz genommen hatten.

Sie verhörten ihn bis zur Erschöpfung. Wann haben Sie China verlassen? Warum haben Sie China verlassen? Wer hat Ihnen geholfen? Wer hat Sie beeinflußt und den Wunsch geweckt, China zu verlassen? Sie fragten ihn mehr als drei Tage lang immer wieder ein und dasselbe. Schließlich wollten sie wissen: »Warum haben Sie sich freiwillig gestellt?«

»Weil mir klar wurde, daß ich nach China zurückkehren muß«, antwortete er.

»Warum mußten Sie nach China zurückkehren?« kam sofort die nächste Frage.

»Weil mir klar wurde, daß ich es mir nie hätte verzeihen können, wenn ich nicht zurückgekehrt wäre. Ich hätte mich zu schuldig gefühlt.«

»Schuldig weswegen? Weswegen hätten Sie sich schuldig gefühlt.«

»Wegen des Entschlusses, nicht zurückzukehren.«

Dieser Dialog wurde mindestens fünfzigmal wiederholt, bevor die Vernehmungsbeamten die Prozedur unterbrachen und sich in ein Nebenzimmer begaben, um über den Fall zu diskutieren. Sie ließen Hsun-ching weitere sechs Stunden ohne Nahrung oder Wasser allein in dem dunklen Raum zurück. Schließlich erschien einer von ihnen bei Hsun-ching.

Er ließ sich schwer auf einen Stuhl fallen, zündete sich eine Zigarette an und seufzte. »Ich bin Genosse Shuang. Man hat mir die Entscheidung übertragen, wie der Staat mit Ihnen verfahren soll«, sagte er und gab sich keinerlei Mühe, seine mangelnde Begeisterung für diese Aufgabe

zu verbergen. »Die übliche Strafe für einen Fluchtversuch aus China ist eine Gefängnisstrafe, doch warum sollte die Partei Sie ernähren und den ganzen Tag schlafen lassen, wenn Sie statt dessen arbeiten könnten?«
»Diese Politik ist mir vertraut«, murmelte Hsun-ching. »Ich habe zehn Jahre lang auf dem Land für die Partei gearbeitet.«
Der Funktionär stieß eine dicke Rauchwolke aus und beobachtete sie, als sie sich langsam zur Glühbirne hinaufkräuselte. »Ja, das ist mir bekannt«, meinte er. »Es steht alles in Ihrer Akte. Vollwaise, Rotgardist, rehabilitiert, entlassen. Doch jetzt mal ganz unter uns«, sagte er, beugte sich über den Tisch und sprach mit leiser, verächtlicher Stimme, »es überrascht mich, daß ein Störenfried wie Sie überhaupt zurückgekommen ist.« Dann lehnte er sich wieder zurück und fuhr fort: »Aber hier sind Sie nun, und hier sitze ich und muß mir zu Ihnen etwas einfallen lassen. Sagen Sie mir doch, was ich Ihrer Meinung nach tun sollte?«
»Das zu sagen steht mir nicht zu. Ich bitte nur darum, daß Sie die Schriftrolle zurückgeben, die ich Wei-ching weggenommen habe ...«
»Dem Mann, der Sie großgezogen hat, wenn ich es richtig sehe«, warf Genosse Shuang ein.
Hsun-ching war schockiert, daß sie soviel wußten. »Ja«, sagte er schwermütig, »dem Mann, der mich großgezogen hat.«
»Und warum haben Sie dieses Sutra gestohlen?« wollte der Funktionär wissen.
»Weil ich dachte, es würde mir Glück bringen.«
»Verstehe«, sagte der Funktionär. »Sind Sie Buddhist?«
Nach einer Pause antwortete Hsun-ching, ja, er sei Buddhist.
»Wirklich?« fragte der Funktionär. »Sind Sie sicher? Die Dorfbewohner der Kommune von Hunan, in der Sie ge-

lebt haben, behaupten etwas anderes. Sie behaupten, Sie hätten sich nach dem Tod eines bestimmten jungen Freundes vollständig von der Religion losgesagt.«
Hsun-chings Augen wurden glasig. Woher wußte dieser Mann soviel?
»Und ihr Freund Wei-ching erzählt mir, Sie hätten ihm dieses Sutra gar nicht gestohlen, Sie seien vielmehr nach Amerika gegangen, um es von einem Amerikaner zurückzuholen, der es China vor dreißig Jahren gestohlen hat. Und er sagt, daß Sie diese Reise seinetwegen und nicht Ihretwegen unternommen haben und die ganze Zeit vorgehabt hätten, wieder zurückzukehren.«
Hsun-ching begann vor Zorn zu zittern. Er hätte nur zu gern gewußt, was sie Wei-ching angetan hatten, um diese Informationen zu erhalten. Genosse Shuang blies neuen Rauch in die Luft und fragte: »Überrascht es Sie, daß ich all das weiß?«
»Ja.«
»Nun, so überraschend ist es nicht. Wie Sie der Konsularsekretärin neulich so lebhaft geschildert haben, kommt es nicht oft vor, daß sich jemand nach China absetzt. Im letzten Jahr war es ein Luftwaffenpilot aus Taiwan, und jetzt sind Sie es. Verständlicherweise widmen wir solchen Fällen unsere ganze Aufmerksamkeit. Es war meine Pflicht, nach Möglichkeit alles über Sie herauszufinden.«
»Wo ist Wei-ching?«
»Er befindet sich in einem Krankenhaus in Kun-ming. Er war nicht sehr gesund, als ich ihn besuchte, aber wir haben ihn in ein gutes Krankenhaus gebracht und für seine Behandlung die besten Ärzte abgestellt.«
»Warum tun Sie das?« fragte Hsun-ching.
Der Funktionär inhalierte tief und lächelte dünn. »Weil Sie dem Staat sehr nützlich sein könnten, falls Sie sich zur Zusammenarbeit entschließen.«
»Wie könnte ich nützlich sein?«

»Wissen Sie, als Verräter und Lakai des Auslands würden Sie nur Gefängnisraum beanspruchen. Als reuiger chinesischer Patriot und Adoptivsohn könnten Sie unserer entfremdeten Jugend jedoch ein großes Beispiel geben.«

»Ich verstehe nicht«, erwiderte Hsun-ching.

»Lassen Sie mich Ihre Geschichte aus einem anderen Blickwinkel erzählen. Sagen wir, Sie hätten nach den Verwüstungen der Kulturrevolution das Gefühl gehabt, China habe Ihnen zehn Jahre Ihres Lebens genommen und Sie ohne Zukunft gelassen. Sie haben übertriebene Geschichten über das komfortable Leben im Westen gehört und folglich beschlossen, China heimlich zu verlassen und zu dem ›Gelobten Land‹ aufzubrechen. Doch als Sie dort ankamen, erkannten Sie, daß es durchaus nicht so ist, wie Sie es sich vorgestellt haben, daß diese Gesellschaft chaotisch, selbstsüchtig und vereinsamt ist. Und schon nach kurzer Zeit fühlten Sie sich von der Hemmungslosigkeit und der Heuchelei der Amerikaner angewidert. Ihnen wurde klar, daß Sie im Grunde Ihres Herzens Chinese und damit verpflichtet sind, für Ihren Adoptivvater, einen alten Mann, zu sorgen. In Ihnen steckte eine unerschütterliche moralische Verpflichtung, eine Moral, die sich ausschließlich bei Chinesen findet, die Sie dazu brachte, zurückzukommen und sich ohne Rücksicht auf die Konsequenzen zu stellen. Und als Sie wieder da waren, erkannte der Staat Ihre Aufrichtigkeit an und erlaubte es Ihnen, nach Hause zurückzukehren und für den alten Mann zu sorgen, statt Sie zu bestrafen. Was würden Sie davon halten?«

»Aber was müßte ich denn tun?« fragte Hsun-ching.

»Das ist sehr einfach. Sie erklären sich einverstanden, Ihre Geschichte so zu erzählen, wie ich Sie Ihnen erzählt habe, und zwar jedem, der Sie danach fragt. Es würde in der Öffentlichkeit einige Aufmerksamkeit erregen – es würde von Ihnen erwartet werden, daß Sie Reden halten, Interviews geben und gelegentlich in der Öffentlichkeit erscheinen.«

»Kann Wei-ching das Sutra bekommen?«

Genosse Shuang wurde plötzlich sehr ernst. »Wir werden ihm erlauben, es zu lesen; dagegen ist nichts einzuwenden. Doch anschließend wird es einem chinesischen Museum übergeben werden, wohin es gehört. Sie werden darüber aber zu niemandem etwas verlauten lassen, und diese Behörde will nicht wissen, woher Sie es haben oder wie es in Ihre Hände gelangt ist. Ihre Reise in den Westen hatte nichts mit irgendeinem Sutra zu tun, und Sie wissen von Sutras nur so viel, daß es ein indisches Gericht ist. Was China ganz und gar nicht gebrauchen kann«, sagte er und fuchtelte mit einem tabakfleckigen Finger vor Hsun-ching herum, »ist die Anschuldigung, wir würden internationale Diebe unterstützen.«

Der Funktionär lehnte sich auf seinem Stuhl zurück und gab sich entspannt. »Nun sieht es so aus, daß einige von uns zu der Ansicht neigen, Sie hätten China einen gewissen Dienst erwiesen, da dieses Sutra zuerst unserem Land gestohlen wurde. Doch das darf in der Öffentlichkeit nicht bekannt werden.« Er drückte seine Zigarette aus und faltete auf der Tischplatte die Hände. »Wie lautet Ihre Antwort?«

»Sofern Wei-ching erlaubt wird, das Sutra zu lesen, werde ich alles tun, was Sie verlangen.«

Der Funktionär nickte und öffnete eine Tasche, die neben seinem Stuhl stand, zog das Sutra hervor und überreichte es Hsun-ching. »Ich habe nur noch eins hinzuzufügen: Sollten Sie es sich anders überlegen und sich nicht an unsere Abmachung halten, werden Sie sich nicht nur wegen der Anschuldigungen zu verantworten haben, von deren Verfolgung wir bis auf weiteres absehen, sondern auch wegen Behinderung der Justiz sowie, daß Sie den Staat belogen und, was am schwerwiegendsten ist, an konterrevolutionären Aktivitäten teilgenommen haben. Ich gehe davon aus, daß Ihnen die Schwere dieser Vorwürfe bekannt ist.«

»Ja, völlig.«

Genosse Shuang lächelte. »Wenn das so ist«, sagte er und streckte Hsun-ching seine fleischige Hand hin, »heiße ich Sie im Vaterland wieder herzlich willkommen.«

In jener Nacht öffnete Hsun-ching die Schriftrolle in seiner Zelle in der Strafanstalt. Sie begann mit einer Vorbemerkung, die Hsüan-tsang mit eigener Hand geschrieben hatte:

> Das Sutra des Göttlichen Lachens in dreiundzwanzig Kapiteln, in dem enthüllt wird, mit welchen Mitteln ein Mann oder eine Frau Unsterblichkeit erlangen kann. Ich, Hsüan-tsang, ein bescheidener Diener des Kaiserlichen Hofs der T'ang, lege in Demut diese ungebildete Übersetzung des ursprünglichen Sanskrit-Texts vor, den ich im vierten Jahr der ruhmreichen Herrschaft des Kaisers der Ewigen Klarheit in Indien erworben habe. Möge die Erhabene Gegenwart Seinen scharfen Augen erlauben, einen Blick auf diese unvollkommen geschriebenen Schriftzeichen zu werfen und Seinem Diener seine Unwissenheit und mangelnde Kunstfertigkeit zu vergeben.

Dann begann das eigentliche Sutra. Hsun-ching entrollte die Schriftrolle langsam von rechts nach links und las die einzelnen Kapitel, aber die Schriftrolle war in einer so hochspezialisierten Sprache geschrieben, daß Hsun-ching den größten Teil davon nicht verstand. Er überflog den ganzen Text und bemerkte dann, daß Hsüan-tsang am Ende eine Schlußinschrift angefügt hatte. Sie lautete:

> Dieser unwürdige Mönch legt diese Schriftrolle dem

furchterregenden Drachenthron als Beispiel für die korrumpierten Texte vor, die sich in China und Indien zunehmender Beliebtheit erfreuen. Während das Sutra korrekt anfängt und festhält, daß alle Unwissenheit und somit auch alles Leiden unserer Hinwendung zu dem illusorischen Reich der Sinne entspringen, weicht es dann vom Rechten Weg ab. Es meint, geistige Disziplinen seien ebenso irreführend und illusorisch wie materielle Bindungen. Es behauptet, der Buddha habe dies seinem glühendsten Anhänger enthüllt, der sieben Jahre lang unablässig und ohne Ergebnis meditiert habe. Als er dies hörte, stürzte sich der Jünger (der sehr an seinem geistigen Leben hing) mit ganzem Herzen in alle möglichen Laster. Indem er dies tat, soll er seinen Appetit darauf verloren haben, etwa wie ein Gast bei einem Festessen, der zu viele Speisen zu sich nimmt, bis er sich übergibt und dann nichts mehr zu essen wünscht. Als er sich vorübergehend so von seinem Verlangen befreit hatte, erkannte der Jünger plötzlich, daß seine Sehnsucht nach Erleuchtung in Wahrheit nicht anders war als die Sehnsucht eines habgierigen Mannes nach Reichtum und Ruhm. Als er die Einheit von allem Verlangen erkannte, wurde er erleuchtet und lachte sehr lange.
Mag diese Anekdote auch anziehend erscheinen, kann sie gleichwohl nicht wahr sein. Die Erfahrung lehrt uns, daß ein Mann um so tiefer zu sinken wünscht, je tiefer er schon gesunken ist; überdies ist der verkommene Mann oft der irrigen Meinung, er erfahre großes Vergnügen, wenn er sich Exzessen der Lust hingibt. Dies ist natürlich ein falsches Vergnügen und auf unserer Suche nach Wahrheit nicht nützlich. Wir müssen falschem Vergnügen um jeden Preis aus dem Weg gehen und Literatur dieser Art als wertlos verdammen.

Geschrieben am vierten Tag des zweiten Monats im siebten Jahr der Herrschaft der Ewigen Klarheit unter der ruhmreichen Schirmherrschaft des Erhabenen Kaisers, in dessen Gegenwart dieser demütige Mönch vor Ehrfurcht und Dankbarkeit erzittert.

Hsun-ching las diese Schlußinschrift immer wieder durch, da er seinen Augen nicht zu trauen glaubte. Er mußte sie falsch gelesen haben. Hsun-ching wußte, daß die Schriftrolle wertlos war, hatte aber nicht erwartet, daß sie es selbst verkünden würde. Was würde Wei-ching tun, wenn er entdeckte, daß das kostbare Lachende Sutra ebenso töricht und irregeleitet war wie diese komischen christlichen Bücher von Mrs. Yin? Würde es ihn für den Rest seiner Tage in Verzweiflung stürzen? Wäre es besser gewesen, Hsun-ching hätte das Sutra nie gefunden, so daß Wei-ching zumindest in der Hoffnung sterben konnte, es in seinem nächsten Leben zu lesen, und der Oberst vielleicht am Leben geblieben wäre?

Die viele Aufregung, die Interviews, Fragen und Reden kamen Hsun-ching völlig unwirklich vor. Er hatte das Gefühl, einen Film über sich selbst anzusehen, als er die richtigen Dinge sagte, die richtigen Antworten gab und die Rolle des Verlorenen Sozialisten korrekt spielte. Nach einer sehr anstrengenden Woche, in der er für mehr als eine Milliarde Menschen zu einem vertrauten Gesicht wurde, beschlossen die Propagandaorgane der Partei, daß die Zeit gekommen war, Hsun-ching zu dem langerwarteten Wiedersehen mit seinem gebrechlichen »Vater« nach Kun-ming zurückzuschicken. Er flog mit einer Entourage von Reportern, Fotografen und Journalisten, der sich natürlich auch Genosse Shuang angeschlossen hatte, von Kanton aus nach Westen.
Am Eingang des Krankenhauses wandte sich Genosse

Shuang an Hsun-ching. »Es wird zunächst ein Wiedersehen auf Probe geben. Wei-ching ist mitgeteilt worden, was er zu sagen hat, wenn er Sie sieht, und ich bin sicher, daß auch Sie inzwischen mit dem vertraut sind, was Sie sagen sollen. Dann werden wir das Krankenhaus zu dem offiziellen Wiedersehen, das auf Film und Tonband festgehalten werden wird, erneut betreten. Wenn das erledigt ist, werden wir Ihnen erlauben, eine gewisse Zeit mit Mr. Wei unter vier Augen zu verbringen, in der Sie ihm das Sutra zeigen können.«
Als Hsun-ching sah, wie gebrechlich Wei-ching ausschaute, hätte er fast geweint. Wei-ching hatte Schläuche in der Nase und im Mund und an beiden Handgelenken. Hsun-ching setzte sich behutsam zu seinem alten Freund auf das Bett und legte ihm die Hand auf den Arm.
Wei-ching schlug die Augen auf und lächelte schwach. »Bist du gesund und munter?«
»Das sollte ich dich fragen«, sagte Hsun-ching.
Wei-ching lachte schwach. »In meinem Alter ist es besser, es nicht zu tun.«
Genosse Shuang erinnerte Hsun-ching, daß sie diese fröhliche Begrüßung in fünf Minuten für die Reporter nachspielen müßten. »Es wäre am besten, wenn Sie, Wei-ching, mit der Bemerkung anfangen würden: ›Ich habe gewußt, daß du nach China zurückkehrst‹, und Sie, Hsun-ching, antworten: ›Ich konnte weder China noch dich verlassen.‹«
Die verlangten Sätze wurden geäußert, wenn auch etwas steif, und Genosse Shuang beurteilte die Probe als Erfolg. Nachdem alle Reporter gegangen waren, bat Shuang die Krankenschwestern, das Zimmer zu verlassen, und postierte sich als Wache vor der Tür, um sicherzustellen, daß niemand die beiden störte.
Hsun-ching legte das Sutra sanft auf Wei-chings Brust, und in den Augen des alten Mannes glitzerten Tränen.

»Du hast es gefunden!« keuchte er. »Buddha sei gelobt! Ich muß es lesen!«
So schwach er auch war, brachte Wei-ching noch die Kraft auf, das Sutra mit eigenen Händen zu heben und es Abschnitt um Abschnitt zu entrollen; er hielt es so dicht vors Gesicht, daß es seine Nase berührte, als seine getrübten Augen sich bemühten, die tausendjährige Handschrift zu lesen. Hsun-ching saß unterdessen neben dem Bett und lächelte in sich hinein. Er lächelte, weil er wußte, daß Wei-ching die Qual, die verdammende Schlußinschrift zu lesen, nicht auf sich nehmen mußte; Hsun-ching hatte sie mit einem Taschenmesser abgeschnitten und in einen Mülleimer in Form eines Pandabärs geworfen.
Wei-ching brauchte fast eine Stunde, um alles zu lesen. Als er das Ende erreichte, ließ er das Sutra auf die Brust zurückfallen. Ein Ausdruck tiefer Traurigkeit huschte über sein Gesicht, dann schloß er die Augen, Hsun-ching glaubte, der alte Mann würde weinen, doch auf einmal reckte Wei-ching sein Kinn vor und richtete sich mit großer Mühe im Bett auf. Er rollte das Sutra zusammen und gab es Hsun-ching zurück. »Ich schäme mich und bin sehr traurig, dir dies sagen zu müssen. Dieses Sutra hat nicht den geringsten Wert. Es enthält nichts als abergläubischen Unsinn. Und ich bin tief schockiert, daß Hsüan-tsang es nicht erkannte, als er es für den Kaiser übersetzte. Vielleicht war er ein besserer Reisender als Gelehrter.«
Hsun-ching konnte Wei-ching nicht ansehen. Was für eine schreckliche Situation.
Doch dann begann Wei-ching zu lachen.
»Verzeih mir, daß ich lache«, sagte Wei-ching. »Aber immerhin heißt es das Lachende Sutra. Es trägt zumindest einen angemessenen Titel.«
»Es tut mir sehr leid«, sagte Hsun-ching.
»Das sollte es nicht!« erwiderte Wei-ching. »Ich habe den größten Teil meines Lebens mit dem Warten auf dieses

Buch zugebracht, und jetzt erfahre ich, daß es nutzlos ist! Das ist schrecklich. Aber stell dir vor, wieviel schlimmer es gewesen wäre, wenn ich das nicht herausgefunden hätte? Selbst wenn ich jetzt nur noch einen Tag lebe, ist es ein Tag der Freiheit von einer anderen Art Unwissenheit!«

Wei-chings Augen glänzten vor unaussprechlicher Dankbarkeit. »Verstehst du nicht?« rief er aus. »Du hast mich erlöst! Der Junge, dem ich den Buddhismus beizubringen versuchte, hat mir die allergrößte Lektion erteilt! Gelobt sei Buddha, der dich mir gesandt hat! Es ist so, wie Buddha immer wieder gesagt hat: Erleuchtung läßt sich nicht in Büchern finden. Sie muß direkt erlebt werden! In meiner Dummheit habe ich ihn nicht beim Wort genommen. Doch jetzt tue ich es! Ich bin frei!«

Er war so freudig erregt, daß er fast aus dem Bett fiel. »Und jetzt ist es an mir, dir etwas zu geben«, sagte er. »Ist dieser kommunistische Tölpel noch da?« Hsun-ching vergewisserte sich, daß Genosse Shuang nicht durch das Fenster hereinblickte. »Erinnerst du dich noch, als du von der Begegnung mit Sun Wu-k'ung am Wasserfall zurückkamst und er sich weigerte, mit dir nach Amerika zu gehen? Damals war ich verwirrt, denn ich dachte, es müsse einfach Buddhas Wille sein, daß er mit dir geht. Darin habe ich mich geirrt, aber Buddhas Wille ist unerforschlich und kann von Menschen nicht verstanden werden. Obwohl Sun Wu-k'ung nicht mit dir nach Amerika gegangen ist, hat er dir gleichwohl geholfen!«

»Was soll das heißen?«

Wei-ching grinste spitzbübisch und sagte: »Er hat mich in dem alten Tempel besucht, kurz bevor die Kommunisten mich ins Krankenhaus brachten! Das muß vor etwa zwei Wochen gewesen sein. Er wußte, daß du zurückkommen würdest! Und er sagte, Buddha wünsche für dich eine Belohnung.«

»Das ist unmöglich!« rief Hsun-ching aus. »Er ist tot! Ich habe ihn selbst sterben sehen!«
»Ach, tatsächlich?« fragte Wei-ching. »Dann muß es sein Geist gewesen sein, der mir dieses Geschenk gab. Er wollte, daß du es erhältst.«
Wei-chings runzlige Hand wühlte einen Moment unter der Bettdecke, tauchte dann wieder auf und hielt Hsun-ching etwas unter die Nase. In der Handfläche lag ein glanzloser Goldbarren, in dessen Mitte ein verformtes Stück Blei begraben war. Hsun-ching spürte ein schwaches, aber vertrautes Prickeln in der Brust und rannte sofort ans Fenster. Er sah auf die Straße hinunter, wo Hunderte von Menschen auf Fahrrädern fuhren und sich auf dem Bürgersteig drängten. Ein Mann hob sich von allen anderen ab; er war vollkommen reglos und schien zum Krankenhaus hinaufzustarren. Er trug eine dunkle Brille und stützte sich auf einen glänzenden Metallstab. Hsun-ching war sprachlos; er hielt den Goldbarren mit der Bleikugel hoch, damit der Mann da unten ihn sehen konnte. Der Oberst ließ die Sonnenbrille auf die Nase rutschen, nickte und reckte den Daumen in die Höhe, eine amerikanische Sitte, die ihm ans Herz gewachsen war.
Wei-ching genoß fast zwei Wochen der Befreiung von Unwissenheit und starb dann friedlich im Schlaf. Hsun-ching lehnte das Angebot des örtlichen Propagandabüros ab, eine staatliche Trauerfeier abzuhalten; er zog es vor, Wei-chings Asche zum Tempel des Reinen Landes am Rande von Kun-ming zu bringen, wo sie vor so vielen Jahren die Nonnen hatten singen hören. Die zwei Nonnen, welche die Kulturrevolution überlebt hatten, begleiteten die Trauerfeier mit ihrem Singsang.
Anschließend brachten Hsun-ching und der Oberst Wei-chings Asche zum Standort von dessen altem Tempel zurück und verstreuten sie im Fluß. Während die Asche

seines Freundes stromabwärts glitt, rezitierte Hsun-ching einen Abschnitt aus dem Gedicht, das Wei-ching ihm beim Tod der alten weißen Katze beigebracht hatte:

> Meine Dankopfer sind Reis und Fisch,
> ich bestatte dich im Fluß
> und singe aus den Sutras
> – nie würde ich dich kränken.

»Jetzt müssen wir uns richtig verabschieden«, sagte der Oberst. »Ich fühle mich müde.«
»Wir können die Nacht hier im Tempel verbringen«, schlug Hsun-ching vor. »Warum müssen wir uns verabschieden? Wohin gehen Sie?«
Der Oberst lachte leise. Hsun-ching fiel auf, daß er tatsächlich müde aussah. »Ich gehe irgendwohin, wo ich mich wirklich ausruhen kann. Diese Hütte genügt mir nicht. Hast du dich noch nie gefragt, warum ich niemals schlafe?«
Hsun-ching war immer davon ausgegangen, daß auch der Oberst schlief, wenn er selbst schlief. Doch jetzt fiel Hsun-ching wieder ein, daß der Oberst noch immer auf gewesen war oder mit offenen Augen dagelegen hatte, wann immer er selbst ins Bett gegangen war. Und immer wenn Hsun-ching aufwachte, hatte er den Oberst in der gleichen Stellung mit offenen Augen vorgefunden.
»Deine Tage sind für mich wie Momente«, erklärte der Oberst. »Als du meinen Stab in der Höhle umgestoßen hast, hast du mich aufgeweckt. Ich versuchte wieder einzuschlafen, aber es gelang mir nicht, und so beschloß ich, dich auf deiner Reise zu begleiten. Jetzt sind wir am Ende meines Tages angelangt.«
»Werden Sie wieder zum Wasserfall zurückgehen?«
Der Oberst lachte. »Wie wär's, wenn du dich entschließen würdest, eine neue Reise anzutreten? Ich möchte nicht,

daß du auf der Suche nach Gesellschaft wieder in meinem Schlafzimmer herumstolperst.«
Hsun-ching ließ den Kopf hängen. Der Oberst lächelte und berührte seinen Arm. »Du bist ein guter Freund gewesen – vielleicht der beste, den ich je gehabt habe. Du wolltest nichts von mir und hast mich auch nie angegriffen. Und du bist ein loyaler Mann. Es ist schon schwierig genug, in Kriegszeiten loyal zu sein, wenn die Welt um einen herum in Flammen steht, aber es ist möglicherweise noch schwieriger, in Zeiten des Friedens loyal zu sein. Du bist diesem alten Mann gegenüber loyal gewesen, und dafür bewundere ich dich. Aber wenn es Zeit zum Schlafen ist, muß man schlafen. Wer weiß? Vielleicht wirst du länger leben, als du glaubst. Wenn ich aufwache, werde ich nach dir Ausschau halten. Kann sein, daß wir uns wieder begegnen. Falls nicht, solltest du dennoch nicht vergessen, was ich über die Furcht gesagt habe. Sei stark, wenn du dich deinem letzten Augenblick auf Erden gegenübersiehst. Winde dich nicht, sondern bleibe stark. Dann wirst du blitzartig erkennen, daß es so etwas wie Zeit nicht gibt. In diesem Moment wird es dir vorkommen, als hätten wir uns nie getrennt. Ich freue mich darauf.« Der Oberst kniete nieder und neigte den Kopf. Hsun-ching erwiderte die Geste und begleitete den Oberst ein Stück des Weges, bis er ihn im Wald verschwinden sah.

Als Hsun-ching nach Kun-ming zurückkehrte, informierte ihn Genosse Shuang, daß der Staat ihn wegen seiner englischen Sprachkenntnisse und seiner Auslandserfahrungen großzügigerweise mit einer Stellung als Autor von Reisebroschüren für die Filiale Yunnan des Internationalen Chinesischen Reisebüros belohnen wolle. Einige Monate später verkündete die Regierung, sie habe die diplomatischen Beziehungen zu den Vereinigten Staaten von

Amerika wiederaufgenommen. An jenem Morgen setzte sich Hsun-ching gleich hin, um einen Brief an Alison zu schreiben. Er erzählte ihr alles, was geschehen war, seit er sie auf der Pier zurückgelassen hatte. Er steckte den Brief ein, obwohl er nicht so recht glaubte, daß die chinesische Post einen Brief nach Amerika tatsächlich befördern würde, doch drei Wochen später erhielt er ein Telegramm. Es lautete:

> LIEBER HSUN-CHING, SEHR SEHR ERFREUT ÜBER IHREN BRIEF. WOLLTE KUN-MING SCHON IMMER SEHEN. HABE TOURISTENVISUM BEANTRAGT, DAS MUSEUM HILFT DABEI, WIRD VIELLEICHT ETWAS DAUERN, ABER SIE WERDEN DOCH NICHT VERREISEN, ODER? BRINGE GEMÄLDE MIT, SIE SCHULDEN MIR EIN ESSEN. ALLES GUTE, ALISON.